文成天縱

绥远地区垦务档案选编 2

SUIYUAN DIQU KENWU DANG'AN XUANBIAN

鄂尔多斯市达拉特旗民族文化研究学会 主编

孟克吉雅
斡亦古歹·满来 编
訾铁柱

广西师范大学出版社
GUANGXI NORMAL UNIVERSITY PRESS
·桂林·

目 录

绥远垦区清理丈放并荒租章程集

第二部 荒租章程

目次

署綏遠城都統兼辦墾務潘矩楹呈請籌擬土默特蒙租並擬帶徵官租辦法

呈為籌擬變通土默特蒙租、全數劃給該旗、並擬帶徵官租辦法、以裕收入、而利推行、恭呈仰祈

鈞鑒事、竊查清理土默特地畝、經前督辦張紹曾、擬具章程內稱、酌提歲租二成歸公、呈奉

大總統批令照准、並咨陳內務、財政、農商等部各在案、嗣據該旗參佐喇嘛等、一再陳請將原訂章程內之二成歸公歲租請予免提並請另租貲、一律發給都統印照、以恤蒙艱、各等情前來、矩楹查該旗蒙衆、向恃歲租之收入、以資度用、近來蒙旗生計、較昔艱窘、似應將此項酌提之歲租二成、仍撥該旗、公家另收帶徵官租為宜、此官蒙並收之可試辦者、又有名為歸公之地、而沿習私租、擬另行規定者、亦有歲租全無、擬丈明另收、全數歸公者、租貲則斷不能另加、擬酌提官租二成、以濟蒙人公用、既為國家籌經久之收入、亦為該旗斷複雜之情形、一得之愚、請為我

大總統詳細陳之、查土默特地畝、分隸歸綏、薩拉齊、托城、清水河、和林格爾五縣、在昔游牧時代、蒙人不諳耕作、地多租於客民、在民戶繳租得地、而蒙人因地獲租、本屬相益之事、迨後展轉租典、生聚日繁、客籍變為土著、荒漠漸成村落、侵佔剝奪、轇轕橫生、或一地數約、或一約數主、或年久而迷失、其地或分賣找價、地多而漸歸於少、而租典名稱、又有死約、活約活租之分、其土地復有戶口、召廟、官灘、牧場、絕戶、餘地之區別、而租貲之等則、亦各多寡不同、第就約據所載、租價隨時增減、予奪無常、而蒙人屢次找價、甚或租地既久、而歷次所找之價、有逾於地之所值者、此歸化附近租典地畝之情形也、至於薩托迤西之地、又與歸化情事互異、地則永租於民、無地價典價等名目、一律名曰押租、該處地質較優、租貲亦較鉅、而清水河、和林等處、地多沙壤、貧乏蒙人、按年索費甚微、並其他之界址、亦茫然莫辨、以故該旗地畝情形、極為複雜、而清理手續、亦復不易、此薩、托、清、和四縣蒙地食租之情形也、今該旂蒙衆等、既已一再陳請、免提歸公二成歲租、而國家應

得之正供、亦應亟爲籌定、以裕歲收、惟計有於歲租外、斟酌各地之情形、另收官租、以期有益於國、而不病於民、擬請變通辦法、凡戶口召廟地畝、蒙人自食之私租、一律按原約所載錢文、由墾務督辦、會同綏遠都統、刊發租單、名曰蒙租、每年由蒙人自行收取、不另提二成報效之款、公家另收之租、名曰帶徵官租、庶於公蒙收入、兩無窒礙、並請將此項官租、由都統發給印照、照內載明應徵銀數、由清理地畝總局、於清丈後、造具魚鱗冊、送交地方經徵、作爲國家正供、其租則、擬分三等、上地每頃收官租三元、中地每頃二元、下地每頃一元、其官灘牧場絕戶餘地等項、定章本屬歸公之地、不應再有蒙租名稱、第該旗蒙衆、頻年私租、暗歸中飽、因仍相率、習爲故常、而此項地畝、若僅收舊租、又與召廟戶口等地之須繳納蒙租、又須繳納官租者、有擔負不均之弊、擬將此項地畝、除照收官租外、其舊有蒙租、仍照舊租徵收、惟其中情形、紛歧龐雜、似應於事實習慣體察情形、另行規定、以資周妥、又查土默特地畝、又有所謂賣租之地、即其地、初由蒙戶出租於民、每年由租戶出租承種後經蒙人、屢次找價、找價愈多、則每年所出之歲租亦漸次減少、以故年代既久、甚有將歷年蒙人應得之歲租、漸行減盡者、此項地畝、既無歲租、似與他項地畝之須繳納官租、蒙租者、有偏枯之弊、惟此項地畝、究有若干、現正在清丈勘查所有此項應收租資、擬請全數歸公、爲數當亦不貲、至該旗請另加租資、一律發給都統印照一節、查此次規定租資、既有蒙租、復帶徵官租、若再加他項租資名目、民力實有未逮、惟該旗近年生計艱窮、自係實在情形、擬請凡召廟戶口地畝、除照納蒙租、及帶徵官租外、不另再加他項租資名目、每年由帶徵官租項下、提取二成、撥充土默特全旗參佐蘇木有官無俸者、辦公之津貼及籌辦全旗貧蒙生計之用、如此辦理、似於公於蒙兩有俾益、在租戶一方面、雖於歲租外帶徵官租、不免負擔稍重、而地一經清丈繳價認領、即爲永業、人民亦必樂從、此從事理上之推測、而可斷言者也、統計五縣墾熟蒙地、除各項梁地、莊頭地、馬廠地、公主府等地外、以土默特戶口、召廟、絕戶、官灘、草廠、餘地、六項地畝、約計有四萬頃左右、以每頃平均收官租銀二元計算、每年可增收官租銀八萬餘元、於綏區財政、不無小補、短檠籌思至再、實鮮良謀、有因革損益之繁、無整齊畫一之法、實因蒙人素守習慣、一旦驟改舊章、或劃一歲租之等則、或改立國家之正供、不惟無益、勢必窒礙難行、固不如因勢利導徐圖改良之爲愈、疇昧之見、是否有當、謹據實抒誠、恭呈

鑒核除分別咨陳內務、財政農商等部外、所有擬議變通土默特旗蒙租、全數劃給該旗、並擬收帶徵官租辦法各緣由、理合具陳

伏乞

大總統鈞鑒、訓示施行、謹

呈

中華民國四年五月二日呈准

察哈爾區財政廳劃一田賦等則章程

第一條　察哈爾全區田賦、依照本章程劃一徵收

第二條　察區田賦徵收、均以銀元爲本位

第三條　察區田賦應徵正課、議定爲三則如左

一、上則地、每畝收銀元三分四厘

一、中則地、每畝收銀元三分

一、下則地、每畝收銀元二分六厘

第四條　前條所定等則、自本章程實行後、凡新放生荒及清賦清出地畝、一律按照原領地照等則、按等收賦、至以前額徵各項舊地、均一律按中則收賦、倘各縣如能自行區分、亦可按照前定三等賦則、依照所定中則總額、自行變通改定、呈請施行、但改

定之等則、不得逾越前定三則範圍、而改定後所收總額、亦不得與所定中則總數、稍有出入、以示限制

第五條　本章程實行後、凡各縣補徵歷年民欠舊賦、均仍各按原額徵收

第六條　察區地畝、向來附收之私租、另租、暨水草、仍照舊徵收、惟徵率一律按銀元徵收、原徵銀四厘者、改爲徵洋六厘、原徵銀二厘六毫者、改爲徵洋四厘、原徵銀二厘者、改爲徵洋三厘、原徵銀一分二厘者、改爲徵洋一分八厘、以歸劃一

第七條　徵收糧賦所用串票、均改由廳印三聯票、頒發填用

第八條　前項串票、係按田賦等則、分爲三則、所有每則每畝、應收洋數、均行註明、以便查考

第九條　每糧票一張、隨收銅元三枚

附　則

第十條　各縣局經徵糧賦、應按照徵起數目、提留百分之四、作爲徵收費

第十一條　各縣局經徵糧賦考成、本廳均按部頒考成條例辦理

第十二條　本章程自民國十年十一月實行、嗣後如有修改之處、再以命令公佈之

釐訂土默特旗總管公署並烏盟六旗徵收圖克木地歲租辦法文

査圖克木地、自升科後、每年應徵歲租、照會商決議、分作十成、以七成五歸土默特總管公署、以二成五歸烏盟六旗、並經呈准規定、由各蒙旗自行徵收、是此項地畝、每年經徵歲租者、有七旗之多、此往彼來、絡繹於道、村公所疲於應接、民戶實不堪其擾、且歲租數目、各旗徵收多寡不一、民戶鮮知底蘊、不但浮收之弊易生、而假名冒徵亦在在可慮、防微杜漸、自宜從速取締、當經審核厘訂、土默特旗總管署及烏盟六旗、徵收圖克木地歲租辦法十六條、呈准實行、俾有遵守、其辦法附左

土默特旗總管公署並烏盟六旗徵收圖克木地歲租辦法（民國十一年啓徵）

第一條　圖克木地歲租、應照本辦法規定徵收

第二條　應徵歲租、原定係屬銀兩、每兩照章按洋二元一角折收

第三條　每年徵收歲租時期、應照各蒙旗徵收辦法、規定於國曆十一月徵收、平時不得徵收、以杜紛擾

第四條　每年應徵歲租、由烏盟六旗公派蒙員二員、會同土默特總管公署委員、設所照前條規定時期徵收、共收歲租、照章以二成五歸烏盟六旗、七成五歸土默特總管公署、所需經費、亦照此辦法、由土默特總管公署、烏盟六旗、按成分擔、無論土默特總管公署、或烏盟六旗、均不得單獨設所徵收、以示限制

第五條　烏盟六旗、每年應派徵收歲租蒙員二員、由六旗輪流依次派充

第六條　應徵水地歲租、照各蒙旗徵收辦法規定、按縣丈過青苗數目徵收、以歸一致

第七條　應徵歲租、如遇災歉、應照勘災條例、分別蠲緩

第八條　徵收歲租、應隨時發給收照、以資憑證、而免流弊

第九條　土默特總管公署、並烏盟六旗所派經徵歲租委員姓名、暨設所徵收地點、應先期由各旗咨請縣政府、布告周知、並呈報省政府備查

第十條　徵收人員下鄉催徵歲租時、不得携帶槍械、並不得令民戶供給支應、以免擾累

第十一條　徵收人員、如有浮收苛擾、或折洋不實情形、一經覺察、即依法懲辦

第十二條　應徵歲租、如民戶有違抗不交情事、應咨送縣政府究追、各縣不得擅自拘押

第十三條 應徵歲租、如各旗會徵有困難時、得由縣政府代爲徵收、但須提給縣政府百分之五、作爲徵收經費

第十四條 應徵歲租、如由縣政府代徵、除提百分之五徵收經費外、餘由各旗按照應分成數、往縣政府分別領取

第十五條 本辦如有未盡事宜、得隨時呈請修正之

第十六條 本辦法自呈准之日實行

清理積欠荒租辦法（民國十五年十一月二十六日呈奉令准）

一、自十四年度以前、民欠荒價官歲租、應由各縣局於兩月內、查明確數造報

一、民欠荒價、俟查明確數後、應由各縣局公布、或登報或咨地方原籍地方官、轉知地戶、限四箇月內、如有數完交、倘仍不交、或未交清者、逾限一個月、每元處罰洋五分、寬限逾六個月後、除已交荒價、應領地畝外、餘地全數歸公另放

一、民欠官歲租、查明確數後、應分作四年、隨同十五年度以後官歲租、一併完交、如有滯納情事、即照整頓荒租處分規則辦理

一、地戶承種官歲租地畝、如無人經管、荒蕪已滿五年、應由各縣知事查明公布、或登報或咨該地戶原籍地方官、轉知地戶、於二月內答覆、倘不答覆、展限一月、如再逾限不復滿三個月以上、其地即作絕戶地、歸公另放

一、民欠荒價官歲租、如實因特別障礙困難、未能依限清丈者、得聲敍理由、呈請各縣局查明、轉請核辦、但逾定限地已歸公另放者、其呈請爲無效

一、各縣局有違背本辦法情事、或徇情隱飾者、一經查出、或被告發、即呈請從重懲處

整頓荒租處分規則（民國十五年十一月二十六日呈奉令准）

第一條　各縣局自十五年度以後收徵收荒價官歲租、照本規則辦理

第二條　商民承領地畝後、先將應交荒價、分別限制、並數目備具聲請書、交丈放地畝各縣局備查、其交荒價限期、仍照呈准、規定丈放地畝辦法辦理

第三條　地戶如不照聲請書、所定限期完交、有滯納情事者、得依左列各項處罰

一、逾限一月每元處罰洋五分

二、逾限二月每元處罰洋一角

三、逾限三月以上者、除已交荒價應領地畝外、餘地撤歸另放

第四條　官歲租、應由各縣知事、於開徵先、將開徵並截數期限、公布周知

第五條　地戶應交官歲租、如截數後、尚未完交、由各縣知事定限、從嚴督催、此項督催期限、至多以兩個月爲限、如逾督催期限、仍不清交者、依左列各項處罰

一、逾督催期一月、每租款一元處罰洋五分

二、逾督催期二月、每租款一元處罰洋一角

三、逾督催期三月以上、每月每租款一元加罰洋五分、但處罰之款、不得過正額十分之三

第六條　地畝如係他人租種、地戶不在綏遠者、其荒價官歲租、即由租戶代爲完納、於應交租資內扣抵

第七條　地戶不在綏遠、又無租種之戶、地畝荒蕪、致官歲租、無從徵收者、由該縣知事、每於截數後、通知地戶、或登報公布

或咨該地戶原籍地方官，催其完交答覆，如地戶仍不完交答覆，地畝荒蕪，滿五年者，此地即認作絕戶地，歸公另放

第八條 各縣徵收罰款，得填給地戶收據，其收據分爲三聯，由墾務總局印發，按月由各縣局，將徵收罰款數目，據實造報

第九條 各縣局徵收罰款，以八成解墾務總局，以二成作爲經徵費

第十條 各縣局對於滯納地戶，不照本規則辦理，有苛罰並越收情事者，准被罰地戶指名呈告，查實依法究辦

第十一條 地戶如實有特別障礙，不能依限完交荒價，或官歲租者，得於限內聲敘理由，呈請各縣局查明，轉請核辦，如於限內並不呈明，雖有特別障礙情形，仍照本規則處辦

察哈爾建設廳蒙旗放墾辦法（民國十八年規定）

一、放墾辦法，本省放墾各令群台站荒地，須由主管機關呈請省府轉令各旗群會商妥洽後，方能指界丈繪呈報備案，向例未經接洽，不能即行勘丈，未經勘丈，亦不能即行招墾

二、恤蒙銀兩，本省開放旗群台站等地，除照舊章每畝提給恤蒙銀四分外，並按民六新章，加恤各旗群，上則地每畝銀六分，中則地每畝銀五分，下則地每畝銀四分，由各旗群台站總管官長向主管機關具領

三、劈地分價，本省開放各王公牧場地畝，照章應得所收地價劈給王公四成，由原管地主管機關具領

四、四釐私租，旗群台站及王公牧場等地放領升科後，每畝隨徵私租銀四釐，由各該管官長暨原地主按年各向該管縣政府承領

五、地畝等則，本省地畝等則按土地之肥磽而定，黑土二尺厚者爲上則，一尺厚者爲中則，土雜沙碱者爲下則，再次者爲下下則

六、升科年限，本省地畝升科辦法，按照舊章，無論上中下則，均自領照日起，三年後升科民國十六年墾務改組，遵照新章，凡領墾生荒上中則地滿五年升科，下則以下各地滿十年升科，其不堪耕種之地，由人民創作牧場，發給特別執照，暫不升科

各蒙旗徵收歲租辦法（民國十八年三月九日呈准）

一、歸蒙歲租、由各蒙旗、依照本辦法、自行徵收

一、應徵歲租、原定係銀兩者、均應照章、每兩折收銀元二元一角

一、每年應徵歲租、應於陽曆十一月徵收、平時不得向地方收取

一、應徵水地歲租、每年按照各縣丈過青苗數目徵收、以歸一律

一、應徵歲租、如遇災歉、應同官租、一律按照勘災條例、分別成數、蠲緩與豁免

一、各旗徵收租款、應隨時發給收照、以資憑證、而免流弊

一、各旗蒙員下鄉徵收歲租時、不得携帶軍隊槍枝、並不得令民戶供給支應、以免騷擾

一、各旗催徵人員、不得額外需索、如有浮收苛擾、或折合銀洋不實情形、一經告發、依法懲辦

一、徵收歲租、如有人民違抗不交、應即咨送該管縣政府究追、各蒙旗不得私自隨便拘押、以重法律

一、本辦法自呈准後實行之

擬訂綏墾清理民欠辦法文

査綏墾自前清光緒二十八年開辦、迄今已三十年、各墾務分局丈各旗報墾地畝、凡荒價之數目、及徵收之限期、丈放辦法、均有規定、而民戶承領地畝後、往往不遵規定、將應交荒價、任意拖欠、雖嚴格督催、以地方迭受災歉、民力拮据、而完交者、仍屬寥寥、以致舊欠未清、而新欠又增、截至現在民欠荒價、已達一百萬元之鉅、本年秋收尚稱中稔、若不乘時催徵、則此項積欠、

將無清結之一日、爰按諸現狀、擬訂綏墾清理民欠辦法十九條、一俟奉令公布、即督飭認眞實行、庶多年積欠、獲以清厘、而於建設需款前途、亦不無裨益、其辦法附列於左

綏墾清理民欠辦法（民國二十年十二月修正、民國二十一年一月公布）

第一條 承領地畝各戶、欠交墾款、不分押荒地價、及附徵各項、均照本辦法辦理

第二條 民欠墾款、應由該管各墾務分局負責催收、並由墾務總局派員督催之

第三條 催收民欠墾款、以民國十九年十二月以前爲限、其二十年以後新丈地、欠交墾款、仍照規定各地丈放辦法辦理

第四條 民欠墾款、應依左列三期、分別催收之

一期三箇月、催收欠款十分之三

二期三箇月、催收欠款十分之三

三期三個月、催收欠款十分之四

前項期限、以各墾務分局布告之日起算

第五條 民欠墾款、如逾前條規定九箇月期限、仍未清交者、除按照已交款數、爲之撥留地畝外、餘地撤回、歸公另行丈放（前項撥留地畝、應腴瘠均分、不得藉口爭執）

第六條 承領地畝、如租給他人承種、有地之戶不在綏遠、其欠交墾款、應由租戶代爲完交、於應交租資內扣抵之

第七條 領地之戶、如不在綏遠、又無租種之戶、其欠交墾款、應由各該墾務分局查明、通知地戶、或登報公布、或知會所在縣政府、轉令地戶原籍縣政府、催其依期完交、倘逾第四條規定、九箇月限期不清交者、即照第五條規定辦理

第八條　地戶如遇特別障礙、不能依限完交欠款時、於限內聲敍理由、呈請各該墾務分局查明、轉請核辦

第九條　催交墾款數目、如欠交地戶認爲有錯誤時、應即携取原日交款收據、或相當證據、至各該墾務分局按底冊查對、核算更正、若無收據、或相當證據時、即照各該墾務分局底冊、欠交數目完交

第十條　凡欠墾款民戶、如無力交納現款、願以糧粟抵交者、應由各墾務分局查明、有無障礙、聲敍理由、呈請墾務總局核辦

第十一條　各該墾務分局、催收民欠墾款、遇斷難時、應知會所在縣政府、協助辦理

第十二條　凡欠交墾款地戶、至各該墾務分局查對款目時、承辦員司、須和平待遇、立時爲之核算、不得刁難欺赫

第十三條　各該墾務分局、催收民欠押荒地價、應按放墾辦法、仍按收起款數、提支一成辦公經費

前項提支辦公經費、仍以假定預算爲標準、如每月收數提成、超過假定預算者、依左列成數提獎、以示激勸

一百元以上者、提百分之十

三百元以上者、提百分之九

五百元以上者、提百分之八

一千元以上者、提百分之五

第十四條　各縣縣政府、派人協助催收民欠墾款、所需經費、應由收起墾款內、提支百分之三、以資開支

第十五條　墾務總局所派督催委員、薪旅等費、由徵收墾款內動支、核實造報

第十六條　各該墾務分局局長及員司、對於催收欠款實力任事成績卓著者、應由墾務總辦考核、呈請獎勵之

第十七條　各該墾務分局局長及員司、催收欠款、泄沓因循、致無成效、或營私舞弊者、應依左列各項、由墾務總辦查明、分別呈請懲處之

一、罰薪

二、記過

三、撤職

第十八條 本辦法如有未盡事宜、得隨時呈請修正之

第十九條 本辦法自呈准公布之日實行

察哈爾各王公出售各種旗地私租章程

一、綏東五縣、所有各王公世爵、隨粮帶徵、並莊頭催徵各種旗地私租、凡係自動呈請一次出售者、本辦法條議、均適用之

一、此項旗地私租、根據各王公聲請、由民戶一次價買、以後即與租主永遠脫離關係

一、查此項隨粮帶徵之私租、向來每畝每年、隨粮徵收租銀四厘、嗣後改爲每畝徵洋六厘、及一分八厘、茲查照原納租額、擬定售價分爲兩等、即特別及普通二種、台路水草膏腴等地、爲特等、每畝售大洋二角、其餘概爲普通、每畝售現大洋一角五分、以資分別、其他有莊頭經手催徵之私租地畝、應臨時酌量納私租之情形、另議售價、所有一切辦法、應由墾務第七分局、參照墾務通案、酌量辦理

一、上項收款分配辦法、頃據王公代表函稱、售租所收全價、按作十成計算、願報効公家二成、各該縣政府及墾務第七分局、各提一成辦公費、等因、查售租一案、雖爲王公維持生活起見、然報効公家二成、似覺微少、擬改爲三成、各該縣政府及墾務第七分局、擬改爲各提五分辦公費、其各王公代表、成立辦事處、亦提五分、以資辦公、其原經手總管此租人員、並各莊頭催頭以及各出力人員等、自非群力不爲功、應給奬金、擬公同提五分、作爲以上各項公雜各費、以五成歸各王公、以示體恤

一、此案辦法確定進行後、其隨粮帶徵私租之地戶、並莊頭經手催租之地戶、均由縣局會同分區差傳、加以勸導、前來留辿、由各王公出立售租執據、作爲地戶買租憑證、以取各地戶易於樂從

一、各該縣政府、秉承上令協助辦此售租事宜、應與墾務第七分局根據各王公呈請、由其指定代表成立辦事處、會同辦理一切、俾便接洽、而免隔閡

一、以上會擬售租價格、及分配價款各辦法、對於各王公各地戶、兼籌並顧、似無窒礙、如蒙俯准、並請頒發布告、曉諭衆地戶週知

中華民國二十一年五月十七日

查前列「旗地」一項、恐係「廠地」之誤

第三部　土地關係法規

目　次

擬留左右翼官兵缺牧各地暨軍政操場等處章程

一、撥留公共牧地、每整蘇木酌留十二頃、半蘇木及半中之半蘇木減撥一半、計每蘇木六頃、惟牧地與墾種之地不同、不必區別肥瘠、亦不必拘定一處、但水草相宜、或與蒙營相近、截長補短、儘可照擬撥給、如本蘇木地已墾盡、或不敷擬撥之數、即於左右附近各蘇木、另行勻補、以免向隅、並俟兩翼地畝丈竣時、除有苦寒磽确不堪耕種之區、在何旗界內、亦即留給何旗

一、撥留隨缺地畝、擬仿照吉林烏魯木齊奏撥缺地成案、酌量稍加

總　管　每員給地八百畝

正參領　每員給地六百頃

副參領　每員給地五百畝

正蘇木之佐領　每員給地四百畝

半蘇木及半中之半蘇木、其佐領　每員均給地三百畝

滿蒙理刑官　每員給地二百五十畝

總管下及整蘇木之前鋒校、護軍校、每員給地二百五十畝、筆帖式及額設捕盜官、每員給地二百畝

半蘇木及半中之半蘇木、其前鋒校、護軍校、每員給地二百畝、筆帖式及額設捕盜官、每員給地一百五十畝

各蘇木額設兵丁、有大小錢粮之別、今撥留缺地、亦應分別辦理、馬兵每名給地百畝、步兵每名給地六十畝、各捕盜兵如係額設每名亦給地六十畝、非額設者不在此例

一、各蘇木官兵缺地、應各由本蘇木勻留、惟內有地已私放淨盡、無地可撥者、若遽由他蘇木撥補、是有餘地之蘇木、反因撥地

於人、致官局少放地若干、即該佐亦少得若干、四分經費之利、而無地者既早獲盜賣之價、又同受養贍之田、等量齊觀、殊非公允、不得不量予裁減、微示之罰、此項無地之蘇木、擬照規定應得各項缺地數目、減半撥補、並須俟有地之蘇木、先將本佐官兵缺地撥留完竣、再以餘地分撥、免致喧奪賓主之嫌、如備撥之地仍有不敷、則擬由升科之四厘另租項下、以租抵補、每畝撥租若干、照正賦一分四厘核計、若地雖未曾放盡、而所剩之地不足規定缺地之數、尚缺若干、亦於另租項下折半抵補、如尚缺十頃、補以五頃之租、餘可類推、此於薄罰之中、仍寓體恤之意

一、所撥各項缺地、係爲該官兵等永資養贍、將來生計全恃乎此、若不預爲之防、難保該官兵等不仍前私賣、擬自撥留之後、由察哈爾都統衙門查照立案、並飭由該各旗將撥留數目、詳造細冊、送由本大臣鈐蓋關防、發存各旗、遇有官員遷調、將此項缺地算入交代、不得稍有含混、至缺地撥給官兵、或自行耕種、或招佃分收、悉聽其便、惟不准私行變賣、無論是官是兵、如有盜私盜賣盜典、及假託永租、不賣之賣、致令地非其有、一經都統衙門查出、或別經發覺、官則參處、兵則革除、其私買之人亦與私賣者一併懲辦、仍追奪原地歸旗、如此嚴立防閑、庶可使永遠遵守

一、公共牧地、及隨缺地畝、無非惠恤蒙旗、已由本大臣奏請
恩施、免其押荒升科

一、世職一項、襲次不同、多寡懸定、原不以缺論、未便一律給以業田、擬俟墾務辦清、於該各旗應得四分辦公費內、如有餘儲每旗提銀千兩、由墾局移交就近地方官發商生息、按年以所得息銀、由地方查取該旗世職員名數目、並孤寡蒙民幾戶、均勻給予、俾資津貼、後即人數加多、亦祇均分此項

一、各召廟香火地畝、須確查舊有頃畝若干、有無別項轇轕、由官局理清、准其照舊管業、惟勘丈動需經費、應令照章繳納押荒一半、以濟公用、至升科已奏請寬免、俾其以常年租項、藉資養贍、查大凡

勑建召廟、均有香火地畝、毋庸再行撥給、以外如有無香火地之召廟、察度情形、應須量予地畝者、隨時禀明辦理

一、除外應須劃留之地、如考驗

軍政操廠之類、隨時察度情形、禀明辦理

一、總管印房爲一旗辦公萃聚之所、參領理刑官、及各佐派來當差之兵弁、亦駐於此、且每年會操兵丁、咸集操場、應亦寬留計須二里寬長、即足敷用、惟地之形勢不同、恐有窒碍、不如爲之核定頃數、茲定於總管衙署及參佐理刑各官、駐紮處所、共留地十五頃、以爲操場及弁兵駐紮棚帳之用

一、總管印房當差兵弁較多、領催會操人馬亦衆、牧廠在所必需、茲定於本蘇木公共牧廠外、再給地十頃、作爲總管各官及當差兵弁之牧廠、其地先儘小坡低窪不堪耕種之處撥給

一、小台站各地、仿照海膈爾各台成案辦理、每台撥地三十頃、由公司放墾、俟升科時每畝收水草銀一分二厘、共核銀三十六兩由台站兵弁赴地方官衙門支領、如該台左近之地已放、即將近台四面之地劃撥三十頃、令原種民戶照交水草銀一分二厘、共四厘另租概行豁免

光緒二十九年九月十一日

附一、丈過鑲紅旗隨缺牧地數目清册

總辦行轅收支處候選同知
會辦墾務事宜署理寧遠撫民同知 謹将鑲紅旗各蘇木丈過缺牧等地照章撥給承領數目開摺恭呈

憲核須至册者

計 開

鑲紅旗

頭蘇木丈過平坡缺牧淨地九十一頃二十六畝

一、由該蘇木照章撥給該旗總管缺地五頃

一、由該蘇木照章撥給該旗正參領缺地六頃

一、由該蘇木照章撥給該旗副參領缺地五頃

一、由該蘇木照章撥給正筆帖式缺地二頃

一、由該蘇木照章撥給滿洲理刑官缺地二頃五十畝

一、該蘇木佐領照章撥給缺地四頃

一、該蘇木前鋒校照章撥給缺地二頃五十畝

一、該蘇木護軍校照章撥給缺地二頃五十畝

一、該蘇木大錢粮兵二十五名每名一頃照章撥給缺地三十五頃

一、該蘇木小錢粮兵三十五名每名六十畝照章撥給缺地二十一頃

一、該蘇木公共草廠照章撥給地一十二頃

以上十一宗應撥地九十七頃五十畝除撥給九十一頃二十六畝外不敷草廠六頃二十四畝

一、該蘇木灰鹼聚約計六百餘頃未丈

二蘇木丈過平坡缺牧淨地九十頃

一、該蘇木佐領照章撥給缺地四頃

一、該蘇木前鋒校照章撥給缺地二頃五十畝

一、該蘇木護軍校照章撥給缺地二頃五十畝

一、該蘇木大錢粮兵三十五名每名一頃照章撥給缺地三十五頃

一、該蘇木小錢粮兵三十五名每名陸十畝照章撥給缺地二十一頃

一、該蘇木公共草廠照章撥給地一十二頃

以上六宗應撥地七十七頃除撥給七十七頃外下餘地一十三頃

三蘇木丈過平坡缺牧淨地八十一頃五十畝

一、由該蘇木照章撥給蒙古理刑官缺地二頃五十畝

一、由該蘇木照章撥給正筆帖式缺地二頃

一、該蘇木佐領照章撥給缺地四頃

一、該蘇木前鋒校照章撥給缺地二頃五十畝

一、該蘇木護軍校照章撥給缺地二頃五十畝

一、該蘇木大錢粮官兵三十五名每名一頃照章撥給缺地三十五頃

一、該蘇木小錢粮兵三十五名每名六十畝照章撥給缺地二十一頃

一、該蘇木公共草廠照章撥給地一十二頃

以上八宗應撥地八十一頃五十畝（無餘）

四蘇木丈過平坡缺牧淨地一百六頃五十畝

一、由該蘇木照章撥給該旗總管缺地三頃

一、由該蘇木照章撥給該旗總管衙門印房草廠一十頃

一、由該蘇木照章撥給該旗總管衙門校場一十五頃

一、由該蘇木照章撥給副筆帖式缺地一頃五十畝

一、該蘇木佐領照章撥給缺地四頃

一、該蘇木前鋒校照章撥給缺地二頃五十畝

一、該蘇木護軍校照章撥給缺地二頃五十畝

一、該蘇木大錢粮兵三十五名每名一頃照章撥給缺地三十五頃

一、該蘇木小錢粮兵三十五名每名六十畝照章撥給缺地二十一頃

一、該蘇木公共草廠照章撥給地一十二頃

以上十宗應撥地一百六頃五十畝　（無餘）

五蘇木丈過平坡缺牧淨地四十一頃

一、該蘇木佐領照章撥給缺地四頃

一、該蘇木前鋒校照章撥給缺地二頃五十畝

一、該蘇木護軍校照章撥給缺地二頃五十畝

一、該蘇木大錢粮兵三十五名每名一頃照章撥給缺地三十五頃

一、該蘇木小錢粮兵三十五名每名六十畝照章撥給缺地二十一頃

一、該蘇木公共草廠照章撥給地一十二頃

以上六宗應撥地七十七頃除撥給四十一頃外不敷地三十六頃

六蘇木丈過平坡缺牧淨地七十七頃

一、該蘇木佐領照章撥給缺地四頃

一、該蘇木前鋒校照章撥給缺地二頃五十畝

一、該蘇木護軍校照章撥給缺地二頃五十畝

一、該蘇木大錢粮兵三十五名每名一頃照章撥給缺地三十五頃

一、該蘇木小錢粮兵三十五名每名六十畝照章撥給缺地二十一頃

一、該蘇木公共草廠照章撥給地一十二頃

以上六宗應撥地七十七頃（無餘）

七蘇木丈過平坡缺牧淨地六十頃九畝三分

一、該蘇木佐領照章撥給缺地四頃

一、該蘇木前鋒校照章撥給缺地二頃五十畝

一、該蘇木護軍校照章撥給缺地二頃五十畝

一、該蘇木大錢粮兵三十五名每名一頃照章撥給缺地三十五頃

一、該蘇木小錢粮兵三十五名每名六十畝照章撥給缺地二十一頃

一、該蘇木公共草廠照章撥給地一十二頃

以上六宗應撥地七十七頃除撥給六十頃九畝三分外不敷地一十六頃九十畝七分

八蘇木丈過平坡缺牧淨地七十七頃

一、該蘇木佐領照章撥給缺地四頃

一、該蘇木前鋒校照章撥給缺地二頃五十畝

一、該蘇木護軍校照章撥給缺地二頃五十畝

一、該蘇木大錢粮兵三十五名每名一頃照章撥給缺地三十五頃

一、該蘇木小錢粮兵三十五名每名六十畝照章撥給缺地二十一頃

一、該蘇木公共草廠照章撥給地一十二頃

以上六宗應撥地七十七頃（無除）

九蘇木丈過平坡缺牧淨地四十二頃

一、該蘇木佐領照章撥給缺地四頃

一、該蘇木前鋒校照章撥給缺地二頃五十畝

一、該蘇木護軍校照章撥給缺地二頃五十畝

一、該蘇木大錢粮兵三十五名每名一頃照章撥給缺地三十五頃

一、該蘇木小錢粮兵三十五名每名六十畝照章撥給缺地二十一頃

一、該蘇木公共草廠照章撥給地一十二頃

以上六宗應撥地七十七頃除撥地四十二頃外不敷地三十五頃

十蘇木丈過平坡缺牧淨地九十頃

一、該蘇木佐領照章撥給缺地四頃

一、該蘇木前鋒校照章撥給缺地二頃五十畝

一、該蘇木護軍校照章撥給缺地二頃五十畝

一、該蘇木大錢粮兵三十五名每名一頃照章撥給缺地三十五頃

一、該蘇木小錢粮兵三十五名每名六十畝照章撥給缺地二十一頃

一、該蘇木公共草廠照章撥給地一十二頃

以上六宗應撥地七十七頃除撥地七十七頃外下餘地一十三頃

十一蘇木丈過平坡缺牧淨地七十七頃

一、該蘇木佐領照章撥給缺地四頃

一、該蘇木前鋒校照章撥給缺地二頃五十畝

一、該蘇木護軍校照章撥給缺地二頃五十畝

一、該蘇木大錢粮兵三十五名每名一頃照章撥給缺地三十五頃

一、該蘇木小錢粮兵三十五名每名六十畝照章撥給缺地二十一頃

一、該蘇木公共草廠照章撥給地一十二頃

以上六宗應撥地七十七頃（無餘）

十二蘇木丈過平坡缺牧淨地七十七頃

一、該蘇木佐領照章撥給缺地四頃
一、該蘇木前鋒校照章撥給缺地二頃五十畝
一、該蘇木護軍校照章撥給缺地二頃五十畝
一、該蘇木大錢粮兵三十五名每名一頃照章撥給缺地三十五頃
一、該蘇木小錢粮兵三十五名每名六十畝照章撥給缺地二十一頃
一、該蘇木公共草廠照章撥給地一十二頃
以上六宗應撥地七十七頃（無除）
壕沁蘇木丈過平坡缺牧淨地八頃九十畝
一、該蘇木捕盜官照章撥給缺地一頃五十畝
一、該蘇木筆帖式照章撥給缺地一頃五十畝
一、該蘇木小錢粮兵二十名每名六十畝照章撥給缺地十二頃
一、該蘇木公共草廠照章撥給地四頃
以上四宗應撥地一十九頃除撥給八頃九十畝外不敷地十頃一十畝

十三蘇木

一、額設佐領一員
一、額設前鋒校一員
一、額設護軍校一員

一、額設大錢粮兵九名

一、額設小錢粮兵九名

此蘇木官兵隨缺草廠均無

光緒二十九年十二月　　日　候選同知斌儀
署理同知劉錦棠

附二、丈過鑲藍旗隨缺牧地數目清册

總辦行墾收支處候選同知
會辦墾務事宜署理寧遠撫民同知　爲造送清册事謹將鑲藍旗各蘇木丈過缺淨地照章撥給承領數目開摺恭呈

憲核須至册者

計　開

鑲藍旗

頭蘇木丈過平坡缺牧淨地七十七頃

一、該蘇木佐領照章撥給缺地四頃

一、該蘇木前鋒校照章撥給缺地二頃五十畝

一、該蘇木護軍校照章撥給缺地二頃五十畝

一、該蘇木大錢粮兵三十五名每名一頃照章撥給缺地三十五頃

一、該蘇木小錢粮兵三十五名每名六十畝照章撥給缺地二十一頃

一、該蘇木公共草廠照章撥給地一十二頃

以上六宗應撥地七十七頃（無餘）

二蘇木丈過平坡缺牧淨地五十頃

一、該蘇木佐領照章撥給缺地四頃

一、該蘇木前鋒校照章撥給缺地二頃五十畝

一、該蘇木護軍校照章撥給缺地二頃五十畝

一、該蘇木大錢粮兵三十五名每名一頃照章撥給缺地三十五頃

一、該蘇木小錢粮兵三十五名每名六十畝照章撥給缺地二十一頃

一、該蘇木公共草廠照章撥給一十二頃

以上六宗應撥地七十七頃除撥給五十頃外不敷地二十七頃

三蘇木丈過平坡缺牧淨地二十頃二十五畝

一、該蘇木佐領照章撥給缺地四頃

一、該蘇木前鋒校照章撥給缺地二頃五十畝

一、該蘇木護軍校照章撥給缺地二頃五十畝

一、該蘇木大錢粮兵三十五名每名一頃照章撥給缺地三十五頃

一、該蘇木小錢粮兵三十五名每名六十畝照章撥給缺地二十一頃

一、該蘇木公共草廠照章撥給地一十二頃

以上六宗應撥地七十七頃除撥給地二十頃二十五畝外不敷地五十六頃七十五畝

四蘇木丈過平坡缺牧淨地六十四頃三十八畝

一、該蘇木佐領照章撥給缺地四頃

一、該蘇木前鋒校照章撥給缺地二頃五十畝

一、該蘇木護軍校照章撥給缺地二頃五十畝

一、該蘇木大錢粮兵三十五名每名一頃照章撥給缺地三十五頃

一、該蘇木小錢粮兵三十五名每名六十畝照章撥給缺地二十一頃

一、該蘇木公共草廠照章撥給地一十二頃

以上六宗應撥地七十七頃除撥給地六十四頃三十八畝不敷地一十二頃六十二畝

五蘇木丈過平坡缺牧淨地二十三頃

一、該蘇木佐領照章撥給缺地肆頃

一、該蘇木前鋒校照章撥給缺地二頃五十畝

一、該蘇木護軍校照章撥給缺地二頃五十畝

一、該蘇木大錢粮兵三十五名每名一頃照章撥給缺地三十五頃

一、該蘇木小錢粮兵三十五名每名六十畝照章撥給缺地二十一頃

一、該蘇木公共草廠照章撥給地一十二頃

以上六宗應撥地七十七頃除撥給地二十三頃外不敷地五十四頃

六蘇木丈過平坡缺牧淨地八十五頃
一、由該蘇木照章撥給該旗總管缺地八頃
一、由該蘇木照章撥給該旗總管衙門印房草廠一十頃
一、由該蘇木照章撥給該旗總管衙門校場一十五頃
一、該蘇木照章撥給滿洲理刑官缺地二頃五十畝
一、由該蘇木照章撥給筆帖式缺地二頃
一、該蘇木佐領照章撥給缺地四頃
一、該蘇木前鋒校照章撥給缺地二頃五十畝
一、該蘇木護軍校照章撥給缺地二頃五十畝
一、該蘇木大錢粮兵三十五名每名一頃照章撥給缺地三十五頃
一、該蘇木小錢粮兵三十五名每名六十畝照章撥給缺地二十一頃
一、該蘇木公共草廠照章撥給地一十二頃
以上十一宗應撥地一百一十四頃五十畝除撥給八十五頃外不敷地二十九頃五十畝
七蘇木丈過平坡缺牧淨地八十二頃
一、由該蘇木照章撥給該旗副參領缺地五頃
一、該蘇木佐領照章撥給缺地四頃
一、該蘇木前鋒校照章撥給缺地二頃五十畝

一、該蘇木護軍校照章撥給缺地二頃五十畝
一、該蘇木大錢粮兵三十五名每名一頃照章撥給缺地三十五頃
一、該蘇木小錢粮兵三十五名每名六十畝照章撥給缺地二十一頃
一、該蘇木公共草廠照章撥給地一十二頃
以上七宗應撥地八十二頃（無除）

八蘇木丈過平坡缺牧淨地五十五頃
一、該蘇木佐領照章撥給缺地四頃
一、該蘇木前鋒校照章撥給缺地二頃五十畝
一、該蘇木護軍校照章撥給缺地二頃五十畝
一、該蘇木大錢粮兵三十五名每名一頃照章撥給缺地三十五頃
一、該蘇木小錢粮兵三十五名每名六十畝照章撥給缺地二十一頃
一、該蘇木公共草廠照章撥給地一十二頃
以上六宗應撥地七十七頃除撥給五十五頃外不敷地二十二頃

九蘇木丈過平坡缺牧淨地三十頃七畝
一、該蘇木佐領照章撥給缺地四頃
一、該蘇木前鋒校照章撥給缺地二頃五十畝
一、該蘇木護軍校照章撥給缺地二頃五十畝

一、該蘇木大錢粮兵三十五名每名一頃照章撥給缺地三十五頃

一、該蘇木小錢粮兵三十五名每名六十畝照章撥給缺地二十一頃

一、該蘇木公共草廠照章撥給地一十二頃

以上六宗應撥地七十七頃除撥給三十頃七畝外不敷地四十六頃九十三畝

十蘇木丈過平坡缺牧淨地七十七頃

一、該蘇木佐領照章撥給缺地四頃

一、該蘇木前鋒校照章撥給缺地二頃五十畝

一、該蘇木護軍校照章撥給缺地二頃五十畝

一、該蘇木大錢粮兵三十五名每名一頃照章撥給缺地三十五頃

一、該蘇木小錢粮兵三十五名每名六十畝照章撥給缺地二十一頃

一、該蘇木公共草廠照章撥給地一十二頃

以上六宗應撥地七十七頃（無餘）

十一蘇木丈過平坡缺牧淨地八十五頃五十畝

一、由該蘇木照章撥給該旗正參領缺地六頃

一、由該蘇木照章撥給蒙古理刑官缺地二頃五十畝

一、該蘇木佐領照章撥給缺地四頃

一、該蘇木前鋒校照章撥給缺地二頃五十畝

一、該蘇木護軍校照章撥給缺地二頃五十畝

一、該蘇木大錢糧兵三十五名每名一頃照章撥給缺地三十五頃

一、該蘇木小錢糧兵三十五名每名六十畝照章撥給缺地二十一頃

一、該蘇木公共草廠照章撥給地一十二頃

以上八宗應撥地八十五頃五十畝（無餘）

十二蘇木丈過平坡缺牧淨地七頃三十畝未丈灰騰梁地一百一十四頃

一、該蘇木佐領照章撥給缺地四頃

一、該蘇木前鋒校照章撥給缺地二頃五十畝

一、該蘇木護軍校照章撥給缺地二頃五十畝

一、該蘇木筆帖式照章撥給缺地二頃

一、該蘇木大錢糧兵三十五名每名一頃照章撥給缺地三十五頃

一、該蘇木小錢糧兵三十五名每名六十畝照章撥給缺地二十一頃

一、該蘇木公共草廠照章撥給地一十二頃

以上七宗應撥地七十九頃除撥給外下餘地四十二頃三十畝

十三蘇木丈過平坡缺牧淨地三十八頃六畝

一、該蘇木佐領照章撥給缺地三頃

一、該蘇木前鋒校照章撥給缺地二頃

一、該蘇木護軍校照章撥給缺地二頃

一、該蘇木大錢粮兵九名每名一頃照章撥給缺地九頃

一、該蘇木小錢粮兵九名每名六十畝照章撥給缺地五頃四十畝

一、該蘇木公共草廠照章撥給地六頃

以上六宗應撥地二十七頃四十畝除撥給外下餘地十頃六十六畝

壕沁蘇木丈過平坡缺牧淨地十五頃四十五畝

一、該蘇木筆帖式照章撥給缺地一頃五十畝

一、該蘇木捕盜官照章撥給缺地一頃五十畝

一、該蘇木小錢粮兵二十名每名六十畝照章撥給缺地一十二頃

一、該蘇木公共草廠照章撥給地三頃三十三畝

以上四宗應撥地一十八頃三十三畝除撥給一十五頃四十五畝外不敷地二頃八十八畝

光緒二十九年十二月 日 候選同知斌儀
署理同知劉錦棠

禁止私放蒙荒通則（民國三年二月十九日奉內務農商財政三部、蒙藏院頒發）

第一條 本通則爲保全各蒙旗公衆土地起見本

大總統命令規定凡查有蒙旗私放荒地者、均依此辦理

第二條 凡蒙旗出放荒地、無論公有私有、一律應由札薩克行文該管地方行政官長、報經中央核准、照例由政府出放、否則以私放

論、但墾闢蒙荒獎勵辦法第三條所稱、照章劃留領照之地、不在此內、仍准由蒙旗自行開墾、但須呈報該管地方長官備案

第三條　凡私放荒地、除係台吉壯丁所爲者、應送該管札薩克分別懲處外、其餘應按情節輕重、併分別故犯失察、照左列各項酌量懲處

一、降爵

二、罰俸

三、罰牲

第四條　前條台吉壯丁有犯以上情罪者、應由該管行政長官照會該管札薩克、查照事實輕重、分別擬具懲處、再行報明地方長官辦理、其降爵、罰俸、罰牲各處分、則由該管行政長官、按據事實咨明內務部、財政部、農商部、會同蒙藏院核議、呈明

大總統辦理

第五條　凡私放荒地、除依前條懲辦外、仍應將該荒地撤歸政府另行處分、併追繳荒價

第六條　本通則自呈奉

大總統批令公布之日施行

第七條　本通則未盡事宜、准由兼轄蒙旗之奉天、吉林、黑龍江、甘肅、新疆、熱河、綏遠、察哈爾、阿爾泰、各該處按使、都統、辦事長官、就各處情形、另定施行細則、咨部核准施行

墾闢蒙荒獎勵辦法七條（民國三年二月十九日奉內務農商財政三部暨蒙藏院頒發）

一、凡各蒙旗願將各該旗地畝報墾、或自行招放者、及領墾蒙荒者、得給與獎勵

二、凡將本旗地畝、報由國家放墾、在一千方以上者、給予勳章、五千方以上者、給予翊衛處各職銜、一萬方以上者晉給爵銜

三、凡將本旗地畝、呈報自行招墾、墾竣五千方以上者、給予勳章、一萬方以上者、給予翊衛處各職銜

四、凡爵位過崇、無銜可加、及業給最高級勳章者、給匾額或別項榮典

五、凡人民領墾蒙荒、墾竣一百方以上者、給予獎章

六、凡依第二三四等條給獎者、由各該都統辦事長官咨院、蒙藏院會同農商部、呈請
大總統核給

七、凡依第五條給獎者、由各該都統辦事長官、咨陳農商部給與之

禁止私放蒙荒施行細則內應提議施行辦法如左（民國八年二月呈准）

查禁止私墾施行細則、業於七年十月咨行烏伊兩盟盟長、轉行各旗在案、現距施行之期甚近、自應預爲提議、以免施行時發生障碍、其辦法列後

甲、關於土地之辦法

一、從前各蒙旗王公台吉及主管喇嘛、管站人員自種各地、查在通則頒布以前者、作爲舊案、應由各該管扎薩克、及各主管人員、於施行期限內、報由都統派員查明實地丈量註冊、發給部照、作爲劃留領照之地

二、從前各旗及喇嘛各人員施放各地、查在通則頒布以後、細則施行以前者、作爲新案、所放各地、應由各扎薩克及各主管人員、依限報由都統派員實地丈量後、分別註冊、其已放給於人民者、應一律由墾局按照細則第五條辦理、以示區別

三、各旗及召廟、台站、各主管人員私放各地、在細則施行以後者、不得適用上二項辦法、應由各該管扎薩克、及各該管主

管人員、報歸國家、由墾局丈放、按照細則第八條劈給押荒、經此次協議後、無論各旗召如再有私放地畝情事、應一律照通則第三第五兩條罰則辦理

四、各旗王公、台吉、及各主管喇嘛、管站人員、從前私租私典與民戶耕種之地、其列入舊案者、由墾者察看情形、按照第五條施行細則、分別辦理、其列入新案者、應一律由各該管扎薩克及各主管人員報歸國家、由墾局丈放、按照細則第八條、從優劈押荒、並照細則第七條呈請從優給獎

乙、關於渠道之辦法

一、從前各旗王公、台吉、及主管喇嘛、管站人員、自開之渠道凡在通則頒布以前者、作爲舊案、由國家備價收歸國家管理如不願領價者、酌分給水租、以示優異

二、從前各旗王公、台吉、及主管喇嘛、管站人員、自開之渠道、凡在通則頒布後、細則施行以前者、作爲新案、由　都統派員察看情形、發還該渠修築費(由五成至三成)收歸國有、如不願領者、酌分給水租、由四成至二成、若情願報効國家者呈請給予獎勵

三、人民私開之渠、無論列入舊案、新案者、一律收歸國有、其私修之渠、不及一二里、専澆本墾戶地畝、用無定水流者、(指山溝天雨而言)免徵水租、其私修之渠、長及數里、用國家河流、泉源、灌溉各墾地者、由墾局察看情形、修築是否合法、或蠲免水租一部分、或從優體恤發還工本一部分、如情願報効國家者、由墾局呈請給獎

丙、關於村鎮道路之辦法

一、各旗召經墾局已放各地、其人民居住之村鎮佔用者、應由各旗召一律報効國家、作爲公產、由地方官管理

二、墾地內預留之城鎮村落、凡城基地由國家備價向旗召收買、仿五原城基辦理、其指定預留村鎮各地、與普通地、一律辦

理、其歲租應由旗召報効國家

三、各旗召界內、人民公共通行道、及墾地內佔用道路、各地應由各旗召一律報効國家、歸地方官管理

綏區各蒙旗私放墾地依照禁止私放蒙荒通則擬具施行細則（民國八年七月八日呈奉令准施行）

第一條　本細則依照禁止私放蒙荒通則第七條內載、本通則未盡事宜、准由兼轄蒙旗長官、就各處情形、另訂施行細則、咨部核准施行、茲就綏區蒙地情形、酌定細則、一俟核准、即行通行各蒙旗遵照辦理

第二條　凡綏屬各蒙旗、除土默特旗地畝、應依照清理章程辦理不計外、所有烏伊兩盟十三旗、并召廟台站等地、從前業經自行開墾者、應由各該管扎薩克王公、及主管喇嘛、管站人員、於此項細則通行後、六個月內繪具詳細地圖、書明坐落四至、畝數、由綏遠都統派員查明、實地丈量、如查實係自種、或貧蒙戶口、召廟喇嘛養贍之地、即照禁止私放蒙荒通則第二條、准爲劃留發給執照、自種之地、并照後列事項、由各該旗報明、分別註冊、以備查考、但民墾應照本細則第六條之規定辦理

一、私墾坐落地點、土地種類（渠旱地房園地）頃畝、已未墾地各若干

二、私放之年月、約據內所載之典買、或係租種、所價典價、并常年租金各若干、及有無長支拖欠情事

三、土地所有權、現在之狀況、地內之召廟、墳塋建築等物

四、承種人之姓名里居及職業、並轉租之情形

第三條　前項私墾地、如逾限不報、一經查出、或被人指報、即係有意故違、私墾禁例、應按照通則第三第五兩條罰則辦理

第四條　凡各蒙旗、願將前項自種私墾地報由國家開放、或將劃留之地、自行墾闢者、租典民戶耕種者、仍以私墾論、即按照墾闢蒙荒奬勵法第二條、呈請奬勵

第五條　凡蒙旗經此次將從前私墾之地報明領照後、復將領照之地、或照外之地、私行典租於人民者、即依照通則第三條之規定王公私放公有土地、以故犯論、台吉壯丁私放戶口、除送該管扎薩克分別懲處外、仍予該管扎薩克、以失察處分、嗣後人民無論團體個人、均不得向蒙旗私自購地、或租典、倘有前項情事、經派員查出、或別經發覺、即將該地充公、並將租典之人民、予以相當之懲罰

第六條　凡前項私墾地、除查明確係貧蒙戶口、召廟養贍、照章劃留、自行耕種不計外、其已經典租民戶耕種者、均責令該旗報由墾局、照章開放（民墾地方之應用溝渠道路、應一律收歸國有）如蒙旗已受領人民之典賣價額者、此次丈放價額、得從輕擬定但經墾局認爲原典賣之價額、與現値相埒者、應從寬免令再繳荒價、惟丈費須加倍繳納、其押荒歲租并准從最優例辦理

第七條　凡劃留領照之地、均須實地丈量、每頃應呈繳丈量費大洋二元、并照章繳納照費

第八條　本細則如有未盡事宜、得隨時咨部修改

第九條　本細則自咨部核准之日施行

蒙旗地內辦礦暫行簡章（民國十年十二月二十七日呈准公布）

第一條　凡在蒙古各旗地內探採礦產、除遵照礦業條例、及關係諸法令外、并照本暫行簡章辦理

第二條　各蒙旗第一類礦質、蒙旗呈請探採、均應准照礦業條例第九條辦理

第三條　各蒙旗第二類礦質、如所在地段、未經蒙旗轉租於人者、准以該旗主爲地面業主、依照礦業條例第十條、及施行細則第十三條、至十五條辦理

各蒙旗第二類礦質所在地段、如已由蒙旗轉租與人者、前項地面業主之優先權、應由承租人享有之

第四條　礦業權者、因礦業條例第五十七條所列條款之目的、使用土地、蒙旗不得拒絕居寄、礦業權者、亦不得於其使用地內、及礦區內、作礦業以外之事業

第五條　礦業條例第五十九條、至六十四條、地主及關係人應得之償金、如係蒙旗土地業已轉租者、應由轉租人享有之

第六條　礦業權者、於礦區內、未經使用、併未經給予償金之地內、不得阻攔蒙民居住游牧種植、及作他種之謀生事

第七條　礦區稅、除照礦業條例第七十九條繳納外、應照左列之稅額納與蒙旗

一、如礦區爲採礦條例第六條第一類礦質、按年每畝納銀元一角、其砂鉑砂金砂錫鐵之在河底者、按年每長十丈、納銀元一角

第六條第二類礦質、按年每畝納銀元五分

二、如礦區爲採礦、前項之稅額、均以二分計算

第八條　礦產稅、除照礦業條例第八十一條繳納外、應照左列之稅額、納與蒙旗

一、礦業條例、第六條第一類礦質、按出產地平均市價千分之五

二、礦業條例第六條第二類礦質、按出產地平均市價千分之三·五

三、現行礦業條例所定稅率、嗣後如另有增減之規定時、第七第八兩條、所定附加區產兩稅、應比照例定稅率三分之一繳納、併礦商遵照第七第八兩條納稅後、蒙旗不得藉故再抽小分、暨其他名目稅捐

第九條　礦商對於蒙旗、既曾訂第七第八兩條加納區產兩稅、如旗員旗民等、有藉端阻撓所營礦業情事、除由主管官廳、依法核辦仍應由旗主分任保護之責、並對於阻撓者、隨時制止

第十條　蒙旗內各礦區之地面、不得作抵借債、及移轉土地所有權

第十一條　蒙旗內探採礦案、一律由農商部、及監督礦業機關、依法核辦、礦商奉准給照註册後、並應向蒙藏院、請領蒙文礦商

執照、並由蒙藏院咨行蒙旗、以資接洽

前項護照、專爲免除蒙旗誤會、便利礦商營業之用、所有礦商法定權利、仍以農商部所給礦業執照爲憑

凡未經農商部核准給照之礦商、不得向蒙藏院冒領前項護照、違者按照礦業條例第九十四條處罰

第十二條　礦商向蒙藏院領取上項蒙文護照時、應按照農商部註册費十分之二、繳納照費

第十三條　在本簡章未公布以前業經核准給照之各礦商、均仍照舊辦理

第十四條　本簡章、自呈准公布之日施行

修正小礦業暫行條例（民國十二年六月呈准施行）

第一條　本條例、於舊多土窰、或不堪經營大礦之地帶內適用之

第二條　呈請開採煤礦礦區不滿二百七十畝、其他各礦礦區不滿五十畝者、均稱爲小礦

第三條　呈請開採小礦者、應具呈文暨礦圖、呈請礦務監督署長、轉呈農商總長、核給小礦執照

第四條　前條之礦圖、須詳載左列事項

一、呈請地之地名

二、呈請地之面積

三、礦區境界線

四、四至基點、及隣接礦區

第五條　小礦執照之有效期間、自給照之日起、算爲三年、但認爲無妨礦利者、得准其於期滿前、呈請展期、照章納費、換領小照

第六條 小礦不得與外人合辦、或借用外資

第七條 凡小礦除應照章繳納礦稅外、其呈請發給小礦執照時、應依左列各款納費

甲、煤礦

一、不滿五十畝者 二十元

二、五十畝以上、一百畝以下 四十元

三、一百畝以上、二百畝以下 六十元

四、二百畝以上、二百七十畝以下 八十元

乙、其他各礦

一、不滿二十畝者 三十元

二、二十畝以上、三十畝以下 四十元

三、三十畝以上、四十畝以下 六十元

四、四十畝以上、五十畝以下 八十元

丙、呈請開採、或移轉、呈丈費、五元

第八條 小礦商於審查礦商資格規則不適用之

第九條 違背本條例第六條之規定者、農商總長得撤銷其礦業權

第十條 本條例公布後、民國四年七月十一日、呈准之小礦業暫行條例、即行廢止

第十一條 本條例自呈准之日施行

存根

礦商楊福懋前於　年　月　日禀准在歸綏縣、小西溝內、柳樹灣、領礦區玖拾玖畝陸分、開採礦業條例第壹類煤礦在案、茲於民國九年、十二月二十一日、發給部頒綏字第貳拾壹號小礦執照扣至民國十二年、十二月二十日期滿、須至存根者

中華民國九年十二月二十一日

綏遠墾務總局附設管理綏遠全區塡發部照處章程

（民國十三年六月十六日呈奉令准）

第一條　本總局以督飭各縣局、塡發部照手續紛繁、業經呈明督辦核准、添設管理綏遠全區塡發部照處、附於本總局內、派員司

計　開

辦理、以專責成

第二條　各縣局塡發部照手續、應遵守本章程之規定

第三條　各縣局塡發部照、應由本年五月一日開辦之日起、即按現行章程辦理、每塡發部照一張、收照費洋一元、註册費洋一角教育實業附加費洋一角、掛號費洋一角五分、此外不得再事浮收、所有應收各項等費、並經隨令頒發督辦布告、分別張貼、俾衆週知、以資遵守

第四條 各縣局塡發部照、每張收費以一頃爲限、如超過一頃以上、依次類推、遞加收費二十畝以下、仍按舊章發部照一張、收照費洋一角五分、郵繕費洋二角五分、並收掛號費洋一角五分、以示體恤、而昭平允

第五條 各縣局發照、所需印花、由本總局領發貼用、其貼用法、則按照印花章程辦理

第六條 各縣局塡發部照、每張所收掛號費一角五分、內提留七分、爲辦公津貼、所餘八分、解交總局、以備管理處職員薪津開支、以及其領部照交際費、並辛紅紙張筆墨一切所需

第七條 各縣局塡發部照、所收照費與註册費、均係正式報部之款、所收數目、按月呈報、正式批解、其附收教育實業費及掛號費、分別函報、以資考核

第八條 各縣局塡發部照、自此次規定新章令行後、從前所收照費洋一角五分、郵繕費洋二角五分、一律取消、惟二十畝以下、仍照舊章徵收

第九條 各縣局塡發部照、賡續各縣局、所存未發承墾部照號數挨次塡發、所有從前塡發部照存根、應以一聯送縣、其餘一聯、應彙案呈送本總局轉送財政廳備查、以符部定手續、其新發之照、亦應照此手續辦理、並將各縣局五月以前、存而未發之部照查明數目、分別具報、以憑查核

第十條 本總局此次改定塡發部照後、所有頒發都統印照、即行停止、一律頒發部照、從前各地戶已領都統之印照、迅速催領更換部照、所有各縣局領存未發都統之印照、應即繳銷

第十一條 本總局此次另定塡發部照章程、原爲人民產業權利保障起見、應由各縣局切實勸導、從速具領、勿得觀望、自貽後悔

第十二條 各縣局塡發部照、應詳細登記簿册、並將每月塡發部照號張數目、列册報核、至不收正雜各款、分別收支批解各數目按月造報

督辦處一次、以備考核

第十三條　各縣局撥發部照、其原戶已經升科者、如更名過戶、應函知經管縣署更正魚鱗册、以便稽徵官歲租

第十四條　此項章程、於令行之日實行之

綏遠墾務總局擬訂辦理墾務通則（民國十七年七月十七日提議綏遠臨時區政府議決）

第一章　宗旨

一、綏遠墾務、以實邊殖民、發展地方、振興農業、充裕民生爲宗旨

第二章　勘收報墾地界辦法

一、凡各旗報墾地畝、由收界委員、將座落何處、面積里數、南北東西四至處所、除山河道路、不堪耕種之地外、約有可種之地若干頃畝、均須勘驗明確、繪具圖說、呈明核示

一、凡報墾地畝、按其土質肥瘠、酌定放地等則、徵收荒價其應定之等則、及荒價數目、分五等規定、即由勘收界址人員、詳實擬議、呈報核定

一、凡所報之地、約可放地若干頃畝、應徵荒價若干數目、均須擬定預算、呈報核定

第三章

一、各項報墾、如係荒地、必須先行開方、編列號數、按段丈放、俾免遺漏

一、各旗報墾、如係熟地、必須按已墾之各戶、先行分別編號、按號丈放、而便稽核、其未墾之荒地、仍按荒地辦法辦理

一、熟地先儘原戶、限一個月內掛號認領、倘逾限不領、即准由地鄰、或其他人民承領、生荒亦先儘掛號在前者認領、以便挨次

丈放、每頃先收掛號費一元、以資丈領

一、嗣後領墾各民戶、在平均地權法令未頒布以前、如領水地、每人不得過二頃、旱地上等不得過五頃、中地不得過八頃、下地不得過十頃、以示限制

一、報墾地畝、應徵荒價期限、各該民戶、於領墾時、無論荒熟地、於丈放前、呈具聲請書、格式附後、並交荒價三成、其餘之款分兩次交清、以便換領部照、而資管業（其各戶分期呈交荒價成數、以該局設立之期限爲標準、臨時酌定之）

一、報墾地畝、丈放期限、以及收款造册等事、限於若干時期爲竣事之日、仍以地畝多寡、收款若干爲標準、臨時酌定之

一、報墾地畝、應設墾務分局一處、名爲某局專司勘放該處地畝事宜、如報墾地較多、須有設置行局之必要、亦即照章設置、並應刊蒙漢文木質關防、仍舊由局刊發、以昭信守

第四章 啓徵升科辦法

一、報墾地畝、應徵官蒙各租等則、應視地質之優劣、俟收界後、查酌情形、臨時詳核規定

一、應徵之官蒙各租、仍照舊章、官租全數歸公、蒙租全數歸蒙

一、報墾地畝、應行啓徵官蒙各租年限、熟地以領地之第二年啓徵、荒地以領地第三年啓徵（即如十七年承領熟地、十八年啓徵、承領荒地、十九年啓徵、餘以此類推）

一、前條升科册籍、應由分行各局、按照每月放出地畝、花名數目、亦即按月查造升科册、一俟屆期、呈送墾務總局、分發該管縣政府、遵照啓徵、以免遲誤

第五章 劃分公蒙荒價及提支經費辦法

一、報墾地畝、應徵荒價、除提三成經費外、其餘以三成五歸公、三成五歸蒙

一、丈放報墾地畝、應支經費、依照定章、按照報墾地段、收入全額十分之二開支、以放地收款各提一成支配、其餘一成、作爲

勘收界址、委員蒙員旅費、及其他等項之用

第六章　劃留村基

一、凡各蒙旗所報荒地、勘收界址後、相度地勢、先將村基劃留、並應查酌報墾地畝多寡、劃留村基地段若干、先行呈明

一、凡各蒙旗報墾荒地、按其地畝多寡、分其水旱、如水地在二百頃以上者、旱地在五百頃以上者、均卽劃留一村百戶之地基、餘依此推行、倘臨時遇有窒碍、或須變通者、隨時查酌情形、呈明變更

一、凡承領荒地之民戶、其房基場圃、均照各該局指定村基地點內、認領、建築、不得任意擇居、隨便遷移

第七章　奬懲

一、凡墾務分行各局人員、辦理墾務成績優劣、各按五等考核法、每年考核一次、考核章程另定之

一、凡墾務分行各局人員、查有營私舞弊者、立卽依法懲處

第八章　附則

一、本通則、如有未盡事宜、隨時增添之

一、本通則、自呈奉核准之日施行

綏遠省政府訓令（政字第三〇四〇號）

令墾務局

案准

財政部、賦字第七六五四號咨開、案查整理田賦、舉辦土地陳報一案、前由本部擬具大綱、提經第四屆四中全會決議通過、並奉

行政院令發辦法、由本部會同內政部、分咨徵集意見、旋於全國財政會議之際、遵照中央決議大綱、參證院發辦法、及各地方意見、製訂方案、提交討論、復經決議通過綱要三十五條、由部會同內政部、呈奉院議通過、轉請

中央政治會議暨國民政府備案各在案、茲奉

行政院、第三五二七號訓令、公布綱要條文、飭即轉飭所屬、一體遵照等因、並附發綱要一份、奉此、並經本部製訂要點說明、冊照式樣、以資參酌規定、而利進行、奉令前因、除咨會內政部、暨通令財政廳、會同省主管地政機關、釐訂章程等件、呈請分咨外、相應抄同原綱要及說明、暨冊式等件、咨請查照、督飭辦理、並希見覆爲荷、計附送綱要一件、說明及冊式等項一份、等因准此、查此案、前奉

行政院、第三五二七號訓令、當經本府政字第二零八六號訓令、飭遵在案、茲准前因、除咨覆並分令外、合將原件抄發、令仰該局查照、此令

計抄發綱要一件、說明及冊式等項各一份

中華民國二十三年九月七日

主席傅作義

監印潘世榮

校對張國治

中華民國二十三年八月

辦理土地陳報文件

目錄

財政部整理地方捐稅委員會編

查整理田賦、先行舉辦土地陳報一案、前經 孔部長、提出第四屆四中全會通過、旋奉
行政院令、會同內政部、一再研商、咨行各省市、徵集意見、嗣於此次全國財政會議、提出方案、復經決議通過綱要三十五條、呈奉
行政院、第一六五次會議通過、轉奉
中央政治會議、第四一三次會議、及
國民政府、第一四二零號指令、准予備案、近奉
行政院令、第三五二七號、飭即轉飭所屬、一體遵照、是以此案既經中央精密考慮、手續又極鄭重、允宜從速實施、以收宏效、
特刊印原綱要、並將要點、詳加說明、附以冊照式樣、藉作各地方主管機關參考之資、以便厘訂章程、切實進行

辦理土地陳報綱要

第一條 本綱要、遵照中央決議大綱、並參證行政院令發辦法製訂之

第二條 各省辦理土地陳報、由財政廳會同省地政機關、或由省地政機關、會同財政廳(以下簡稱主管機關)辦理

第三條 各省境內、凡公有及私有一切田地山蕩等土地、除道路、橋樑、河流、城牆外、在依法辦理測量登記以前、均遵照本綱要、據實陳報、以便政府編造徵冊、更訂科則等事宜

營屯衛等項田地、由地方政府、會同原主管機關辦理陳報

第四條 土地陳報、由主管機關、令縣飭區、督率鄉鎮公所辦理縣區鄉鎮、各設土地陳報辦理處

第五條 陳報分 一、冊書編查 二、業戶陳報 三、鄉鎮長陳報 四、縣核復查或抽丈 五、縣府公告 六、編造徵冊發給土地管業執照 七、改訂科則等項程序(說明)業戶陳報、以戶爲經、卽戶領坵(外鄉之戶不得登入)每鄉陳報單合訂一冊、冊尾應統計本冊共若干戶、幷地若干畝、內分坐落本鄉者若干畝、坐落外鄉者若干畝(各註明某鄉)鄉鎮長陳報、以地爲經、卽坵領戶(外鄉之地不得登入)亦每鄉陳報單合訂一冊、冊尾應統計本冊共若干畝、並若干戶、內分住居本鄉者若干戶、住居外鄉者若干戶(各註明某鄉)以上兩冊、同時陳報、庶可互相比對、藉防欺隱、而免漏舛、此項單冊式、由部分別規定

第六條 辦理土地陳報、及改訂科則、限期一年

第七條 冊書依照糧戶按鄉鎮自治區域、參照原有徵糧區域、造具編查清冊、呈縣核發各區、轉交鄉鎮辦事處參攷、其冊式另訂之、同時由縣政府、先期召集各區鄉鎮長會議、俾認識陳報要義、然後成立鄉鎮辦事處、分請公正士紳、及公團法團代表、暨學校校長敎師、中說陳報意義、囑其分別負爲勸導、務於實行陳報前、全縣人民、完全明瞭陳報意義

第八條　縣辦事處於業戶塡報期間未開始前、卽就塡報單及收據、轉發鄉鎭辦事處、分別發交各業戶暫存處備用、陳報單款目及收據式樣另訂之

第九條　業戶於塡報期限內、應檢同證明文件、逕赴鄉鎭辦事處呈驗、分坵塡報畝數地價等項、惟坵地相連者、得合併陳報、戶在乙鄉、地在甲鄉者、得由業戶逕向甲鄉塡報、核送乙鄉彙轉、業戶在他縣、或他省市者、得派代表逕向縣辦事處塡報、並由縣分別轉飭田地所在地鄉鎭辦事處知照

第十條　業戶因交通不便、或其他特殊情形、未能於塡報期內辦竣者、在未公告前、得准予逕向縣辦事處補報

第十一條　呈驗之證明文件、應隨時驗明、加蓋驗訖圖章、當場發還、並附給陳報單收據、將來憑據發給土地管業執照、土地管業執照另訂之

第十二條　各業戶陳報田地畝數、應按地方習慣、以畝爲準（另由縣辦事處、依照六千平方市尺折市畝、註明入冊）如所報畝數、不及串載冊畝者、應由鄉鎭辦事處、詳查原委、以免隱匿

第十三條　各業戶陳報時、遇有契載田畝地數、多於折合冊畝者、應據實列報、其新增畝數、應由鄉鎭辦事處、於陳報單冊備註欄內註明

第十四條　各業戶陳報戶名、應用本人眞實姓名、不得沿用舊日某記某堂等名號、凡屬公產、或社廟義莊等田地、亦應詳註經管人、或代表人姓名

第十五條　土地陳報、概不收陳報費及執照費、並准免貼印花

第十六條　鄉鎭辦事處、應於業戶塡報期滿後、十五日內、彙轉區辦事處、區辦事處、亦於十五日內、轉縣辦事處

第十七條　復查抽丈、公告造冊給照及改訂科則、均由縣辦事處辦理

第十八條 陳報清冊式樣暨籌措陳報經費、改訂科則、厲行推收及改善徵收辦法另定之

第十九條 凡有地無粮、或地多粮少之田地、概不究既往、一律准予免費升科、不得徵收補粮費及手續費、無地之粮、即予開除

第二十條 未稅契據、准予緩期報稅並免徵罰金

第二十一條 陳報後、田地加多、新增之收入、悉數撥抵減輕田賦附加之用、如再有餘、均撥充地方事業經費

第二十二條 凡依限陳報、或延期陳報者、准於第一年田賦項下、分別增減其稅額、百分之十至二十、以示獎懲、其隱匿不報之土地、於陳報結束後、由鄉鎮公所暫管、如經過三年、仍無人過問者、視為無主土地、作為地方公產、其暫管期內之孳息及作為公產後之收入、均同前條辦法、悉數撥抵減輕田賦附加及指充地方事業經費之用

第二十三條 土地管業執照、除坵塊相連者、得併發一張外、均按坵發給、不收執照費

第二十四條 各省辦理土地陳報、得就地方人力財力、分區舉辦、其區域及日期、並應由主管機關、先期會同呈報省政府、分別轉請主管部、察核備案

第二十五條 各縣有左列情形之一者、得免予舉辦

一、已舉辦清丈登記、或已着手清丈、而在三年內、可期完成者

二、已辦土地陳報、土地調查、或其他清賦事宜、著有成效者

其正在辦理本條第二項事務者、應一律改照本綱要辦理

第二十六條 辦理土地陳報、得由主管機關、先期訓練、或遴選專門人才、分赴各縣、切實指導、並得會同地政機關、攷選、有測繪學識經驗人員、登記給照、准在各該縣執行測丈業務、以便人民於必要時、委託測丈田畝

第二十七條　辦理土地陳報、遇有產權爭執時、應由區鄉鎮調解之、調解不洽、由由縣政府核定、其已提起訴訟者、仍由司法機關處理

第二十八條　無契土地、確經長期和平佔有、經四隣證明、合於民法之規定者、即依規定辦理

第二十九條　凡對於公地或他人產業冒認陳報者、除查明註銷陳報外、並依法辦理

第三十條　凡阻撓土地陳報者、依法治罪

第三十一條　辦理土地陳報人員、由縣政府考核奬懲之

第三十二條　凡經辦土地陳報事務人員、如有舞弊行爲者、依法治罪

第三十三條　各省主管機關、應於事前依照本綱要、厘訂章程、呈送主管部備案、主管部遇有必要時、得派員實地考察指導

第三十四條　本綱要如有未盡事宜、得由主管部、呈院核准修訂之

第三十五條　本綱要自呈奉行政院核准公布之日施行

附辦理土地陳報綱要要點說明

遵照院頒綱要第五條規定、辦理土地陳報之程序、計分七項(一)冊書編查、(二)業戶陳報、(三)鄉鎮長陳報、(四)審核復查或抽丈、(五)縣府公告、(六)編造徵冊發給土地管業執照、(七)改訂科則、凡此諸端、均爲主要之骨幹、欲其推行無阻、事前必須將此項重要手續澈底明瞭茲特分別說明如次

(一)　冊書編查、田賦弊竇、最高深重、少數書吏、竄穴其間、私藏冊籍、視若已產、衣鉢相傳、視爲利藪坐、使政府無稽攷之據、不知田地坐落粮戶的名、業戶無徵信之資、不知科則重輕、負擔多寡、是以整理田賦之初、必先預有權宜之計、蓋若政府漫無

依據、貿然進行、固將徒勞無功、若令冊書和盤托出、衣食所關、必多觀望不前、卽令勉奉功令、自願繳出、非內容蕪雜、或以符號代文字、卽眞僞莫辨、竟敢張冠而李戴、故欲明眞相、使勿稽、勢非另訂格式、依式編査不爲功、原有冊書、從役已久、熟悉情形、雖良莠不齊、而薰蕕異趣、狡黠者自狡黠、循良者自循良、苟能曉以大義、動以利害、則人之好善、誰不我如、循良者、固必樂於自效、狡黠者、亦易勇於改過、若果恪遵功令、共赴事功、勤愼辦理、早觀厥成、則政府不特不咎既往、必更優其待遇、固其保障、如冊書積習較深、大義不明、利害不顧、一味把持、不易就範、甚至明抗暗拒、陽奉陰違、可由縣府斟酌情形、因勢力導、務使心悅誠服、共赴事功、或擇其首要、嚴加懲處、以杜效尤、或嚴限自報、稍有隱匿、立卽重辦、取捨之間、利害隨之、冊書多明白事理者、當不致以身試法、而自貽其戚也、況編査之法、至爲簡易、祇須參照原有粮區、分別現行自治區域、開列粮戶姓名、畝分賦額科則等、逐項塡註、如以其他標準、爲地積單位者、並應分別折算、附於備註項內、其有固定粮串號碼、或地號者、亦應一併附於備註項下、註明、編査已竟、乃造淸冊、凡所塡報各項、胥爲每年造串之依據、在冊書僅須一舉手之勞、而政府則可略知梗概、且政府不以此淸冊爲正冊、儘用以供參攷、俟業主陳報、與鄉鎭長陳報完竣後、作爲勘比之資料、冊書更無庸疑慮、蓋政府之意、不在吹求、而實欲知眞相也、此次蘇省辦理土地査報、曾傳集書冊、攜帶底冊、群赴指定地點、以備戶柱不明各戶査閱、惟以冊書人數有限、査閱標準不一、自治區域、與原有粮區、又多不符、業戶往返奔走、更費時日、方法雖善、實未盡美、是以本綱要、特將冊書編査、列爲重要程序之首規、定標準、厘訂格式、使歸劃一、以利進行、玆特隨文附發、如各地情形不同、需要有異、不能膠執一是者、可由省方斟酌損益、另訂式樣

（二）業戶陳報、此次陳報之最大目的、厥爲整理田賦、整理田賦之主要工作、在求實戶實地實粮、現在田賦積弊雖重、語其要者約有三端、一曰粮戶失眞、二曰地畝失實、三曰科則失平、今日之整理、卽所以糾正已往之謬誤、俾失眞者使之眞、失實者使之實、失平者使之平也、年來土地時起糾紛、民間爭訟不已、強者豪奪、而恣無顧忌、弱者飲恨、而無可告訴、推原其故、不

實之病爲之厲階也、陳報苟能收實效、則可一掃往昔之弊矣、昔年舉辦驗契、原欲處置荒黑、剖明產權、無如成效不著、反多詬病、此次辦理陳報、特規定不收費用、不究既往、蓋深冀補救前失、且將陳報款目、力尚簡易、更欲矯往昔之病、而利推行也、陳報單內、應分左列各項如後

1 業戶眞實姓名及確實住址

2 粮串戶各號碼及原屬區圖、或圩保暨原有料、則該銀若干兩、米若干石

3 地目（田地小蕩等）

4 坐落（原屬某都、某圖、某字、某號、今在某區鄉村或鎭里）

5 四至（東至西至南至北至）

6 面積（照當地習慣、據實塡報其眞實畝數、由辦理陳報機關代爲折合）

7 賦額（年納若干元角分）

8 地價（現値若干元角分）（如係有永佃權之田畝、應將田底田面一併塡報）

9 用途（宅地、耕地、林地、牧地、池塘、墓地、無收益地或其他）

10 收益（每年收約折合若干元角分）

11 證明文件（串票契據、或其他文件、至綱要第十一條規定、當場發還、原爲便利人民陳報起見、惟證件應由鄉鎭長負責詳加審核、以免將來產權發生糾紛）

12 備註（永佃情形、原編地號及佃戶姓名、均可塡列）

此項款目、一至六項、在乎明瞭現狀、七至十項、係供改訂科則之參考、十一至十二兩項、則備必要時參證之需、前項款

目中、如地目、面積、賦額、地價、用途收益等項、尚須再加以簡單之解釋

地目、重在表示舊有情形、並非據作將來課徵準則、如原有田地小蕩營屯衛蘆雜、或其他名稱等、均應分別填列、以便稽考

面積因各地單位不同、步弓不一、每致不易填報、然自新制度量衡頒布以來、六千平方市尺、爲一市畝、垂爲定制、各地單位、縱有懸殊、執一以繩、當非甚難、茲爲便於人民填報起見、只求核實、准按習慣填報、然後由縣政府於編造清冊時、按照新度量衡、代爲折算、並註明原單位之折算方法、以便核對

賦額一欄、係由業戶填報、每坵或每畝納賦稅若干、其中正稅與附加、應爲分別清楚、若業戶有不完全明瞭者、可不必責令詳細填報、只須報其總數、例如某戶有地一坵、計田三畝五分、或計種三斗五升、每年完納上下忙及漕米正附各稅一元七角五分、即將此數填明、然後由政府編造清冊時、再按畝核計、如係數坵地、併串完納、業戶無法分填者、亦准於備註項內、分別畝數與納稅數目、詳細填註、以便核算

地價一項、亦只須業戶填報、每坵地價確數、或僅填明每畝田、或每斗種價值幾何、然後由政府核計填入清冊、如係永佃權、不屬業主者、應由業戶分別田底田面價值、合併填報

用途一欄、應填明此項土地、係作何用、宅地、耕地、林地、牧地、池塘、墓地、無收益地或其他用途、均應分則填報此欄、及地價二者、均爲改訂科則之重要參攷資料、務使業戶逐一填報、不可稍有漏列

收益一項、更爲改訂科則之重要參攷資料、業戶填明每畝地、或每年種收益若干、均可由政府折合市畝後、另行估計、其收益價值填明入冊、如業戶填報爲每坵地總收益者、應由政府代爲折算、按畝入冊

此項冊籍、爲戶領坵草冊式樣、限例於後、此不過以示概略、各省儘有斟酌餘地、但前列款目、均須列入陳報單內、毋使

遺漏

又我國業戶，半數以上多屬鄉農，識字無多，陳報既不易着筆，陳報項目，尤難洞澈了解，江蘇辦理土地查報，縣區會臨時由鄉鎮辦事處，分設書記，代爲填寫，此項辦法，殊有可取，如能商請附近學校教師，或熱心辦事明瞭陳報要義人士，擔任代寫工作，並負隨時解釋任務，對於陳報之進行，尤多裨益

(三) 鄉鎮長陳報，此項陳報，用以編造坵領戶册籍，補戶領坵册之不足，夫戶口有轉移升降，田地有過割分合，地不統戶，則田地之坐落不明，戶不系田，則戶籍之産權難據，昔人以田爲母，戶爲子，先編魚鱗圖册，據之而成歸戶册用意良善，至足稱焉，惜乎後世圖册散佚，戶地不能相聯，吏胥舞弊，奸宄叢生，中經數百年間，有將丈清查，或成坵形圖册(即步弓册)或造坵領戶册，稍戢弊風，顧終難復舊觀也，然而按地以稽戶，由戶以聚田，雖不能真切，亦可以近似，今欲矯正往者之失，而杜未來之病固須清丈重編精密地籍，方能收澈底之功，開宏遠之規，但人才經濟，若俱無充分準備，一時遽難普行全國，欲其推行易，收效速，則惟先編坵領戶册，以資補救而已，此項册籍，縱不及現代各國地籍之精密，亦不及我國昔時魚鱗圖册之真實，但仍不失實戶實地實糧之旨，不特可以互稽戶地，且可以作將來實地測量之依據，雖非治本良策，要爲治標急務，惟坵領戶册之編製非由鄉鎮長作實地調查不爲功，故鄉鎮長陳報，實爲坵領戶册之重要依據也

各省縣編製坵領戶册，難易不均，其各縣原有坵形册，或魚鱗圖册，可資依據者，其陳報之手續較易，而其核對之手續則甚繁，其各縣無坵形圖册，或魚鱗圖册足資參證者，其陳報之手續較難，而核對之手續則稍易，惟其難易有別，輕重懸殊，故事前宜早妥籌辦法，詳定步驟，蓋必胸有成竹，始能得心應手也

凡各縣原有魚鱗圖册，或坵形圖册，可以設法收集者，鄉鎮長宜先以清册編查之，清册爲依據，將其所載舊戶名與現業戶，與陳報單上所載之現在管業者，先行核對，核對清楚後，再以舊時糧區之圖爲界，按圖以舊戶易新戶，舊時一坵爲一戶所有，而

現已分隸數戶者、即以現在戶數爲準、舊時一坵分隸數戶、而現反合爲一戶者、即以現在一戶爲準、每坵面積、以坵形冊所載畝分爲準、暫時不必爲之改動、如陳報結果與之吻合、即屬無誤、若多於冊載、則須復查、是否重報、如步於冊載、更須復查是否漏報、凡有重報或漏報者、均應爲之剔除或更正、此項手續雖繁、而方法甚簡、祇須從役人員勤愼將事、必能計日成功、如鄉鎮長力所難勝、縣府宜派員分赴各鄉鎮、予以助力、或集中縣府統辦、亦無不可

凡各縣舊有魚鱗圖冊、或坵形圖冊、散失已久、無從收集者、則宜先劃定鄉段、方能着手陳報、當陳報之先、應各就現在自治區域、析爲若干鄉鎮、鄉鎮之下、更相度地方情形、或以村保爲中心、或以舊有糧區爲單位、再析爲若干段、每段幅員、可參酌實地情形、妥定除當標準、不宜過廣、不宜過狹、過廣則履勘不易、過狹則區分太多、鄉段之劃分辦法、須在陳報開始之前、由區辦事處、召集所轄之鄉鎮長及地方法團代表或學校校長教師等、根據山川河渠之天然分界、或道路及其他可資識別之界線、共同決議、決議之後、各以鄉段之四至、呈報縣府、並於區鄉鎮公所及重要鄉鎮公告、以便週知、各業戶即可就其田地之所在鄉段、分別塡入陳報單之坐落項下

各鄉鎮長、俟收到業戶陳報單後、即依據陳報單坐落項內所載之鄉段、詳細分類、如有戶在甲鄉、而地在乙鄉、業戶向甲鄉陳報者、應分別剔出、彙報區或縣辦事處、轉送乙鄉、如有地在甲鄉、而戶在乙鄉、業戶未向甲鄉陳報者、亦由乙鄉彙呈區或縣辦事處、轉送甲鄉、各鄉移送手續完竣後、即由鄉鎮長、按段編造履勘單並轉送縣政府、會同地方士紳法團代表、或學校校長教師等、擔任按段履勘工作、分派已竟、乃各付以履勘單、事前並須通知當地佃農、以便指證、履勘人員、乃履地問佃、按佃問業、就坵地之相挨次序、依次編號、更將每段地形繪成略圖並將所編號數、載明圖內

編號次第、另由縣長事前召集從役人員、公議一致辦法、俾免參差、編號竣事、即由鄉鎮長、會同履勘人員、依據履勘單、按段之次序、與地之號數、另編一鄉鎮坵領戶草冊、連同業戶陳報單、彙送區辦事處轉縣

略圖、以段爲單位、繪成後、另須附以說明、凡界內田地戶口山川渠谷及界限四至、均須聲叙鄉合各段略圖、另繪一鄉圖、說明方法如上述

此項手續完竣、乃由縣政府審核、如無錯誤、卽可編造、全縣坵領戶草册、如有錯誤、再行復查或抽丈

上述兩種手續之取捨、視其有魚無鱗圖册坵形圖册而異、固甚明顯、但如一縣之內、魚鱗圖册、或坵形圖册、能收集而不能完全者、則上述兩種手續、可參雜並用、並用之標準與限度、須由縣政府斟酌之

（四）審核復查或抽丈、此項程序、全由縣方主持、俾可集中全縣人才、以期進行順利、審核、復查或抽丈三者、雖規定爲一種程序、而實爲三種不同的方法、方法雖不同、而目的在求眞實則一也、業戶之陳報單、與鄉鎭長陳報之草册、如經審核結果、認有疑義、不論屬於業戶之田糧不符、抑或屬於草册之失實、卽應復查或抽丈、復查或抽丈之去取、則視其錯誤之程度、與錯誤之原因而定、復查或抽丈以後、證明係屬無心錯誤、當卽免予置議、但如查實爲業戶存心欺隱、或爲辦事人員、故意舞弊、各縣不應有所瞻徇、庶幾業戶不敢倖存漏稅之心、辦事人員、亦得奉事惟謹矣、此項工作、雖宜兼顧人力財力之所能勝與事實上之所需要、不必全境統辦、但爲求達近似之目的起見、亦不能憚煩而因循、畏難而敷衍、務使以戶核地、以地查戶、均屬相符無誤而後已、此其要點也

（五）縣府公告、審核手續、已無遺憾、乃可由縣府公告、公告手續、宜以縣政府與鄉鎭公所所在地、分別實貼公告項目、宜求簡單明瞭、俾人民一目瞭然、其在縣府門首實貼者、全縣爲單位、以戶爲經、開列畝分地號等項、其在鄉鎭實貼者、僅就土地所在之一鄉爲範圍、以地爲經、開列地號畝分業戶等項、如各該縣有報紙者、可登報以代實貼、祇須公告一種、或以地爲經、或以戶爲經、各可自酌定、如別有簡便之法、亦可由縣自行辦理、公告時期、以一月爲限、在期限以內、如有聲請更正者、縣政府應予以便利、逾限卽據以造册、限外如有聲請更正者、另訂辦法

(六) 編造徵册、發給土地管業執照、公告期滿、將戶領坵、坵領戶兩種草册、應行更正者更正之、編成清册、由此清册、另編徵册、爲徵糧底册、藉徵稅之根據、但此並非各縣通行之每年徵糧紅簿、不能潦草記載、應求詳明、過割亦須隨時登錄、俾土地之移轉、戶口之轉徙、絡脈分明、可以按圖索驥

土地管業執照、所以確定人民之產權、關係至爲重大、宜於編造徵册完竣之時、依據戶領坵、坵領戶兩種清册、立卽塡發各業戶收執、俾人民手此執照產業、得有保障、民間田地爭訟公斷、亦有所依據矣、此項册籍、與執照式樣、均另附於後、以便參用

(七) 改訂科則、改訂科則、爲整理田賦之正鵠、編造徵册之際、允宜切實辦理、前者曾有改訂科則原則、另案咨行各省府、綜其要點有二(一)在縣土地辦理陳報以後、如所報地價可資、爲按價徵稅之依據者、卽按報價劃爲若干等級、每等酌定平均價格、按百分之一徵稅爲原則、附稅名目、一律取銷、其所收稅款之分配、以省得百分之四十、縣得百分之六十爲原則、並得按照各地方情形、酌量增減之(二)在土地未實行清丈以前、各縣田賦、不能按照陳報地價徵收者、卽參照報價及收益、將原有科則刪繁就簡、改併爲新等則徵收、但附加不得超原有正稅總額、其在原科則輕微或極重之區、均以正附稅併計、不得超過地價百分之一爲原則、其尤應注意者、卽原有附加、如係具時間性者、應分別註明、原定期限、務必期滿停徵、不得紊混、惟陳報地價、每易以多報少、按價徵收、不無困難、第一點、能否順利施行、不無疑問、此則有待於各省府之鄭重攷慮者也、至第二點以原有科則刪繁就簡、事雖較易、而等級之分、亦須定有客觀標準、新等則之每畝納稅額、應較舊科則之每畝負擔額切實減輕、不宜加重、此亦須待各省府審愼設計者也

此外尚須加補充者有二、卽改革田賦徵收制度、及利行推收是也、改革田賦徵收制度、不限於土地陳報之已否舉辦、業由本部參照財政會議決議案通行在案、當已督促所屬各縣、迅予施行、至於推收所以處理土地之過割、辦理不嚴、實戶實地實糧之

效、即無以持久、土地陳報、必致前功盡棄、故關係甚重大也、此項事務、可由承辦契稅人員兼辦、不必另設處所、田地業戶、當中請完納契稅時、檢同單證原契、及原粮串、送請縣政府、發交承辦契稅人員、會同管理徵册職員核明、准予分別完納、過戶、便即了事、若只完納契稅、未繳驗原粮串者、應飭知業戶補繳、以便同時辦理過戶、土地產權、如非全部轉移者、應由承受人、於契[illegible]時、會同原業主、檢同原串、申請過割推收、無須另給憑證、亦不得收推收手續費、經徵人員等、如果私自辦理、或索取陋規者、應嚴守懲處、庶幾推收得以順利進行、土地陳報之價值、亦可垂於永久矣

其次即本綱要第七條、特加規定之宣傳工作、各省府督同各縣、應先期努力進行是也、此次舉辦土地陳報之精神、在解除民困、保障產權、平均負擔、廓清積弊、政府人民、均有裨益、惟辦理陳報人員、首應明瞭一切手續、處理事務、方可計日成功不致虛糜金錢物力、而地方教育自治各團體經費、多取給於田賦附加整理田賦、廓清積弊後、收入自然確實、而田賦附加繁重、應遵照中央功令減輕之區、其各機關經費、亦除竭力協助整理田賦外、更無維持其事業之較善方法、凡此諸點、如能澈底明瞭各團體亦將自動努力贊助陳報事務之進行、至業戶方面、尤應使之了解陳報之要義、田賦繁重、由於附加、附加重疊、有地無粮、實爲重要原因、蓋地籍不明、稅收短絀、無粮者之負擔、遂重疊加諸有粮者之身也、現在減輕人民負擔、一面在削減附加一面在清厘地籍、使無粮之地、悉擔任相當之負擔、負擔平衡、民困即蘇、例如某區無粮之地、佔全區十分之一、陳報後、縱全區賦額不稍削減、因以原有賦稅均分之結果、原有粮戶、即可減輕負擔十分之一、總之無粮地畝、多清理一成、純良業戶、即減輕負擔一成、若再加以剔除浮濫、減輕附加、則民力尤可節省、業戶之利益、尤昭然可見、如能全縣人民完全了解、認爲土地陳報有百利而無一弊、造成輿論、知土地陳報爲有粮業戶之權利、無粮業戶之義務、所有胥吏豪紳之阻力、或即可潛移默化於無形之中、雖有大力、亦莫敢違、收效之宏、當可逆睹、反之、如宣傳未能盡善、人民不盡了然、動多疑慮、勉强行之、

必無效果可期、實從緩辦、以免舛錯

此次陳報之優點、足資宣傳者、計有下列數項

（1）呈驗文件、當場驗明發還

（2）陳報費、執照費、一概免收、並准免貼印花

（3）有地無粮或地多粮少、不究既往、並准免費升科、不罰補粮及手續費

（4）無地之粮、即予開除

（5）未稅契據、准予緩稅免罰

（6）田地加多新增收入、用以減輕田賦附加

（7）和平估有准予依法陳報

（8）依限陳報、第一年酌准減成徵稅

他若陳報手續、及不陳報之害、均應依照綱要之規定、妥爲宣傳、俾人人認明陳報土地爲其自身之利害、解除痛苦、平均負擔、胥繫於此、則人未有願輕視其權利而不樂從者、果如是、則土地陳報、可事半功倍矣

至本綱要第八條之陳報單收據式樣、第十八條之籌措經費等項辦法、均可分別參照地方情形及財政會議決議原則、妥爲厘訂、送部察核

附賦額編查清册式樣

縣　區　鄉鎮田地賦額編查清册

徵糧區域	糧串戶名	田地類別	糧畝面積	科則	糧額	備考
某區某圖或圩保	戶記堂	田地小或蕩畝分	分厘	每畝角分厘	元角分	糧田一畝折合市畝畝分

說明　此項編查册、係備陳報時參證之用、最近各省已舉辦或正辦陳報者、均未有此種規定、惟浙省章則、有先行編查再辦陳報之規定、其所定之編查方法、係劃地爲若干區、作初步之測繪估計工作、以求各該區内田地、約計畝數、手續甚繁、故於實行之際、各縣多未照辦、蘇省辦理陳報、係令業戶向册書詢明糧額、事實上既費時日、且或減少陳報意義、茲採取編查之優點、簡省繁重之手續、由原册書、按現行鄉鎮自治區域、參照原有徵糧區圖圩保、依照糧戶姓名田地種類及畝數及原有科則、逐項造册、分別呈縣核明、於陳報未開始前、交由區公所、轉發鄉鎮公所、以便參證

如田地面積、原係以斗種等項名稱爲單位者、亦由册書代爲折合畝分數目、並於備註欄内註明原數及折合標準

附業戶陳報清册式樣(戶領坵)

戶名		住址	地別	畝分	坐落		使用情形	每畝收益	每畝現値	科則	賦額	備考
糧戶名	業主眞姓名				自治區域	原有糧區	自用或佃租					

本冊計若干戶地若干畝內坐落本某鄉　畝　分　厘

附鄉鎮長陳報清冊式樣(照個戶)

區域		地號	地別	畝分	使用情形	每畝收益	每畝現值	業戶		科則	賦額	備考
自治區域	原有糧區				自用或租佃			居住本鄉	居住外鄉			

本冊計地若干、戶若干、居住本某鄉若干戶

說明　上述陳報清冊、如係沿用舊編地號、可參用舊糧區之區圖圩保名目、塡入原有糧區項下、如係新編地號、則以新定鄉段等名目塡入、並將個戶姓名、於備考欄內註明、業戶陳報册及鄉鎮長陳報册、由縣根據陳報單及報告分別編列

附田賦徵冊式樣(某區鄉鎮村里)

業戶姓名	住址	地別	地號	畝分	地價	科則	賦額	備考
現有業戶								
第一次移轉								
第二次移轉								

說明　此册以戶爲經分、按最小自治區域裝訂成册、每戶每坵一頁、如有過戶移轉情事、即可逐一入册、並可於備攷欄內註明移轉時間、以便稽攷

又此册爲徵糧底册、並非每年徵稅總册（通稱紅簿）項目應記載詳明、是以用橫式較直行爲便、各地如另有妥善排列方式、亦可參酌釐訂

附土地管業執照式樣

存根

茲據　　聲稱有田地或宅地小蕩　　畝　　分　　釐坐落本縣市　　區

鄉鎮　　里村東至　　西至　　南至　　北至

請求發給土地管業執照前來、除核明折合市畝　　畝　　分　　釐編列　　字第　　號入册、發給執照外、留此存根備查

中華民國　　年　　月　　日

土地管業執照

字第　　號

茲據　　聲稱有田地或宅地小蕩　　畝　　分　　釐坐落本縣市　　區

鄉鎮　　里村東至　　西至　　南至　　北至

請求發給執照前來、經核明折合市畝　　畝　　分　　釐編列　　字第　　號入册、合亟發給執照、以昭鄭重、此證

右給業戶

中華民國　　年　　月　　日

縣市長

以上各項册照式樣、係備參攷、至紙張尺寸項目排列、均可參酌實際情形、妥爲製定、連同章程、送部備核

綏遠省政府訓令（內字第一四七五號）

令墾務總局

案奉

行政院第零二九九九號訓令內開、查公有土地辦理規則、業經本院制定公布、應即通飭施行、除分行外、合亟抄發該規則、令仰知照、並轉飭所屬一體知照、附抄發公有土地辦理規則一件、等因奉此、除分行外、合亟抄同原件、令仰知照、並轉飭所屬知照

此令

附抄發原規則一份

中華民國二十三年六月十一日

主席傅作義

監印潘世榮

校對張國治

綏遠省政府訓令（政字第二〇八六號）

令墾務總局

案奉

行政院訓令開、查辦理土地陳報綱要、業經本院制定公布、應即通飭施行、除分令外、合行抄發原綱要、令仰遵照、並轉飭所屬一體遵照、計抄發辦理土地陳報綱要一份、等因奉此、除分行外、合將原件照抄、令仰遵照、並轉飭所屬、一體遵照此令

計抄發辦理土地陳報綱要一份

中華民國二十三年七月十一日

主席　傅作義

監印　潘世榮

校對　張國治

綏遠省政府訓令（政字第三八七一號）

令墾務總局

頃准

內政部土字第二九六號咨開、查土地測量實施規則、前經本部呈奉行政院第二七二四號訓令、以經提出本院第一七六次會議決議准予備案、並飭以部令、公布試行、關於繪圖線號表、亦經會同陸地測量總局商洽訂正、復經呈奉行政院第三零五五號指令、准予照辦各等因在案、除公布並分令外、相應檢同該項規則、咨請查照、轉飭所屬、一體知照爲荷、等因、計咨送土地測量實施規則一份、准此、除分令外、合亟抄發原規則、令仰該局查照、轉飭所屬、一體知照此令

附發土地測量實施規則一份

中華民國二十三年十一月四日

主席傅作義
監印潘世榮
校對張國治

土地測量實施規則（二十三年十月二十四日部令公布）

第一章　總則

第一條　各省市土地測量，均應依本規則之規定辦理之

第二條　土地測量業務程序如左

一、大三角測量（包含一、二等三角點測量）

二、水準測量

三、小三角測量（包含三、四等三角點測量）

四、圖根測量

五、戶地測量

六、計算面積

七、製圖

第三條　土地測量各項實施細則，應由各省市地政機關依照本規則之規定制定之

第二章　大三角測量

第一節　通　則

第四條　大三角測量業務程序如左

一、基線測量

二、選　點

三、造標埋石

四、觀　測

五、計　算

六、調製略圖

第五條　大三角測量、應採用三角網、或三角鎖制、但以能控制全省面積、不致超出限制以外之誤差、使隣省圖能互相接合爲標準

第六條　三角網或三角鎖、推至相當距離時、視圖形之强弱、另選基線一條、嚴密檢點之、三角鎖須採用縱橫平行系、其間隔、一等點須一百五十公里左右、二等點須五十公里左右

第七條　各種三角之標記、除附以號數外、應以所在地之地名表示之

第八條　三角點及基線兩端點、應按其等級埋定標石、永遠保存

前項測量標石之式樣及保護方法、應依測量標條例之規定辦理

第二節　基　線

第九條　基線應選於平坦堅硬之地、其長度在一等三角測量、由四公里至十二公里、二等由三公里至五公里、但因地勢及三角、

推圖形之强弱、得酌量變通之

第十條　基線網之形狀、以二等邊三角形爲適宜、但須視圖形之强度、得略爲變通之

第十一條　基線選定後、應於兩端點建設標架、埋定標石、並將基線路中間伏過高度修理平坦

第十二條　基線內各點之位置、務取眞直、應用最新式經緯儀、以概測精測、二法求定之

第十三條　量基線長先以基線尺所屬副尺施行之、其全長如分二段應在中間設一點、並埋標石、分三、四段時亦準此

第十四條　由一基線、或已知邊推算至其他基線、與實測長之比較、一等三角不得大於二萬五千分之一、二等三角不得大於一萬分之一

第十五條　基線之高程、應準據水準原點標高、用一等水準儀施測往返二次之中數值算出之、至公釐爲止

第十六條　測量基線長、須用鎳鋼合金屬製之不變基線尺、每次測量應加溫度改正、求其平均長、算至公厘以下二位爲止

第十七條　一、二等三角基線、長度應測量四次、取其中數爲測定之值、但諒必誤差、一等對於基線全長須在百萬分之一以下、二等三角、其諒必誤差、得略增加之、器械常誤差一等不得大於三十萬分之一、二等不得大於十五萬分之一

第十八條　基線測量完竣、應將計算之水平長度、化爲中等海水面上之長、並用新式多能經緯儀、施行大體及水準測量、定端點之緯度、指角及其高程、以便計算

第三節　選　點

第十九條　選定三角點、應根據基線、或已知點、選擇相隣各點、互相通視能展望自由之高處適宜

第二十條　一、二等三角點兩點間之距離規定如左

一、一等三角點兩點間之距離、由二十公里至四十公里

二、二等三角點兩點間之距離、由八公里至二十公里

三、各種三角點間如有設備補點之必要、其距離應由測量者酌量配布之

第二十一條　選點圖一等三角本點用四十萬分一比例尺、基線網及補點用二十萬分一比例尺、二等三角點、用十萬或二十萬分一比例尺

第二十二條　選點時無論何種三角點測量、其三角形之內角、均以六十度（或單個圖形須有對角線之四邊形或有中心站之多邊形組成之）爲標準、如爲地勢限所得、稍爲變通之、但最小不得在三十度以下、最大不得過百二十度以上、每圖形之強度、一等不得大於二十五、二等不得大於四十、兩基線間三角鎖之強度、一等不得大於一百、二等不得大於二百三十

第二十三條　三角點之位置選定後、應即釘定木樁、設立標旗

前項標旗、一等三角點、用大標旗（紅上白下）基線網及補點用中標旗（白上紅下）二等三角點用中標旗（紅上白下）

第二十四條　選點號數、應以選點之順序、用亞拉伯數字記載之

第二十五條　關於選點之結合、應由鄰近之測量員協議決定其位置

第二十六條　二等三角點之選定、應依既知點三點以上、用交會法決定其位置、惟須照二十二條之規定爲準

第二十七條　選點完竣後、應調製選點略圖及點之記錄

第二十八條　選點略圖應納入各三角點之通視方向及名稱號數、省縣境界山脈河湖、並著名之村莊道路等

第四節　造標埋石

第二十九條　造標埋石、應於選定之三角點所在地爲之

第三十條　造標應用堅硬耐久之木材或鐵質

第三十一條　三角點之覘標種類如左

一、方錐體形

二、三角錐體形

三、三脚串字形

四、十字串形

五、標　旗

第三十二條　各種覘標標石之樣式及覘標上覆板之段數、應依測量標條例辦理之

第三十三條　各種標石埋定時、必須使盤石及柱石之中心與覘標之中心一致、並使標石正面向南、刻明一、二等三角點及年月日等字樣

第三十四條　造標埋石完竣後、除測量自盤石上面至柱石上面之高外、並須測自標石上面至覘標覆板下邊之高、一等三角點讀至公厘、二等三角點讀至公分爲止

第三十五條　三角點位置如在隱蔽地、必須建高覘標時、應先作覘標圖案、另行設計建設之

第三十六條　標石位置如在重要交通路附近、其周圍應設防護石保護之

第三十七條　二等三角點之覘標保存期間至少二年

第五節　觀　測

第三十八條　觀測所用各種儀器、應依其具備之性能、嚴密檢查改正後使用之

第三十九條　觀測業務分左列四種

一、天文觀測（即經度測量與緯度測量）

二、方位角觀測（即指角觀測）

三、水平角觀測

四、垂直角觀測

第四十條　觀測天文所用時表、應先測定其表差表速、並精密測定表面時、全國經度、暫以通過南京陸地測量總局天文觀測所、子午儀中心之經線爲基本經線

第四十一條　測定時表、應採用雙星等高法

第四十二條　經度觀測、應採用電信法

第四十三條　緯度觀測、應採用太爾各特法

第四十四條　方位角觀測、應採用環極星任意時角法、其諒必誤差規定如左

一等不得大於半秒、二等不得大於一秒

前四條各條計算應至秒以下三位爲止

第四十五條　基線網水平角觀測、一等應用十二對回角觀測法、二等應用十二對回及十六對回方向觀測法

第四十六條　水平角觀測一等應用角觀測法爲十二對回、二等應用方向觀測法爲六對回、一等觀測每對回兩結果之差、不得大於二秒、二等觀測各對回左右兩讀數和之差不得大於十秒、左右兩讀數差之差不得大於五秒

第四十七條　補點亦用方向觀測法、惟應依三角點之等次遞減觀測回數

第四十八條　方向觀測法、在二等三角點、或一等補點、其一聯列之方向限於五方向以內

第四十九條　觀測一等點及基線網在晝間視準覘標、或用回照器、在夜間用回光燈施行之

第五十條　水平角觀測、每三角形之誤差、除球過量外、基線網及一等點、應在三秒以內、一等補點及二等點、應在六秒以內

第五十一條　施行水平角觀測時、每次觀測、應變換其遊標所指度盤之位置

第五十二條　視準點及觀測點、與標石之中心不一致時、應側定偏心距離及偏心角施行歸心法改正之

第五十三條　水平角觀測完竣後、同時施行垂直觀測、惟垂直角觀測兩測回之差、應視垂直輪廓盤讀定之單位規定之

第六節　計　算

第五十四條　計算一等三角點之經緯度、方位角及縱橫線、應由已測定之標準原點推算之、但原點相距過遠時、得另測一點

第五十五條　一、二等三角點之平均、應由觀測之值、依最小自乘法編成各規約方程式計算之

第五十六條　基線網及三角網、或三角鎖之計算、均應依測量手簿之記載施行之

第五十七條　平面直角縱橫線、自原點算出之值、縱橫線五十萬公尺、橫線限二十萬公尺

第五十八條　一等三角點三角形概算、按正弦比例式、依已知一邊及角值用七位對數、求出他邊、以概算經緯度、計算球過量、換算平面上之角

第五十九條　基線網及一等三角網或三角鎖之平均計算、用八位對數、惟基線調逐次增大點之計算、順次各別平均計算之、但水平角爲秒以下二位、邊爲對數八位經緯度爲秒以下三位、子午線方向角爲秒以下二位、平面直角縱橫線至公厘爲止

第六十條　一等三角補點之計算用七位對數、依縱橫線平均計算之、但方向角爲秒以下一位、經緯度爲秒以下二位、平面直角縱橫線至公厘爲止

第六十一條　一等三角點之歸心計算、用五位對數、基線網及本點算至秒以下二位、解點算至秒以下以一位、

第六十二條　二等三角點之位置、依一等三角定平面直角縱橫線、

第六十三條　計算二等三角點用七位對數、依縱橫線平均法算定方向角、至秒以下一位爲止、平面直角縱橫線至公厘爲止

第六十四條　依方向角及邊之平均算出經緯度、至秒以下三位爲止

第六十五條　計算高度用六位對數、須顧慮球差及氣差、依既知二點算定三角點之高程、至公厘爲止、但二點高程相差之界限、二等點爲二公寸以下、應由兩個不同之路線計算之

第七節　水準測量

第六十六條　在一、二、三、三等三角網或一、二等三角鎖中施行水準測量、分左列三種

一、一等水準測量

二、二等水準測量

三、間接水準測量

第六十七條　一等水準測量、由水準原點或既知點起、沿重要道路、作成環線、仍回歸於原出發點或他之既知點

水準測量、概以中等海水面爲基準面、中等海水面未決定前、暫以上海、吳淞海平零點爲基準點、但事實上如有困難、得假定一點爲基準點

第六十八條　水準環線、全長爲三百公里至五百公里、每隔二公里、須埋設標石、永久保存

第六十九條　兩公里中間應設置一點、以備檢查、但標樁上應記明某兩號之中間點字樣

第七十條　二等水準測量、自距三角點最近之既知點起、於沿路線中經過各三角點、以閉塞於他之既知點

第七十一條　間接水準測量、爲施行方向角觀測時、同時施行之業務

第七十二條　一、二等水準測量，前視與後視之距離務使相等，不得超過二百公尺

第七十三條　水準點之號數，應自出發點起，依次編列並冠以環線號數

第七十四條　水準點之位置，應避免濕地、泥土、河川等不良處所

第七十五條　一等水準測量，兩水準點間，每次往返所測結果之誤差界限，不得超過4mm√l，二等水準測量之誤差界限，不得超過8mm√l，l爲全路線長以公里爲單位

第七十六條　水準網之平均計算，應附以重量，依規約方程式之平均法，求各點間水準差之改正數，按距離比例配賦之

第七十七條　水準點之標高記至公里爲止，但假成果表及覘標成果表，得記至公分爲止

第八節　成果表及三角網或鎖圖

第七十八條　一、二等三角點測量及水準測量計算完竣，應調製成果表及三角網或鎖圖

第七十九條　成果表應記載各三角點之經緯度，縱橫線值子午線方向角，距離對數，眞高並水準點之所在地

前項計載經緯度，至秒以下三位，縱橫值至公厘，方向角一等點至秒以下二位，補點及二等點自秒以下一位爲止，距離對數一等點八位，二等點七位，高程至公厘爲止

第八十條　三角網或鎖圖應繪明水準點位置，經過路線及三角點位置並通視方向

第八十一條　三角網或鎖圖水準路線，一等水準點用紅色實線二條，二等水準用紅色實線一條表示之

第八十二條　成果表三角鎖圖調製完竣，並應調製明細表

第八十三條　明細表應記載三角點之等級，號數名稱，覘標種類縱橫線值，經緯度值，眞高值，通視點之方位角，距離及所在地

略圖

前項之記載縱橫線値至公厘、方位角秒距離至公分

第三章 小三角測量(即三、四等三角點測量)

第一節 通 則

第八十四條 小三角測量、應依據大三角測量之成果施行之、但大三角尚未測到之區域、各省市政府、得呈准提前舉辦小三角測量

第八十五條 小三角測量、應採用三角網制、以期精密、非呈准核定後、不得施行三角鎖制

第八十六條 三角網推至相當距離時、視圖形之強弱、須另選基線一條檢點之

第八十七條 三角點之標記、標石準用第七、八兩條之規定、但四等三角點可酌量地方情形省略埋石手續

第二節 基 線

第八十八條 基線應選於平坦堅硬開濶之地、其長度三等三角測量、由二公里至四公里、四等三角測量、由五百公尺至一千公尺

但用三角推進圖形之強弱得變通之

第八十九條 基線網之形狀及建設標架與量基線之長度、適用第十條至第十三條暨第十六條之規定、但四等三角測量、不加基線溫度改正、計算至分位爲止

第九十條 由一基線或已知邊推算至其他基線、或已知邊與實測長之比較

三等三角測量不得過超五千分之一、四等三角測量不得超過二千分之一

第九十一條 基線之長度、應測量四次、取其中數爲測定之値、但三等三角諒必誤差得較二等三角略爲增加、四等三角不得超過次式

oocy但。爲基線全長以公尺爲單位

第九十二條　第十八、九兩條之規定小三角測量亦可適用之、但四等三角基線長不化爲中等海水面長、亦無須施測經緯度、而只測指角爲計算之需用

第三節　選　點

第九十三條　三等三角點兩點間之距離、平均須在十公里左右、四等三角點平均須在二千公尺左右、但得依需要情形變通之

第九十四條　選點圖三等三角用十萬或二十萬分之一、四等三角用五萬或二萬五千分之一、三等三角每圖度形之強度不得大於五十

第九十五條　三角點之位置選定後、卽訂定木樁設立標旗、小三角測量用小標旗（白上紅下）

第九十六條　第二十四條至第四十三條之規定、小三角測量亦可適用之

第四節　觀　測

第九十七條　三等三角之方位角觀測、其誤必誤差不得大於五秒、四等三角不得大於二十秒

第九十八條　三等三角基線網觀測、應用十二對回方向觀測法、四等三角基線網觀測、必須正反各三次

第九十九條　三等三角水平角觀測、爲三對回方向觀察法、但每對回結果與平均值比較不得大於十秒、四等三角觀測爲正反各二次、其較差不得大於三十秒

第一百條　方向觀測共一聯列之方向、三等三角限在七方向以內

第一百〇一條　三等三角水平角觀測、每三角形之誤差、不得超過十二秒、四等三角不得超過三十秒

第一百〇二條　四等三角測量必要時、得用歸心法與三點法

第五節　計　算

第一百〇三條　第五十一條至第六十五條之規定、小三角測量亦可適用之

第一百〇四條　計算小三角點用六位對數、三等三角依平均法算出平面縱橫線及各邊長、至公厘爲止

第一百〇五條　四等三角網圖周角誤差限在二十秒以內、惟與原測結合之點得至四十秒

第一百〇六條　四等三角邊長平均、其閉塞差之對數、不得超過十位以上、惟與原測結合部得至百位

第六節　幹支線水準測量

第一百〇七條　在四等三角網內應行幹支線水準測量、由既知點起沿重要道路作成環線、或經多數環線、仍閉塞於原既知點

第一百〇八條　幹支線水準測量兩視距離應使相等、以一百公尺左右爲標準、但因地勢關係得稍爲變通之

第一百〇九條　幹線水準測量、每鎖部之兩端應埋設標石或標樁、並於中央設固定點

第一百十條　支線水準測量、應由既知幹線水準點起、沿次要道路施行之

第一百十一條　小三角網圖及成果表、應參照大三角測量之規定、但計算簿應冠以該地域之縣區鄉名稱、並編列號數

第四章　圖根測量

第一節　通則

第一百十二條　圖根測量應依據小三角點之成果施行之

第一百十三條　圖根測量之比例尺、定爲一萬或五千分之一

第一百十四條　圖根測量用道線法及交會法

第一百十五條　道線分一等道線三等道線

第一百十六條　一等道線由小三角點起、仍閉塞於小三角點、或一等道線點、如爲地勢所限時、得於一等道線間連結之

第一百十七條　二等道線應連結於小三角點及一、二等道線點間、如爲地勢所限時、亦可連結於交會點

第一百十八條　道線若不能連結于他之既知點時、得歸于出發之原點閉塞之

第一百十九條　道線應就最近之已知點連結之

第一百二十條　每一小三角點或交會點出發或到着之道線、至多以四次爲限

第一百二十一條　交會點應依三角點或一、二等道線點三方向線以上之交會決定之、不得已時、亦得參用交會點交會之、但被參用之交會點不得用至三次以上

第一百二十二條　交會所用三角形之角度、應在三十度以上百二十度以下、依三方向以上交會決定之

第二節　圖根點之選定

第一百二十三條　圖根點應選在區鄉鎮界、地類界及重要河川道路山脚等處

第一百二十四條　圖根點之配置、應視戶地之情況而定、但每一圖幅內至少須配置八點以上

第一百二十五條　道線點之距離、應在一百五十公尺左右、每一一等道線之點數、應在三十點以內、二等道線應在二十點以內、如爲地勢所限得變通之

第一百二十六條　交會法所用交會線之長、應在五百公尺左右

第一百二十七條　圖根點選定後、應打入標樁、並於標樁上附記點之號數

第一百二十八條　一等道線每一區域以ⅠⅡⅢ等數字、二等道線以ＡＢＣ等數字、順序記其號數、道線點名號以１２３等數字表示之

第一百二十九條　每一區域之交會點、應以ａｂｃ等名之、道線點號數、應依道線開始順序附記之

第三節 道線角度及距離測量

第一百三十條 道線以用經緯儀觀測角度之道線爲標準，實施程序以一自治區或一鄉鎮爲單位

第一百三十一條 每一區域選點完成後，應依道線之順序施行角觀測及距離測量

第一百三十二條 角度測量須先測定方位角，以出行既知邊之既知方位角爲其準，每方向線以新式經緯儀左右遊標讀定其度分秒數

第一百三十三條 交會點之觀測應行正反各一次，與道線觀測同時施行之

第一百三十四條 高度角之讀定至一分爲止，但在一度以內者毋庸讀定

第一百三十五條 距離測量用鋼鏈尺，往返施行二次採用其中數，算至公厘爲止，但二次之較差因地勢而異，不得過超左式

$0.2\sqrt{s}$ 但在平地則減少百分之二十，在山地應增加百分之二十

s爲邊長以公尺爲單位

第一百三十六條 道線點邊長在地形起伏較大，不易直接測應用有精密測時距裝置之經緯儀測定之

前項距離之測定應施行直反覘法讀算至公分爲止

第一百三十七條 直反覘距離之測定，其較差不得超過百分之一，但在十度以上之傾斜地，不得超過二百分之一

第一百三十八條 經緯儀應隨時檢點，其測距絲之改正，應在測定精確之水平距離上施行之

第一百三十九條 在不能直接閉塞之三角點或交會點，得依間接法推定距離

第一百四十條 道線點之角觀測，應用最新式之經緯儀，其讀算誤差視經緯儀度盤讀定之單位規定之

第四節 計算

第一百四十一條 道線計算用五位對數，方位角算至十秒，縱橫線計算在一千分之一以上比例尺算至小數一位，應依測量手簿之

記載施行之

第一百四十二條 平均方位角、應採用左右游標讀定之中數、算至分爲止

第一百四十三條 方位角之誤差不得超過左式

一等道線點 $0.5\sqrt{n}$分

二等道線點 $1.0\sqrt{n}$分

前項式中N爲總邊數含到若邊與既知邊、但方位角近於零度或九十度時、須將其單位減少至一秒

第一百四十四條 方位角誤差之配賦、一等以十秒爲單位、二等以分爲單位、應依公式計算配賦之

第一百四十五條 道線角閉塞之改正數用平均計算法配賦于各水平角上、算至秒數以下一位爲止

各道線角度閉塞差之界限爲 Fw＝1.1B乙 {B所用經緯儀讀測微鏡或游標之最小讀數；乙所用測角度之個數}

第一百四十六條 傾斜距離應化爲水平計算之、但經直接測定傾斜在一度以內之距離、卽作水平距離

第一百四十七條 道線縱橫距閉塞差卽 $N\sqrt{X^2+Fy^2}$ 不得超過左之限制

一等道線

a 平坦地 $0.01\sqrt{2(s)+0.0003(s)^2}$

b 起伏地 $0.01\sqrt{3(s)+0.0012(s)^2}$

c 山 地 $0.01\sqrt{5(s)+0.0075(s)^2}$

二等邊線

a 平坦地 $0.01\sqrt{3(s)+0.0012(s)^2}$

B　起伏地　$0.01\sqrt{4(s)+0.0050(s)^2}$

C　山　地　$0.01\sqrt{5(s)+0.0075(s)^2}$　s表示邊長之總和

第一百四十八條　縱橫距閉塞差依各道線邊長與各道線邊長之總和之比例計算各改正數，配賦于縱橫距上，算至公分爲止

第一百四十九條　道線點之高程閉塞不得超過 $5\text{mm}\sqrt{K}$ 但K爲距離以公尺爲單位

第一百五十條　道線點高程閉塞差依道線各邊長之比例求各改正數，配賦于各點算至公分爲止

道線點位置之閉塞差，一等道線不得超過各邊總長二萬五千分之一，二等不得超過一萬分之一

第一百五十一條　交會點之縱橫線用五位對數，以相異三角形之既知點計算之

第一百五十二條　交會點縱橫線之誤差，不得超過公寸以上應採用其中數

第一百五十三條　道線測量簿及交會點計算簿，應每測區彙訂一冊并附貼圖根網圖

第五章　戶地測量

第一節　通　則

第一百五十四條　戶地測量之比例尺如左

一、四千分之一

二、二千分之一

三、一千分之一

四、五百分之一

荒僻繁盛地方得酌量增減之

第一百五十五條 施行戶地測量時、須預先通知地主、自行樹立界標、或依地界先行測量後、再爲調査地主姓名、但必要時得令其到場指測

第一百五十六條 樹立界標地點應注意左列各款

一、能表示一起地之界址

二、可充測量之目標

三、不致脫去移動或損壞

第一百五十七條 戶地測量應用光線法、縱橫線法、道線法、但光線法方向線之距離、以六十公尺至七十公尺爲標準、縱橫法橫距離以十五公尺爲限

第一百五十八條 戶地測量之業務如左

一、一起地之界址測量

二、原圖之繪製

三、一覽圖之縮製

四、戶地測量原圖圖廓東西爲五〇公分、南北爲四〇公分

第二節 一起地測量

第一百五十九條 一起地測量之次序如左

一、展開圖根點

二、測量補助圖根點

三、界址測量

第一百六十條　展開已知點應依成果表施行之、並須嚴密檢查縱橫線之數值及二點間之距離

第一百六十一條　依展開之已知點、不能直接施行一起地測量時、須再測定補助點若干、其數目須能足供直接施測一起地界址之需用爲適宜

第一百六十二條　測量補助點用交會法或道線法

第一百六十三條　用交會法應依三方向線以上之交會決定之、但方向線長應在二百乃至五百公尺以內、交會角應在三十度以上百五十度以下、並不得超過標定測板時所用之邊長

第一百六十四條　交會法之圖上誤差、其示誤三角形、圖上邊長若在〇・五公厘以下得以其中心決定點之位置

第一百六十五條　測量補助點、如用道線可用圖解道線法、應連結於圖根點或補助點、或回歸於原點、其各邊之長應在一百公尺以內、邊數應在十五邊以下、但不能閉塞於圖根點、或補助點時、其邊數應在五邊以下、並應以二交會線點檢之

第一百六十六條　道線法之圖上誤差、應在$0.5\sqrt{n}$公厘以下並依左式配賦於各點　$e_1=\frac{c}{N}$　$e_2=\frac{2c}{N}$　$e_3=\frac{3c}{N}$

前項式中N爲總邊數c爲誤差e_1 e_2 e_3等爲應配賦於第一點第二點第三點等之改正數

第一百六十七條　一起地之界址、應以三號線表示之用黑色描繪、但爭執地用紅色、並書爭執二字

第一百六十八條　圖上一起地之形狀、應與實地相符合、並須將實地測量各邊長數目、詳細記載於各邊

第一百六十九條　測量圖幅外圖上距離約四公分以內之土地、應以視距法或交會法測定之

第一百七十條　一起地界址邊長、應以亞拉伯數字記載於原圖、以公尺爲單位記至公厘爲止、

第一百七十一條　每一起地測量完竣、應將地目暫編地號、及地主姓名住址等項登記地籍簿內

第三節　繪　圖

第一百七十二條　原圖應依地目符號及圖式、於實地作業之日着墨、但圖邊應與隣圖接合無誤、方可施行

第一百七十三條　原圖互相接合圖上之差、在〇・六公厘以上者、須實地檢查後知其確係累積誤差之所致者、則仍依原形着墨、不得塗改湊合

第一百七十四條　原圖必須實地施測不得謄寫、或用其他方法製作

第一百七十五條　每一原圖幅內應註記標高四個以上

第一百七十六條　原圖着墨後、如經檢查者發覺錯誤、須改正戶地界址時、應用紫色線表示之、但改正後應即着墨

第六章　戶地航空測量

第一節　通　則

第一百七十七條　戶地航空測量之比例尺如左

一、一千分一

二、一千五百分一

三、二千分一

第一百七十八條　戶地航空測量完成戶地原圖爲止、其地籍調查業務應另行調查完成之

第一百七十九條　戶地原圖之圖廓、橫長五十公分、縱長四十公分

第二節　戶地航空測量

第一百八十條　戶地航空測量之業務如左

一、航　撮

二、控制點

三、糾　正

四、複　照

五、調　繪

第一百八十一條　航撮業務用飛機與長焦距航側儀、於空中施行之、航片尺度採用二萬分一、七千五百分一、或五千分一

第一百八十一條　控制業務分人工選側法及自動製圖機二種

一、人工選側法

用經緯儀按測角交會法三角網法等測定七百公尺至八百公尺邊長之控制點以資糾正、本法一次航撮、航片爲七千五百分一或五千分一者適用之

二、自動製圖機選測法

用四鏡頭自動製圖機、根據二萬分一航片、與三千公尺邊長之三角點、選測三百公尺長之控制點、每製圖機一架、每月選測一千二百平方公里之實地面積、本法二次航撮一次二萬分一航片用以選點、一次七千五百分一航片用以糾正

但如增加四鏡頭自動製圖機一架準據七千五百分一航片繼續第(二)法繪製一千分一戶地圖、每月完成一千五百幅則一百八十三條糾正業務及一百八十四條複照業務得省略之

第一百八十三條　糾正業務根據航空照片與控制點糾正原片爲二千五百分一、或二千分一之照片、鑲嵌成圖區分圖廓編定圖號

第一百八十四條　複照業務按照二千五百分一或二千分一之照片糾正圖、複照放大爲一千分一底板、每幅曬印籃圖一張

第一百八十五條　調繪業務根據籃圖在實地逐起檢對、其有隱蔽不清之處、用測板測圖法補測之

第三節　繪　圖

第一百八十六條　戶地原圖應依調查地目按照地目符號於實地作業之日着墨、但圖邊應與隣圖接合無誤方可施行

第一百八十七條　原圖互相接合因晒印發現過大之伸縮誤差時、須實地檢查更正之、若爲原圖接片誤差則另行糾正之

第七章　計算面積

第一節　通　則

第一百八十八條　計算面積即於原圖上算定每一起地之面積、爲若干畝分厘毫

第一百八十九條　面積之計算法有二、一用測積器測定之、二用三斜法算定之

第一百九十條　遇有一起地界址變曲不規則之形狀、應用測積器測定之

第一百九十一條　在厘以下之一起地、或界址形狀甚爲整齊者、應用三斜法算定之

第一百九十二條　一起地如因圖廓分割爲兩段者、應就兩段計算後再合併之、但切斷之地註記、宜用紅色便於區別

第一百九十三條　土地測量所用尺度及地籍名稱單位、應依照新頒度量衡法及修正土地測量章程之規定辦理

第二節　測積器之使用

第一百九十四條　用測積器測定面積時、每一起地應施測六次、每二次作業應異其人、并將前次測定之數目掩覆之

第一百九十五條　測積器之改正、應適合原圖之比例尺、及一起地面積之大小依左列各款行之

一、比例尺五百分一圖、以一分畫爲五毫、即二分畫爲一厘

二、比例尺一千分一圖、在五十分畫以上者、以一分畫一厘五

三、比例尺二千分一圖、以一分畫為五厘

四、比例尺四千分一圖、以一分畫為二十厘

第三節 三斜法之測定

第一百九十六條 用三斜法計算面積時、每一起地應計算二次以上、每次作業應異其人、并將第一次測定之數全部掩覆

第一百九十七條 三角形之底邊及垂直線之長、算至〇·二公厘為止

第一百九十八條 各起地之畝數、算至毫位為止、以下四捨五入

第八章 製圖

第一節 通則

第一百九十九條 製圖分左列四種

一、段圖（即實測戶地圖） 凡一起地之界址面積及鄰接各起地之界址屬之

二、地籍公布圖 凡地籍公布圖凡各起地界址畝數及鄉村莊等界線屬之

三、區地籍圖 凡一區內各起地之面積形狀及鄰界之關係屬之

四、縣市區一覽圖 凡一縣市區內地形地物概況區鄰界址等屬之

第二百條 製圖須先檢查原圖紙之伸縮度、若原圖圖廓之伸縮有逾半公厘者、應於作業開始前改正

第二百零一條 製圖應用線號如左

一、一號線 寬$\frac{1}{5}$公厘

二、二號線 寬$\frac{1}{10}$公厘

三、三號線 寬1 20公厘

第二百零二條 三角點圖根點等、應依左列之規定及線號描繪之

一、大三角基線點及一等點記號、用一號線繪邊長三公厘之正三角形、於其中心作一黑點

二、大三角二等點及補點記號、用二號線繪邊長二公厘之正三角形、於其中心作一黑點

三、小三角三等點記號、用三號線繪邊長一公厘五之正三角形、於其中心作一黑點

四、小三角四等點記號、用三號線繪邊長一公厘五之正三角形

五、道線點記號繪徑一公厘之圈

六、補助點及交會點記號、繪徑〇・五公厘之黑點

七、水準點記號、一等水準點記號爲邊長一・二公厘之正方形、於其中心作一黑點、二等水準點記號、爲邊長〇・八公厘之正方形、於其中心作一黑點

第二百零三條 大三角點之名稱字大爲二公厘、字隔爲字大二分之一

小三角點之名稱字大一公厘五、應水平書於點之上方或右方

高程用一公厘五之亞拉伯數字、書於點之下方或左方

第二百零四條 圖廓用三號紅色線畫之、一起地界址用三號黑色線畫之、但爭執未定之界址用紅色線

前項爭執和解後、仍應畫以黑色線、惟須註明爭執和解字樣

第二百零五條 道路、江河、溝渠、堤防、城堞、鐵道線地等應以三號線畫其緣邊、將地目書於其內部、但幅小者得書於外側

第二百零六條 地目之字大應按一起地之形狀、定爲二公厘至三公厘、字隔爲字大二分之一、垂直或水平書於一起地之內部

第二百零七條　暫編地號以每一圖幅、或一區爲起訖、用一公厘五之亞拉伯數字、書於地目之下

第二百零八條　地主姓名、應依實測時所調查者、記入於一起地內部、並另册記入保存之

第二百零九條　一起地之形狀特異、不能按照前數條之規定製圖時、得酌量變通之

第二百一十條　國省(市)縣區鄉(鎮坊)界址、應按左列各款描繪之

一、國界用〇・三公厘號線、繪實二公厘、虛二公厘、其虛線中央插入二個圓點、並將實線兩端畫爲丫形

二、省(市)界用一號線、繪實二公厘、虛一・五公厘、中央插入一個圓點、並將實線兩端畫爲丫形

三、縣(市)界用一號線、繪實二公厘、虛二公厘、並於其虛部間插入圓點二個

四、區界用二號線、繪實二公厘、虛一公厘、並於其虛部間插入圓點一個

五鄉鎮坊街、用二號線、繪實二公厘虛一公厘之二號點線

第二百十一條　若二種以上界址一致時、則僅畫其上級之界址、如與一起地之界址一致時、則沿其緣繪之

第二百十二條　山岳林野道路江河溝渠池蕩湖海等名稱、應按其面積之大小、用三公厘至五公厘字大書之

第二百十三條　原圖圖號應按全縣或每區之圖幅若干順序編定之

第二百十四條　圖廓右側上應附畫接圖號、其式爲矩形、南北二公分、東西三公分、縱横各分爲三格成九矩形、中央矩形內畫四十五度斜平行線、其餘矩形內、以三公厘大之亞拉伯數字、記各該圖之圖號

第二百十五條　市區宅地若每起地面積有多數在三厘以下時、應用適當之比例尺、另行測製、附於原圖上除註明原圖圖號外、並須分別添註其子號

第二百十六條　註記文字分爲正楷、宋體等線體隸書、及亞拉伯數字、其字體之大小依所示物體而異

第二百十七條　註記文字通常應直列書之、但視物體之形狀、得爲水平或傾斜列之、惟必須由右至左排列

第二百十八條　原圖之色號、分黑、紅、藍、三種（水部及沿線以藍色繪之、山地如要染須用草綠色、或土色）

第二節　段圖（卽實測戶地圖）

第二百十九條　段圖應依據原圖之大小製印之、以備發給業主之用

第二百二十條　段圖應一起地發給一張、註明四至及地號地目地積

第二百二十一條　段圖各起地過大、或過小時、得按原圖比例尺酌量放大或縮小另繪附貼之

第三節　地籍公布圖

第二百二十二條　地籍公布圖、應依據原圖將各起地之界址、製區方向及位置幷河川溝渠等全部、謄寫註明業主姓名、地號地目地積於其圖內

第二百二十三條　地籍公布圖之比例尺與原圖同、但有特殊情形時、得酌量增減之

第二百二十四條　地籍公布圖最好每區或鄉繪製一幅、以便閱覽但爲地勢所限時得變通之

第二百二十五條　區地籍圖應依原圖縮製之、其比例尺爲八千分之一

第二百二十六條　區地籍圖得分幅印製、惟與隣區或隣幅接合之界址、必須精密拚接妥適、幷在各幅之上方用隸書注記第某區地籍圖字樣

第二百二十七條　比例尺應書於圖廓外下邊中間

第二百二十八條　省市縣區鄉村之界址、依戶地測量規則之規定、如二種以上之界址一致時、僅書其上級之界址

第二百二十九條　前條之界址、如與一起之地界址一致時、應沿其緣線描畫之、如適當道路江河溝渠之中、不能繪其位置者、得

繪於其外側

第二百三十條　隣接之省市縣區鄉名稱、應以其適當之位置、以五公厘至七公厘之字大註記之

第五節　縣市區一覽圖

第二百三十一條　縣市一覽圖、應以縣市爲單位、縮製之比例尺爲一萬分六千分之一

第二百三十二條　縣市一覽圖應載左列各款

一、原圖各幅之圖廓線、及每幅圖地號由若干號至若干號

二、隣接縣市區鄉界線

三、主要縣路以二條三號線描繪之、其餘以一號線長點線一條表示之、鐵路應按地形圖式之規定描畫之

四、湖海河江及池塘溝渠之緣線、用藍色三號線繪之、併宜染其內部、細流及小溝應以藍色線一條表示之

五、主要宅地之界線、應以三號線畫之、內部并畫傾斜四十五度之平行線

第二百三十三條　縣市一覽圖之註記及整飭、應依左列各款

一、縣市區鄉之名稱、書於相當位置、縣市名稱之字大定爲五公厘、區名爲四公厘、鄉村名爲三公厘、字隔爲字大二分之一

主要地物之名稱以三公厘之字大書之

二、圖面左側書某縣市一覽圖、并於其下書原圖若干幅、字大爲四公厘字隔爲字大二分之一

三、比例尺若干分之一、應以五公厘字大及字大二分一字隔書於圖廓之下邊中間

第二百三十四條　各圖所用圖式、應採用陸地測量地形原圖圖式（地目符號表附後）

第九章　附　則

第二百三十五條　本規則各章之規定、為使各省市便於實施起見、僅規定土地測量主要業務、至各項補充細則、應由各省市地政機關、斟酌地方情形、擬定送部查核備案

第二百三十六條　本規則如有未盡事宜、應由各省市地政機關聲具理由、呈請查核酌予修正

第二百三十七條　本規則自公布日施行

地目符號表

地目	地目符號	地目	地目符號	地目	地目符號
水田	沺	祠廟地	祠	鐵道用地	鐵用
旱田	旱	坆墓地	坆	水管用地	水用
園圃	園	官署地	官	碼頭地	碼
宅地	宅	學校地	學	道路	道
鹽地	鹽	局所地	局	溝渠	溝
礦業用地	礦	善堂地	善	江河	河
牧場	牧	教堂地	教	堤防	堤
池蕩	池	公園地	公	城牒	城
森林地	林	操場	操	鐵道線	鐵線
荒地	荒	軍營地	軍	水管線路	水線
雜地	雜	砲台地	砲	燈塔地	燈
寺觀地	寺	船塢地	船	山地	山
沙地	沙	港灣地	港	堤堰地	堰
附記	一、地目橫欄內字體用宋體、或楷書、地目符號一橫欄內字體用隸體字 二、如有未列各種地目符號得斟酌增加之				

測圖線號表

名稱	規格	線式及註記
一號線	$\frac{1}{5}$公厘	————
二號線	$\frac{1}{10}$公厘	————
三號線	$\frac{1}{20}$公厘	————
國界	0.3	—(••)—(••)—(••)—(••)—(••)—(••)—(••)—(••)—　0.3　2.0　02　2.0
省（市）界	一	—(•)—(•)—(•)—(•)—(•)—(•)—(•)—(•)—(•)—　02　0.2　1.5　2.0
縣（市）界	一	—••—••—••—••—••—••—••—••—　0.2　2.0　2.0
區界	二	—•—•—•—•—•—•—•—•—　1.0　2.0
鄉鎮坊界	二	— — — — — — — — —　1.0　2.0
村莊界	三	……………………　0.5
一起地界	三	————————

附記：一、右邊實線虛線長及點之註記係以公厘爲單位

測點符號

一等三角點用一號	△……3.0線
道線	○……1.0點
二等三角點及補點用二號	△……2.0線
補助圖界點及交會點	■……0.5點
三等三角點用三號	△……1.5線
一等水準點	◈……1.2點
四等三角點用三號	△……1.5線
二等水準點	◈……0.8點
圖根點	⊙ ……1.0 0.5點

公有土地處理規則（行政院令第八號民國二十三年公布）

第一條　公有土地除法令別有規定外、均依本規則處理之

第二條　本規則所稱公有土地、指國有省有市有縣有土地

第三條　本規則所稱管有機關、指現管公有土地之中央或地方機關

第四條　公有土地管有機關、對於所管公有土地、有使用管理及收益之權

地方政府對於管轄區内公有土地、除中央管有部份外、有使用管理及收益之權

第五條　凡屬公有土地、非經行政院核准、管有機關不得放領標賣設定負擔、或超過十年期間之租賃

公有土地、除中央管有部份外、面積在一畝以下者、得由省政府或直隸於行政院之市政府之核准處分之、但須呈報行政院備案

第六條　公有土地放領時、由承領人依照計定或呈准地價繳價承領

第七條　公有土地標賣時、最少須有二標、以評定地價爲底價超過底價最高者爲得標、如最高標價有兩標以上相同時、以抽籤法

定之、如有一方不願抽籤、應再行競投

第八條　公有土地放租時、以評定地價千分之一至千分之五爲月租、租額並得酌收擔保金、但承租人租地全部確係從事耕作、而能覓得確實擔保人者、得免收擔保金

第九條　凡承租之公有土地、應由管有機關發給租照承領、或標賣之公有土地、應由主管地方政府、依據放領、或標賣機關所發執照、依法予以登記、發給土地所有權狀及勘圖

第十條　各級政府機關需用公有土地時、應商同該公地管有機關、予以撥用或租用、同時報請行政院備案

第十一條　依前條核准撥用之公有土地、應由該地原管有機關、依法移轉、報由主管地方政府查勘登記

第十二條　經核准領用公有土地機關、關於該土地全部或一部不需要時、仍應交還原管有機關、並報請行政院備案

第十三條　本規則施行前、各省市處理公有土地單行章則、有與本規則不符者、應修改之

第十四條　本規則自公布日施行

各省市地政經費籌集辦法（民國二十四年十一月三十日行政院公布）

一、各省市爲推行地政、籌集經費、悉依本辦法之規定

二、地政經費之來源、規定左列各項

1　省市政府、在預算內指撥之經費

2　登記費

3　書狀費

4　因整理土地溢收之賦稅

5　公地收入

三、前條登記費、書狀費、在着手舉辦地政時、得由省市政府、酌量情形、咨部呈院核准預收、但農村田地、不在此限

四、各省市政府、如因推行地政、應需鉅量經費時、得以本辦法第二條所規定之收入、抵借商款

五、各省市政府、擬抵借款項時、應擬具詳細辦法、咨部轉呈核准

六、本辦法自公佈之日施行、如有未盡事宜、得由內財兩部、呈准行政院修正之

各省市地政施行程序大綱（二十五年二月二十二日國民政府公布）

第一章　總則

第一條　各省市舉辦地政之程序、除依照土地法、及土地法施行法之規定外、依本大綱辦理

第二章　地政機關設立程序

第二條　省已設立專管地政機關、而限於事實未能依法成立地政廳以前、得暫維現狀、但應一律改稱省地政局

第三條　市已設立專管地政機關者、應即改爲市地政局

第四條　省由民政廳、市由財政局、設股辦理地政者、應改爲設科辦理、但財力不足省份、得專案呈准、暫維現狀

第五條　省由財政廳辦理地政者、應劃歸民政廳辦理、市由其他局辦理者、應劃歸財政局辦理

第六條　省市尚未設立專管地政機關者、省由民政廳設科辦理、市由財政局設科辦理、但財力不足省份、得專案呈准、暫緩設置

第七條　各省市地政機關之職掌、在組織未經明定前、應由各省市政府、依照土地法原則之規定、迅予劃定

第三章 土地測量施行程序

第八條 土地測量、依大三角測量、小三角測量、圖根測量、地籍測量之程序辦理

第九條 大三角測量、由內政部、會同參謀本部、陸地測量總局、統籌辦理之

小三角測量以下、由各省市政府、擬具實施計劃及法規、咨內政部核定、各就主管地方、分別辦理之

第十條 在大三角測量尚未測到之地方、各省市得呈准先行舉辦小三角測量、以爲舉辦地籍測量之根據

第十一條 依前條舉辦土地測量、應就下列各地方、儘先舉辦之

一、省會所在地方

二、已設市地方

三、已開商埠地方、及交通要衝商業繁盛地方

四、其他生產事業發達地方

第十二條 各省市舉辦土地測量、悉應依照部頒土地測量實施規則之規定

第十三條 在本大綱公布以前、各省市已行舉辦土地測量之地方、如合於第八條至第十二條之規定者、得由省市政府將辦理情形、專案咨內政部核定、免予重辦

第十四條 已設市地方各省省會所在地方、及已開商埠地方、如尚未辦理土地測量、應由各省市政府、於六個月內、擬具測量計劃、咨內政部核定、迅予舉辦

第四章 土地登記施行程序

第十五條 在本大綱公布以前、業經呈准舉辦土地登記之地方、仍得照案進行、但業經開始辦理土地登記之市縣、第一次所有權、

及他項權利登記完畢後、各省市單行土地登記法規、卽行廢止

前項單行法規、規定之登記範圍不完全者、應卽依法補正、咨部核轉備案施行

第十六條　在本大綱公布以前、已辦理土地測量、尙未辦理土地登記、而業經呈准註冊發照之地方、應從速依法辦理土地登記、發給土地所有權狀、但所收書狀費、及登記費、應扣除、註冊發照時、所已收之費用

第十七條　業經辦理土地測量之市縣、應由省市政府、將辦理土地測量經過情形、擬具報告、附同區地籍圖、咨內政部核准、依法舉辦土地登記

各市縣開始舉辦登記之日期、應由省市政府咨部轉呈備案

第十八條　依前條舉辦土地登記之市縣、得分區舉辦、就地籍測量完畢之區、儘先舉辦之

第十九條　各省市舉辦土地登記、得根據土地法、及土地法施行法、擬定施行細則、咨內政部核定施行

第二十條　依法辦理土地登記之地方、自開始登記之日起、法院所辦不動產登記、應卽停止辦理

已經法院辦理不動產登記之土地、應免費予以登記

第二十一條　依法辦理土地登記之區域、自開始登記之日起、原有推收、所應卽停止推收、由主管地政機關、移轉登記、並隨時將移轉結果、通知徵收機關

第二十二條　在登記期間未稅白契、應准緩期報稅、並免予處罰

第五章　土地使用施行程序

第二十三條　各市已定市區計劃、應專案咨內政部核轉備案、其未定者、應於一年內、妥爲規劃、咨內政部核轉備案施行

第二十四條　各省市關於農地使用、及關於田租之單行章則、應專案咨由內政實業兩部核轉備案

第二十五條　各省市應於一年內、擬定清荒施墾計劃及章則、咨由內政實業財政三部核轉備案施行

第二十六條　各省市公地之使用、除法令別有規定外、由主管地政機關規劃辦理之

第六章　土地稅施行程序

第二十七條　業經依法辦理土地登記之地方、應即依法規定地價、並擬定稅率、咨由內政財政兩部會核、呈准行政院、舉辦地價稅、及土地增值稅

第二十八條　業經舉辦地價稅之地方、自開始徵稅之日起、原有由土地負擔各項正雜賦稅、應即一律取消

第二十九條　未經依法辦理土地登記之地方、原有土地賦稅、得暫照舊徵收、但法令規定減免者、不在此限

第七章　土地徵收施行程序

第三十條　需用土地人、如非市縣政府、應事先與主管地方政府接洽、並將接洽情形、於徵收計畫書內敍明、如需用土地人、與主管地方政府意見不一致時、得分別聲請、或呈請核准機關核辦

第八章　附　　則

第三十一條　各省市清理地籍辦法、與土地法、土地法施行法、及本大綱之規定、有不符者、應即停止辦理、但依照院頒辦理土地陳報綱要之規定辦理、土地陳報地方、仍照案進行

第三十二條　本大綱、有不適宜時、得由內政部、呈准行政院修正之

第三十三條　本大綱、自公布之日施行

附錄

前綏遠墾務機關沿革系統表

前綏遠墾務機關沿革表

機關名稱	駐在地點	成立年月	辦理事項	備考
欽命督辦蒙旗墾務大臣行轅	歸化城	光緒二十八年五月	督辦察哈爾左右兩翼烏伊兩盟土默特旗綏遠城八旗牧廠河東西十二台站等處墾務事宜	宣統二年五月改爲督辦墾務公所由綏遠城將軍兼民國五年四月改爲綏遠墾務督辦事處由綏遠都統兼民國十七年十月取銷辦事處所有墾務事宜統歸綏遠省政府管轄
墾務大臣行轅文案處	同	同	承墾務大臣之命辦理全墾文案事宜	宣統二年五月歸督辦墾務公所
墾務大臣行轅收支處	同	同	承墾務大臣之命辦理全墾收支事宜	宣統二年五月歸督辦墾務公所
督辦蒙旗墾務總局	同	同	受墾務大臣指揮監督管理全墾土地事宜	光緒三十一年十月裁撤
督辦豐寧墾務局	豐鎮縣	同	接辦前察哈爾右翼四旗押荒局事宜	光緒二十九年五月分爲二局一曰豐鎮墾務局駐豐鎮辦理察哈爾右翼正紅正黄兩旗墾務光緒三十四年四月裁撤未完事件歸豐鎮廳接辦一曰寧遠墾務局駐寧遠辦理察哈爾右翼鑲紅鑲藍兩旗墾務光緒三十年十二月裁撤未完事件歸寧遠廳接辦
綏遠城八旗牧廠墾務局	武川縣	光緒二十八年七月	清理丈放綏遠城八旗兵丁牧馬廠地	光緒三十四年四月暫行停辦民國二年二月改爲八旗牧廠墾務局民國四年十二月改爲牧廠墾務分局民國十七年四月歸綏遠墾務第二分局接辦
辦理烏伊兩盟墾務局	包頭	光緒二十八年八月	專管烏伊兩盟十三旗墾地事宜	光緒二十九年五月取銷所辦事務改歸西盟墾務局接管
奏辦蒙旗西路墾務公司	同	光緒二十八年九月	負擔墊支與修渠道費及包攬各旗於庚子賠教案內抵押地畝款並承領轉放達拉特旗賠教四成正補地杭錦旗報墾東中兩巴圖地西公旗報墾什拉胡魯素紅門圖地東公旗報墾紅洞灘地中公旗報墾干只汗滿蓋台地	光緒三十四年四月取銷
辦理察哈爾左翼墾務局	張家口	光緒二十八年十月	清丈察哈爾左翼四旗及王公馬廠等地	光緒三十三年二月裁撤所有未徵民欠歸張獨多三廳代徵未放地歸推廣墾務局

奏辦蒙旗東路墾務公司	張家口	光緒二十九年一月	領放察哈爾左右兩翼各旗地	光緒三十年九月取銷
西盟墾務局	包頭	光緒二十九年五月	接辦烏伊兩盟墾務局西盟各旗墾地勘放達拉特旗賠教四成正項地達拉特旗呈報永租地郡王旗王愛召報墾召東西地杭錦旗報墾東中兩巴噶地	光緒三十一年十月改爲西盟墾務總局
辦理郡王旗墾務分局	郡王局罕台廟	光緒二十九年十一月	郡王旂報墾灶火壕道甘等處地	光緒三十四年四月取銷未完事件歸東勝廳接濟
達拉持渠工東局	後套大有公	光緒三十年一月	辦理長濟等渠工事宜	宣統二年九月底取銷歸達旂東分局
達拉特渠工中局	後套協成	同	辦理豐濟等渠工事宜	宣統二年七月歸永濟渠工局
達拉特渠工西局	後套錦金	同	辦理永濟渠工事宜	宣統二年九月底取銷歸達旂西分局
黃老櫃達拉特分局	後套黃老櫃	同	辦理老郭等渠工及墾地事宜	宣統二年九月底取銷達歸旗西分局
隆興長達拉特分局	後套隆興長	同	辦理義和沙河等渠工及墾地事宜	宣統二年九月底取銷歸達旗東分局
杭錦頭段分局	後套西槐木	同	杭錦旗報墾東中兩巴噶地	宣統二年九月底取銷歸杭旗東分局
杭錦二段分局	後套和合源	同	同	同
杭錦三段分局	後套阿善	同	同	同
杭錦四段分局	後套強家油房	同	同	宣統二年九月底取銷改爲杭旗西分局
剛目局	後套剛目	同	辦理剛目等渠工事宜	宣統元年九月歸永濟渠工局
辦理鄂托克旗墾務分局	平羅縣	光緒三十一年二月	鄂托克旗報墾五堆子月牙湖等處地	光緒三十三年十二月取銷未完事件歸平羅縣接辦
辦理札薩克烏審兩旗墾務分局		光緒三十一年五月	札薩克旗報墾祝嘏地札薩克報墾黑牌子地烏審旗報墾祝嘏地烏審旗報墾舊牌子地	札薩克旗墾務分局於光緒三十三年十一月取銷未完事件歸東勝廳烏審旗墾務分局於光緒三十四年三月暫行停辦

附錄 前綏遠墾務機關沿革系統表

辦理西盟蒙旗墾務總局	包頭	光緒三十一年十一月	接辦西盟墾務局墾渠各地事宜	民國元年十二月取銷歸杭達西公三旗水利總局
辦理準噶爾旗墾務分局	長灘	光緒三十一年十一月	準噶爾旗報墾黑界地	光緒三十四年四月暫行撤局
辦理殺虎口驛站地墾務局	歸化城	光緒三十二年三月	辦理殺虎口十二台驛站地	光緒三十四年四月暫行撤局
殺虎口驛站地墾務分局	東素海台 五十家子召	光緒三十二年四月	分辦殺虎口驛站地	光緒三十三年十二月取銷歸站地墾務局
辦理察哈爾推廣墾務局	張家口	光緒三十二年四月	接辦察哈爾左翼墾務局未經查丈及丈而未放各項地	光緒三十四年十二月取銷未完事件歸張獨多三廳接辦
奏辦清查土默特地畝總局	歸化城	光緒三十二年十月	清理土默特旗戶口等地	光緒三十四年四月暫行撤局
辦理烏盟烏拉特三公旗墾務分局	包頭	光緒三十三年二月	勘放西公旗報墾什拉胡魯素紅門圖地哈魯台地東公旗報墾紅洞溝中公旗報墾干只汗哈魯台地	宣統二年九月取銷歸西盟墾務總局
辦理烏蘭察布盟蒙旗墾務局	歸化城	光緒三十三年六月	管理烏盟各旗報墾各地	光緒三十四年四月取銷
辦理烏蘭察布盟蒙旗墾務分局	武川縣	光緒三十三年七月	勘放四子王旗報墾屬汗依魯格圖地萬億號報墾買到四子王旗忽濟爾圖地通泰報墾買到四子王旗蘇濟地達爾罕旗報墾卓克蘇拉塔地茂明安旗報墾小毫子帳房塔地	光緒三十四年四月暫行撤局
烏拉渠墒工局	包頭縣 二分子村	光緒三十三年三月	辦理五加河等渠工事宜	宣統二年九月底取銷歸西盟墾務總局
墾務調查局	歸化城	光緒三十四年八月	調查墾務大臣貽穀任內收支款項事宜	宣統二年五月取銷
辦理烏盟墾務分局	武川縣 烏蘭花鎮	宣統元年二月	接辦前通泰萬億號報墾各地及代徵達茂爾旗民欠墾款	宣統元年十二月取銷歸武川廳接辦
辦理烏審旗墾務局	榆林府城內	宣統元年四月	接辦烏審旗前報墾舊牌子地及靚蝦地	宣統三年一月取銷歸陝西省榆林懷遠靖邊三縣接辦
辦理殺虎口等處站地善後事宜公所	歸化城	宣統二年九月	辦理殺虎口驛站十二台站各地改荒為租事宜	民國三年五月取銷

達旗東分局	後套大有公	宣統二年十月	接辦隆興長局長濟渠工局黃老樓局各墾渠事宜	民國元年九月取銷歸水利東局
達旗西分局	後套剛目	同	接辦永濟豐濟剛目各渠墾地渠工事宜	民國元年九月取銷歸水利西局
杭旗東分局	後套和合源	同	接辦杭錦旗報墾東中兩巴嘎頭一二三段地畝事宜	民國元年九月取銷歸水利東局
杭旗西分局	後套強家油房	同	接辦杭錦旂報墾東中兩巴嘎第四段地畝事宜	民國元年九月取銷歸水利西局
烏拉特墾務分局	包頭	民國元年六月	接辦東公旂紅泥灣地中公旂干只汗嘎魯台地西公旂河西嘎魯台地勘放冨都崙台西牌界地冨都崙台報墾東牌界地西公旂報墾中灘地東公旂報墾包頭渠地	民國六年一月改爲烏拉特三公旂地畝局
分辦杭達兩旗墾地水利西局	後套祥泰魁	民國元年十月	接辦杭錦旗中東兩巴嘎地達拉特旗永租地	民國四年九月取銷改歸西盟墾務分局
分辦杭達西公三旗墾地水利東局	後套大有公	同	接辦杭錦旗中東兩巴嘎地達拉特旗永租地西公旗什拉胡魯素紅門圖地	民國四年三月取銷歸併西盟水利總局
辦理杭達西公三旗水利總局	五原縣隆興長	民國元年十二月	專管水利東西兩局	民國三年五月取銷
清理地畝總局	歸化城	民國三年四月	專管歸武和薩托清兩分局清理土默特地	民國五年七月改爲清理地畝處
清理歸武和三縣地畝分局	同	民國三年十一月	清理歸綏武川和林三縣土默特地	民國十八年七月底取銷歸墾務第一分局
清理薩托清三縣地畝分局	薩拉旗縣	民國三年十二月	清理薩拉齊托克托清水河三縣土默特地	民國十八年七月底取銷歸墾務第一分局
清理豐涼興陶四縣餘荒夾荒地畝總局	豐鎮縣	民國四年二月	清理豐鎮涼城興和陶林四縣餘荒夾荒地畝	民國四年六月取銷歸察哈爾省接辦
西盟水利總局	五原縣隆興長	民國四年四月	接辦水利東局事宜	民國四年九月取銷改歸西盟墾務分局
綏遠墾務總局	綏遠城內	民國四年七月	管理烏伊兩盟十三旗及土默特並台站等處地	民國十七年一月改爲綏遠全區墾務總局十七年五月復改爲綏遠墾務總局

西盟墾務分局	五原縣臨興長	民國四年十月	接辦西盟水利總局及水利西局事宜五原城基地	民國十四年四月取銷歸大佘太設治局
牧廠墾務分局	武川縣	民國四年十二月	接辦八旗牧廠墾務局勘放四子王旗大清懺包賠教地四子王旗報墾烏胡克圖地	民國十七年三月底歸墾務第二分局
清理地畝處	綏遠城內	民國五年七月	專管清理歸武和薩托清南分局事宜	民國十九年六月底取銷歸綏遠墾務總局
烏拉特三公旗地畝局	包頭縣	民國六年二月	接辦烏拉特墾務分局事宜	民國十二年十一月歸包頭設治局兼辦
廣綠寺地畝行局	薩拉齊縣	民國六年十一月	廣綠寺報墾十二犋牛營等村地又報墾郭縣營瞻召地	民國七年二月取銷歸薩托清三縣地畝分局
清理土默特六成餘地地畝分局	同	民國七年一月	清理土默現六成餘地丹府安續報墾托縣碰匠營村地	地民國七年十二月取銷歸薩托清三縣地畝分局
東公旗東山溝戶口地地畝分局	同	民國八年四月	東公旗報墾東山溝等處地	民國九年九月取銷歸薩托清三縣地畝分局
官莊子墾務分局	固陽官莊子村	同	茂明安旗報墾格那鰻掰地	民國九年三月取銷歸茂明安旗墾務分局
圖克木地畝行局	武川縣布爾板村	同	四子王旗報墾圖克木地	民國十年三月取銷歸牧廠墾務分局
勘放茂明安旗地畝墾務分局	固陽縣	民國八年七月	茂明安旗報墾通興功地一二約地三四約地莫爾根召地蔓莉召地莫爾根召三約地王碾房等地裴世厰報墾買到東公旗巴汗爾包地東公旗報墾大旗地廣化寺報墾瞻召地廣覺寺報墾中巴地	民國十二年一月取銷歸固陽縣兼辦
白彥溝地畝行局	包頭縣	民國九年六月	東公旗報墾前明安灘白彥溝地	民國十年五月取銷歸烏拉特三公旗地畝局
清査歸武和薩托清六縣官糧地畝局	歸化城	民國九年七月	清理歸綏武川和林薩拉齊托克托清水河六縣官糧地	民國十一年十月取銷歸清理歸武和三縣地畝分局
清理台站地畝處	綏遠城	民國九年十月	清理殺虎口等處台站地	民國十一年三月底取銷歸綏遠墾務總局
清理托縣台站第一行局	托克托縣	同	清理東素海台站等處地	民國十一年三月底裁撤歸托克托縣兼辦

附錄　前綏遠墾務機關沿革系統表　二八七

清理薩縣台站第二行局	薩拉齊縣	民國九年十月	清理巴彥補拉克台站等處地	民國十一年三月底取銷歸清理薩托清三縣地畝分局
五大村地畝行局	包頭縣五大村	民國十年五月	西公旗報墾五大村等處地	民國十二年四月取銷歸烏拉特三公旗地畝局
戈壁灘地畝行局	包頭縣	民國十年十月	東公旗報墾戈壁灘等處地	民國十二年六月取銷歸烏拉特三公旗地畝局
河北地畝行局	同	民國十一年十二月	西公旗報墾三湖灣河北地	民國十三年二月取銷歸烏拉特三公局地畝局
清理沙拉穆楞召地畝分局	歸化城席勒圖召內	同	清理沙拉穆楞召火燒地	民國十三年十二月底取銷歸牧廠墾務分局
勘放廣覺寺腦召地畝分局	包頭縣	民國十二年七月	廣覺寺報墾大榆樹灘地	民國十四年三月底取銷歸烏拉特三公旗地畝局
勘放烏蘭板中地畝行局	包頭縣	民國十二年十月	東公旗報墾烏蘭板中地	民國十三年十二月底取銷歸固陽縣兼辦
巴彥憹包地畝行局	武川縣巴彥憹包	民國十二年九月	四子王旗報墾巴彥憹包地	民國十三年八月取銷歸牧廠墾務分局
勘放鄂托克旗月牙湖等處地畝行局	平羅縣	民國十二年十月	接辦鄂托克旗前報墾月牙湖等處地畝	民國十三年九月取銷歸西盟墾務分局
管理綏遠全區墾發部照處	綏遠城	民國十三年三月	管理綏遠全區各縣局墾發部照事宜	民國十九年六月底取銷歸綏遠墾務總局
包西水利總局	五原縣隆興長	民國十三年四月	接辦大佘太設治局渠利事宜	民國十七年四月取銷歸併綏遠全區墾務總局渠利科十八年一月劃歸綏遠建設廳管轄
勘放普會寺登巴音鄂博地畝行局	武川縣烏蘭不浪村	同	普會寺報墾登巴鄂博地	民國十五年五月取銷歸牧廠墾務分局
高要亥地畝行局	武川縣高要亥爾附近	民國十三年五月	石長喜報墾買到四子王旗高要亥爾地	民國十四年十月取銷歸牧廠墾務分局
勘放郡札烏三旗地畝分局	烏審旗東勝鄂兎廟	民國十三年六月	郡王札薩克烏審三旗報墾草牌界地	民國十四年一月暫行停辦
小佘太地畝行局	大佘太十分子村	民國十四年四月	中公旗報墾小佘太地	民國十四年四月底取銷歸大佘太設治局兼辦
勘放土默特鎮國公戶口地畝行局	武川縣烏蘭不浪村	同	土默特鎮國公報墾戶口地	民國十五年九月結束歸牧廠墾務分局
勘放達拉特旗河套地畝局	臨河縣	民國十四年七月	達拉特旗報墾河套賠教地	民國十六年十二月底取銷歸臨河設治局兼辦

大小鄂博地畝行局	保爾汗兎廟	民國十四年十月	東公旗報墾大小鄂博等地	民國十五年八月取銷歸烏蘭以力更地畝局
福廳寺地畝行局	包頭縣	民國十四年十二月	東公旗福廳寺報墾磴召地	民國十五年七月底歸包頭縣兼辦
勘放杭錦旗西巴噶地畝局	臨河縣陝壩鎮	民國十五年二月	杭錦旗報墾西巴噶地	民國十七年三月底取銷歸墾務第五分局
勘放茂明安旗新報墾地墾務分局	固陽縣	民國十五年七月	茂明安旗報墾通興功北一帶地	民國十七年三月底取銷歸墾務第四分局
勘放西公旗後套地畝局	五原縣烏蘭搗包	民國十五年八月	西公旗報墾古鄉板潮號地	民國十七年三月底取銷歸墾務第五分局
清丈四子王旗東新地地畝局	武川縣烏蘭花鎮	同	四子王旗報墾東新地	民國十七年三月底取銷歸墾務第二分局
勘放烏蘭以力更地畝局	五原縣烏蘭搗包	同	東中兩公旗報烏蘭以力更西北等處地	民國十七年三月底取銷歸墾務第五分局
五福社地畝行局	固陽縣	民國十六年六月	茂明安旗報墾五福社地	民國十七年三月底取銷歸墾務第四分局
勘放東公旗大努氣濤營盤召灣地畝局	包頭縣	民國十六年七月	東公旗報墾大努氣濤營盤召灣地並接包頭縣地畝事宜	民國十七年三月底歸墾務第三分局
勘放西公旗余太召地畝局	安北	民國十七年一月	西公旗報墾余太召地	民國十七年三月底取銷歸墾務第三分局
綏遠墾務第二分局	武川縣	民國十七年四月	接辦綏遠八旗牧廠地四子王旗烏胡克圖地圖克木地巴彥惱包地高娶亥地大淸惱包賠教地領園公戶口地普會寺桑巴鄂博地五子王旗東新地勘放四子王旗五合社賠教地陞恒號報墾買到四子王旗漳綢忽洞地王彥報墾買到四子王旗打拉開地馮紹孔報墾買到土默特鎮國公乃莫濤地席勒圖召報墾烏拉圖河地	查乃莫濤烏拉圖河兩地雖在第二分局放墾界內但報墾時係在總局並均由原報墾人全數備價包領地價一次交清固由總局直接派員丈放以省手續特此註明
綏遠墾務第三分局	包頭縣	民國十七年四月	接辦西公旗中灘地五大村地河北地東公旗包頭渠地王彥濤地艾賢灘地大努氣濤營盤召灣地廣覺寺大廠圐地並兼辦渠利事宜勘放西公旗報墾慍紮木圐地王又女子地烏良素地東西哈拉烏素地黑沙渠地秦一灘地毛讚特拉亥	

			地宿亥灘地西土城地中公旗報墾余太地杭錦旗報和碩公中地	
綏遠墾務第四分局	固陽縣	民國十七年四月	接辦茂明安旗通興功格那𩓞碍地二三約地莫須根召三約地巳碍房地三四約地墓荊召地瓦福社地東公旗大旗地巴汗惱包地丈放廣義全街基地達爾罕旗報墾二里半地	查二里半地因距固陽縣城較遠報墾後由第四分局在固陽屬烏蘭忽洞村暫設行局丈放事畢即行裁撤所有未徵起民欠仍歸第四分局催收
綏遠墾務第五分局	五原縣隆興長	民國十七年四月	接辦達旗永租地四成正補地西公旗古爾板淖號地東公旗烏蘭以力更地西盟蒙墾各地並兼渠利事宜勘放達拉特旗報墾長濟塔布等渠地隆興長街基耕作地義和渠地豐濟沙河通濟及和碩公中等渠地中公旗報墾莫林河地	民國十八年一月將渠利事宜歸綏遠建設廳接辦
綏遠墾務第六分局	臨河縣陝壩鎮	民國十八年一月	接辦達旗河套培教地杭錦旗西二五地勘放中西東公旗報墾狼山劉圖密渣等地杭達兩旗陝壩等村基地	
綏遠墾務第一分局	薩拉齊縣	民國十八年八月	接辦歸武和薩托清六縣土默特地六成餘地六縣官糧地廣緣寺地丹府毡匠營地東山溝地台站地清理土默特官離餘地丹府安鑽報墾牌樓板村地	查牌樓板村地於十四年四月報墾後因地無多未設專局辦理即由總局派員丈放所有未徵起民欠歸第一分局催收
綏遠墾務第七分局	集寧縣	民國二十一年二月	清理察哈爾右翼四旗餘荒地	民國二十三年一月取銷所有未徵起民欠歸集寧陶林兩縣代徵

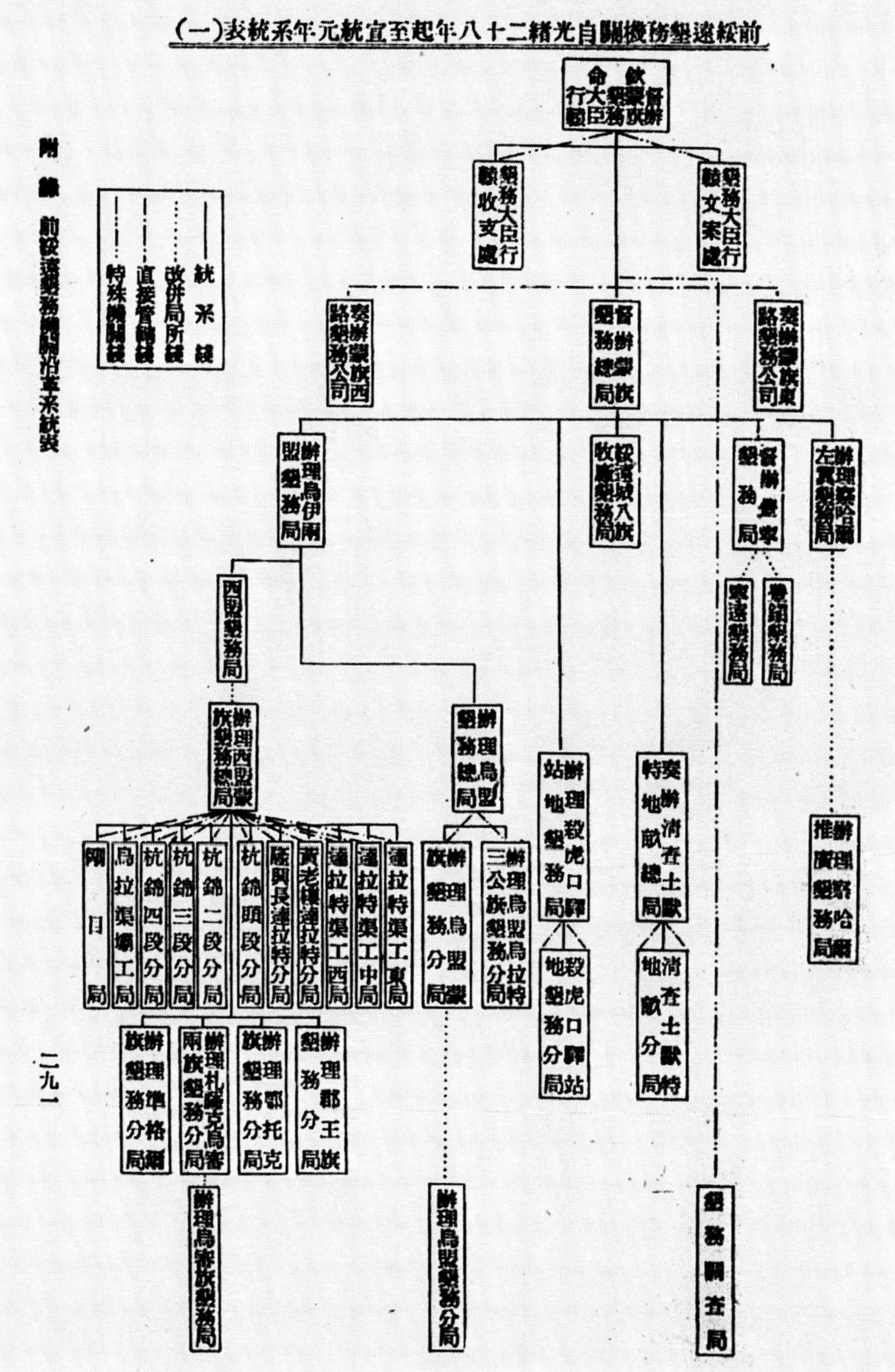
前綏遠墾務機關自光緒二十八年起至宣統元年系統表(一)
欽命督辦蒙旗墾務大臣行轅
墾務大臣行轅文案處
墾務大臣行轅收支處
奏辦蒙旗東路墾務公司
督辦蒙旗墾務總局
奏辦蒙旗西路墾務公司
辦理察哈爾左翼墾務局
督辦豐寧墾務局
綏遠城八旗牧廠墾務局
辦理烏伊兩盟墾務局
豐鎮墾務局
寧遠墾務局
西盟墾務局
辦理西盟蒙旗墾務總局
辦理烏盟墾務總局
辦理殺虎口驛站地墾務局
奏辦清查土默特地畝總局
辦理察哈爾推廣墾務局
達拉特渠工東局
達拉特渠工中局
達拉特渠工西局
黃老樓達拉特分局
隆興長達拉特分局
杭錦頭段分局
杭錦二段分局
杭錦三段分局
杭錦四段分局
烏拉渠墹工局
磴口局
辦理郡王旗墾務分局
辦理鄂托克旗墾務分局
辦理札薩克烏審兩旗墾務分局
辦理準格爾旗墾務分局
辦理烏審旗墾務局
辦理烏盟蒙旗墾務分局
辦理烏拉特三公旗墾務分局
辦理烏盟墾務分局
殺虎口驛站地墾務分局
清查土默特地畝分局
墾務調查局
統系綫
改併局所綫
直接管轄綫
特殊機關綫
附錄　前綏遠墾務機關沿革系統表
二九一

附錄 前綏遠墾務機關沿革系統表

前綏遠墾務機關自宣統二年起至民國四年系統表(二)

督辦墾務公所

統系綫
改併局所綫
直接管轄綫

清理豐涼興陶四縣餘荒夾荒地畝總局
辦理殺虎口等處站地善後事宜公所
清理地畝總局
清理歸武和三縣地畝分局
清理薩托清三縣地畝分局
綏遠墾務總局
八旗牧廠墾務局
牧廠墾務分局
烏拉特墾務分局
辦理西盟蒙旗墾務總局
達旗東分局
達旗西分局
杭旗東分局
杭旗西分局
辦理杭達西公三旗水利總局
分辦杭達西公三旗墾地水利東局
分辦杭達兩旗墾地水利西局
西盟水利總局
西盟墾務分局

二九三

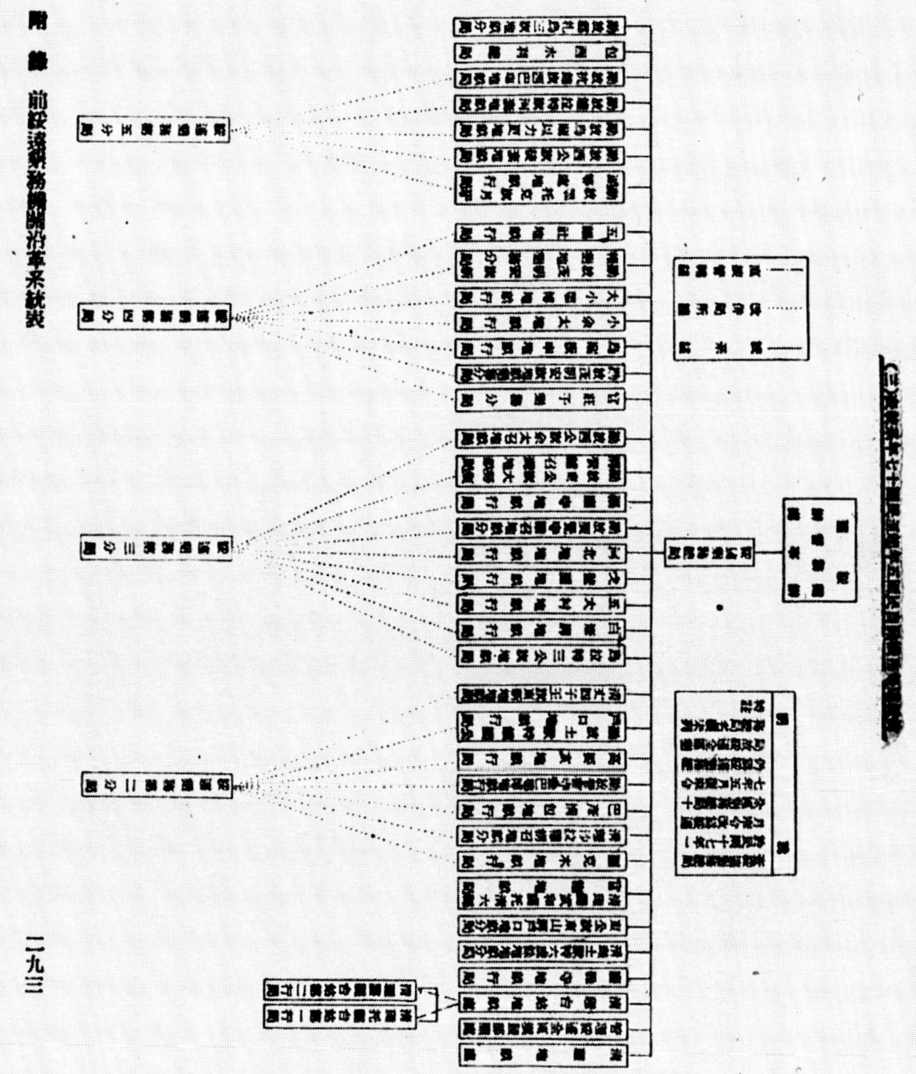
附錄 前綏遠墾務機關沿革系統表

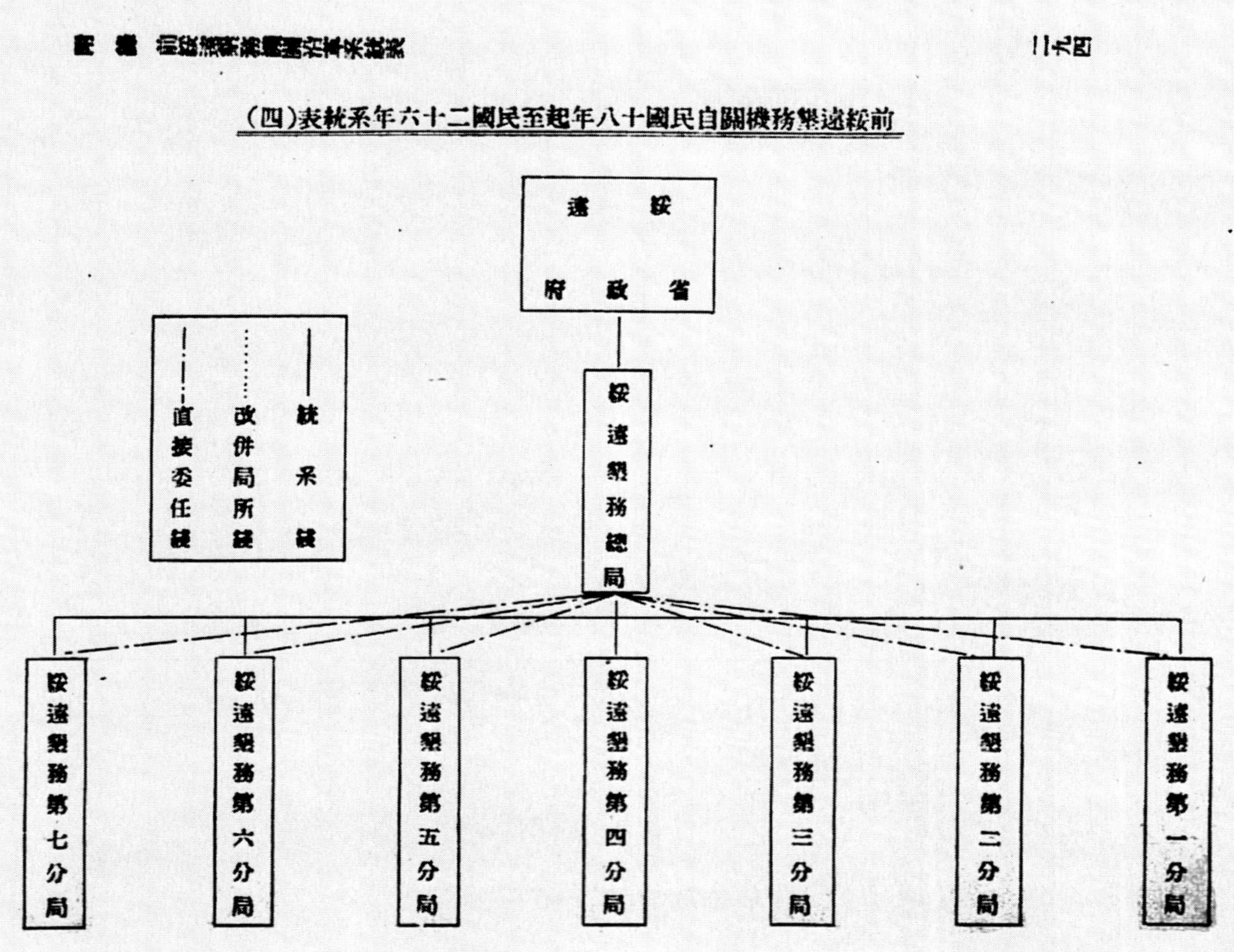
二九四
前綏遠墾務機關自民國十八年起至民國二十六年系統表(四)
綏遠省政府
綏遠墾務總局
統系綫
改併局所綫
直接委任綫
綏遠墾務第一分局
綏遠墾務第二分局
綏遠墾務第三分局
綏遠墾務第四分局
綏遠墾務第五分局
綏遠墾務第六分局
綏遠墾務第七分局

成吉思汗紀元七百三十七年十二月

非賣品

厚和市新城乾泰泉北街

編　輯　內政部地政科厚和分室

張家口特別市長清路

發　行　內政部地政科

編輯兼發行代表　柿田琢磨

印刷所　蒙疆新聞社印刷局

绥远垦区清理丈放地图

成紀七三七年十二月
調查資料第三號附圖

前綏遠墾區清理丈放地圖

蒙古聯合自治政府
內政部地政科

目 次

一

察哈爾都統衙門屬

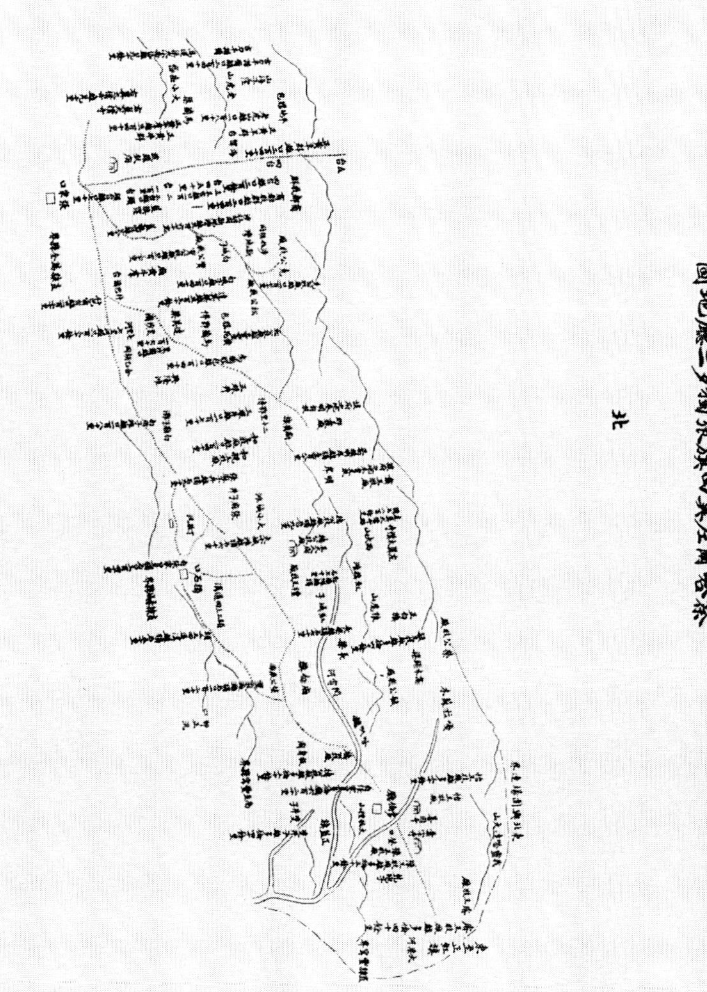
—(1)—
察哈爾左翼四旗張獨多三廳地圖
北
南
東
西

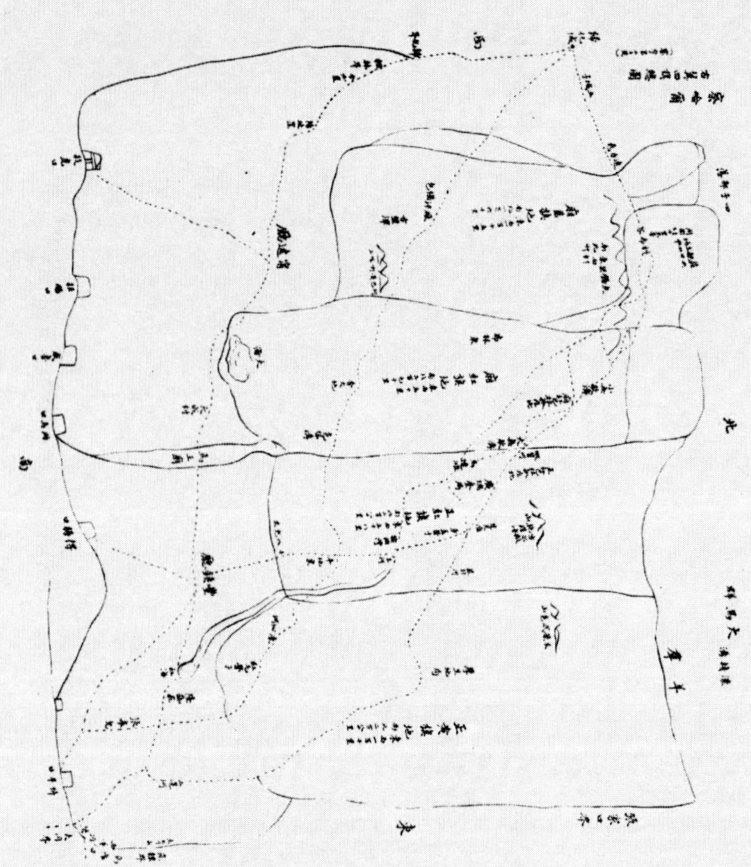

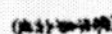

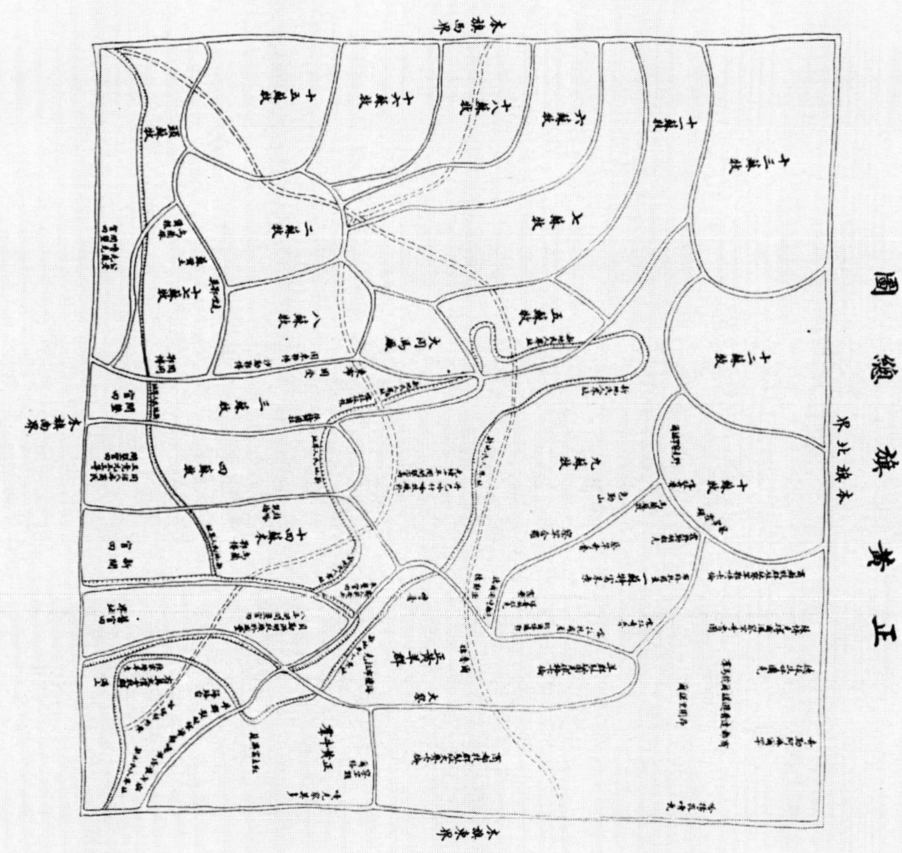
—(3)—
正黄旗總圖
本旗北界
本旗東界
本旗西界
本旗南界
十三蘇牧
十二蘇牧
十一蘇牧
十蘇牧
九蘇牧
七蘇牧
六蘇牧
五蘇牧
十八蘇牧
大岡馬廠
十六蘇牧
十五蘇牧
二蘇牧
八蘇牧
三蘇牧
十四蘇木
四蘇牧
十七蘇牧
頭蘇牧
正黄羊群
正黄牛群
大聚
官四
新聞

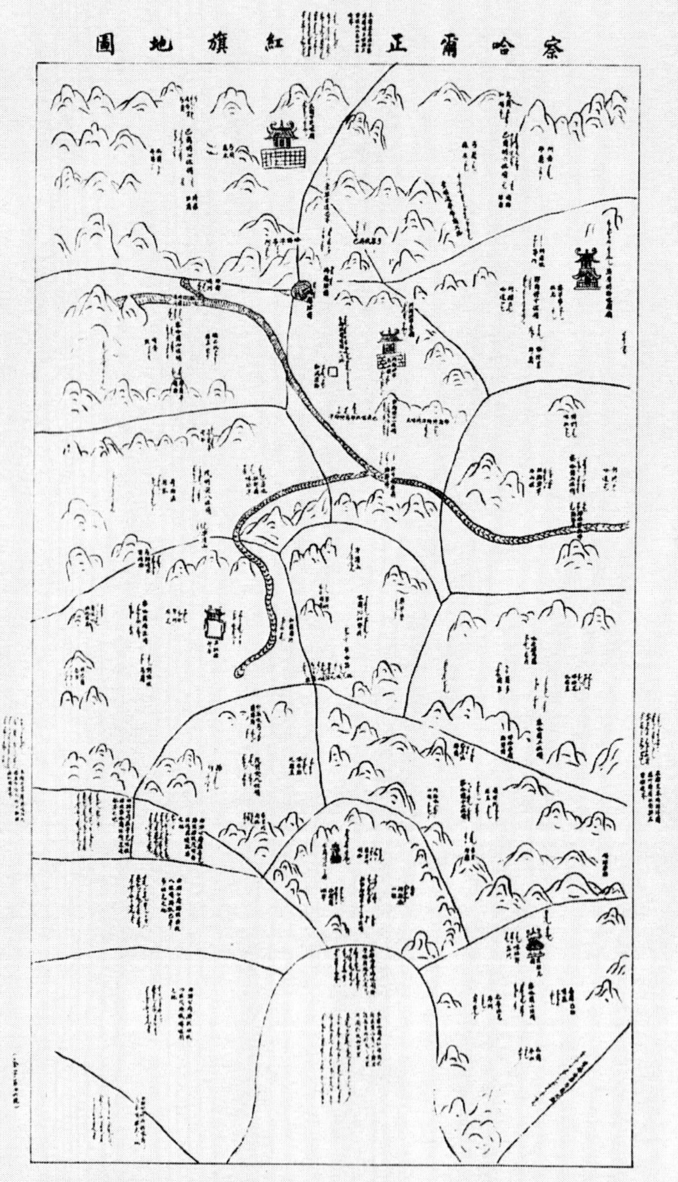

—(十)—

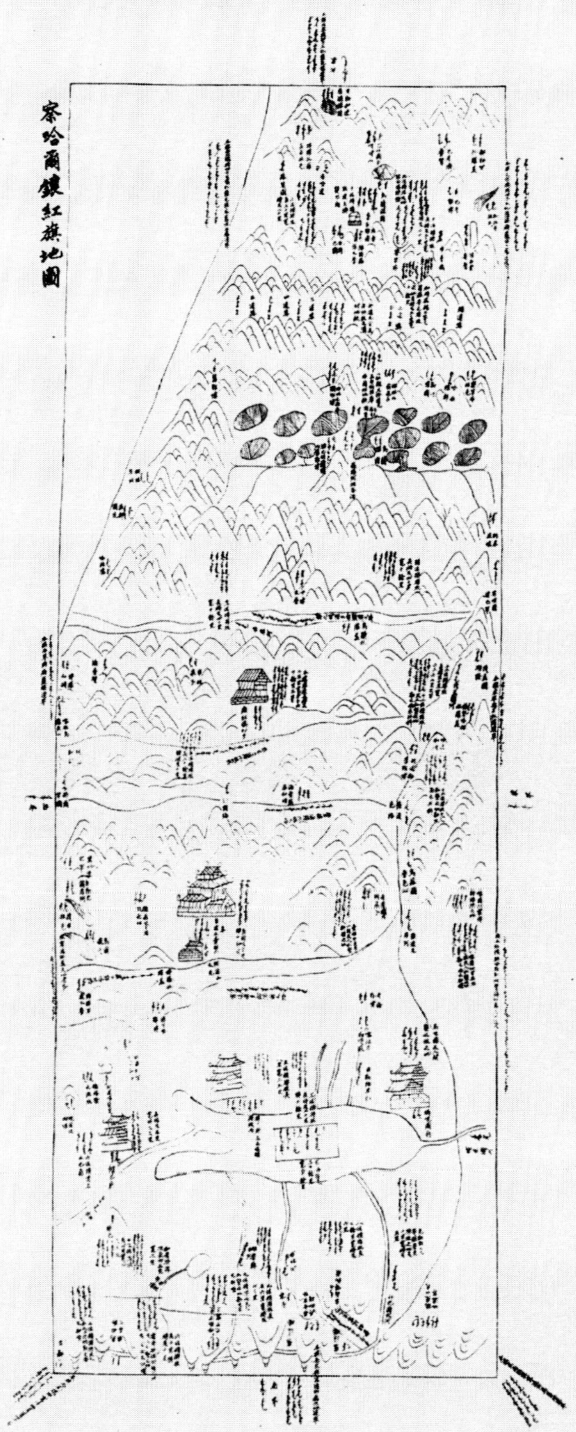

察哈爾鑲紅旗地圖

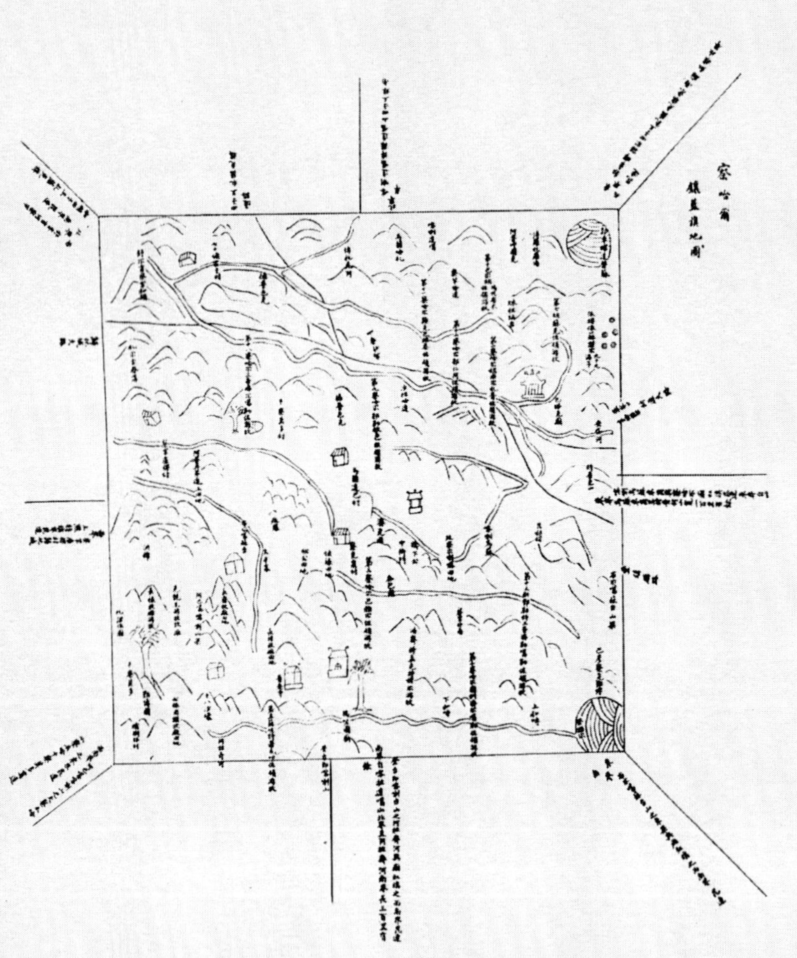
察哈尔
镶蓝旗地图

—（7）—

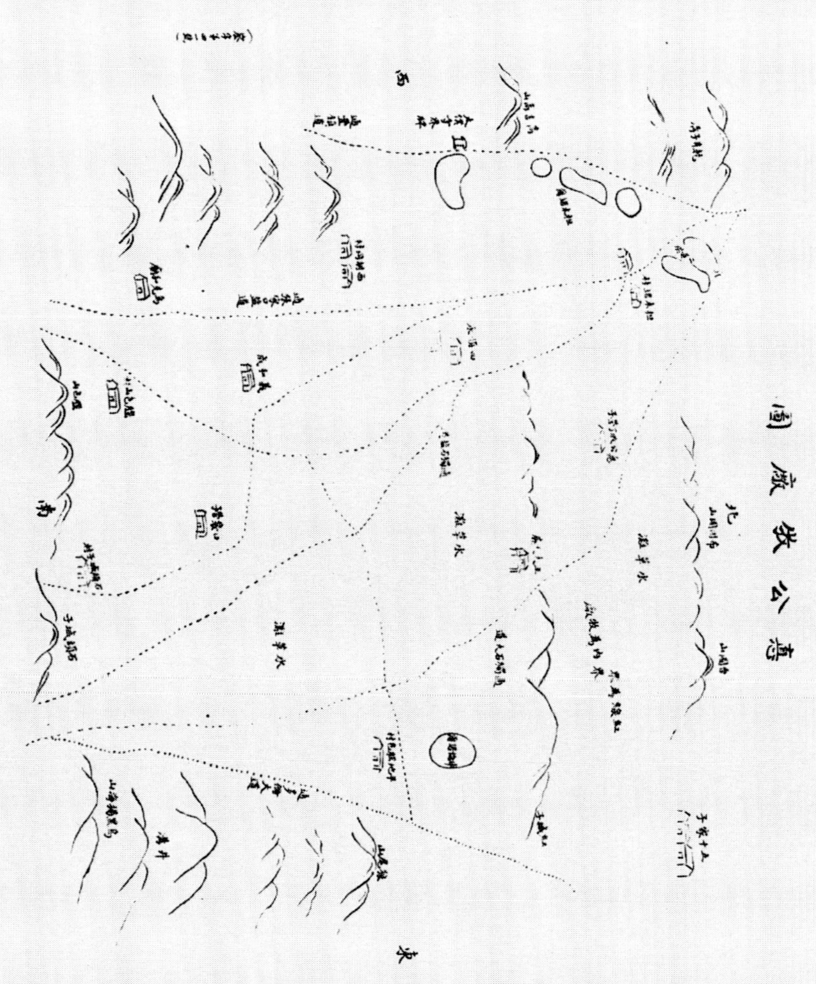

綏遠城將軍衙門屬

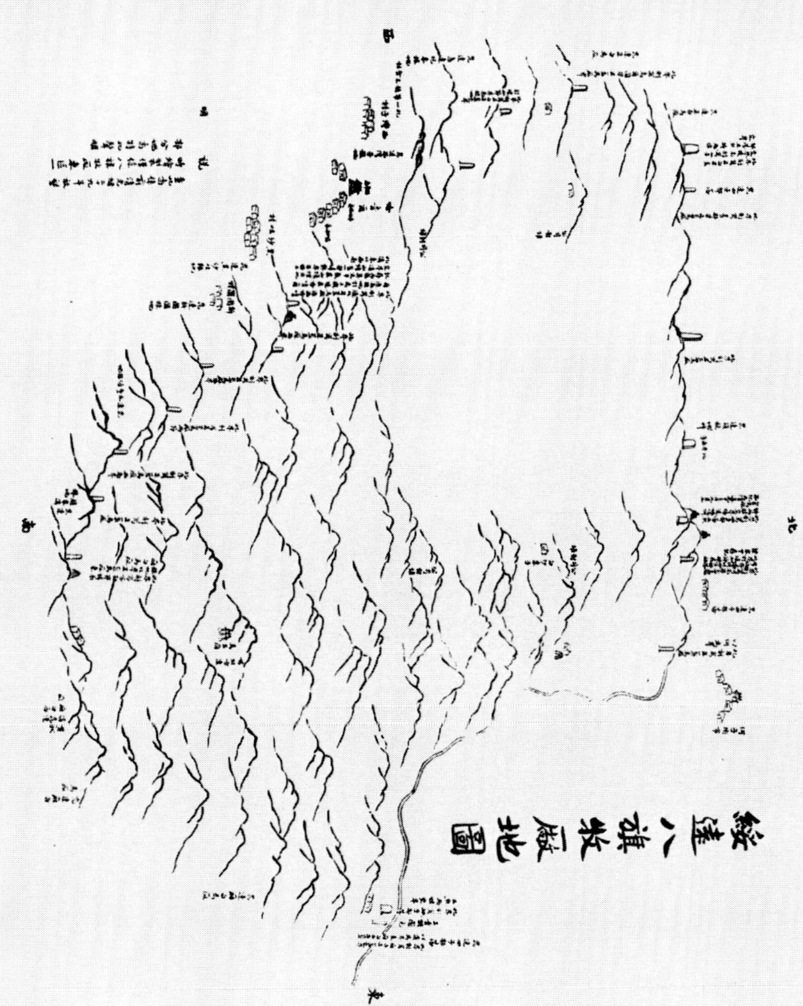
綏遠八旗牧廠地圖
北
東
南
西

伊克昭盟屬

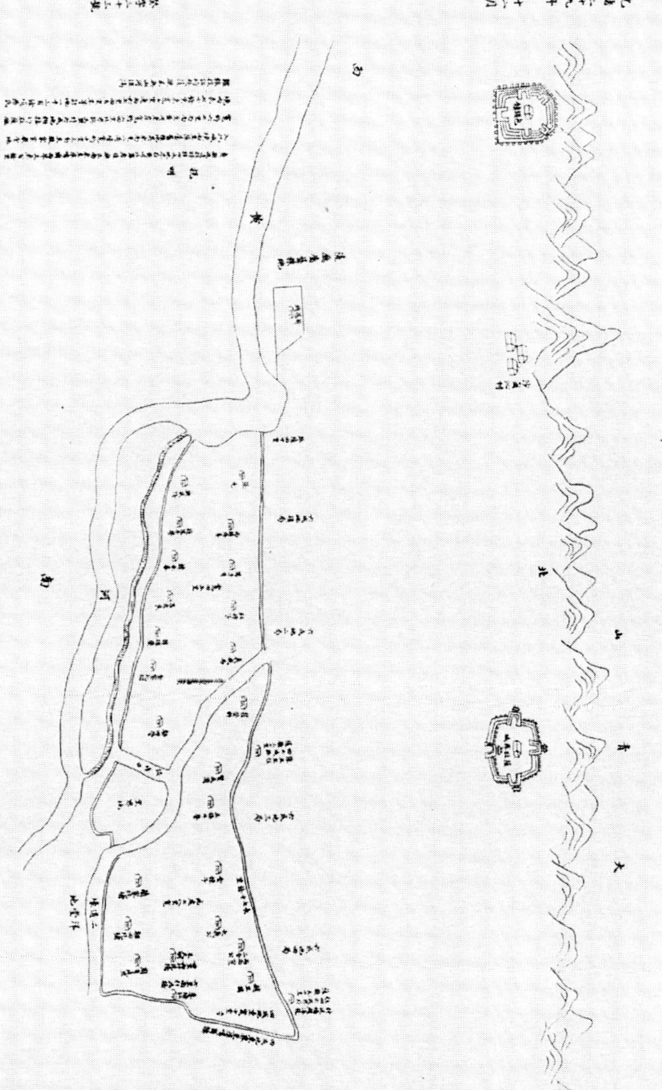
達拉特旗報墾四成地界址圖
—(9)—

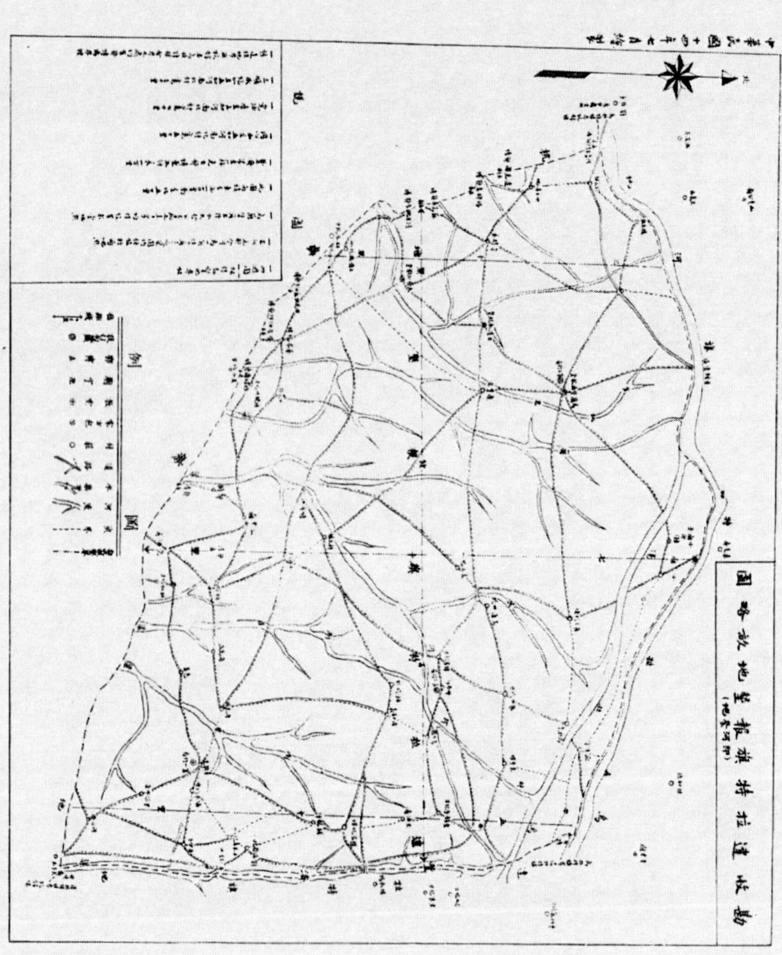

—(11)—

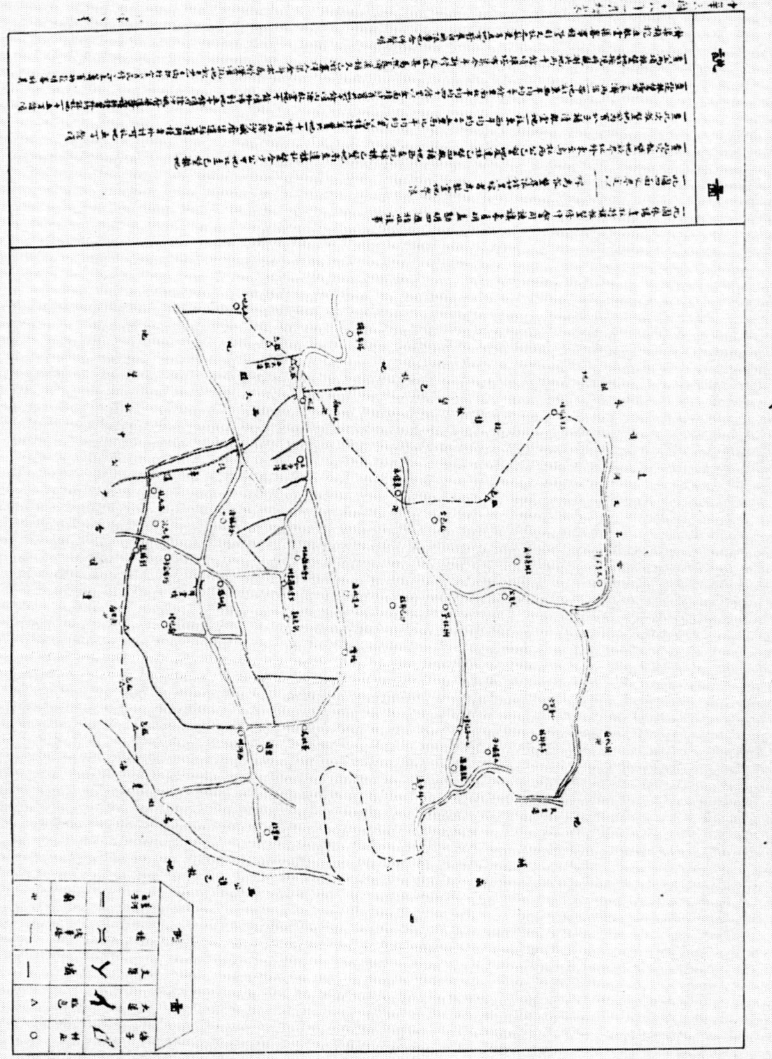

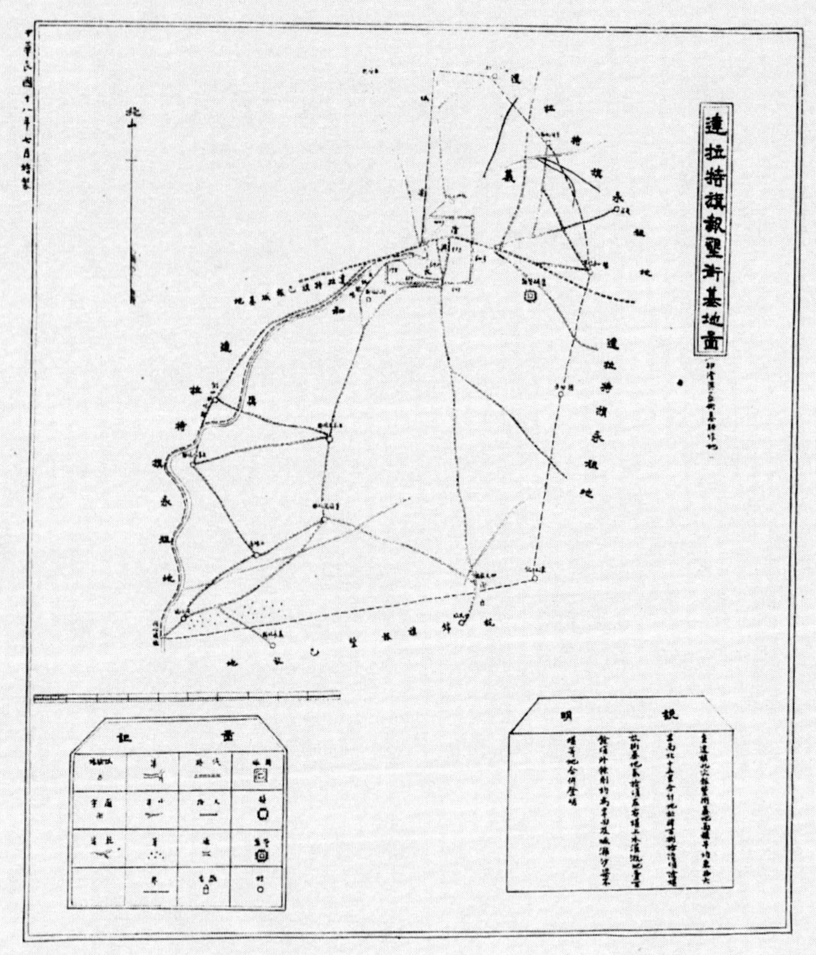

—(12)—

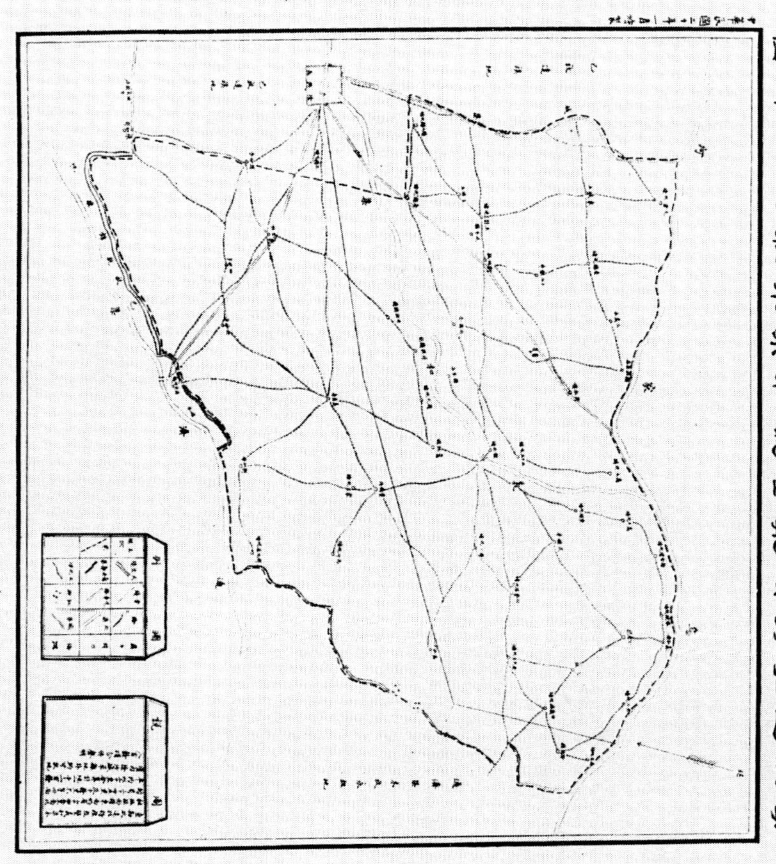
—(13)—
勘收達拉特旗東勝縣和永租地畝詳圖

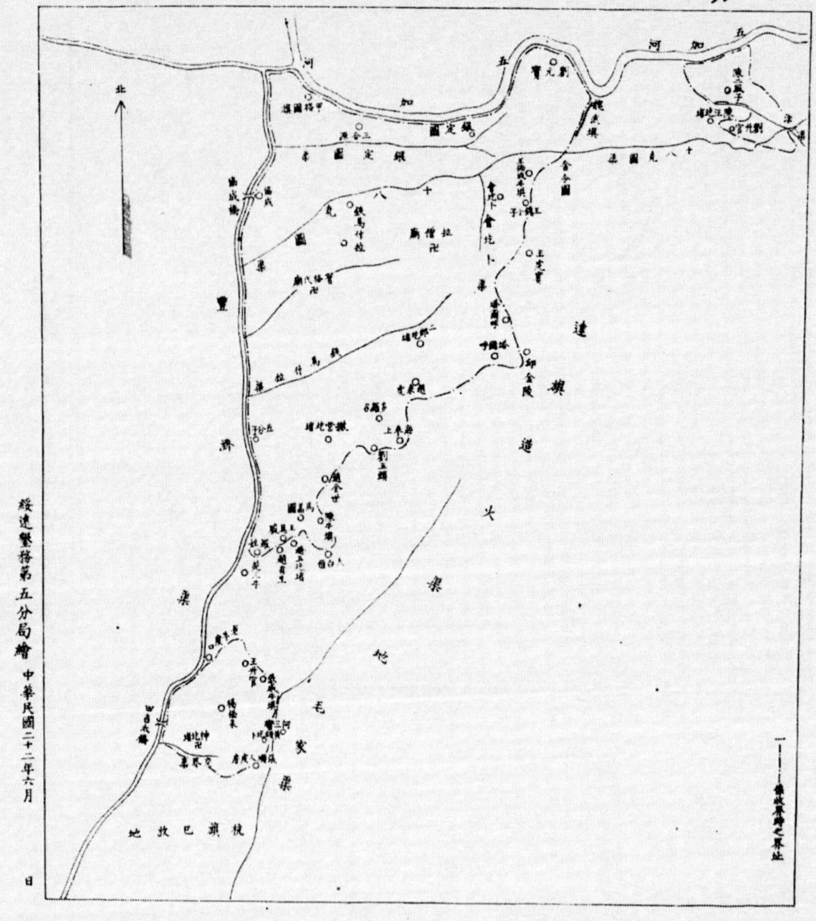
勘收達拉特旗報墾豐濟渠之略圖
綏遠墾務第五分局繪　中華民國二十二年六月　日
豐濟渠
達旗道火渠地
毛安渠
杭旗巴𢾾地
五加河
鎮定圖渠
十八頃圖渠

勘收達拉特旗報墾沙河渠之略圖

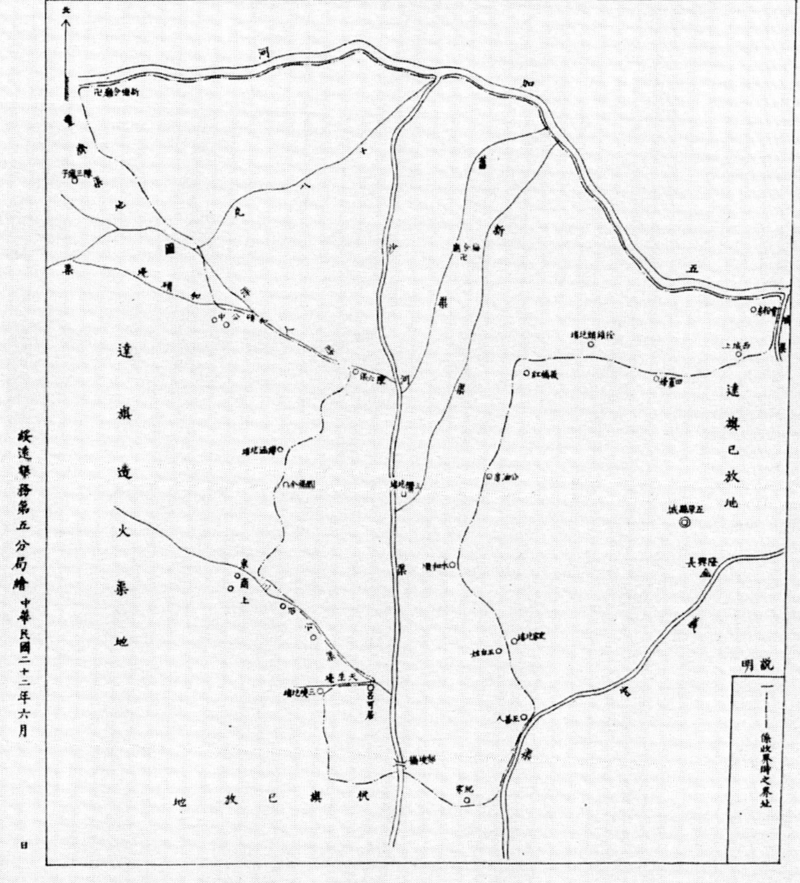

綏遠墾務第五分局繪 中華民國二十二年六月 日

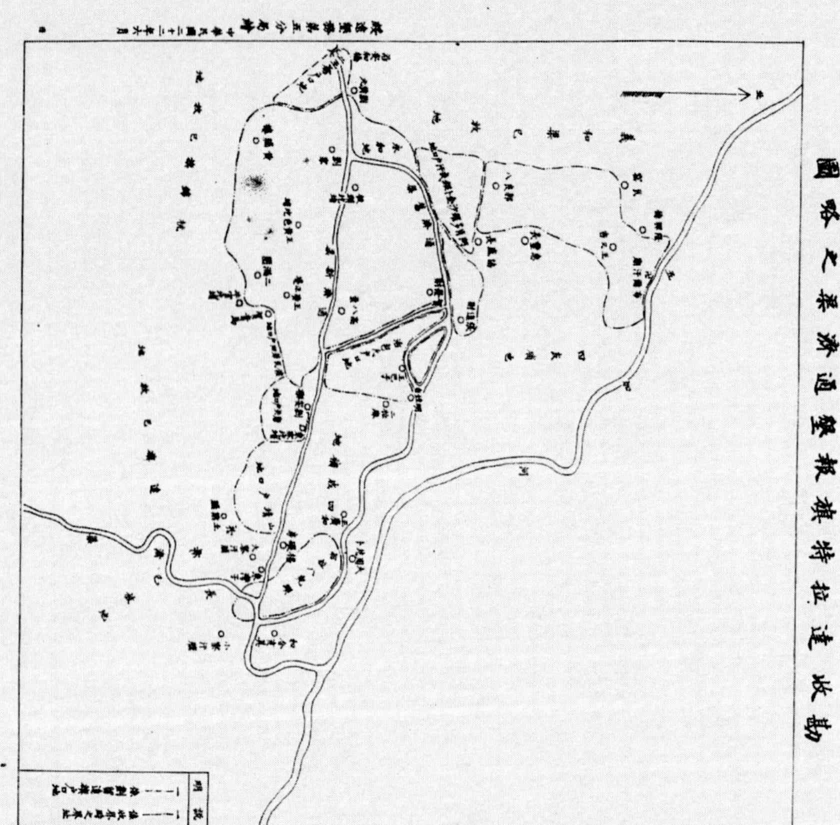
勘放達拉特旗報墾通濟之渠略圖
—（16）—

勘收達拉特旗報墾和碩公中之略圖

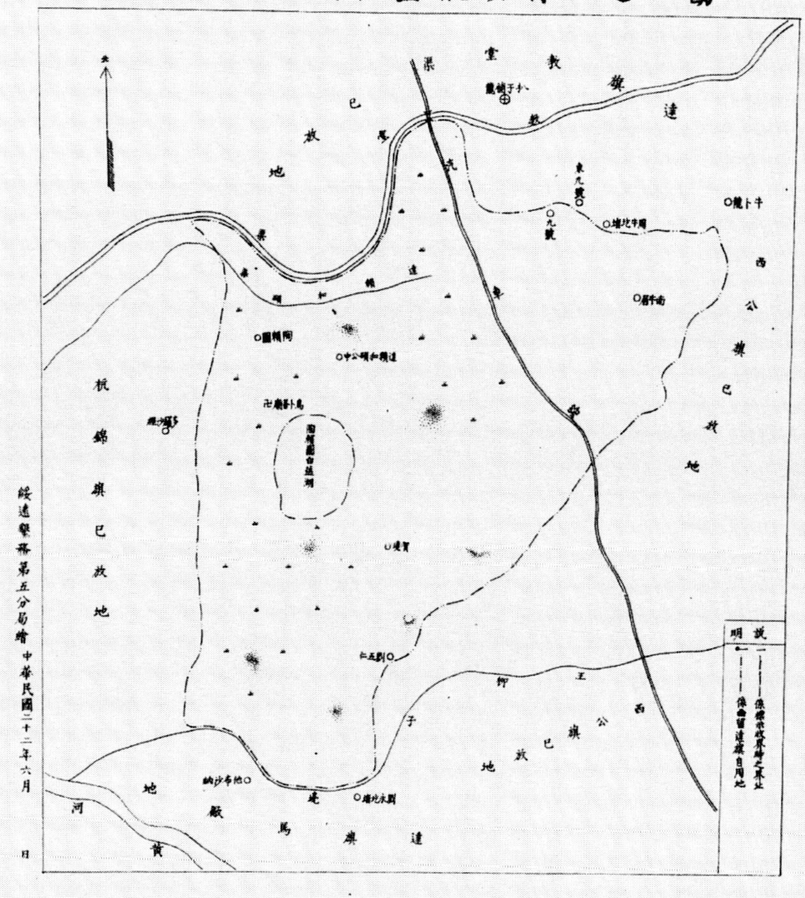

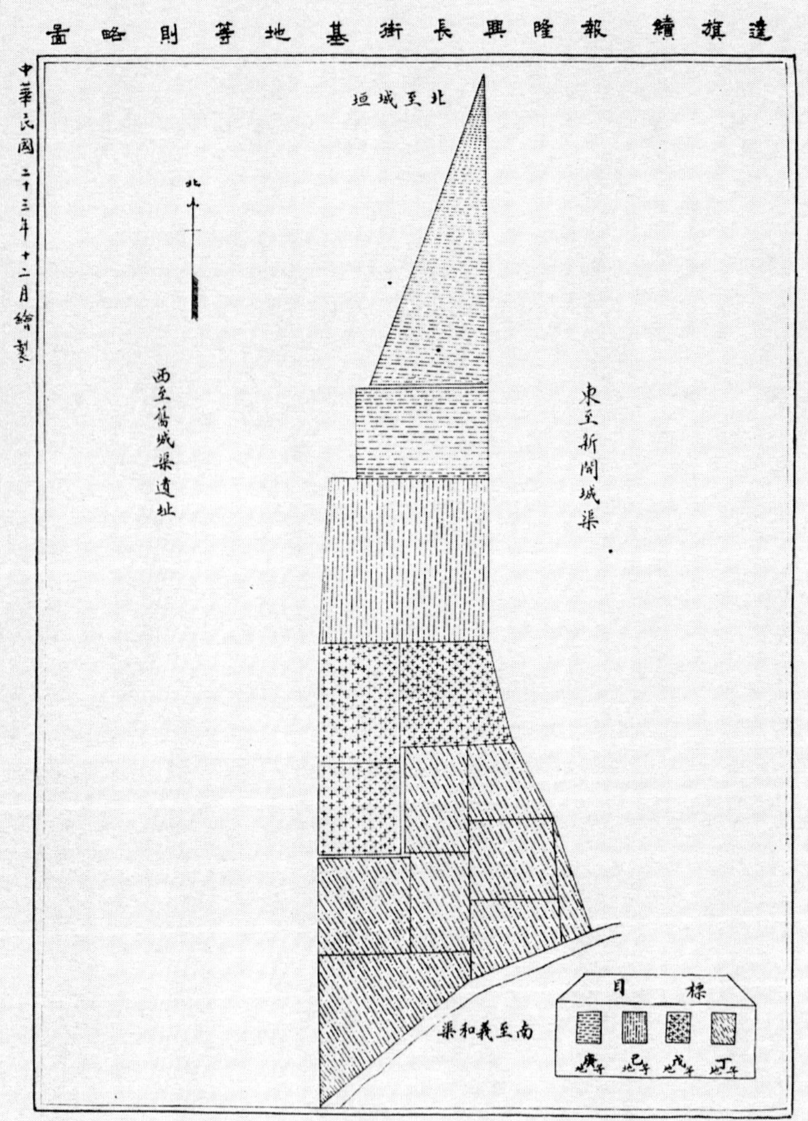
達旗續報隆興長街基地等則略圖
中華民國二十三年十二月繪製
北
北至城垣
西至舊城渠遺址
東至新開城渠
南至義和渠
標目
庚等地
己等地
戊等地
丁等地

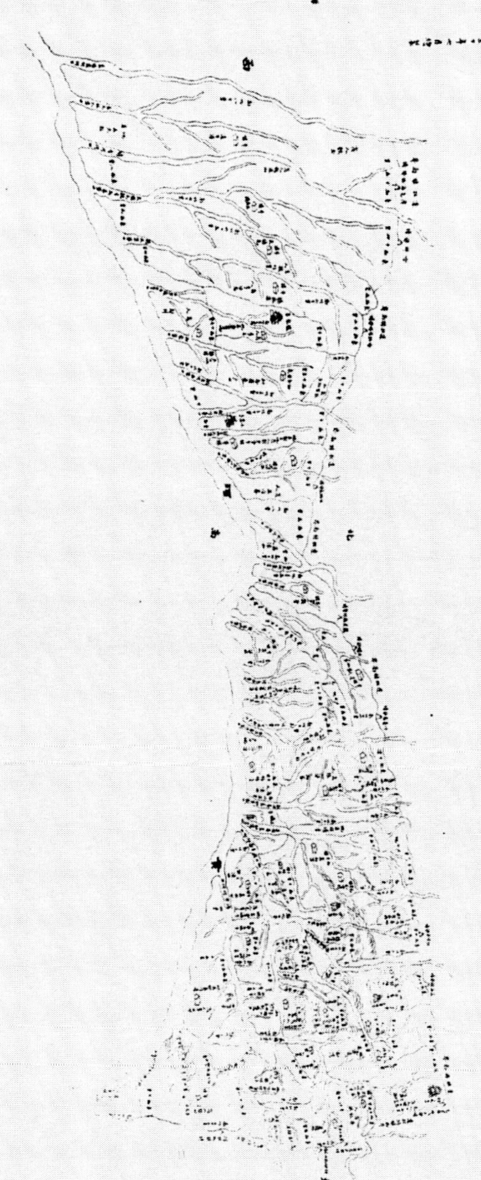
杭錦旗中東西巴噶地圖
—(19)—

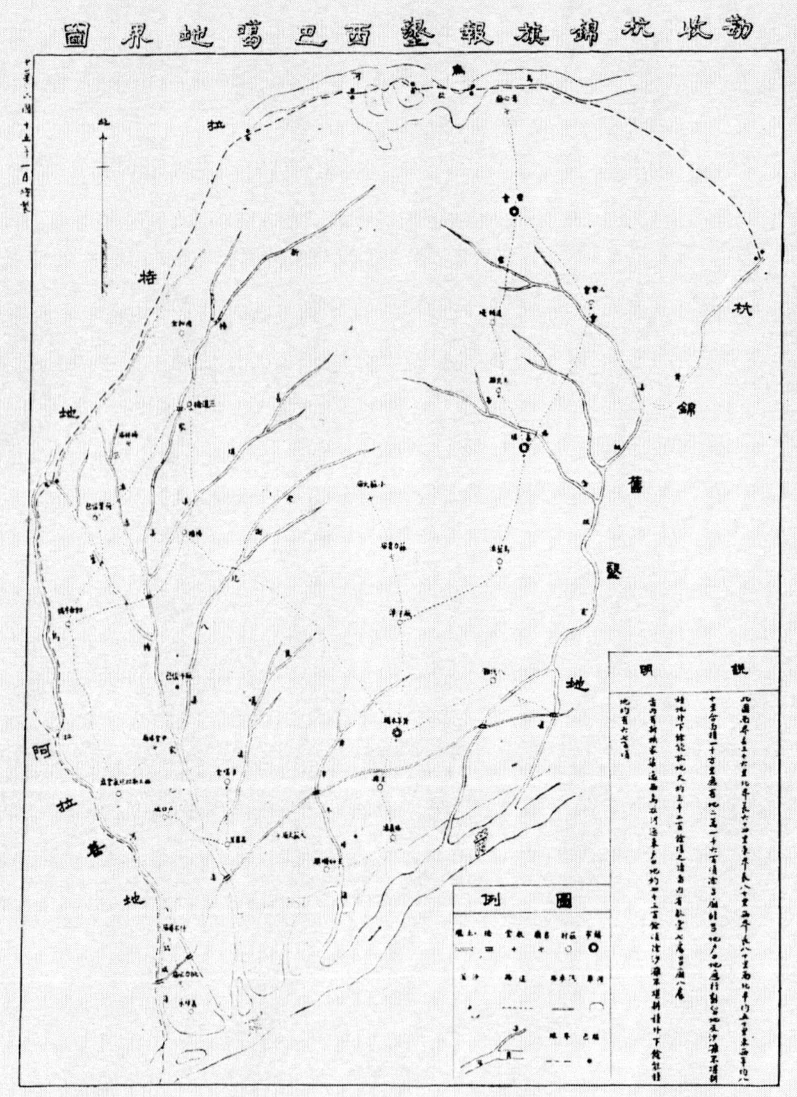
勒收杭錦旗報墾西巴噶地界圖
烏
拉
特
地
杭
錦
舊
墾
地
阿
拉
善
地
說明
圖例

勘收杭錦旗合碩公中地界圖

中華民國十九年三月繪製

此係達拉地已報墾歸五局丈放

北

南

圖說

查此段地內連同沙城廟宇以及村落新舊渠路共丈正地叁百頃有零東至達拉界西至黄河南至黄河北至達拉洋入渠內除沙城廟宇不堪耕種地壹百肆拾餘頃又約除村落新舊渠道地捌頃餘共除不堪耕種地壹百伍拾餘頃共放淨地壹百伍拾餘頃合併聲明

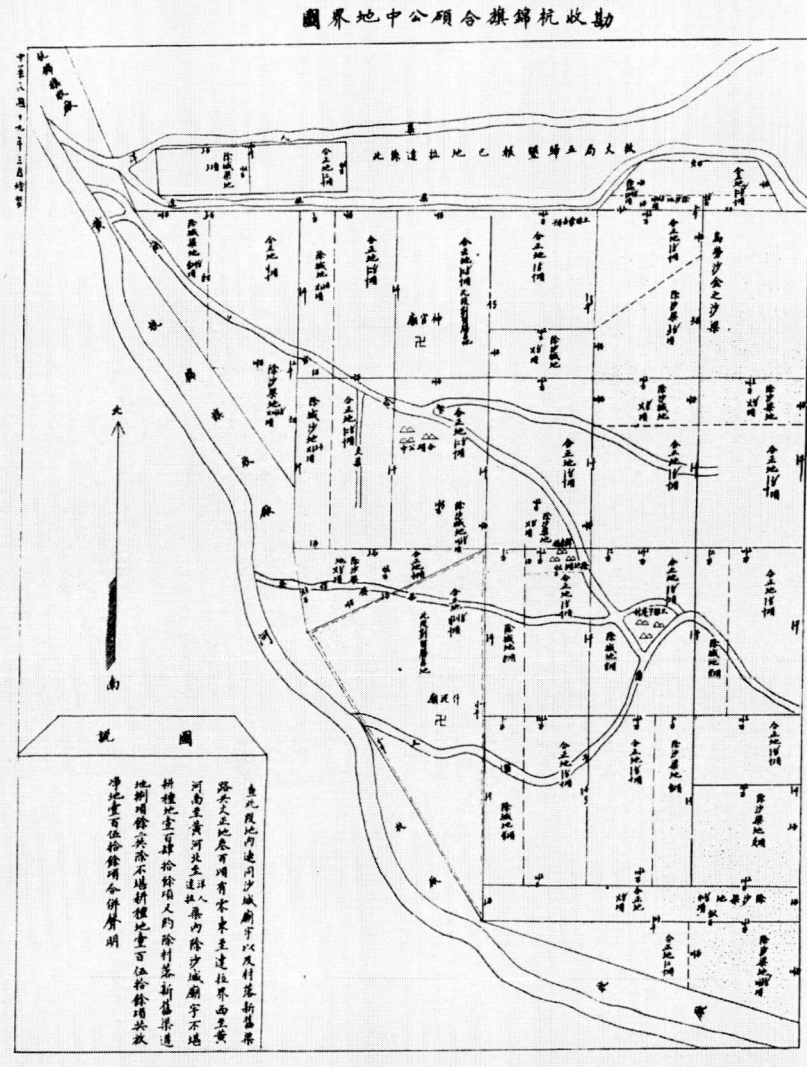

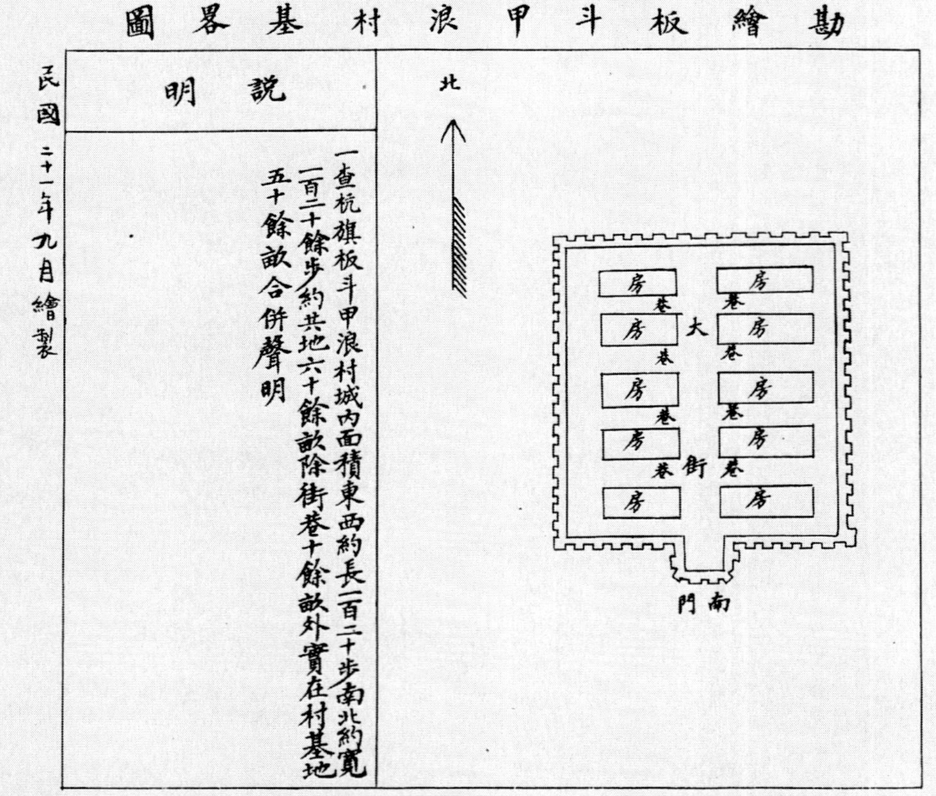
—(22)—
勘繪板斗甲浪村基畧圖
說明
一查杭旗板斗甲浪村城內面積東西約長一百二十步南北約寬一百二十餘步約共地六十餘畝除街巷十餘畝外實在村基地五十餘畝合併聲明
民國二十一年九月繪製
北
房
巷
大街
南門

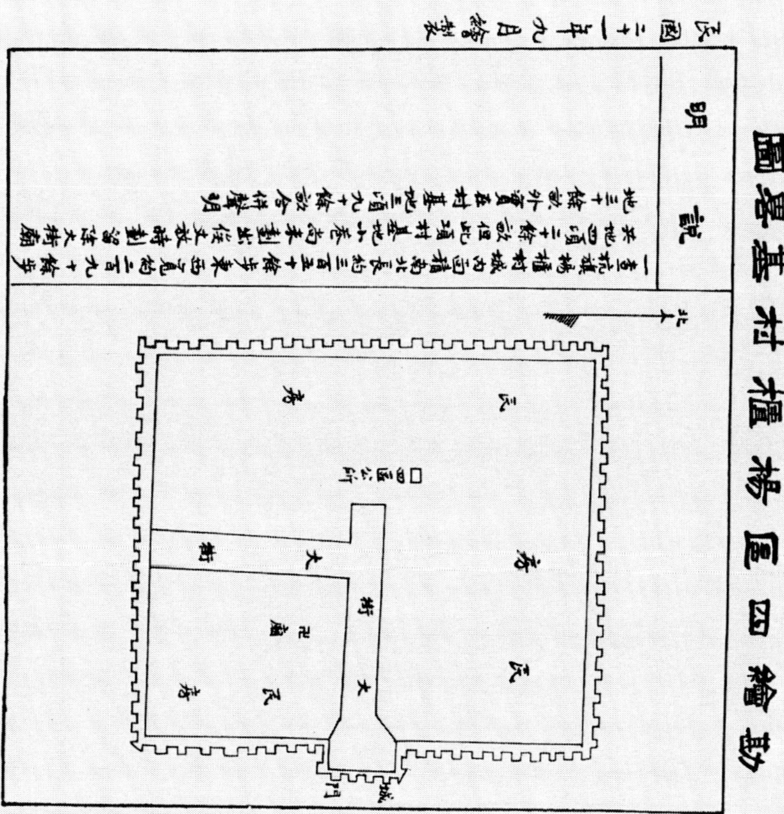
--(23)--
勘繪四區楊櫃村基畧圖
說明
一查杭旗楊櫃村城内面積南北長約三百五十餘步東西寬約二百九十餘步共地四頃二十餘畝但此項村基地小巷尚未劃出俟丈放時劃留除大街廟地三十餘畝外實在村基地三頃九十餘畝合併聲明
民國二十一年九月繪製
北
民
房
民
房
四區公所
大
街
大
街
卍廟
民
房
城門

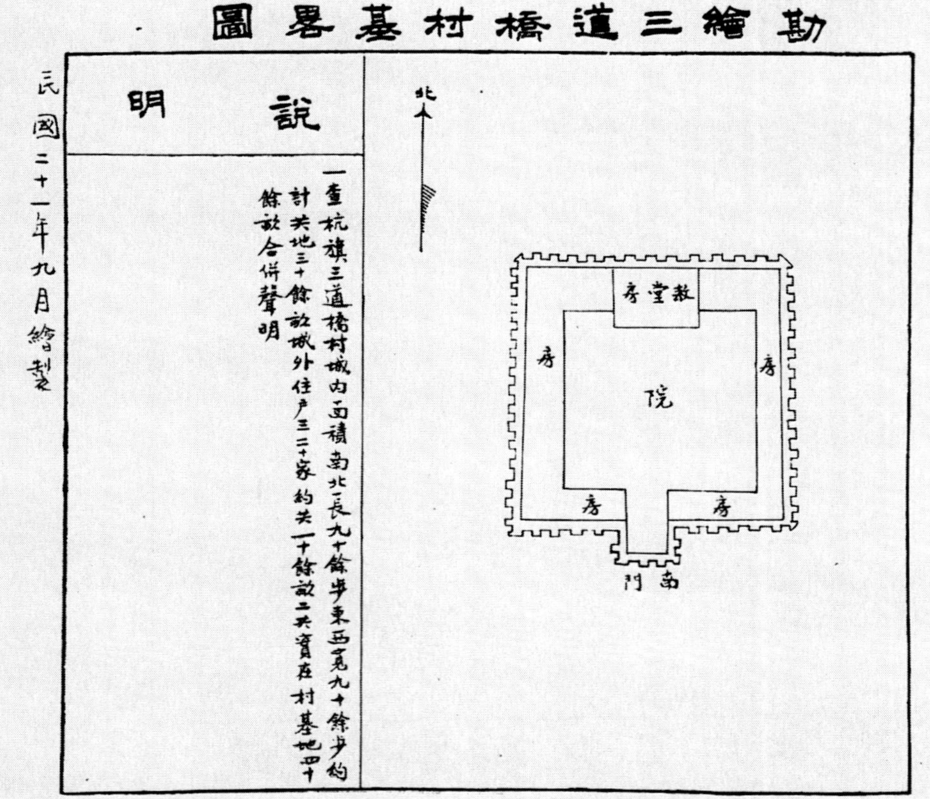

—（24）—
勘繪三道橋村基畧圖
說明
一查杭旗三道橋村城內面積南北長九十餘步東西寬九十餘步約
計共地三十餘畝城外住戶三二十家約共一十餘畝二共資在村基地四十
餘畝合併聲明
民國二十一年九月繪製
北
教堂房
房
院
房
房
房
南門

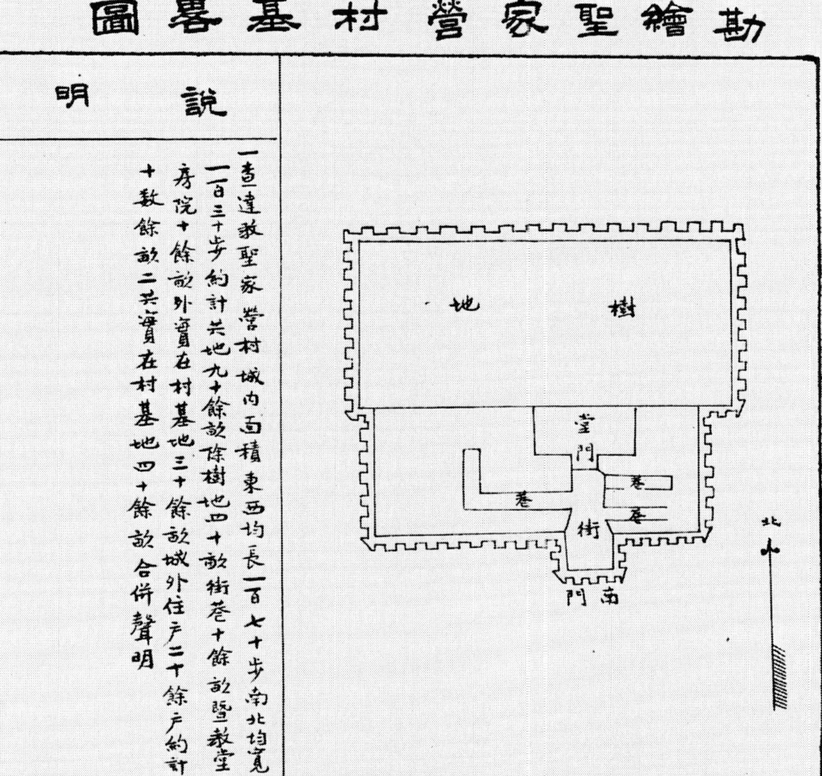
勘繪聖家營村基地略圖
說明
一查達教聖家營村城內面積東西均長一百七十步南北均寬一百三十步約計共地九十餘畝除樹地四十畝街巷十餘畝暨教堂房院十餘畝外實在村基地三十餘畝城外住戶二十餘戶約計十數餘畝二共實在村基地四十餘畝合併聲明
民國二十一年九月繪製
樹
地
堂門
巷
巷
巷
街
南門
北

勘繪黃羊木頭村基畧圖

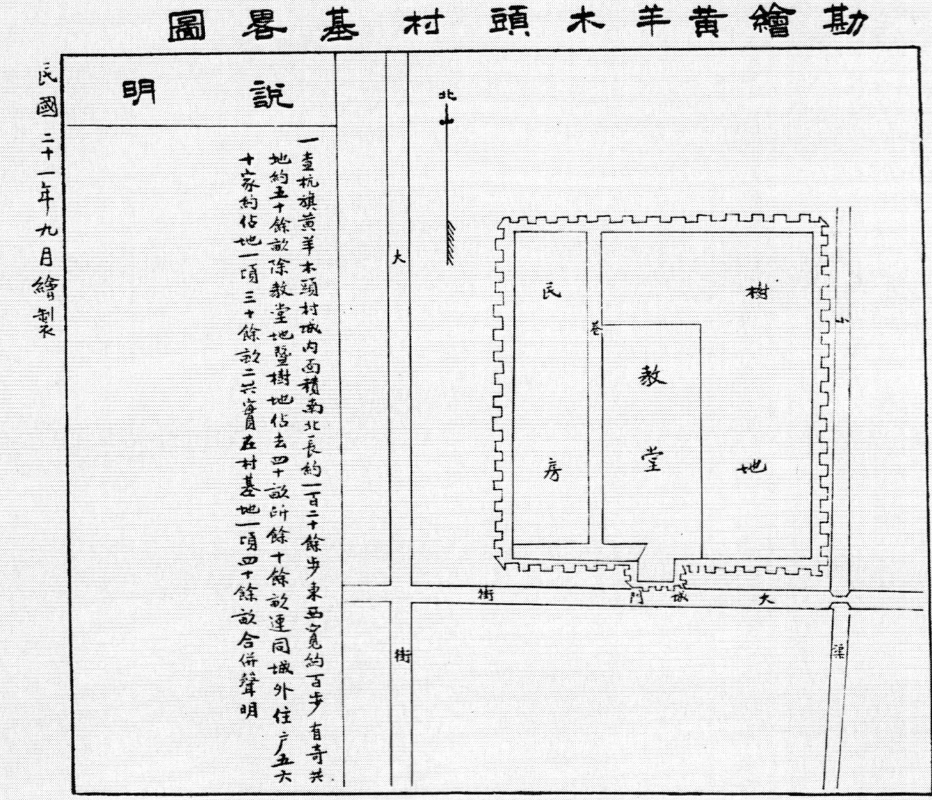
說明
一查杭旗黃羊木頭村城內面積南北長約一百二十餘步東西寬約百步有奇共地約五十餘畝除教堂地暨樹地佔去四十畝所餘十餘畝連同城外住户五六十家約佔地一頃三十餘畝二共實在村基地一頃四十餘畝合併聲明
民國二十一年九月繪製
北
大街
民房
巷
教堂
樹地
城門
大街
小渠
街

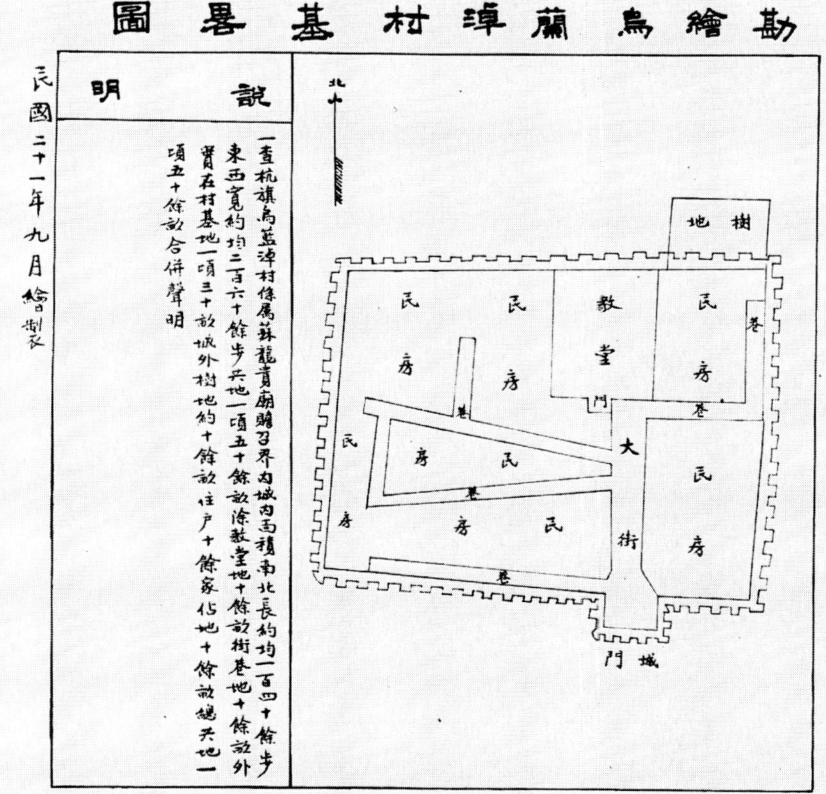
—（27）—
勘繪烏蘭淖村基畧圖
北
說明
一查杭旗烏蘭淖村係屬蘇龍貢廟驍召界內城內面積南北長約均一百四十餘步東西寬約均二百六十餘步共地一頃五十餘畝除教堂地十餘畝街巷地十餘畝外實在村基地一頃三十畝城外樹地約十餘畝住户十餘家佔地十餘畝總共地一頃五十餘畝合併聲明
民國二十一年九月繪製
樹地
民房
民房
教堂
門
民房
巷
巷
巷
巷
巷
大街
民房
民房
民房
民房
城門

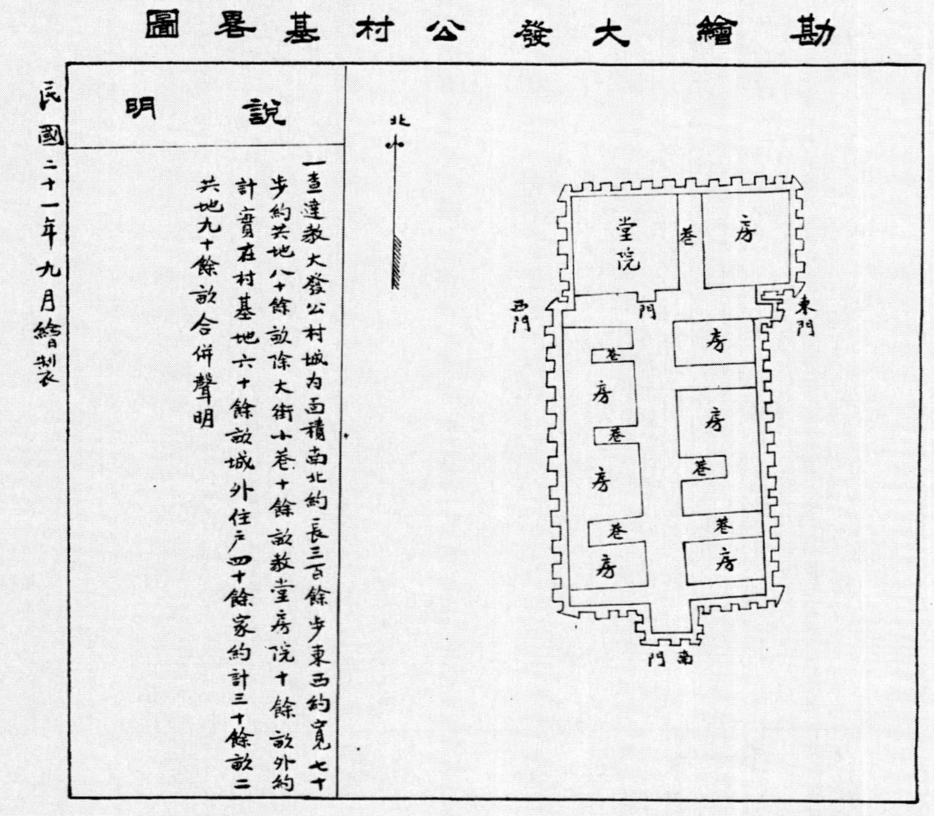
—(28)—
勘繪大發公村基暑圖
說明
一查達教大發公村城內面積南北約長三百餘步東西約寬七十步約共地八十餘畝除大街小巷十餘畝教堂房院十餘畝外約計實在村基地六十餘畝城外住户四十餘家約計三十餘畝二共地九十餘畝合併聲明
民國二十一年九月繪製
北
堂院
巷
房
門
西門
東門
南門

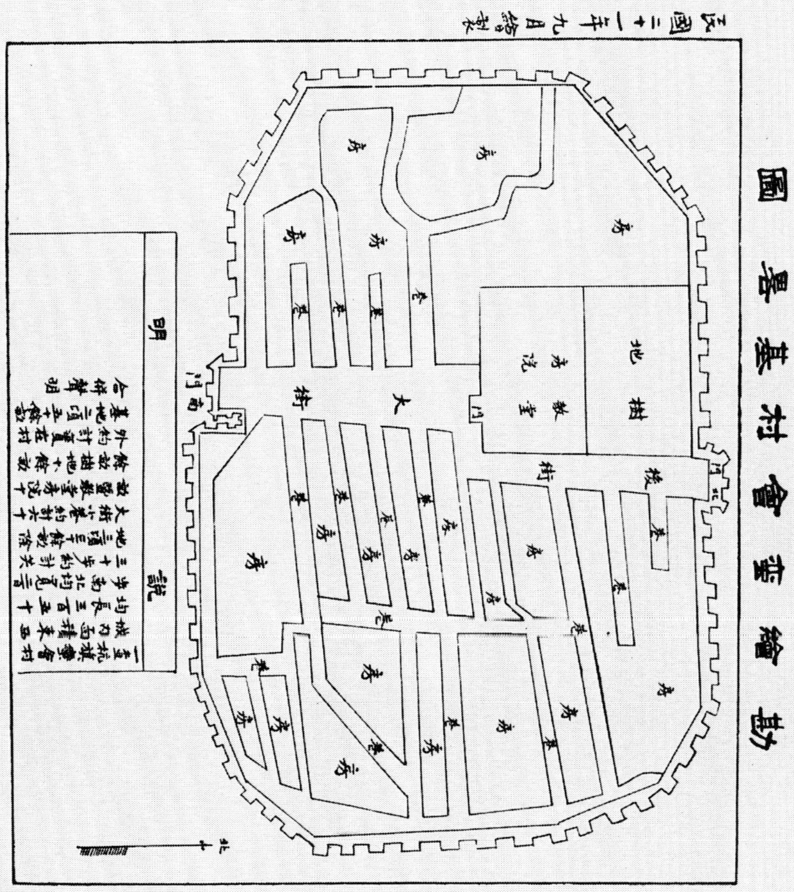
—（29）—
勘繪壺會村基墓圖
民國二十一年九月繪製
北門
樹地
教堂
房院
大街
街
南門
北
說明
一壺杭旗蠻會村
城内面積東西
均長三百五十
步南北均寬三百
三十步約計共
地三頃二十餘畝除
大街小巷約計六十
畝暨教堂房院十
餘畝樹地十餘畝
外約計實在村
基地二頃五十餘畝
合併聲明

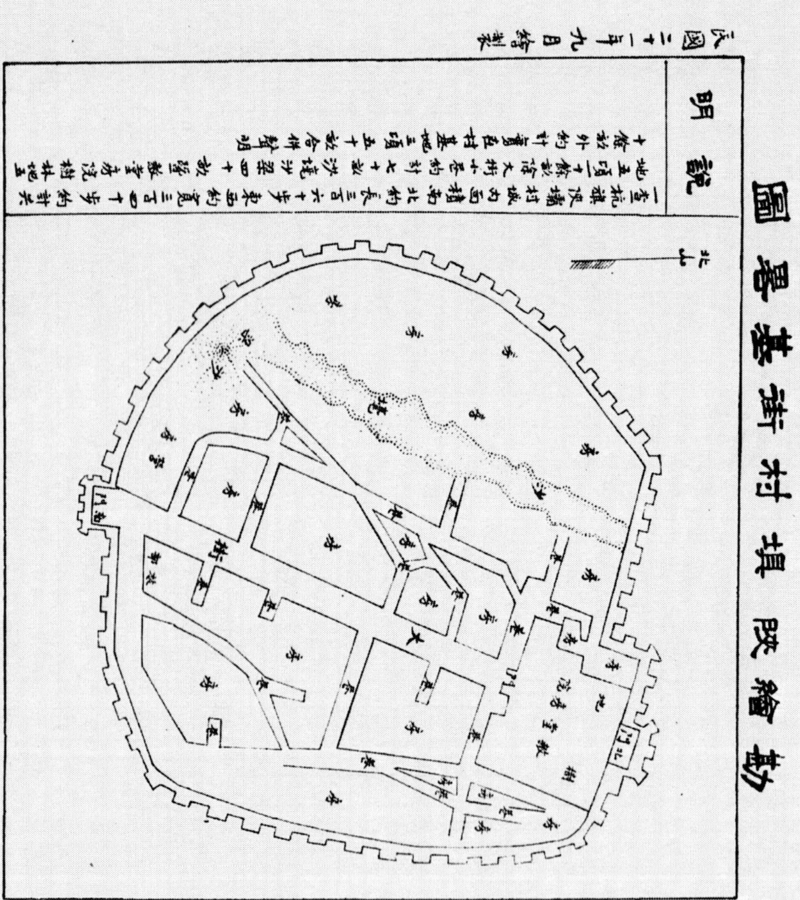
—（30）—
勘繪陝埧村街基略圖
說明
一查杭旗陝壩村城內面積南北約長三百六十步東西約寬三百四十步約計共地五頃一十餘畝除大街小巷約計七十畝沙壕沙梁四十畝暨教堂房院樹林地五十餘畝外約計實在村基地三頃五十畝合併聲明
民國二十一年九月繪製
北
北門
南門
教堂房院
大街
沙壕

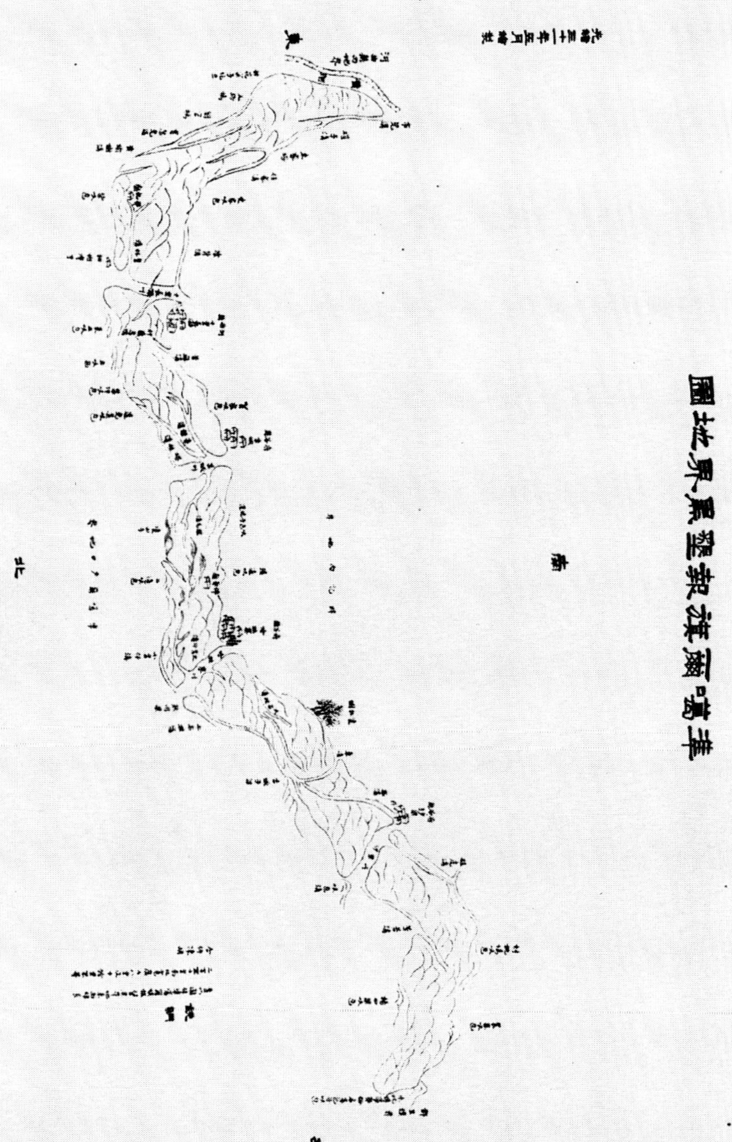
—(31)—
準噶爾旗東墾黑界地圖

郡王旗報墾石灰廟地畧圖

（印書會廟）

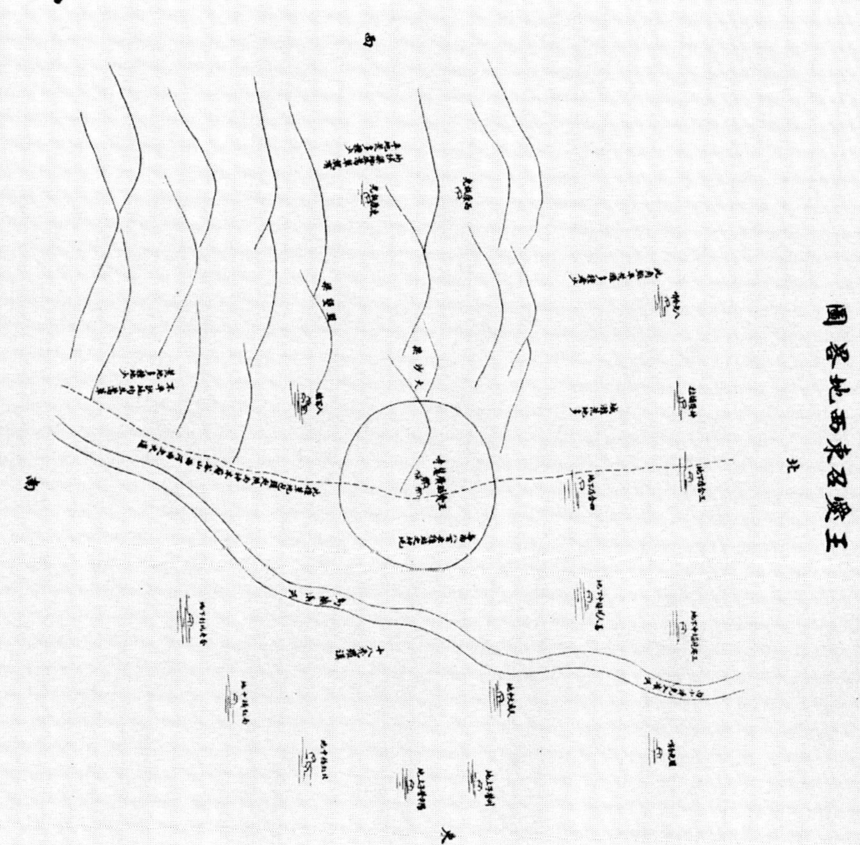
—(33)—
王愛召東西地畧圖
北
南
西
東
光緒三十二年四月繪製

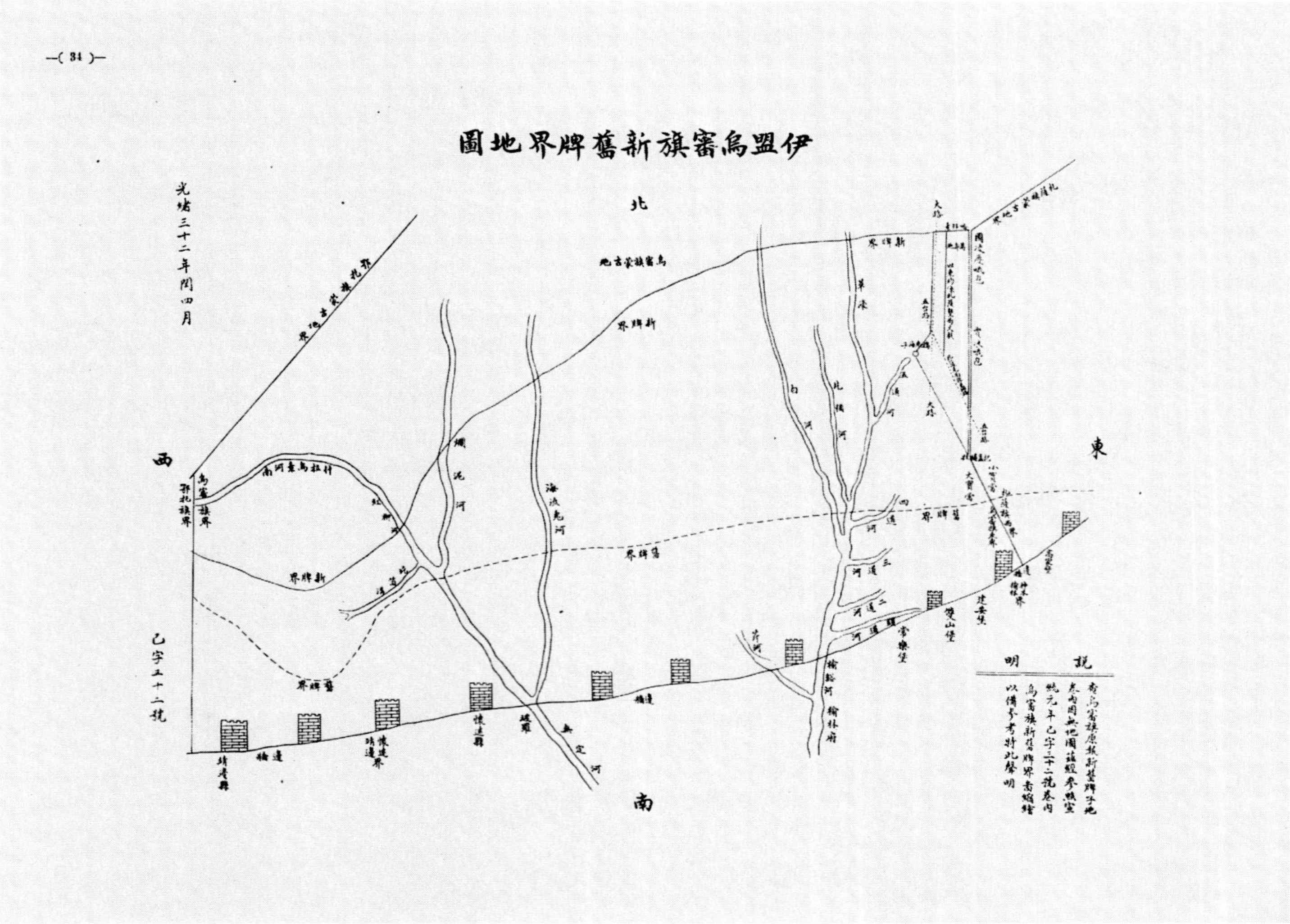
—(34)—
伊盟烏審旗新舊牌界地圖
光緒三十二年閏四月
乙字五十二號
北
西
東
南
烏審旗蒙古地
新牌界
舊牌界
海流兔河
無定河
榆林府
說明
查烏審旗原報新舊牌子地
界內因無地圖茲經參照宣
統元年乙字三十二號卷內
烏審旗新舊牌界畫縮繪
以備參考特此聲明

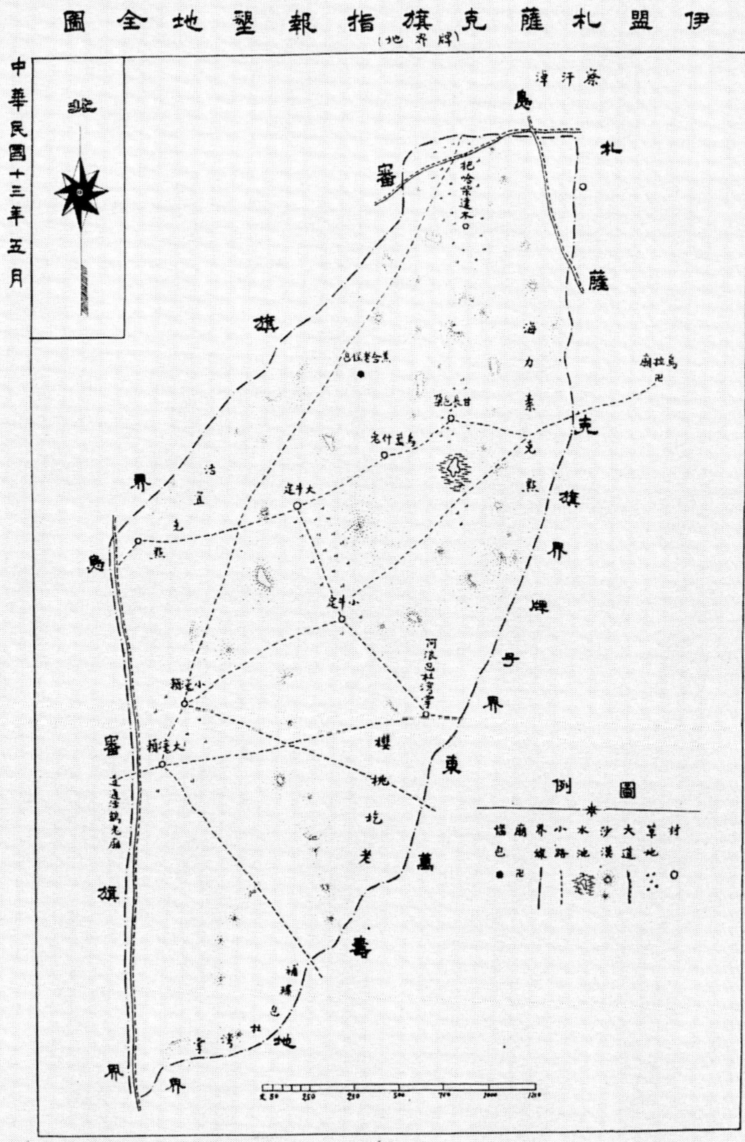
伊盟札薩克旗指報墾地全圖
(牌界地)
中華民國十三年五月
北
圖例
—(35)—

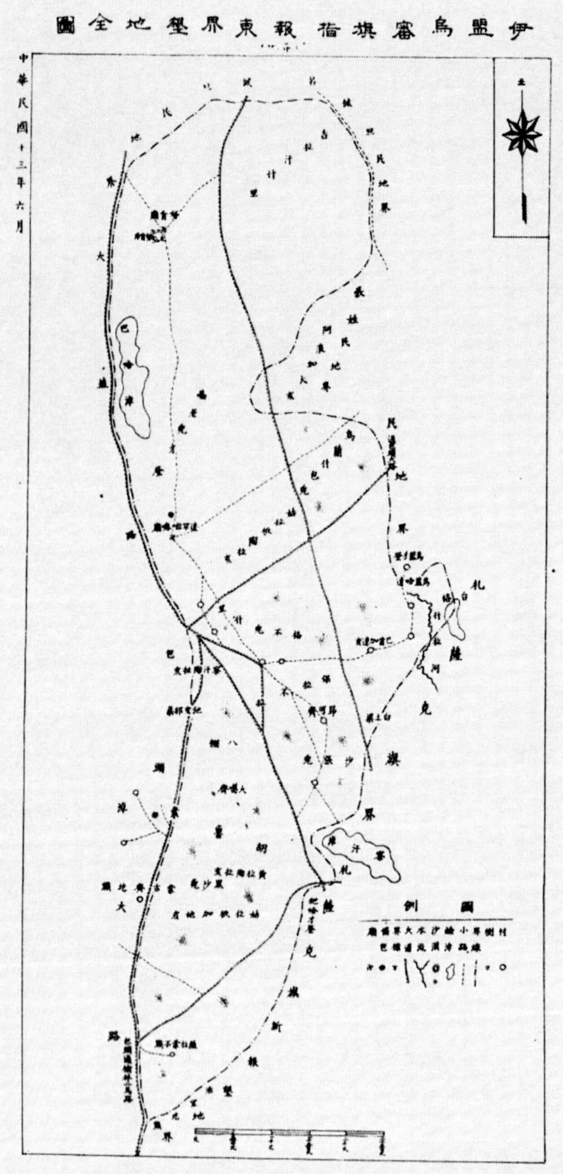
伊盟烏審旗指報東界墾地全圖
中華民國十三年六月
圖例

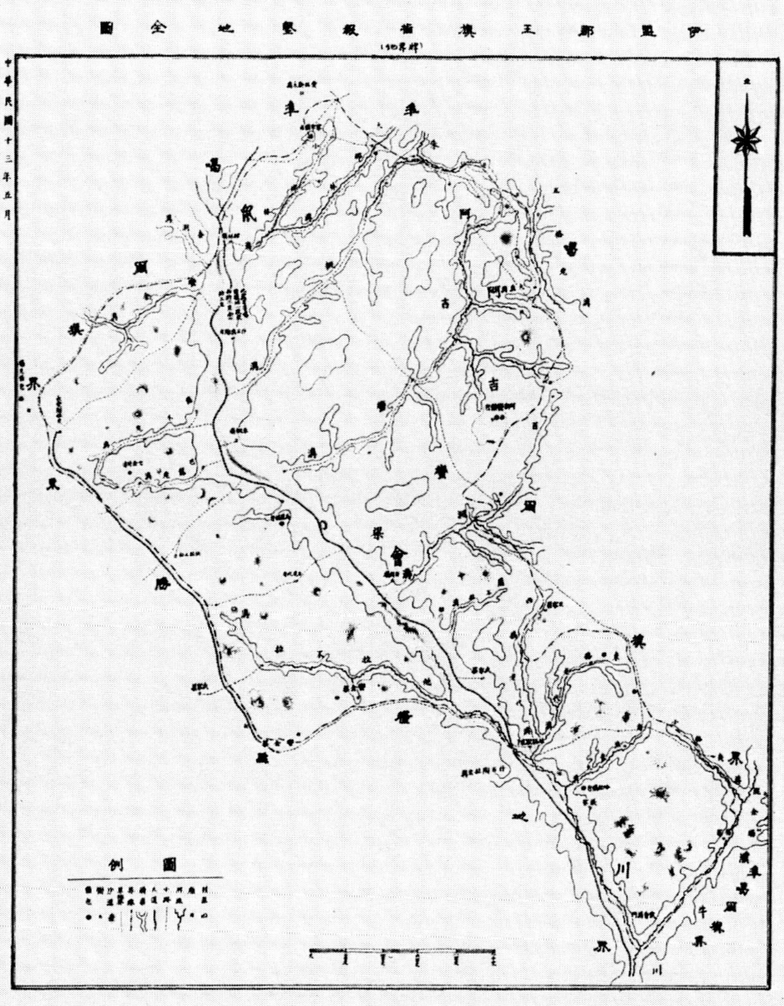
中華民國十三年五月

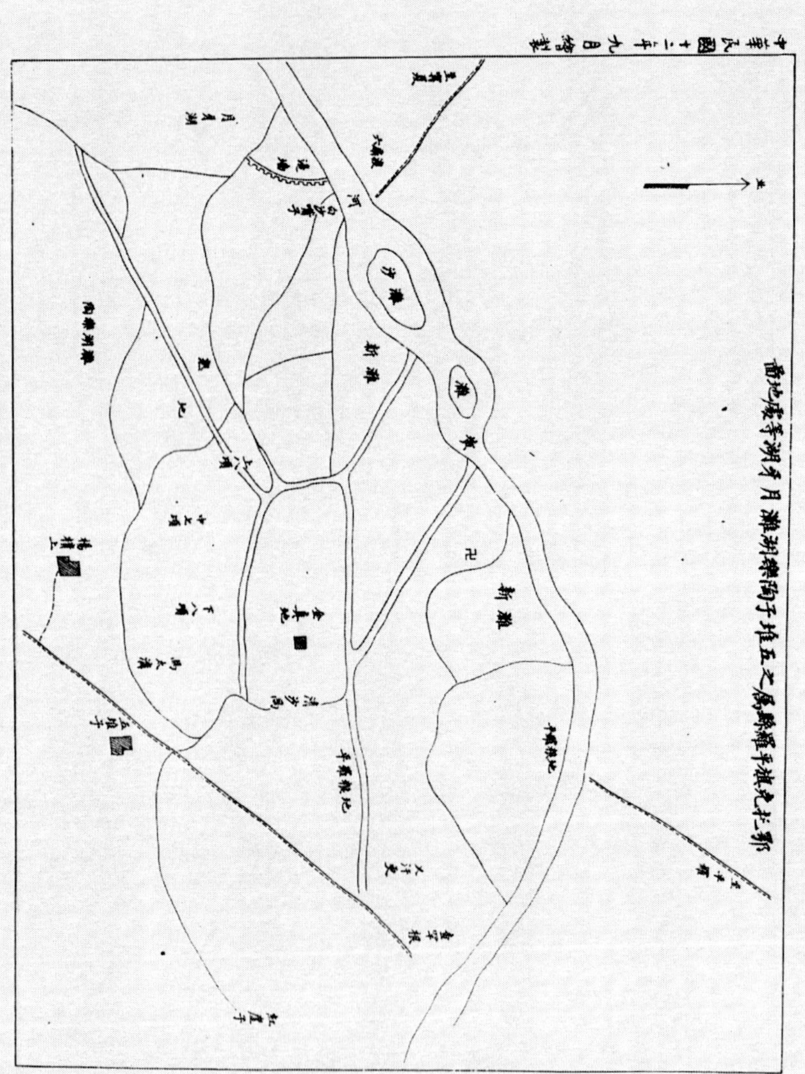
—(38)—
中華民國十二年九月繪製

烏蘭察佈盟屬

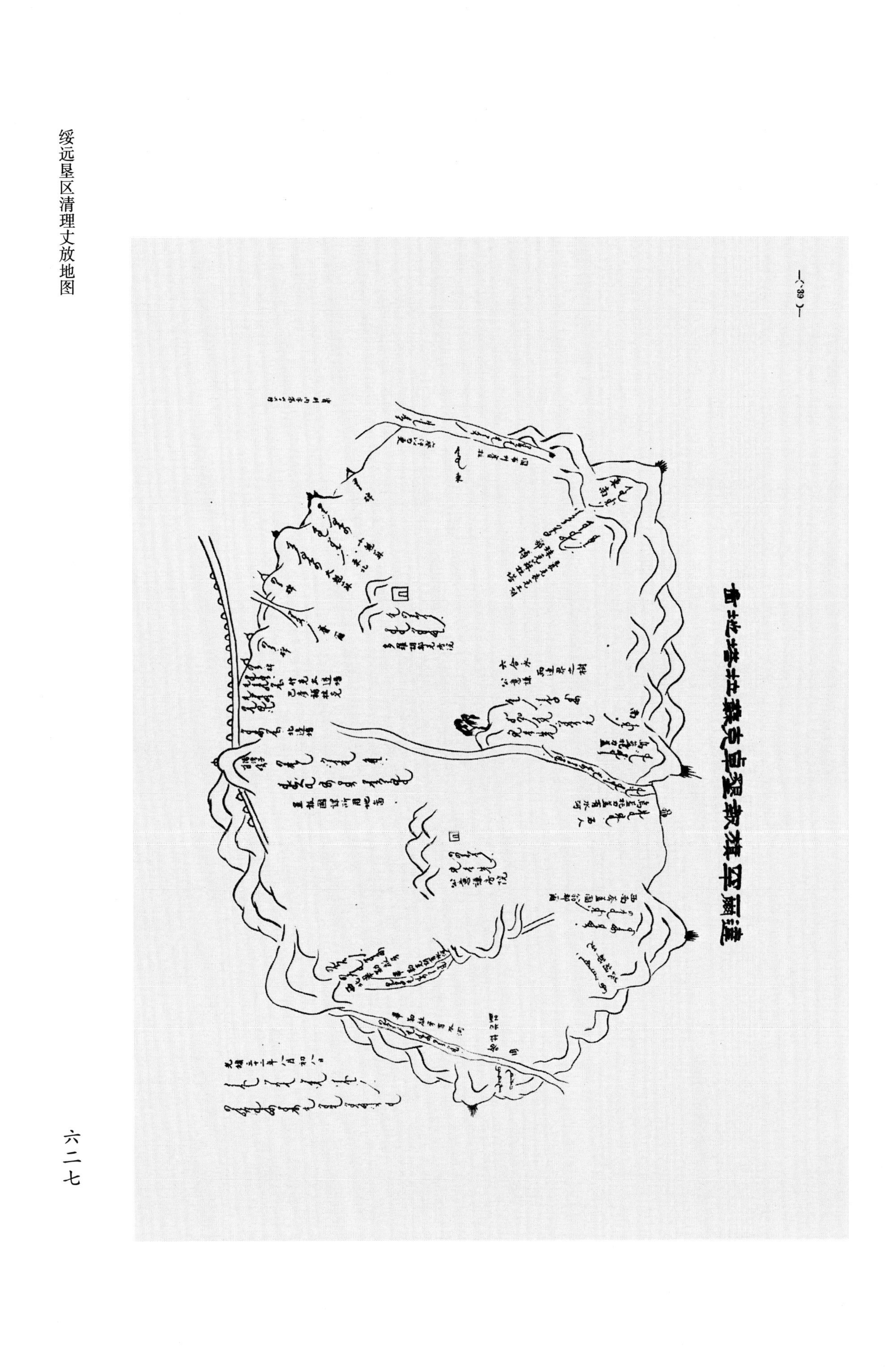

—（39）—

達爾罕旗報墾卓克蘇拉塔地圖

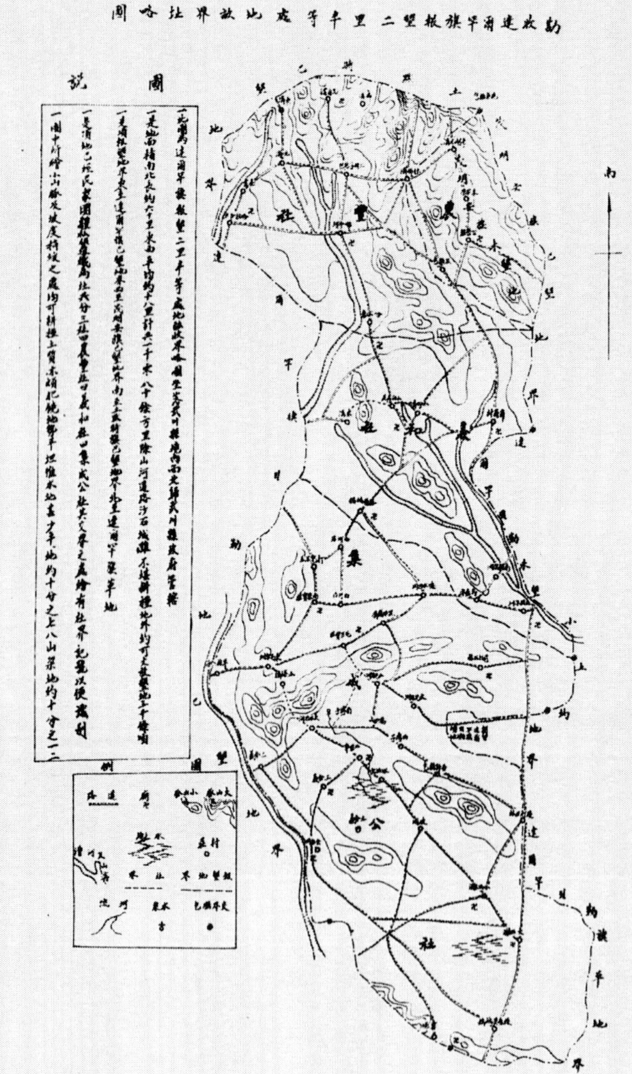

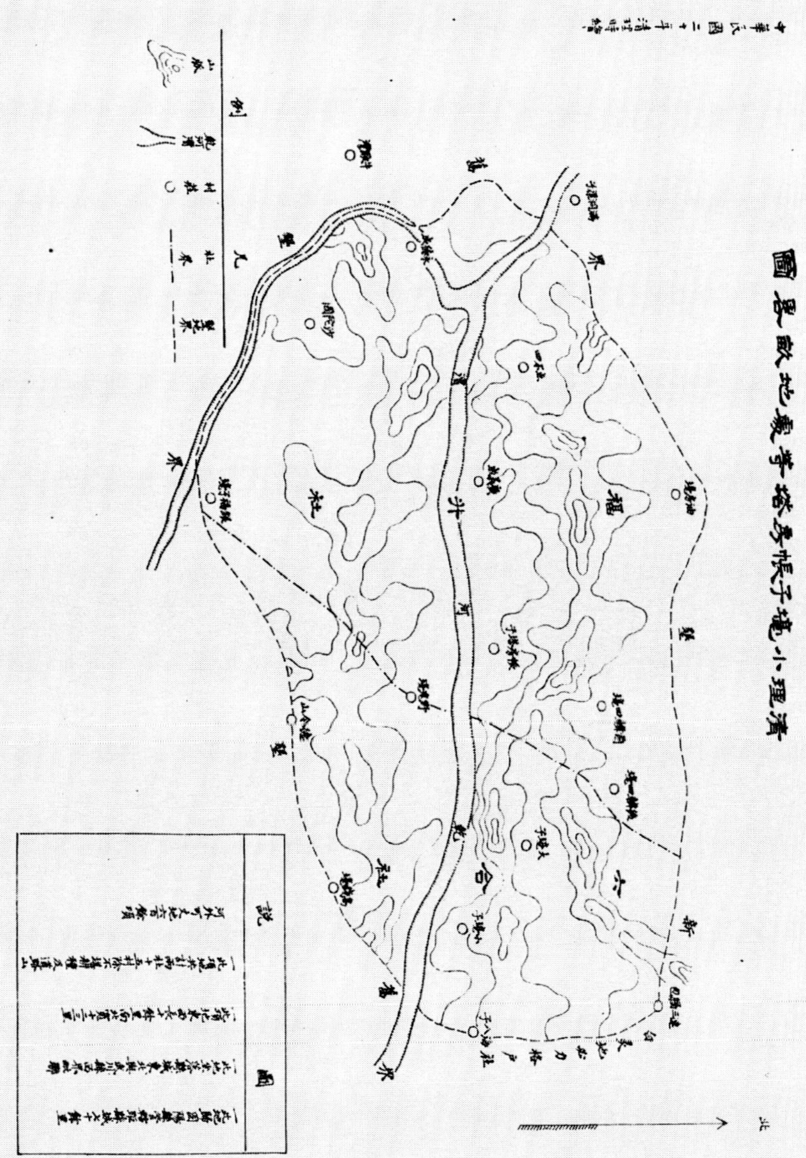

清理小壕子帳房塔子地畝略圖
—（41）—

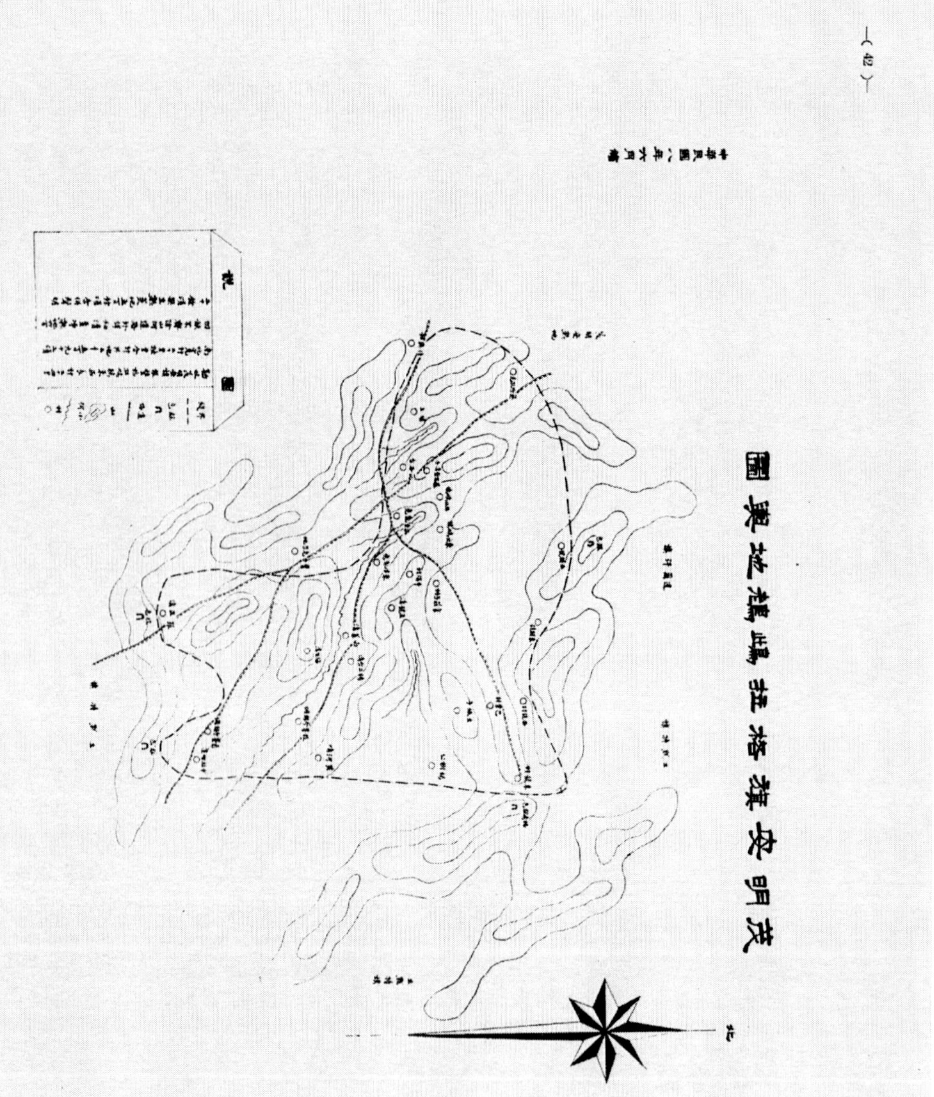

勘查明安茂旗垦地通垦勘放地功图

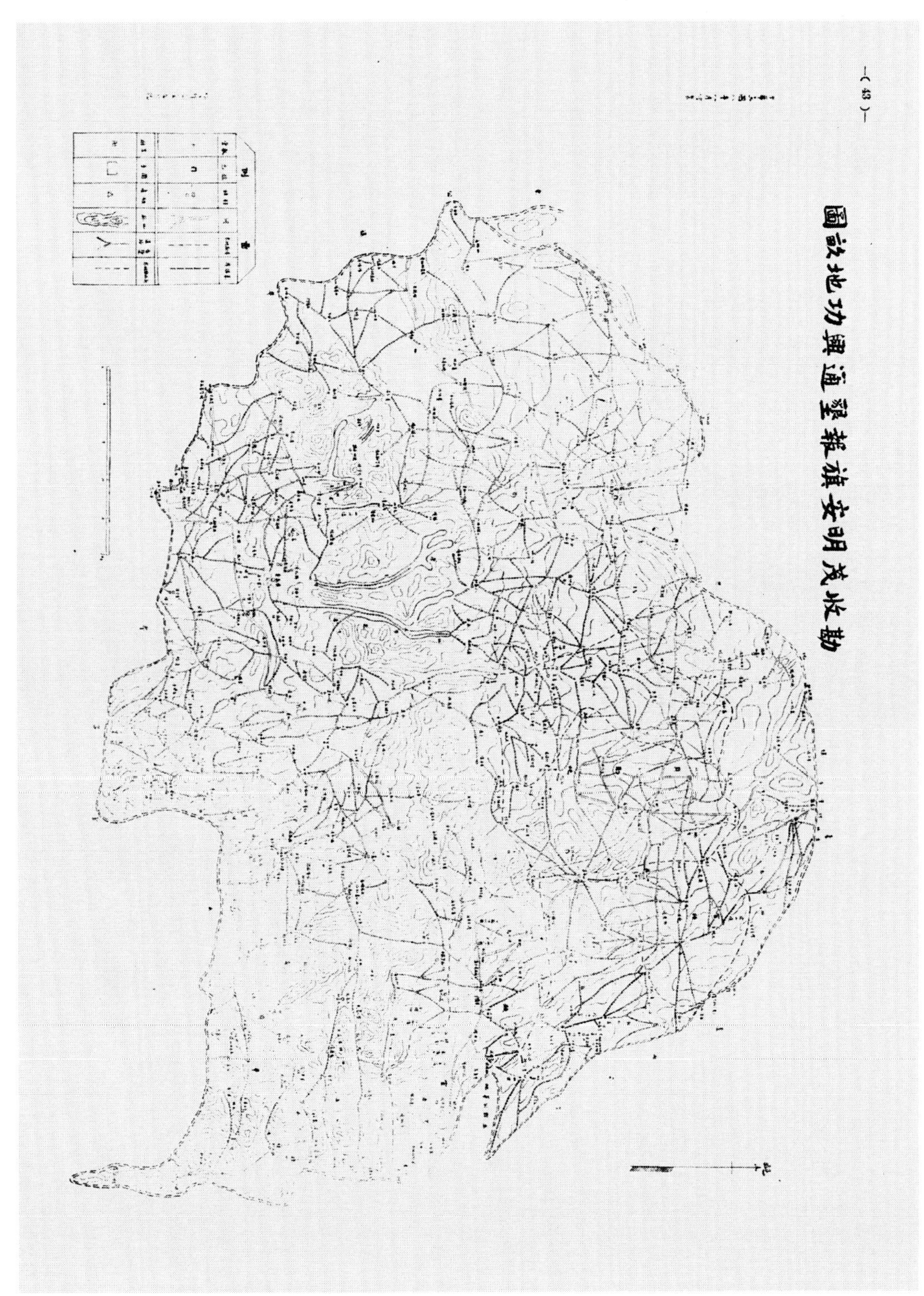

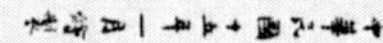
中華民國十五年一月繪製

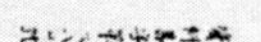

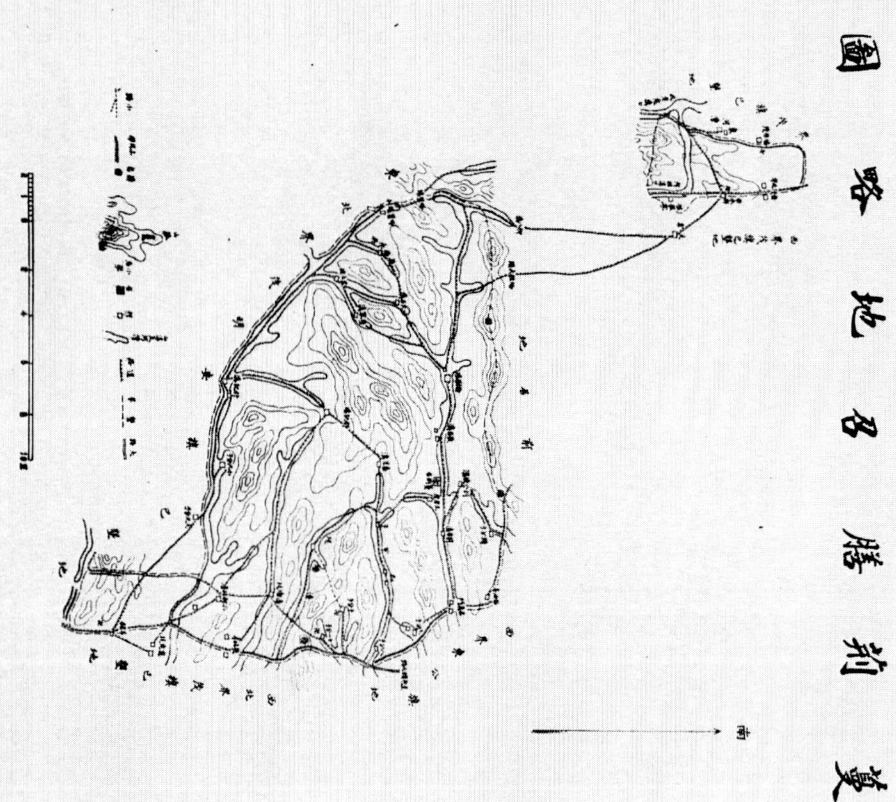
—(44)—
蔓荊膳召地略圖
南

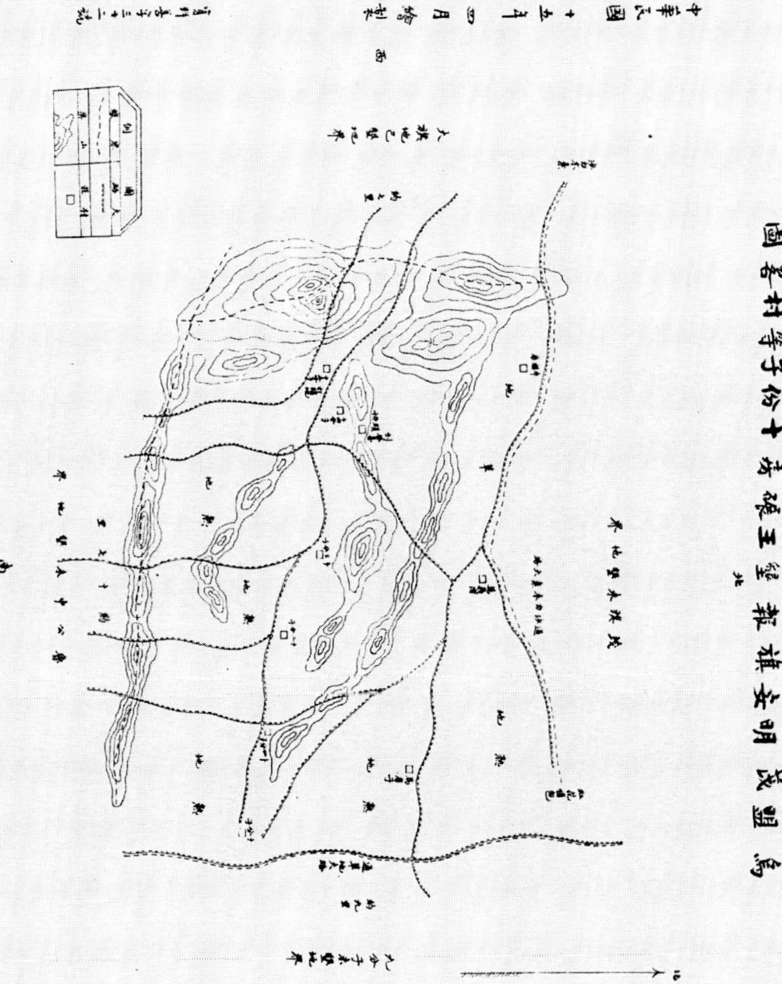

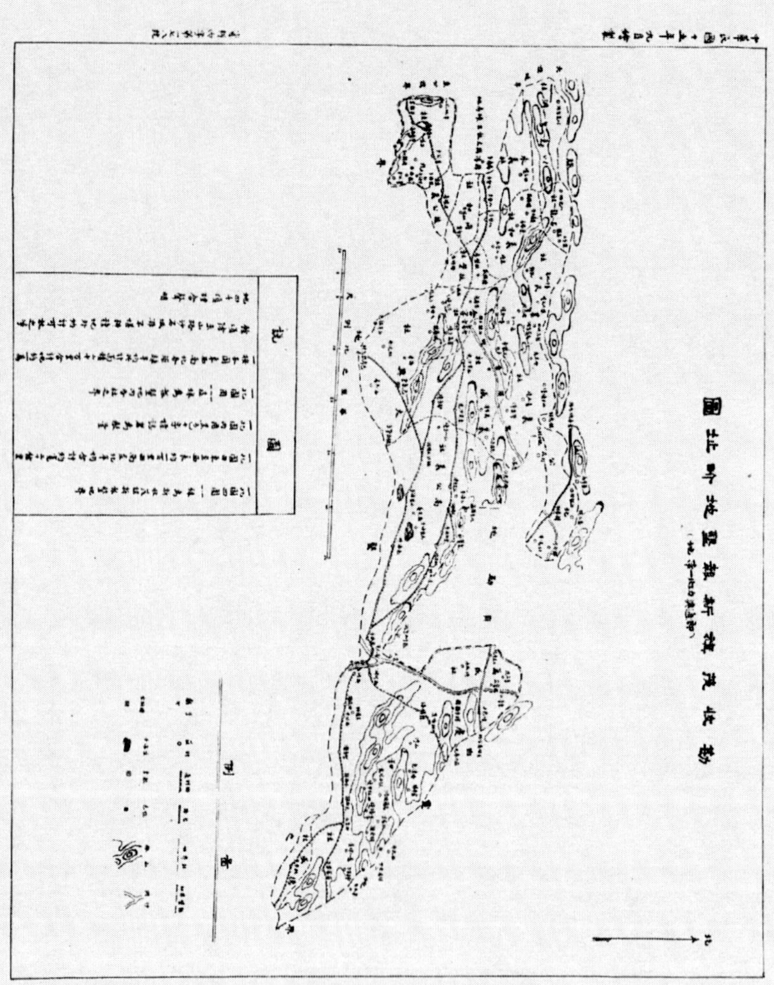

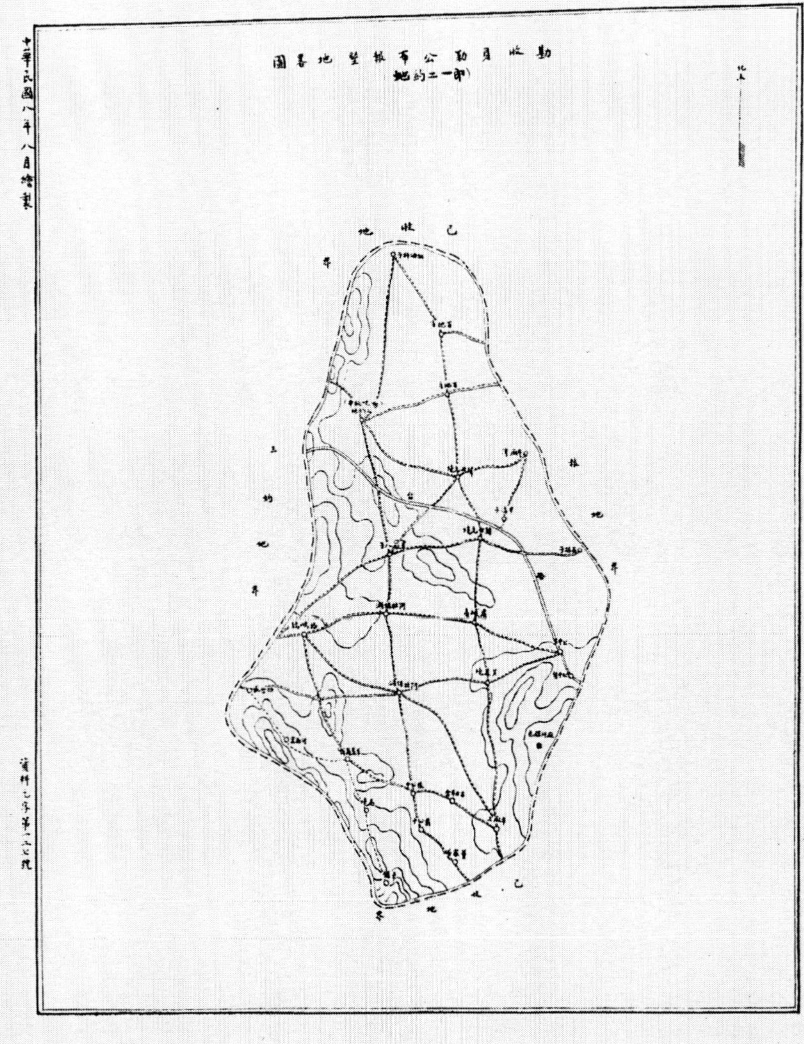
中華民國八年八月繪製

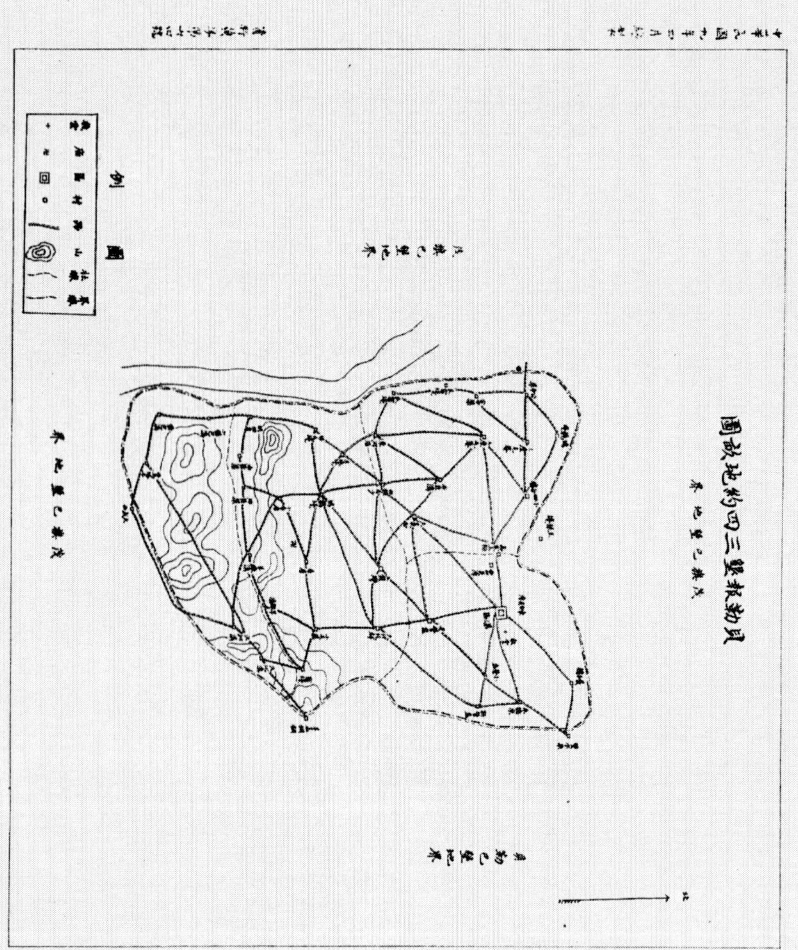
貝勒報墾三四約地段圖

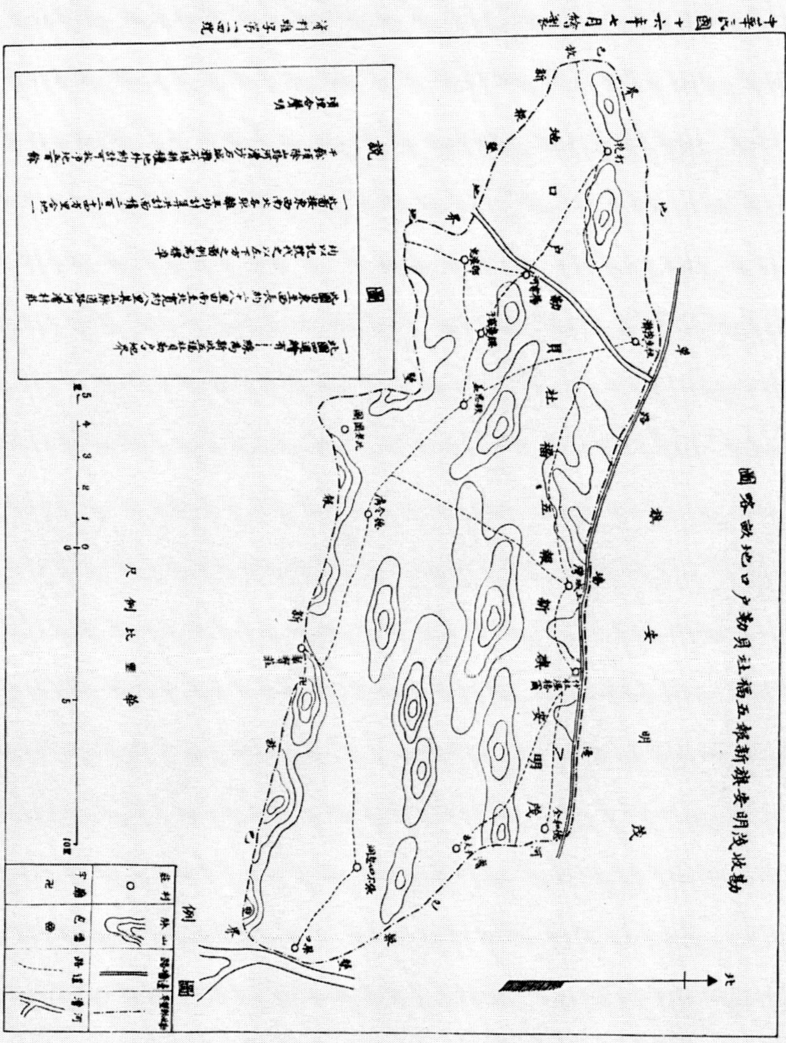
—(49)—
勘收茂明安旗新報五福社貝勒戶口地畝略圖
中華民國十六年七月繪製
北
圖說
圖例
華里比例尺

勘放美爾根召三所地全圖

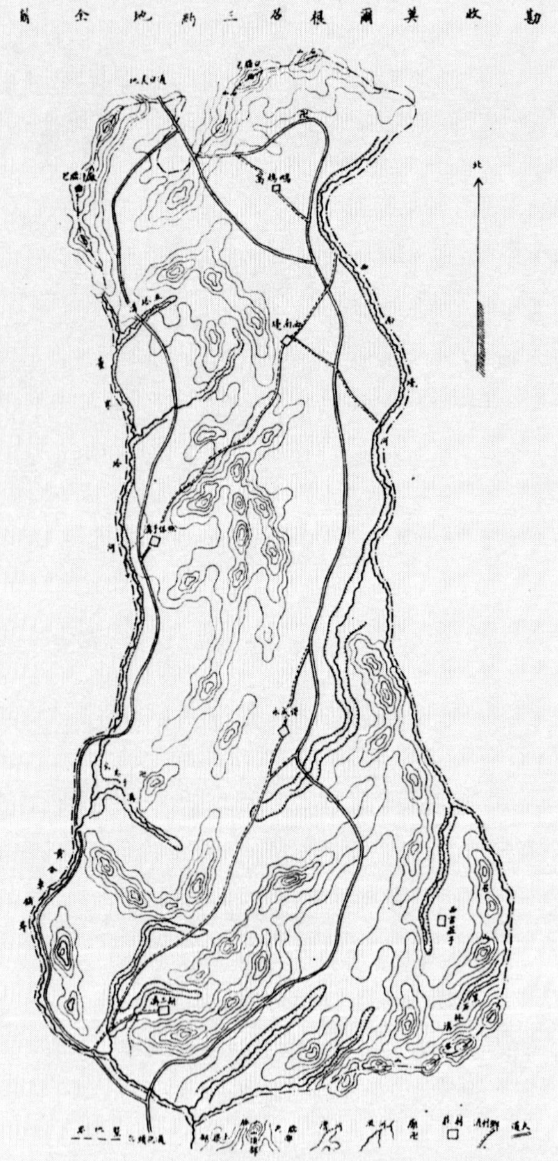

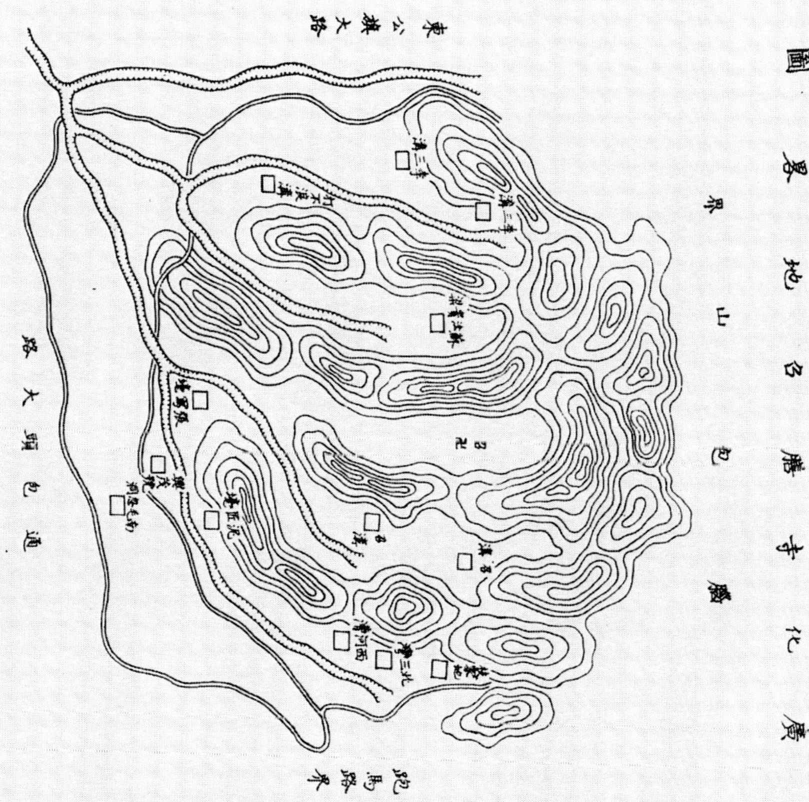
廣化寺勝召地略圖
隣包山界
中華民國十四年十一月繪製
東公旗大路
通包頭大路
跑馬路界

圖例
山
道
河
村
召

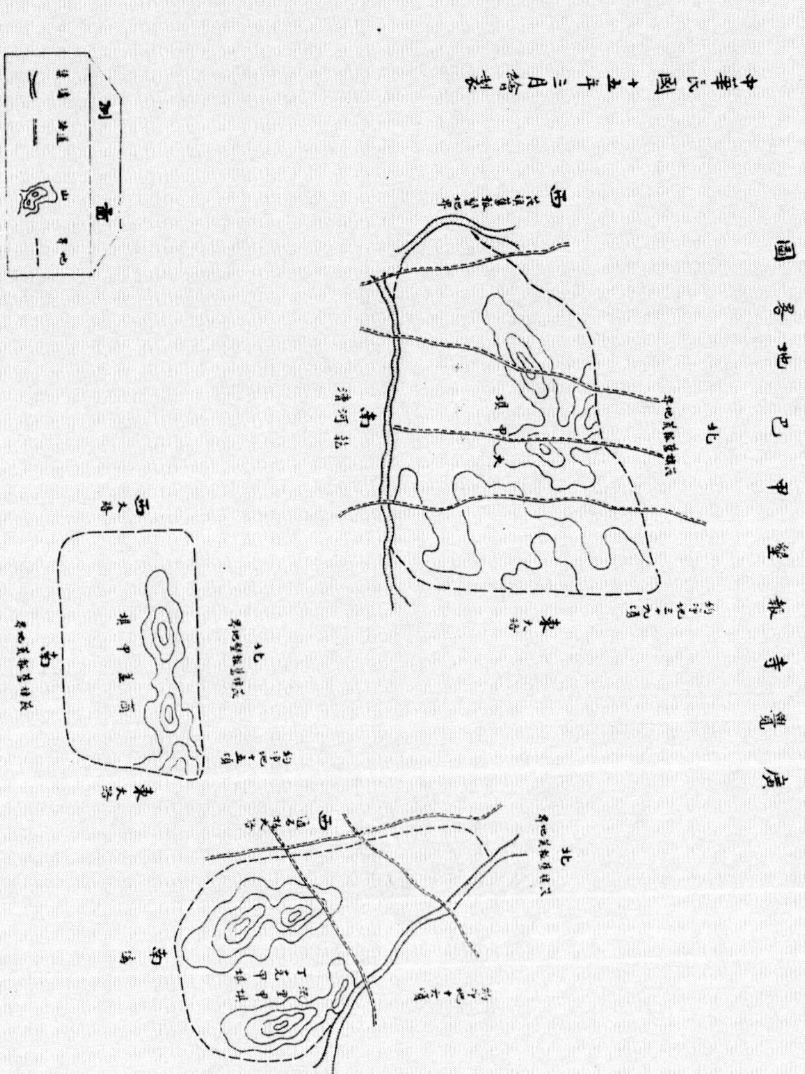
廣覺寺報墾甲乙地畧圖
中華民國十五年三月繪製

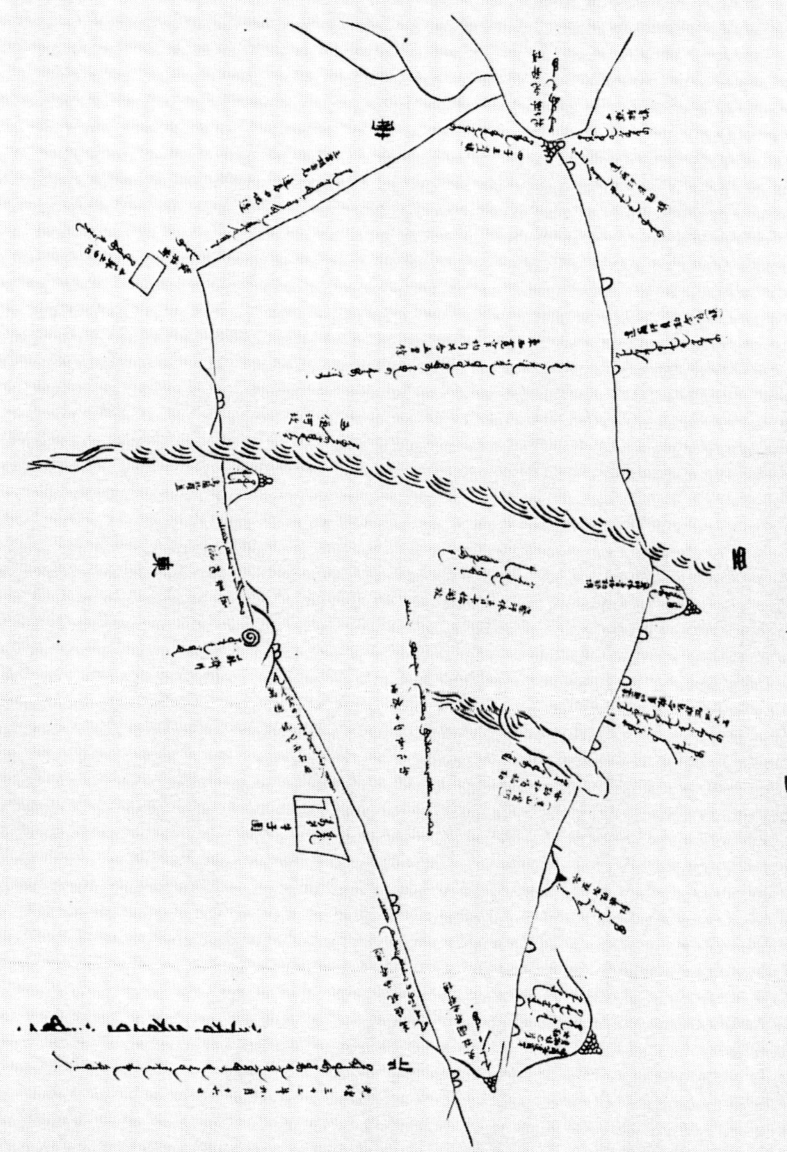

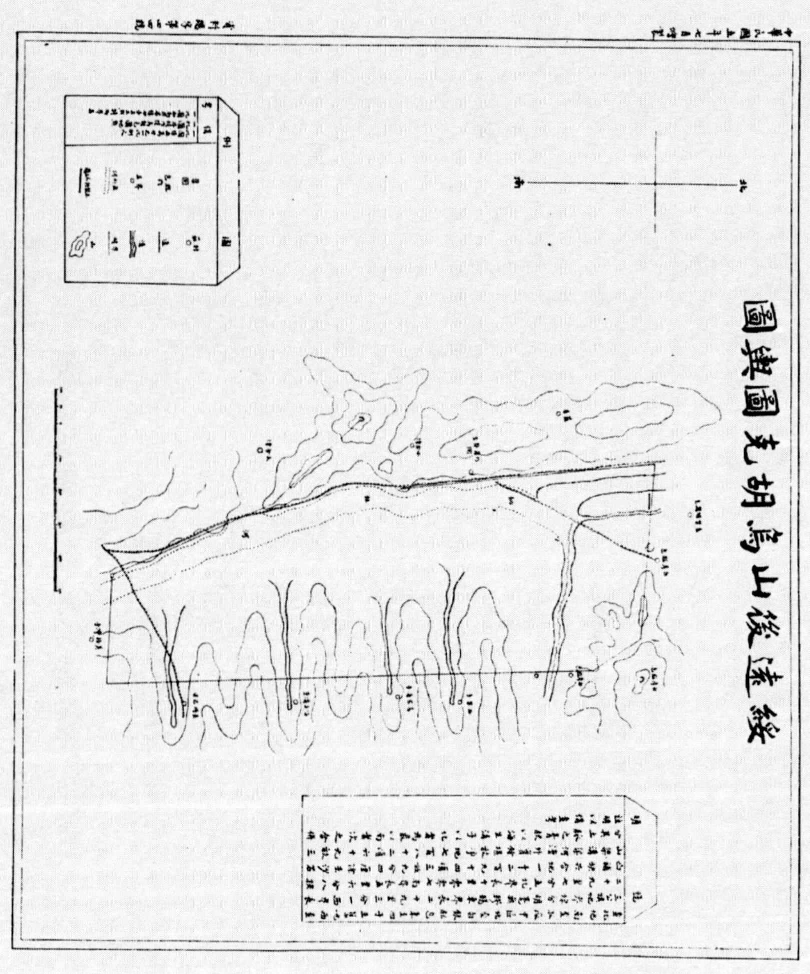
綏遠後山烏胡克圖輿圖

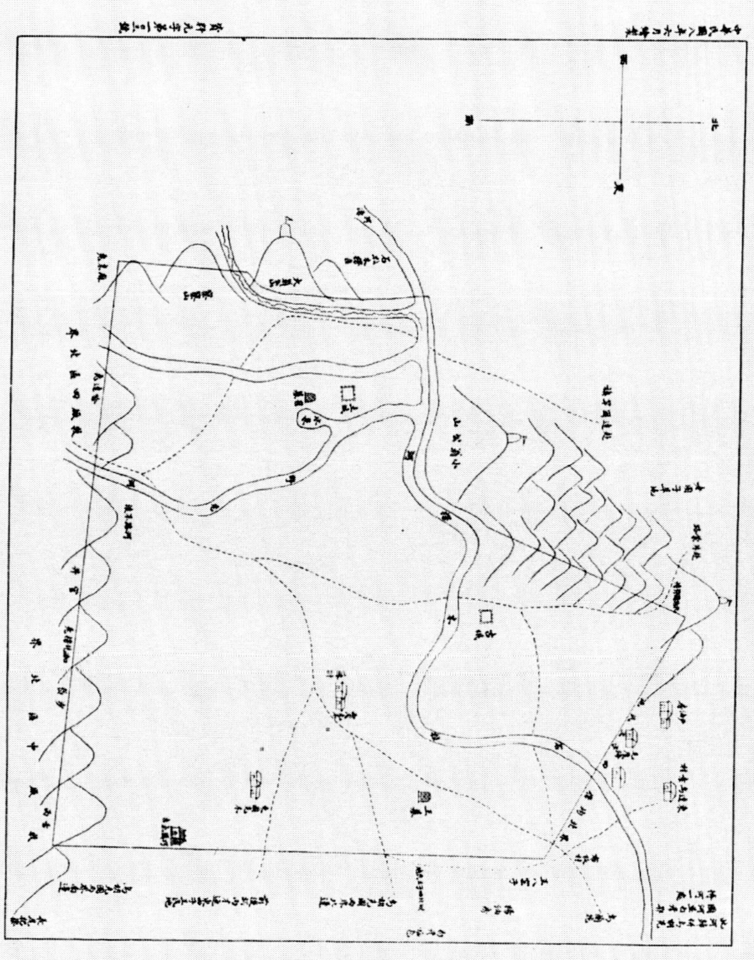
新收四子王旗墾六旗會旗圖克木地圖
—(55)—

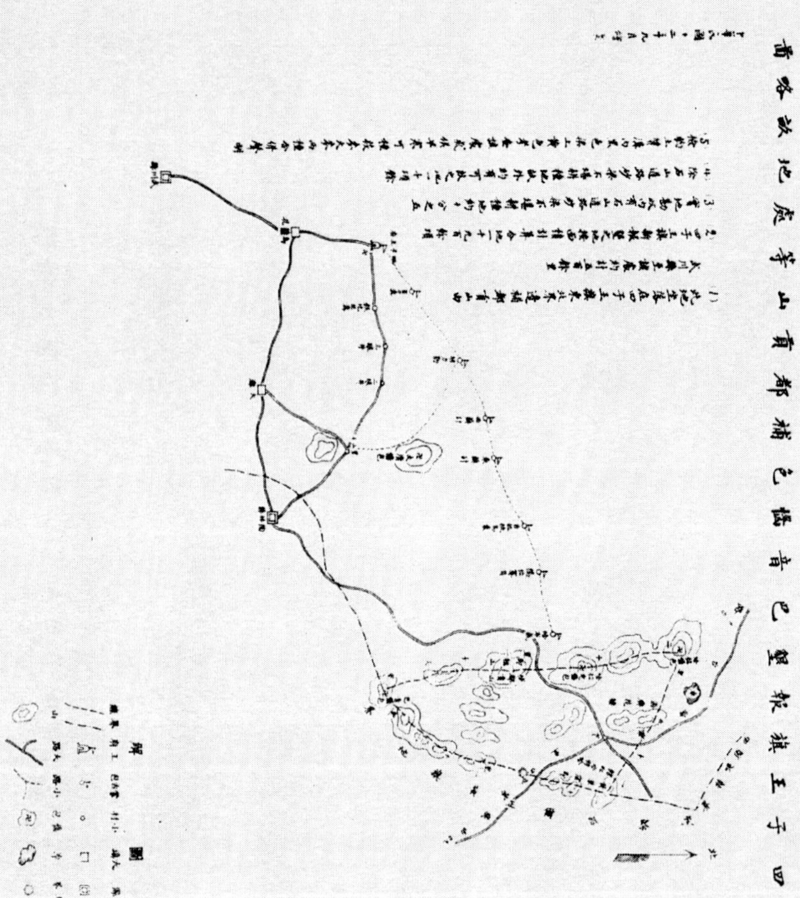

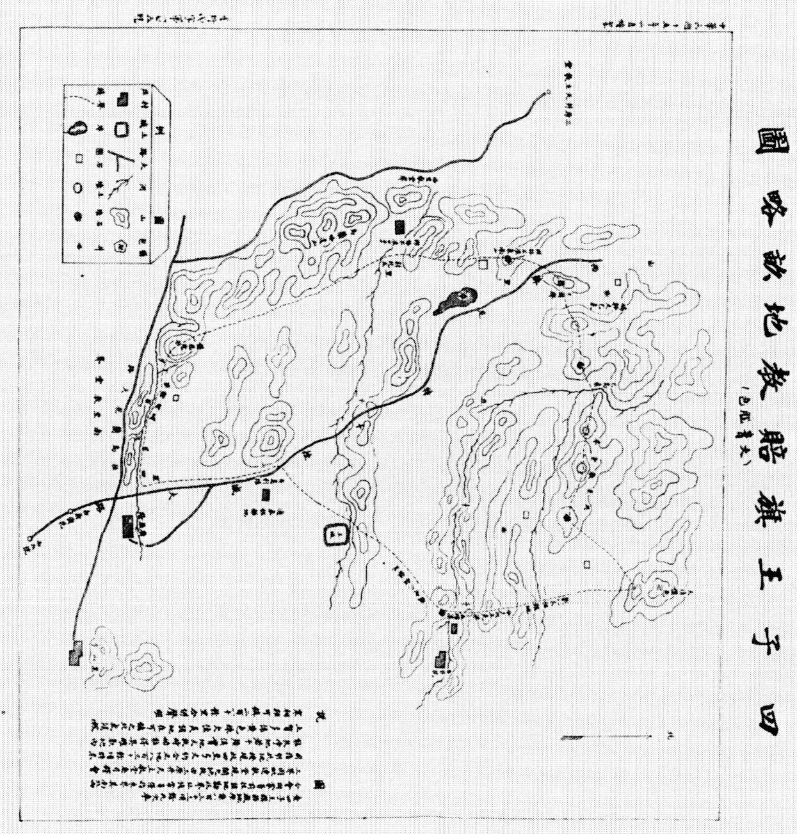
四子王旗墾放地畝略圖
—(57)—

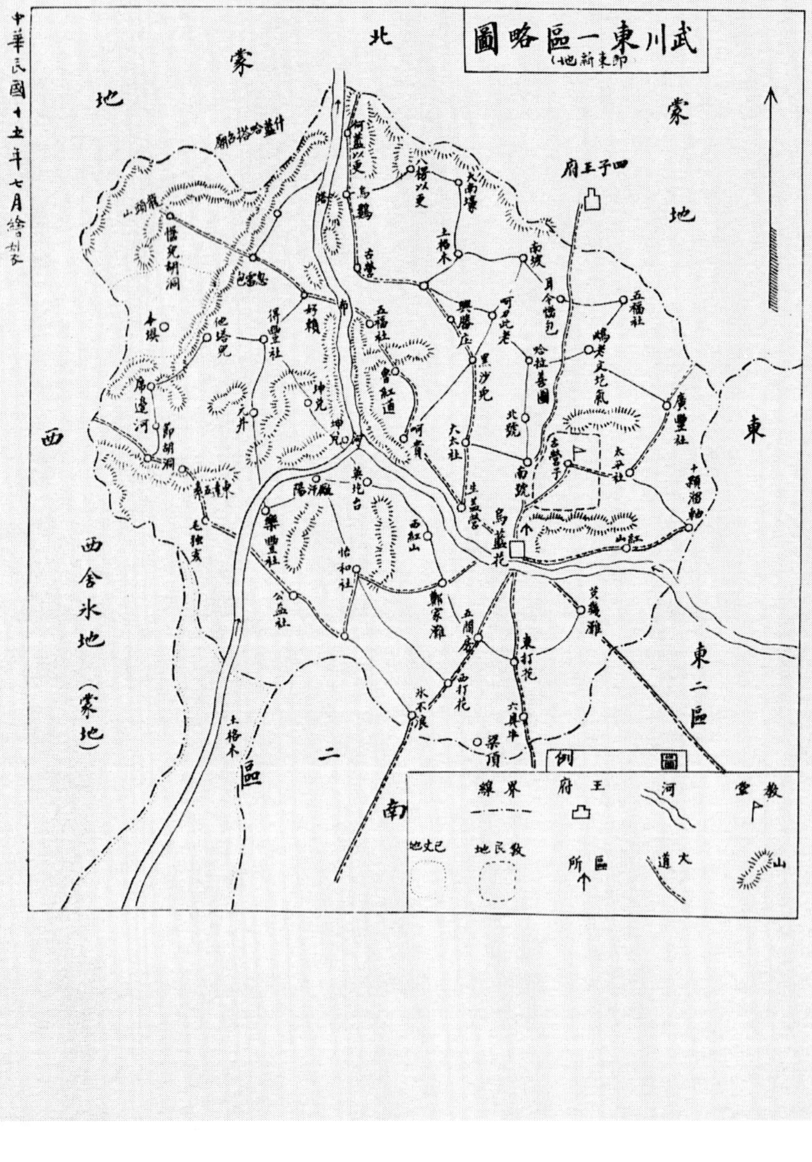

武川東一區略圖

（即東新地）

中華民國十五年七月繪 劉文

北 蒙地

東 蒙地

西 西舍冰地（蒙地）

南 二區

東二區

四子王府

烏藍花

圖例

界線 王府 河 教堂

已丈地 放民地 區所 大道 山

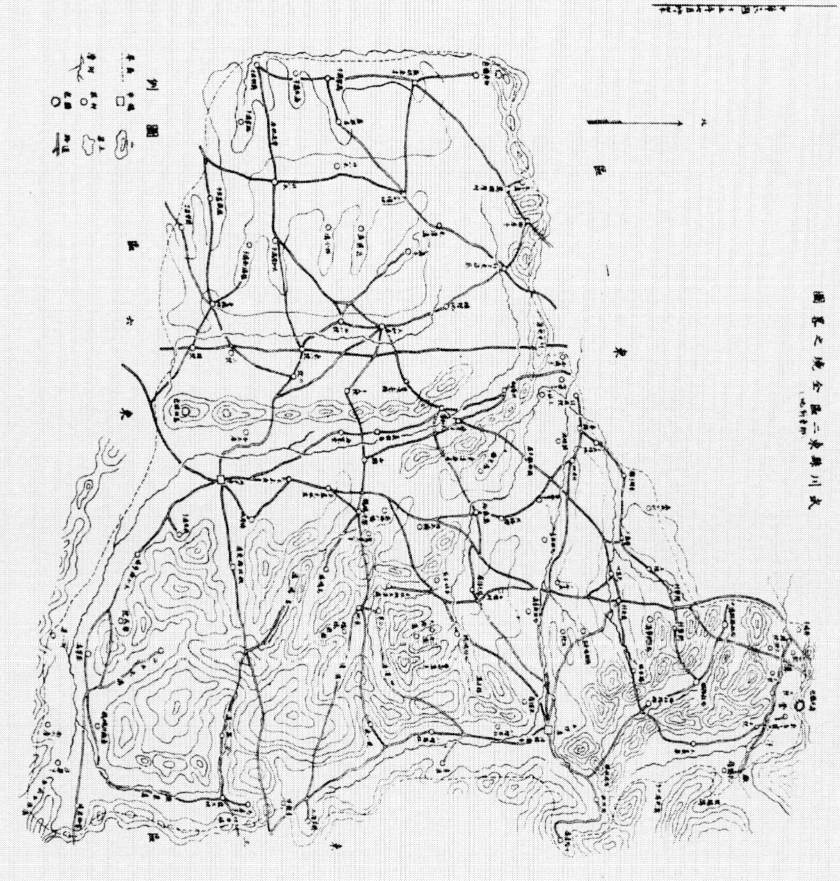
（59）
武川縣東二區全境之略圖

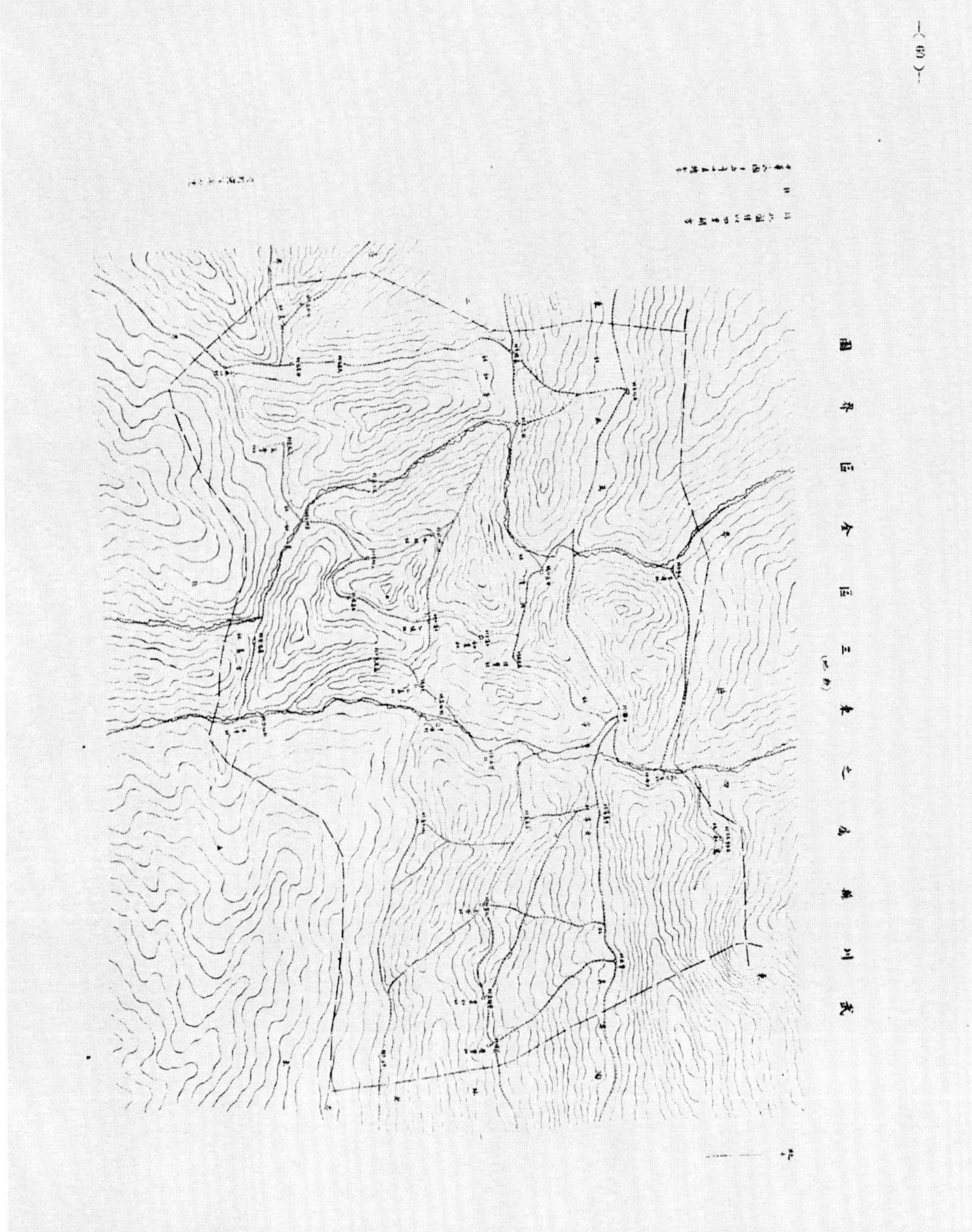

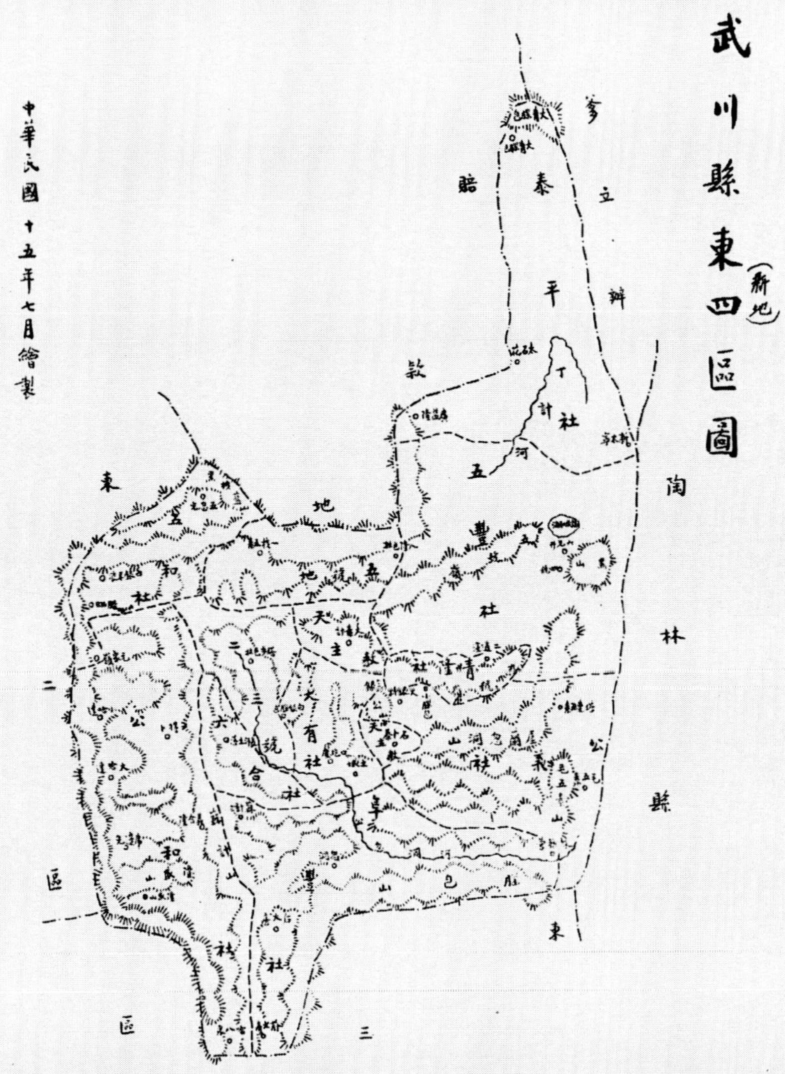
武川縣東四區圖（新地）
中華民國十五年七月繪製
參
立
辦
賠
款
泰
平
丁
計
社
河
五
陶
林
縣
公
東
地
和
社
天
主
教
大
有
社
合
三
二
區
東
三
區

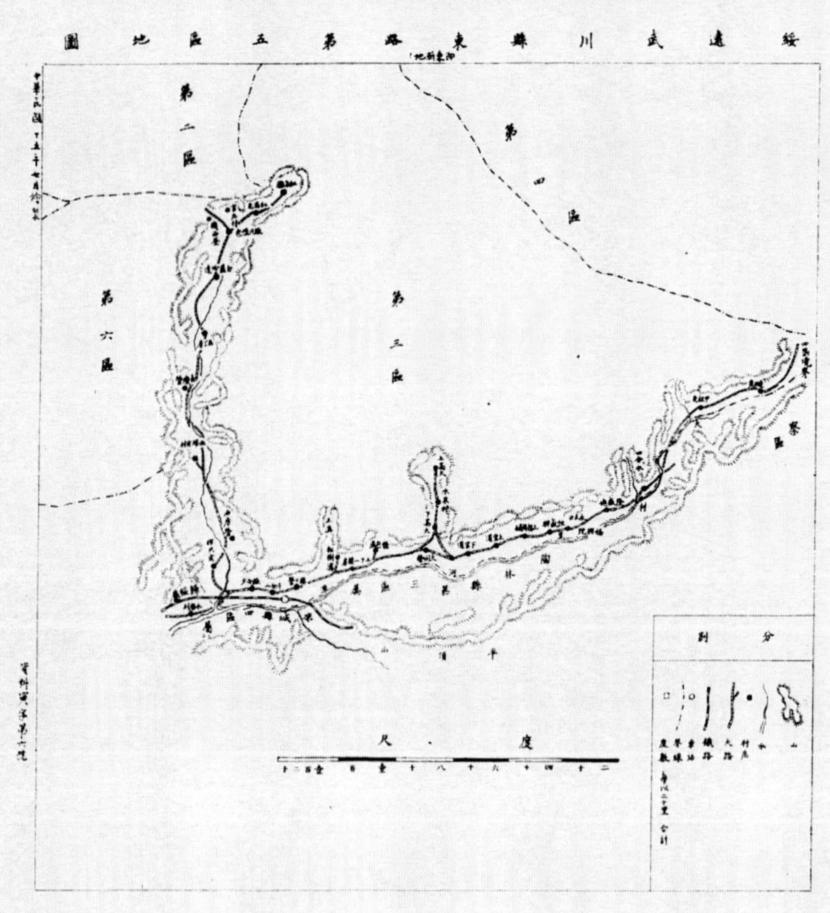
綏遠武川縣東路第五區地圖
第二區
第四區
第六區
第三區
分別
山
河
村庄
大路
鐵路
車站
界線
度數
每以二十里合計
度 尺

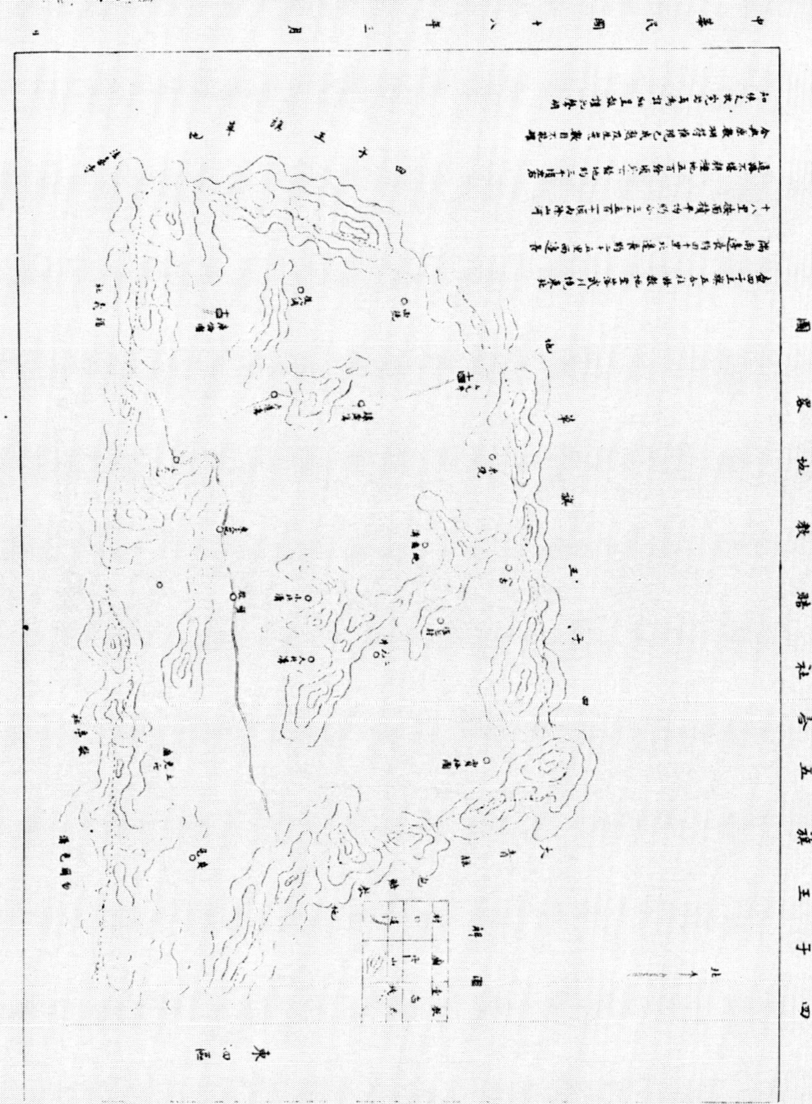

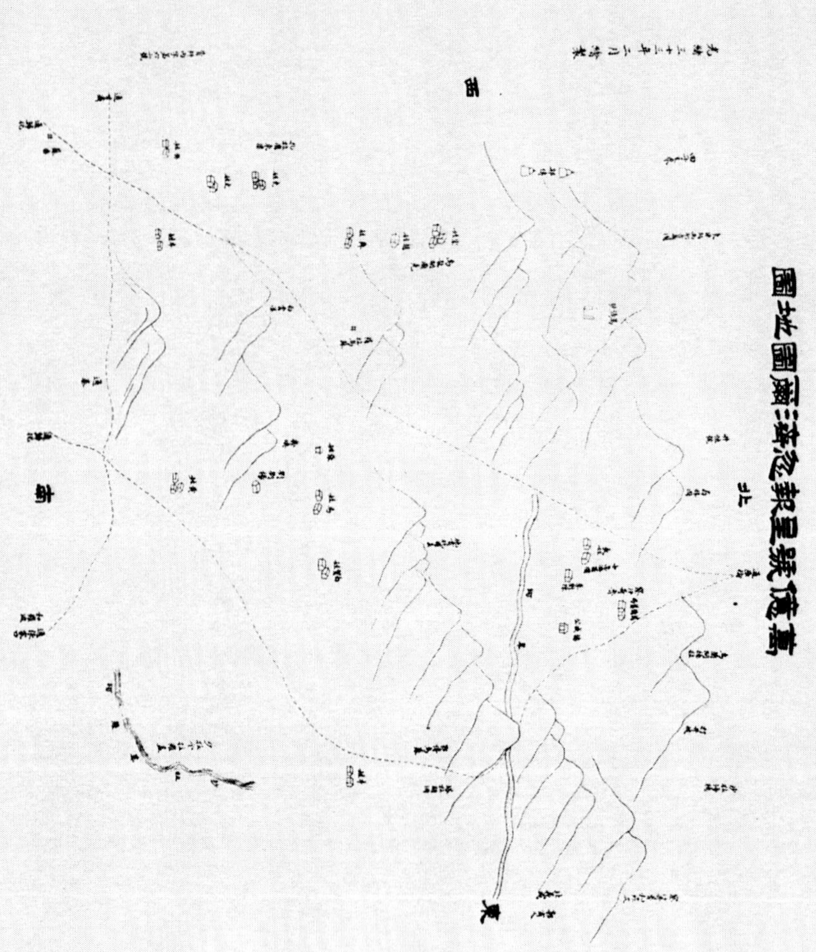
北
西
南
東
—（61）—

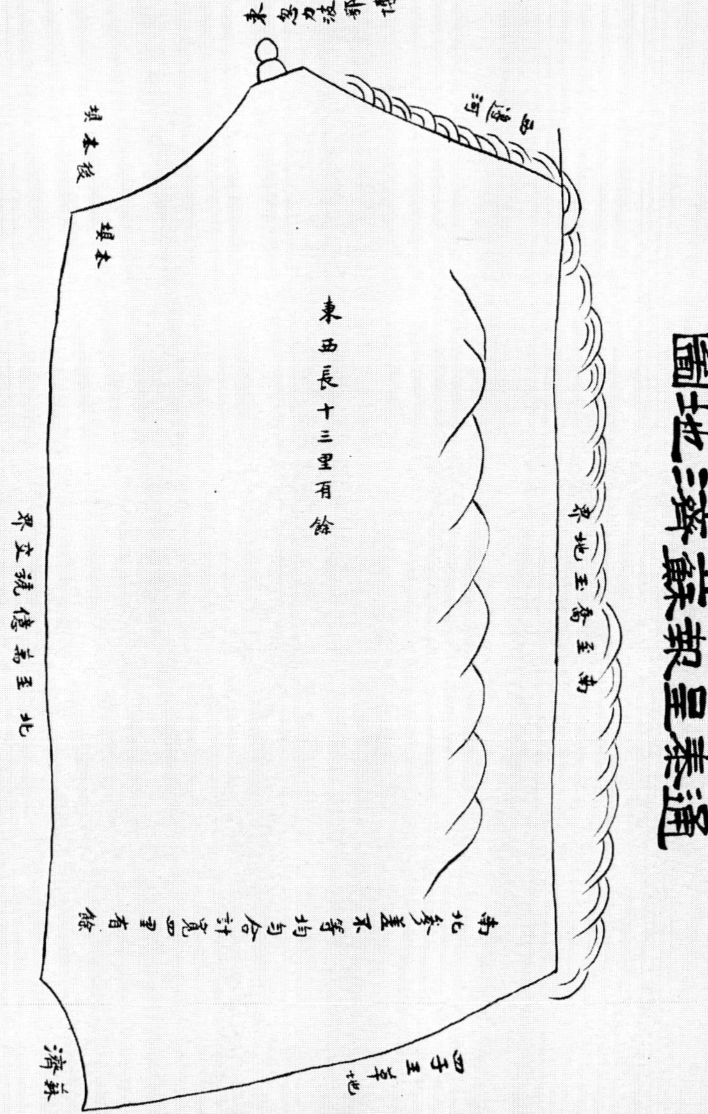
—(65)—
通泰呈報蘇濟地圖
光緒三十三年二月繪製
南至喬玉地界
西邊河
四子王草地
南北參差不等均匀合計寬四里有餘
東西長十三里有餘
本坝
後本坝
蘇濟
北至萬億號文界

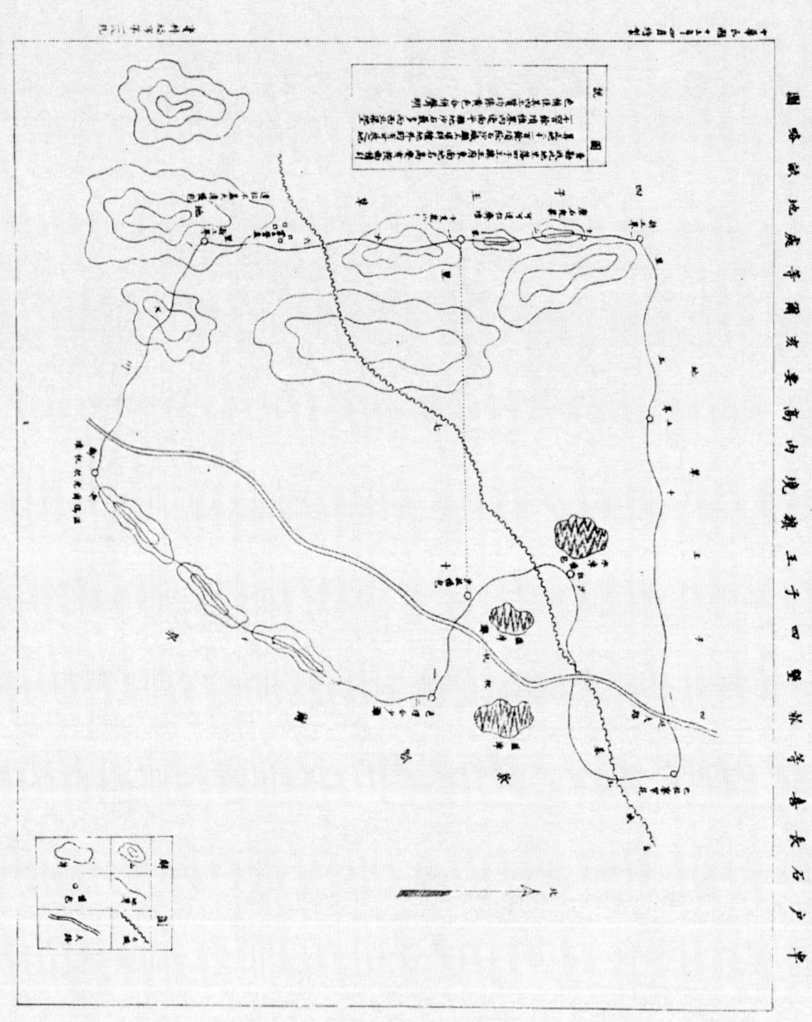

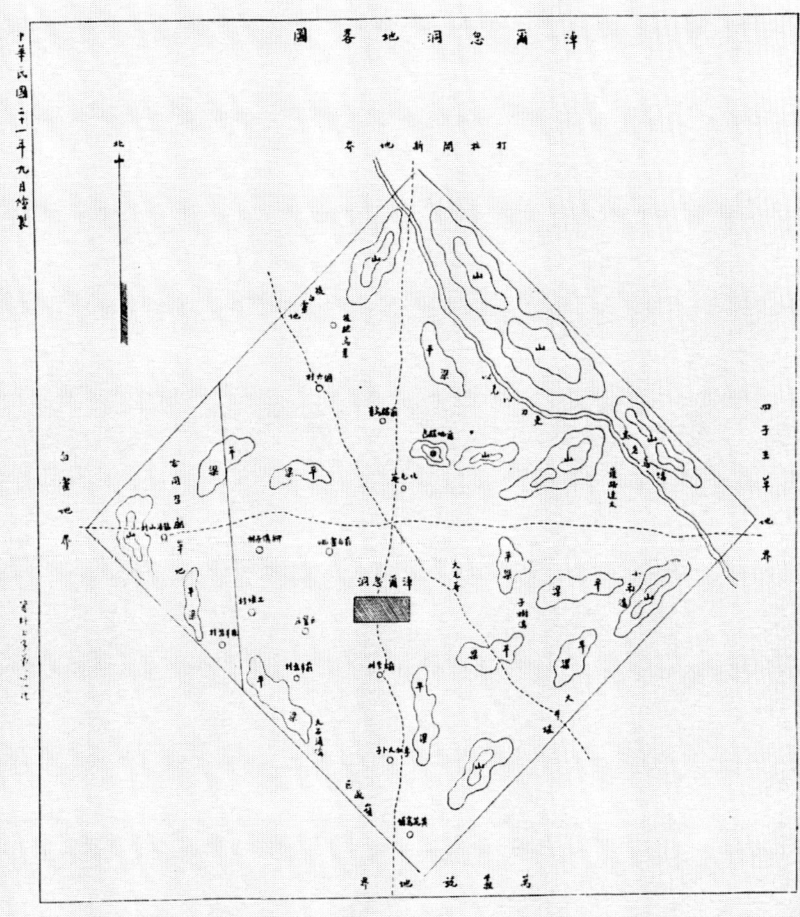
淖爾忽洞地畧圖
中華民國二十一年九月繪製

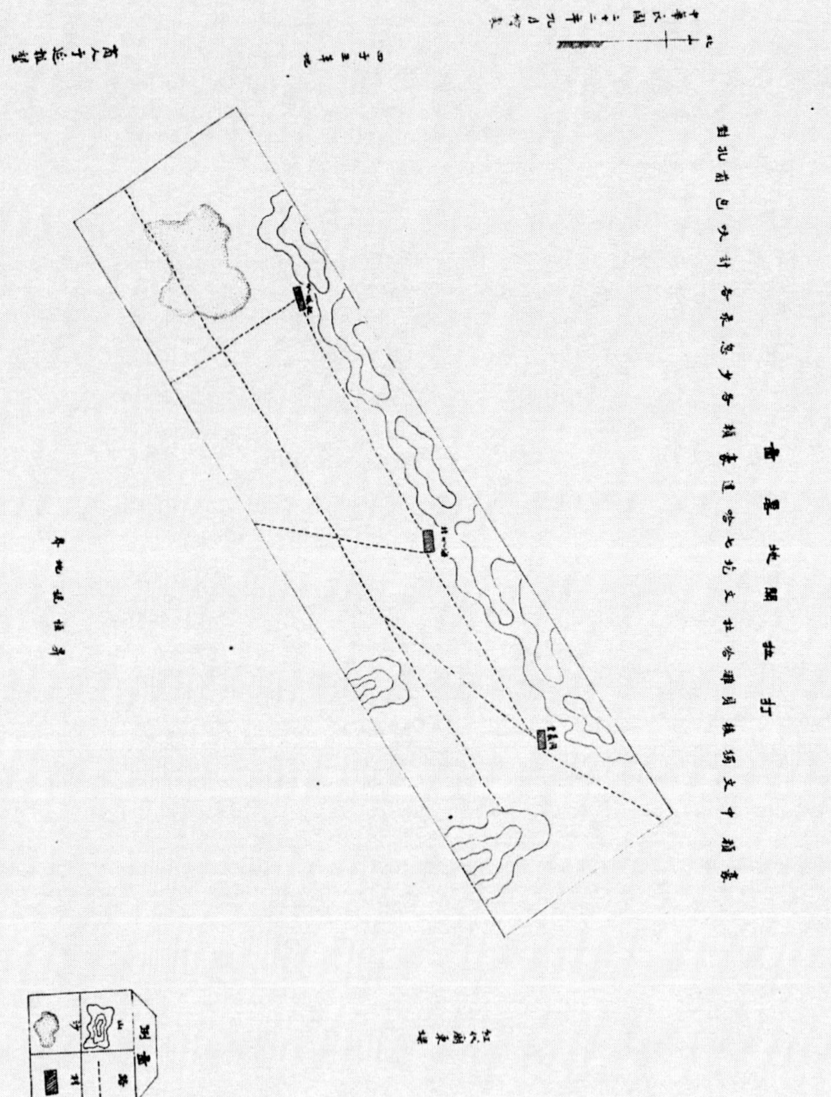

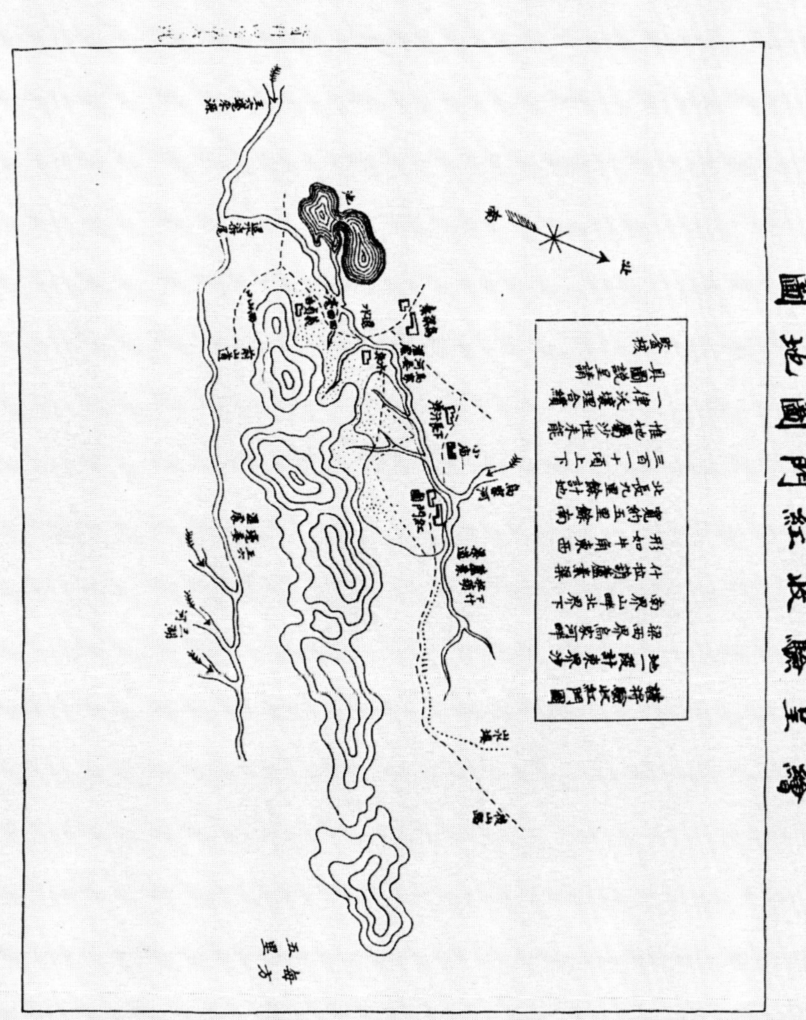

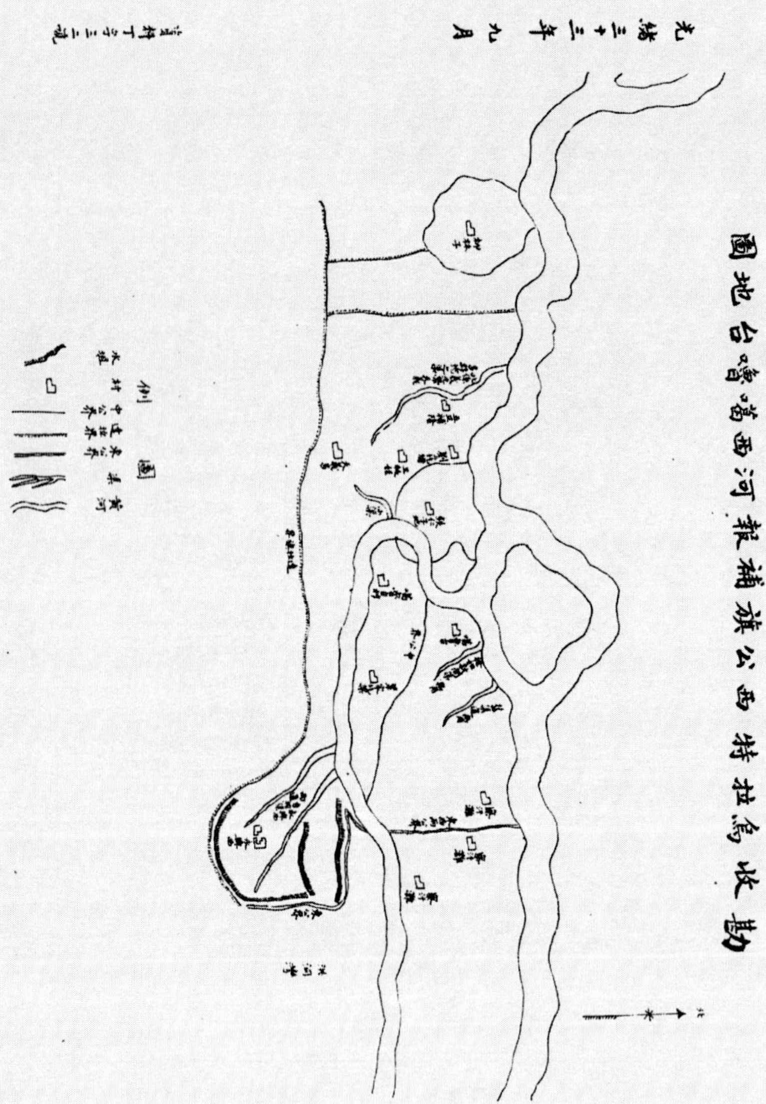
勘收烏拉特西公旗補報河西嗒嗜台地圖
光緒三十三年九月
—(70)—

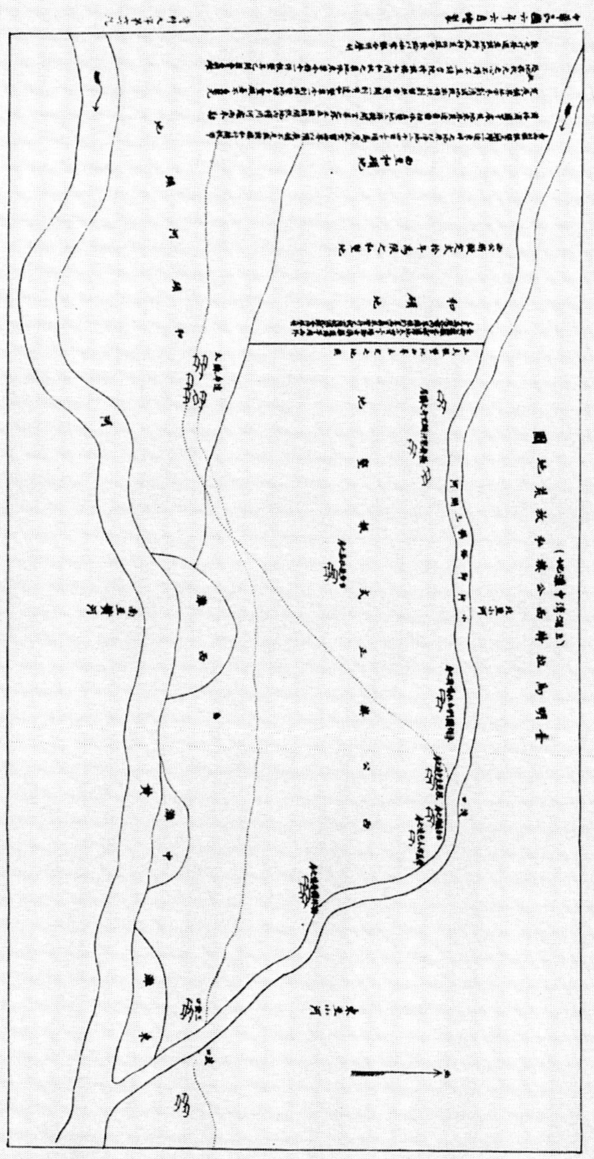

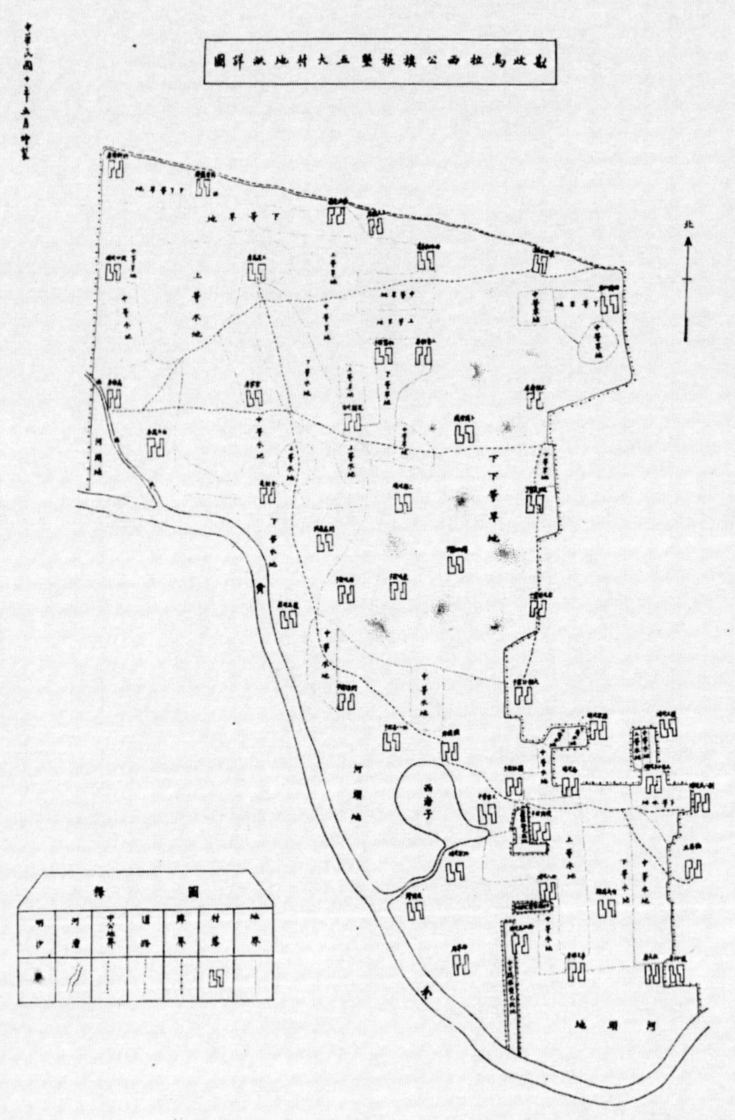
烏拉西公旗報墾五大村地畝詳圖
中華民國十年五月繪製
北
西海子
河淵地
圖例
地界
村落
道路
河渠
明沙

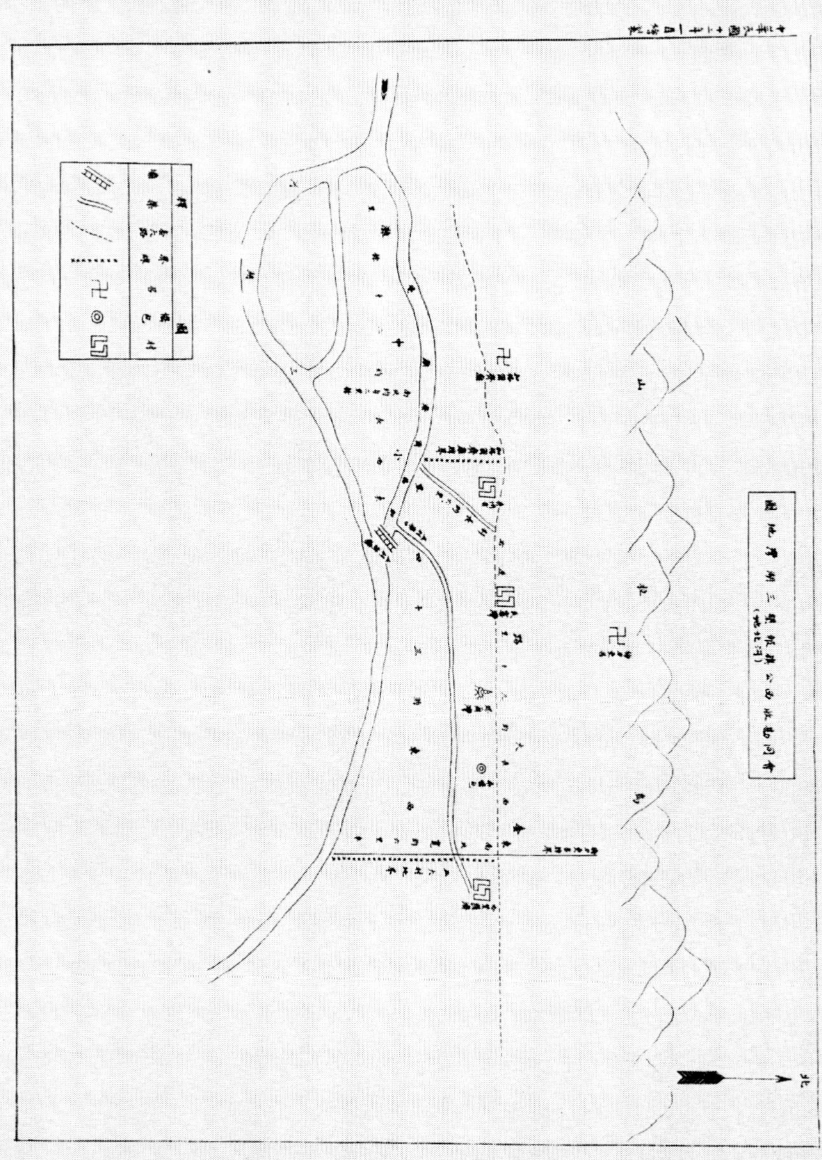

圈荟地寺流测拉力古巴塙樹烏旗公西地勘

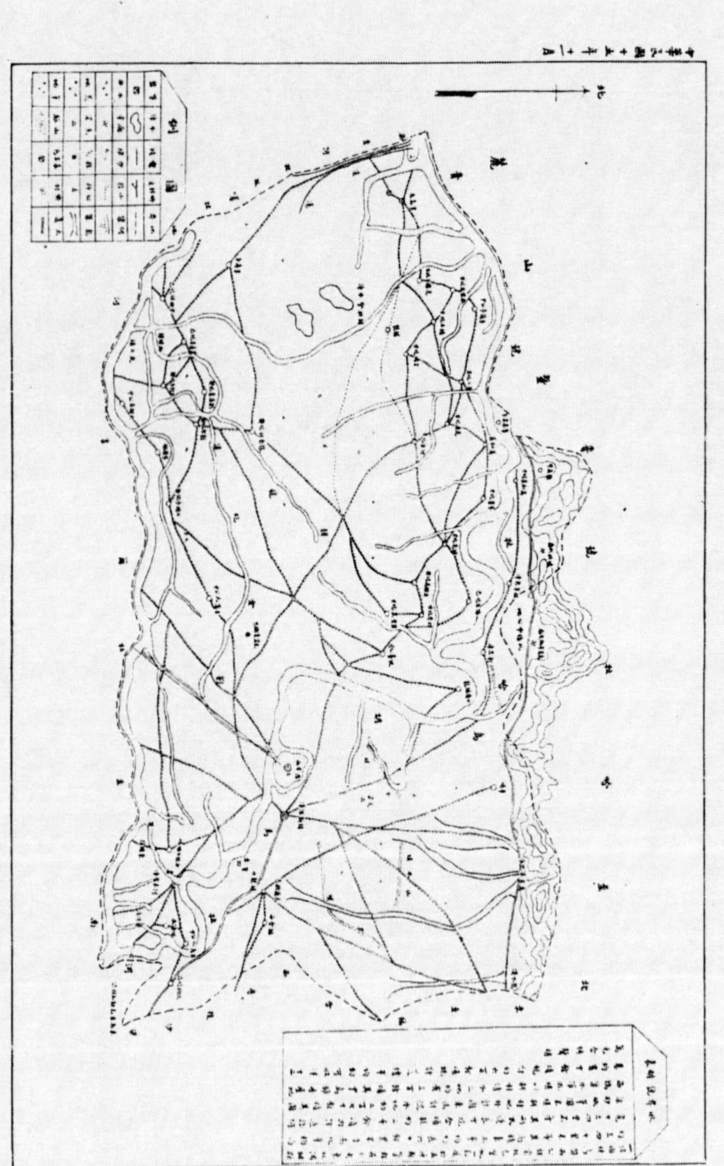

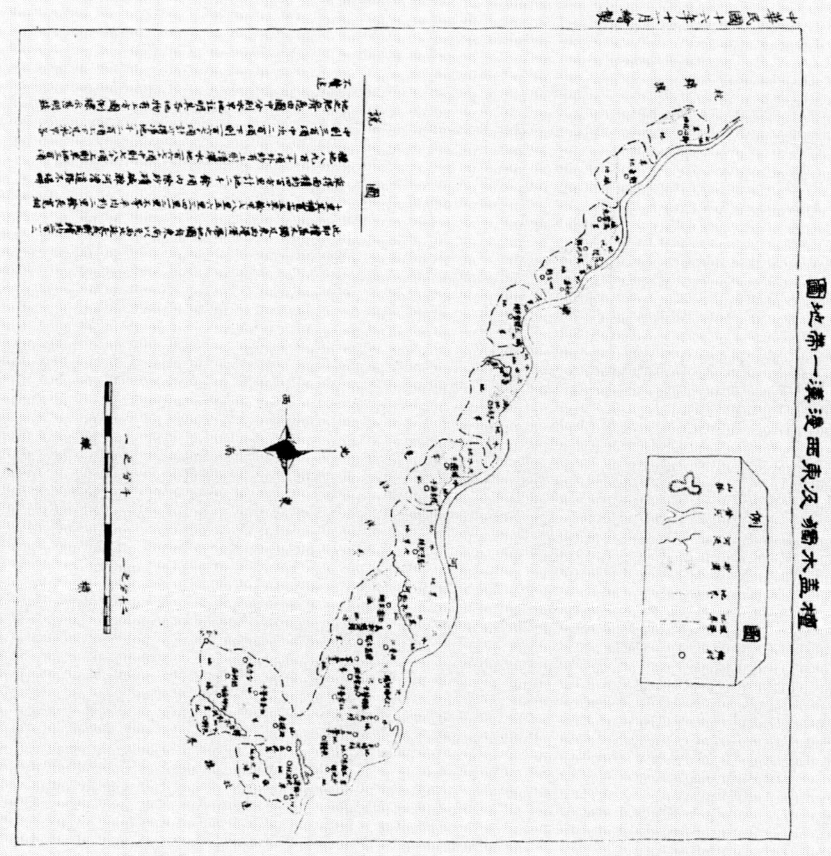

—（76）—

(即佘太召)

勘收西公旗報墾大佘太地畝圖

說明

此圖東西約長三十六七里南北約寬十數里面積計有正地二千餘頃内除道路河灘濟渠砂石不堪耕種地畝暨中公旗私墾水旱地百餘頃佘太召劃留西水道養膳地外約淸混水地三百五十頃旱地七百頃左右

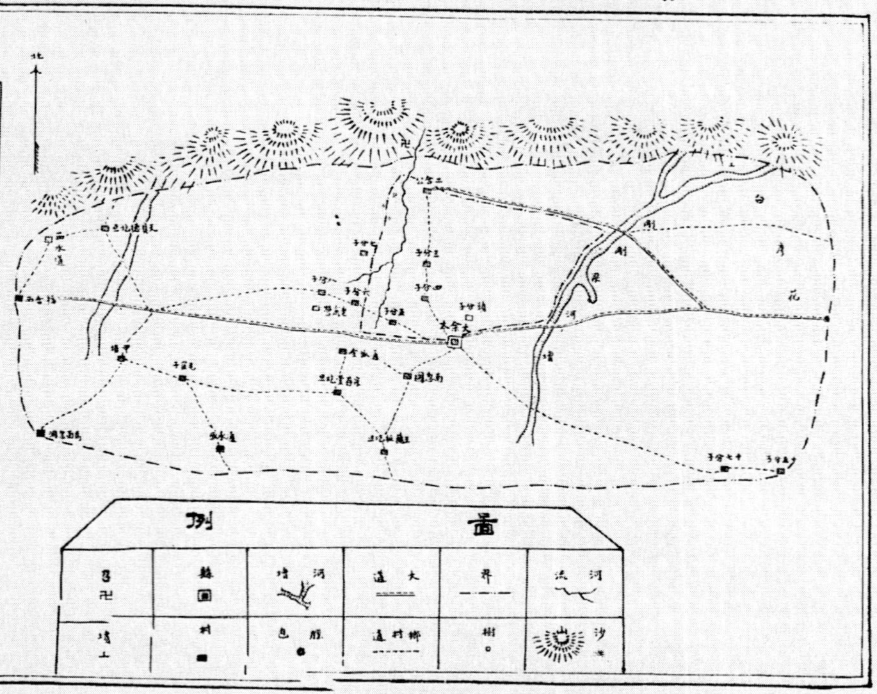

中華民國十七年一月繪製

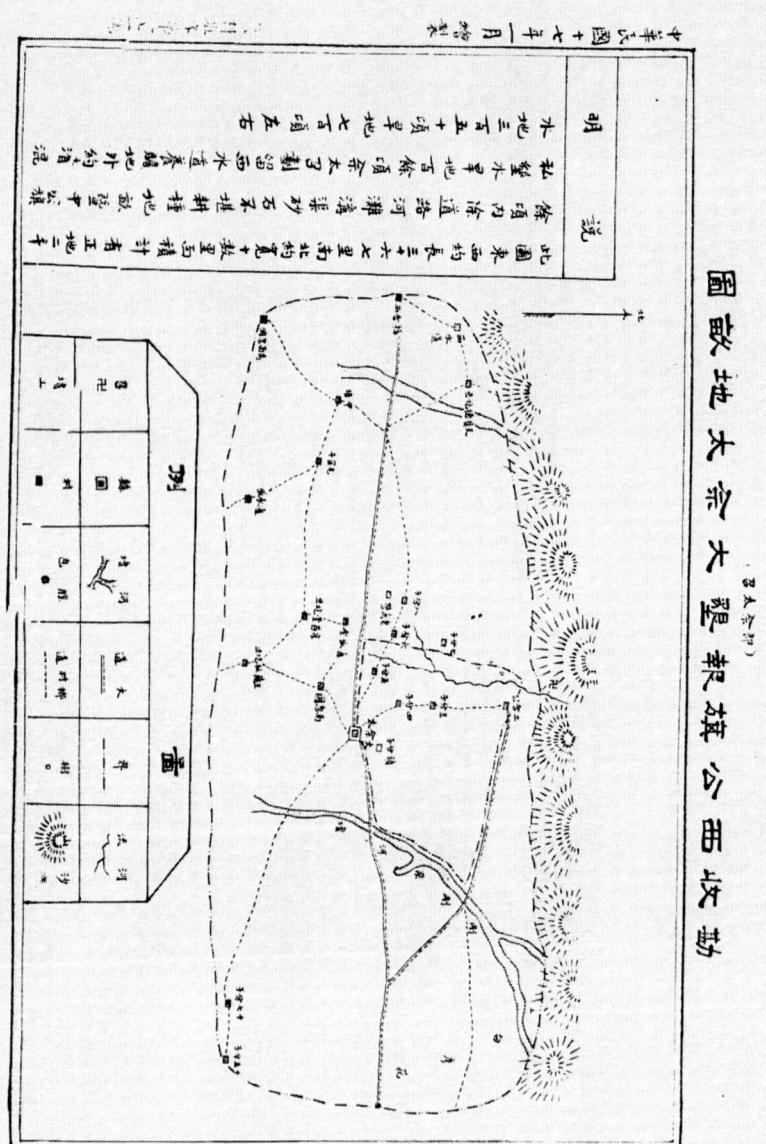

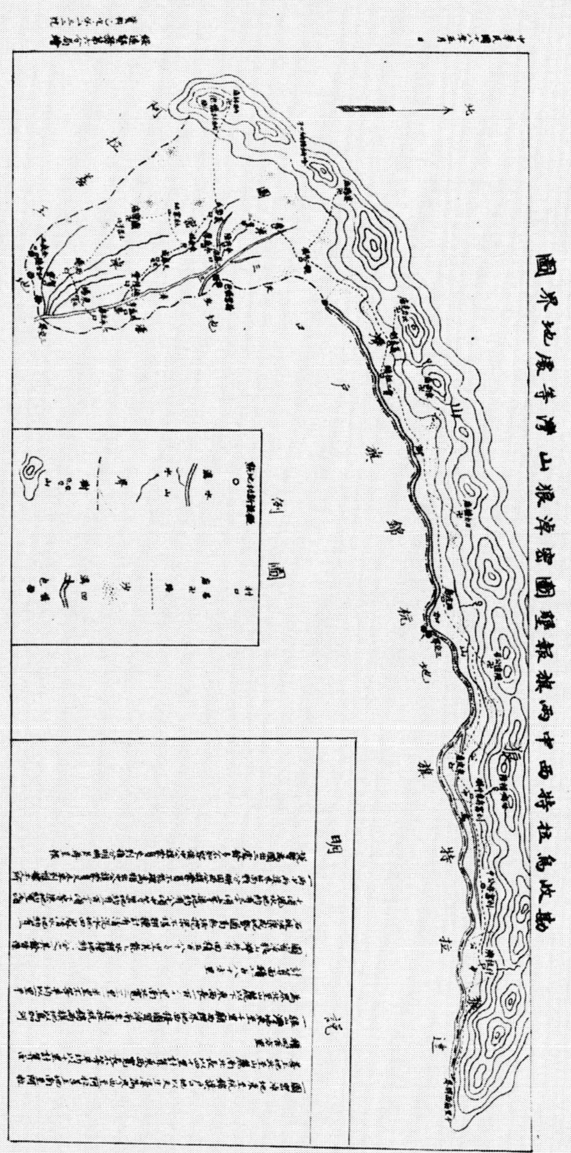

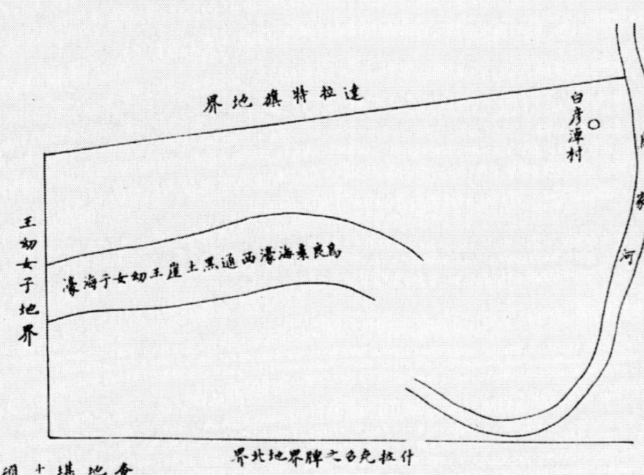
—(78)—
北
西公旗報墾烏良素黑土崖等處地畝
達拉特旗地界
白彦淖村
烏家河
王幼女子地界
烏良素海濠西通黑土崖王幼女子海濠
什拉克召之牌界地北界
中華民國二十年十二月繪製
說明
查西公旗報墾烏良素黑土崖等地共正地二百頃之譜除砂鹼渠道不堪耕種地約一百頃外可放上則净地二十頃中則净地三十頃下則净地五十餘頃共計净地一百餘頃以上三則渠水地平均每頃以一百一十元計之約共收洋一萬餘元理合陳明

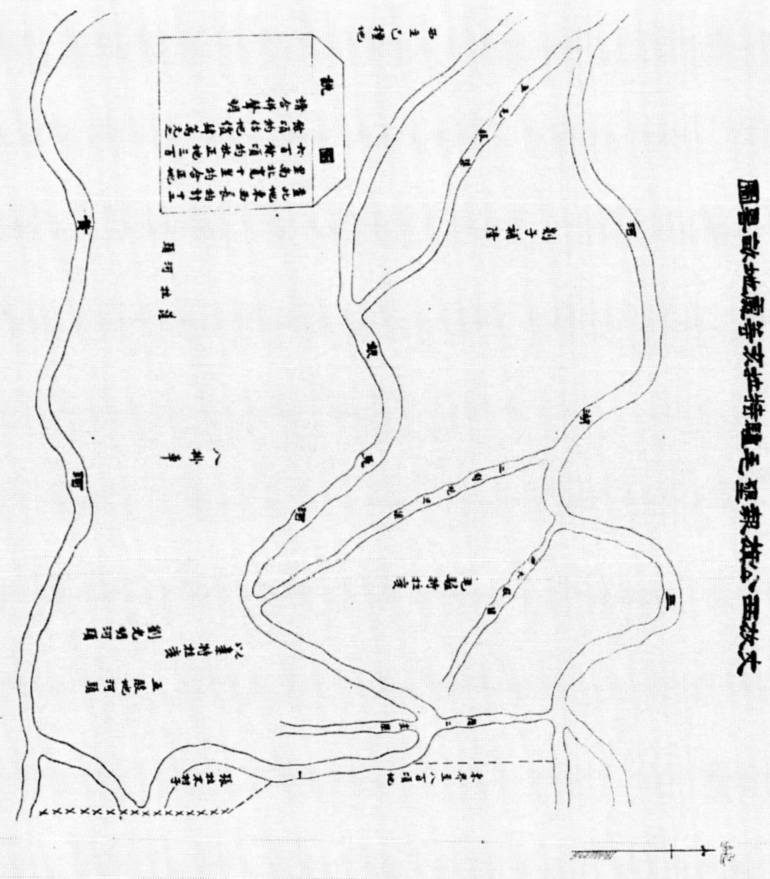
—(79)—
丈放西公旗報墾毛驢特拉亥等處地畝略圖
中華民國二十一年十二月繪
圖說
查此地東西長約計十五里南北寬十里約合正地六百餘頃約放正地三百餘頃約佔地位歸萬元之
請合併聲明
劉子補隆
毛驢特拉亥
以素特拉亥
劉光明河頭
五股地河頭
八排車
薩拉河頭
張拉不村子
東界至八百頃地
西至已種地
黃河

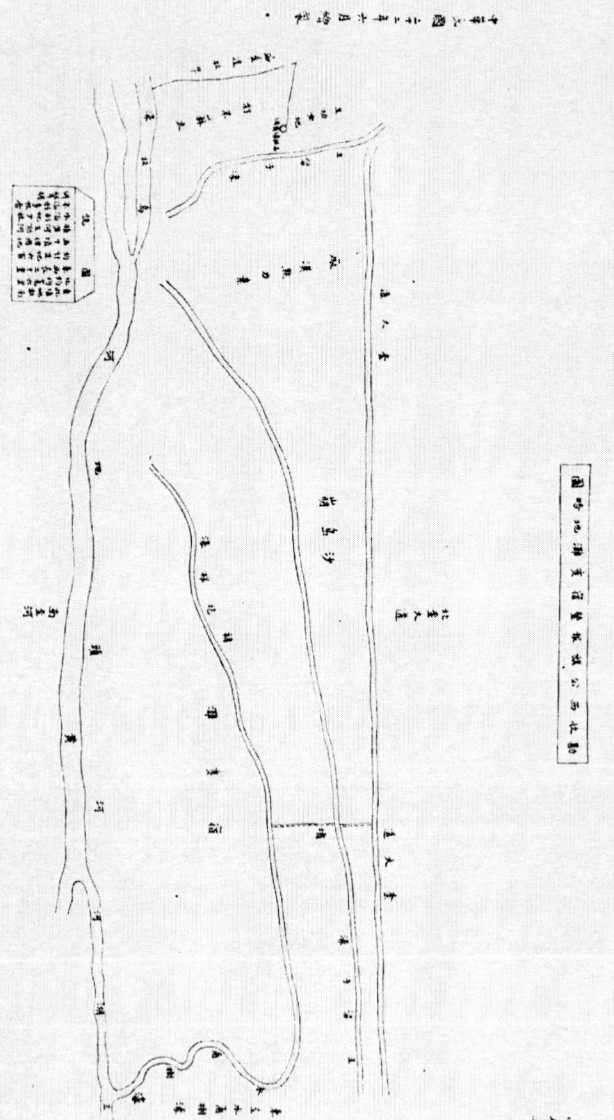

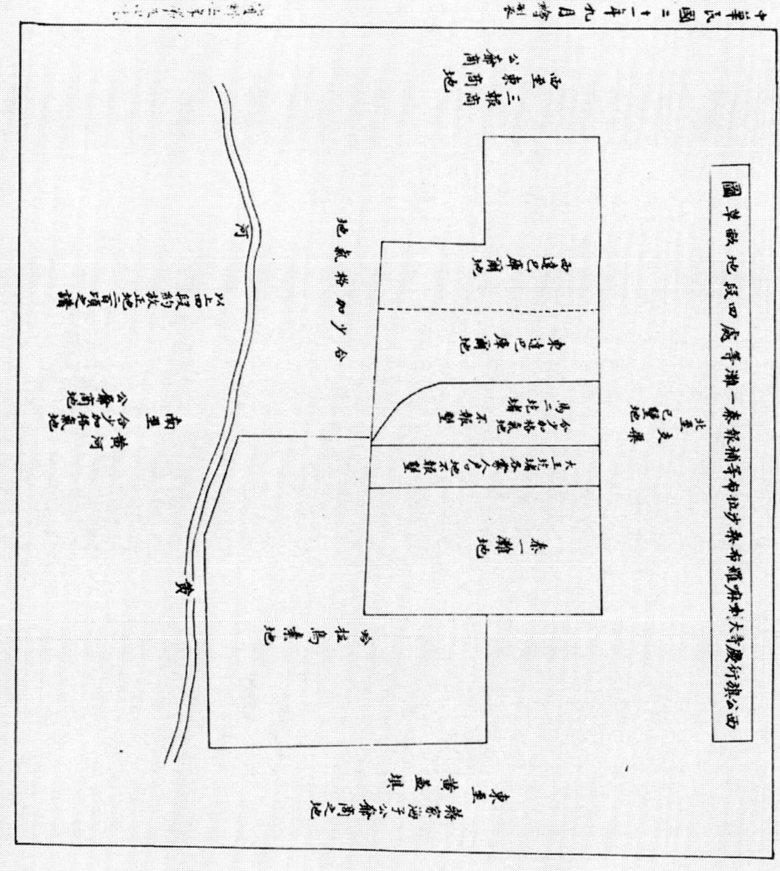

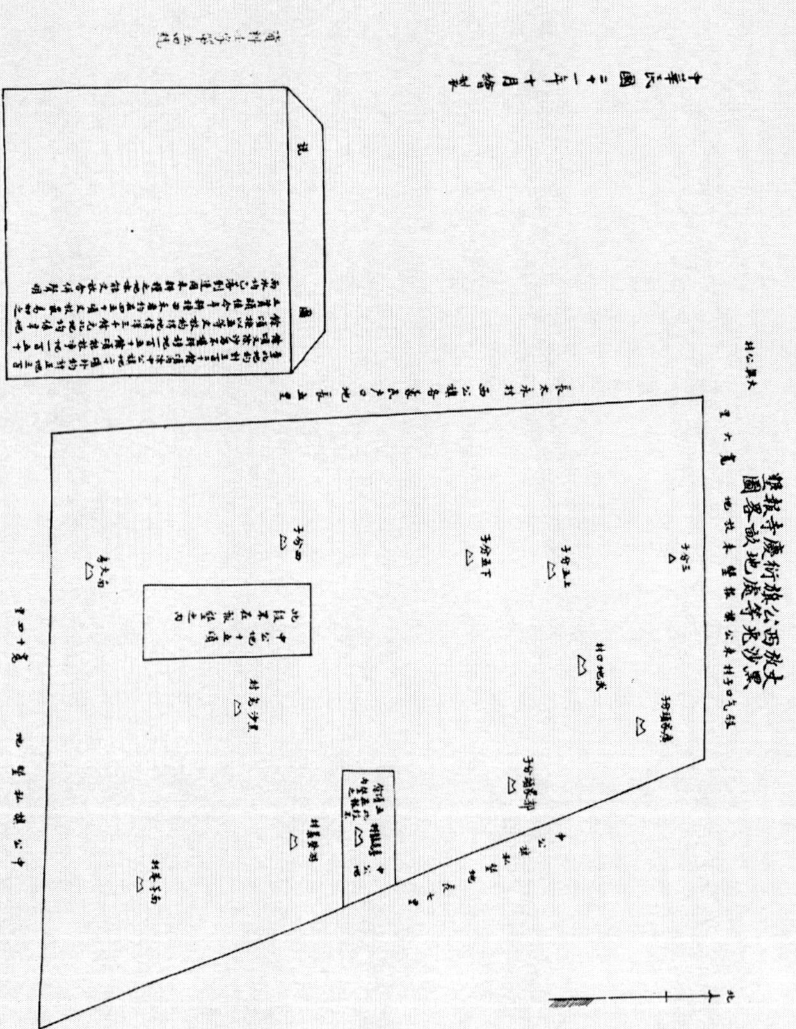

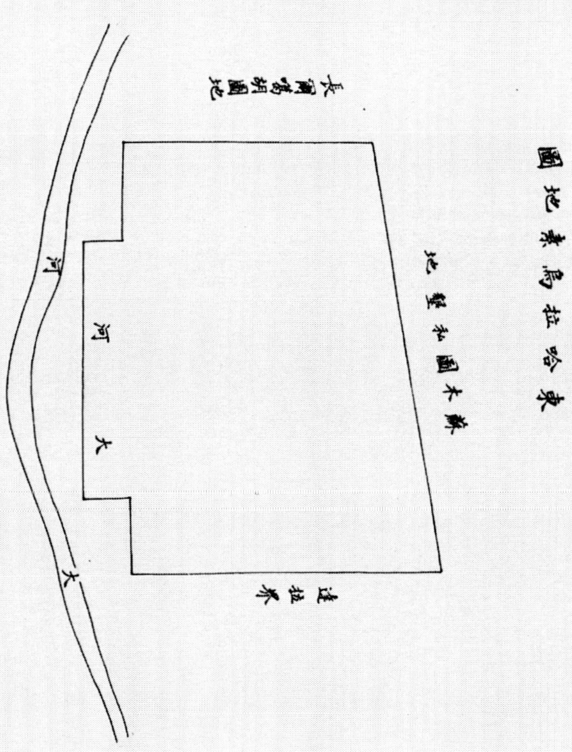
—(83)—
東哈拉烏素地圖
蘇木圖私墾地
長爾葛胡圖地
達拉界
大河
河大
中華民國二十一年七月繪製
資料午字第五六號
說明
查上年西公旗大喇嘛壹喜
達圪登報墾東哈拉烏素
地一段計正地六十餘頃除不堪
耕種地三十頃約淨地三十餘頃
平均每頃以一百元計之約共收
洋三千餘元理合陳明

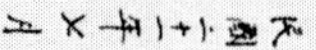

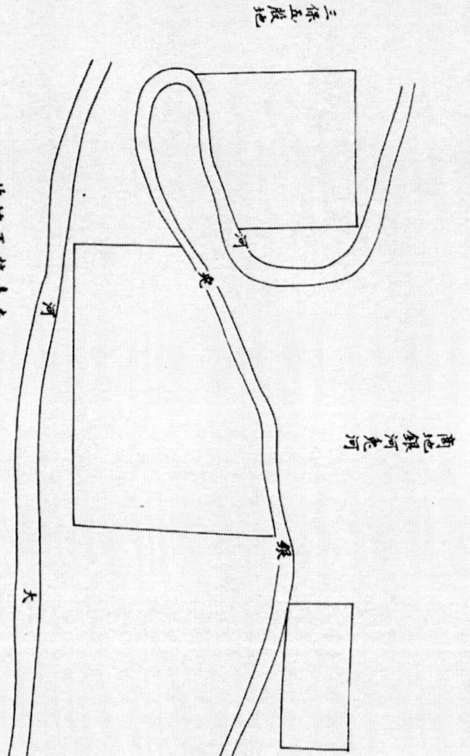

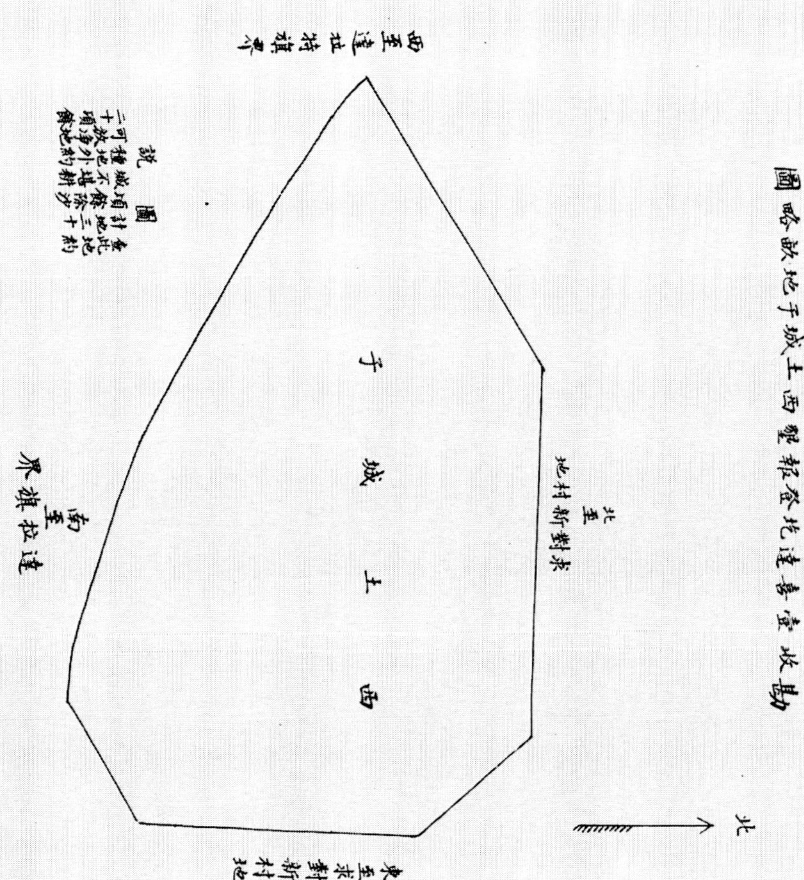
—(85)—
勘收壹喜達圪登報墾西土城子地畝略圖
北
北至求對新村地
東至求對新村地
南至達拉旗界
西至達拉特旗界
西土城子
圖說
查此地約計地三十頃餘除沙城不堪耕種地外約可放淨地二十頃餘
中華民國二十三年五月繪製

烏盟中公旗報墾干支汗卯獨喝噶嚕台地圖

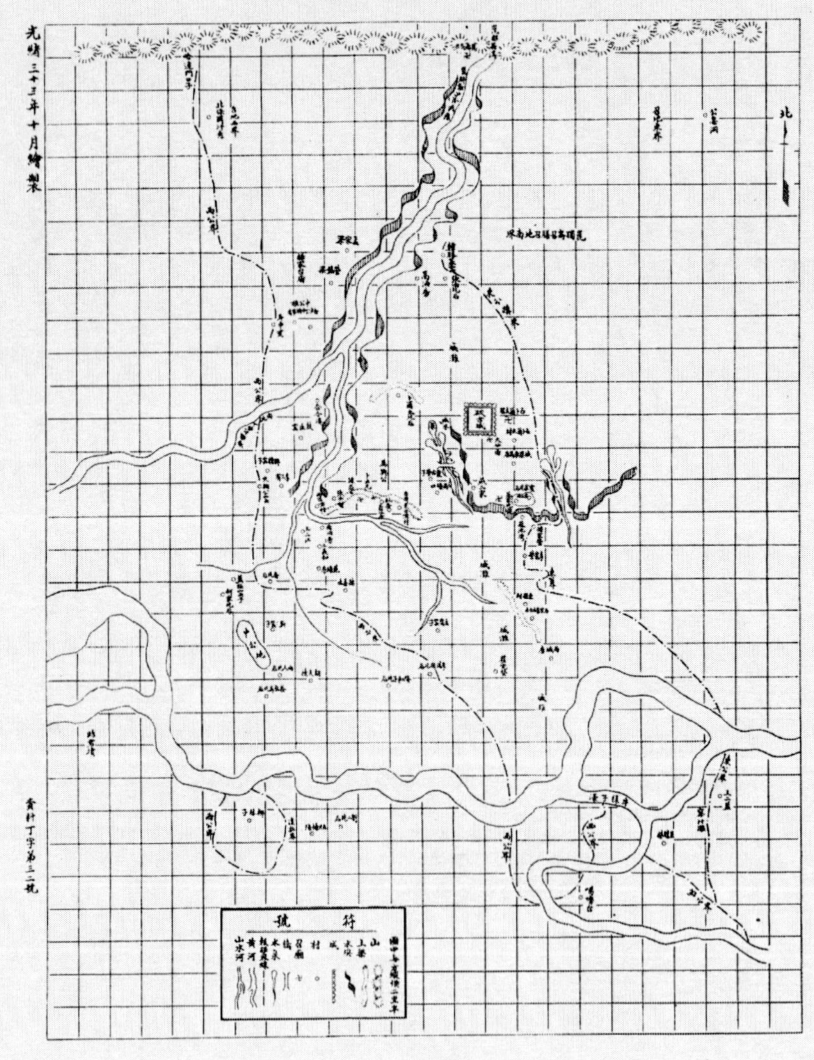

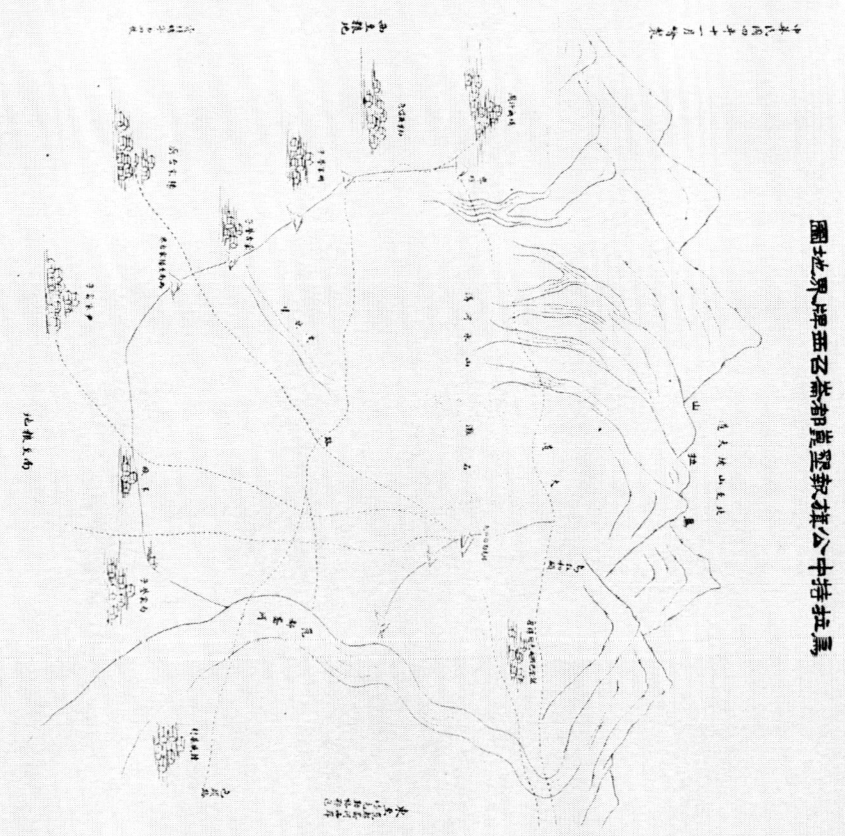

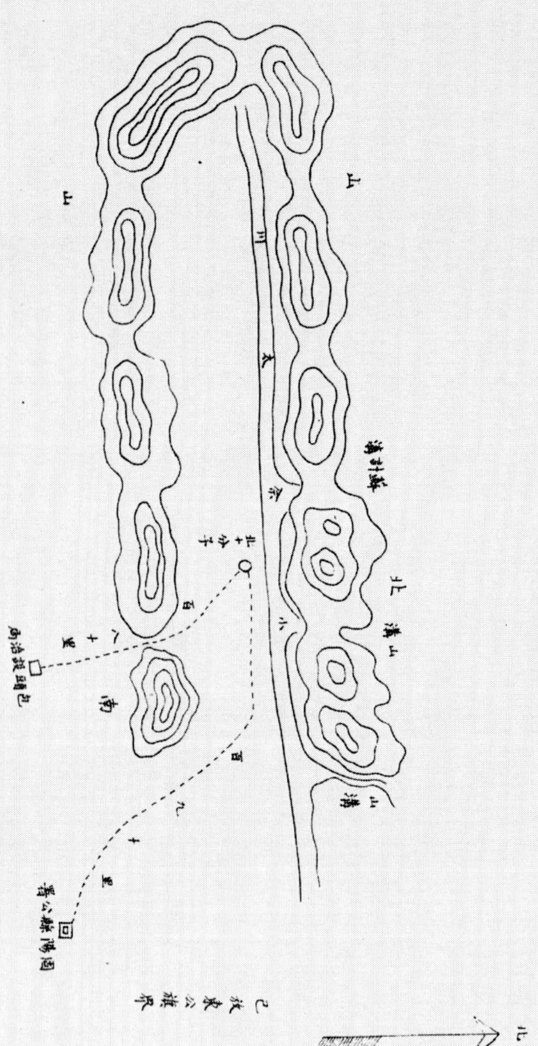
中華民國十四年五月繪製
（88）
山
山
南
北

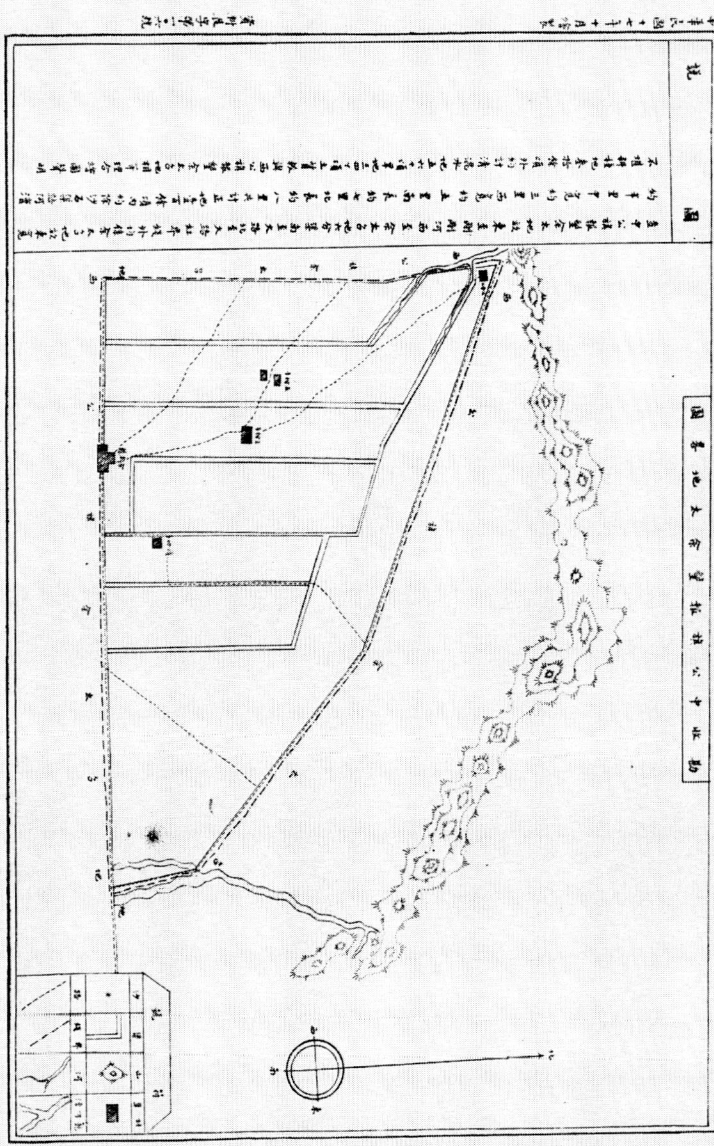

土默特旗公中收勘垦荒林河地界图

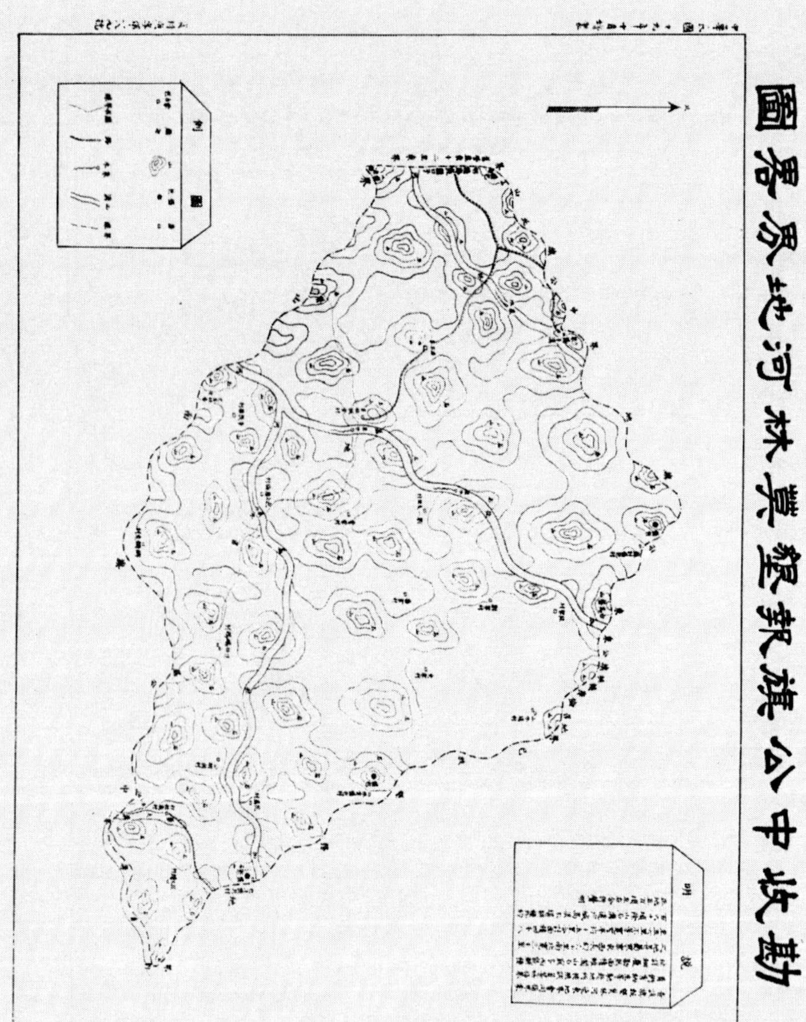

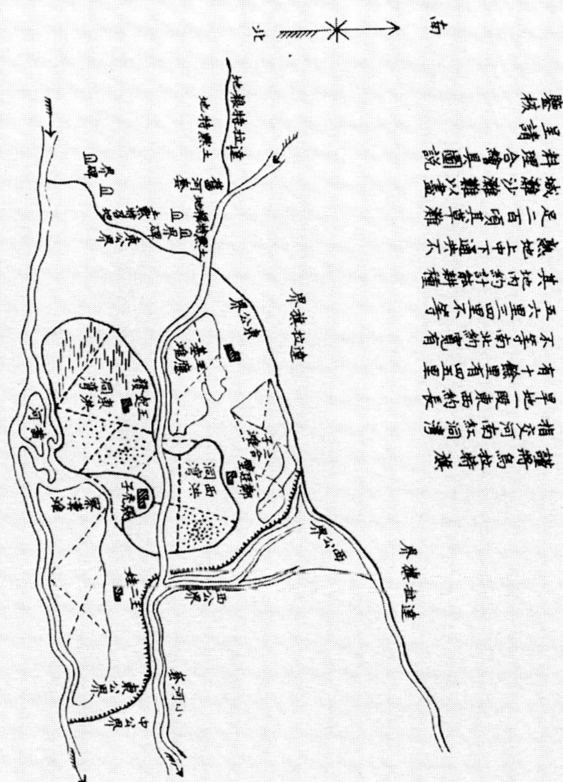
—（91）—
烏拉特東公旗報墾河西紅洞灣地圖
謹將烏拉特旗
指交河南紅洞灣
旱地一段東西約長
有十餘里有四五里
不等南北約寬有
五六里三四里不等
其地内約計敷耕種
熟地上中下通共不
足二百頃其草灘
城灘沙灘難以盡
料理合繪具圖說
呈請
鑒核
光緒三十二年
丙字第六三號
南
北
每方計二里半
達拉旗界
西公界
東公界
達拉特糧地
土默特地
舊河套
界碑
東公界
西公界
小河套
中公界
東公界
西洪洞灣
東洪洞灣
黄河

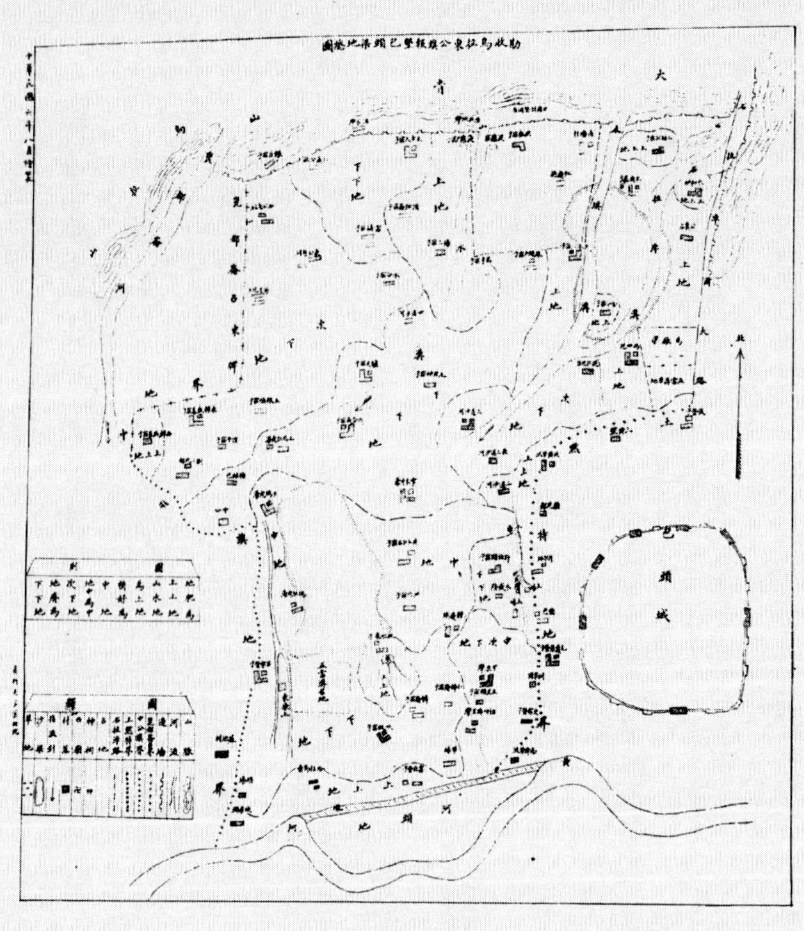
勘收烏拉東公旗報墾包頭渠地總圖

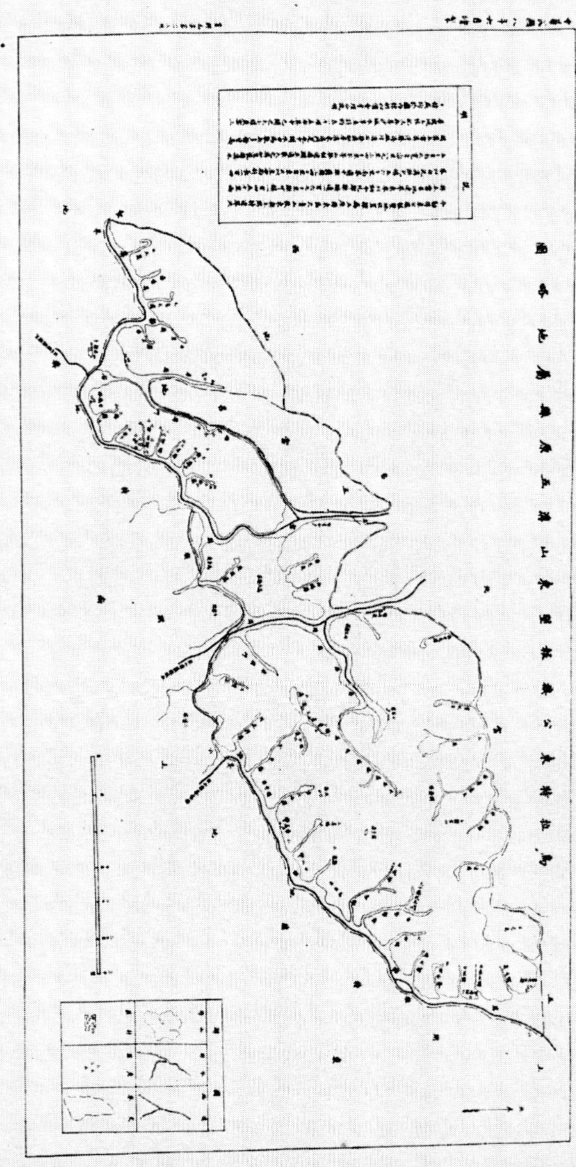

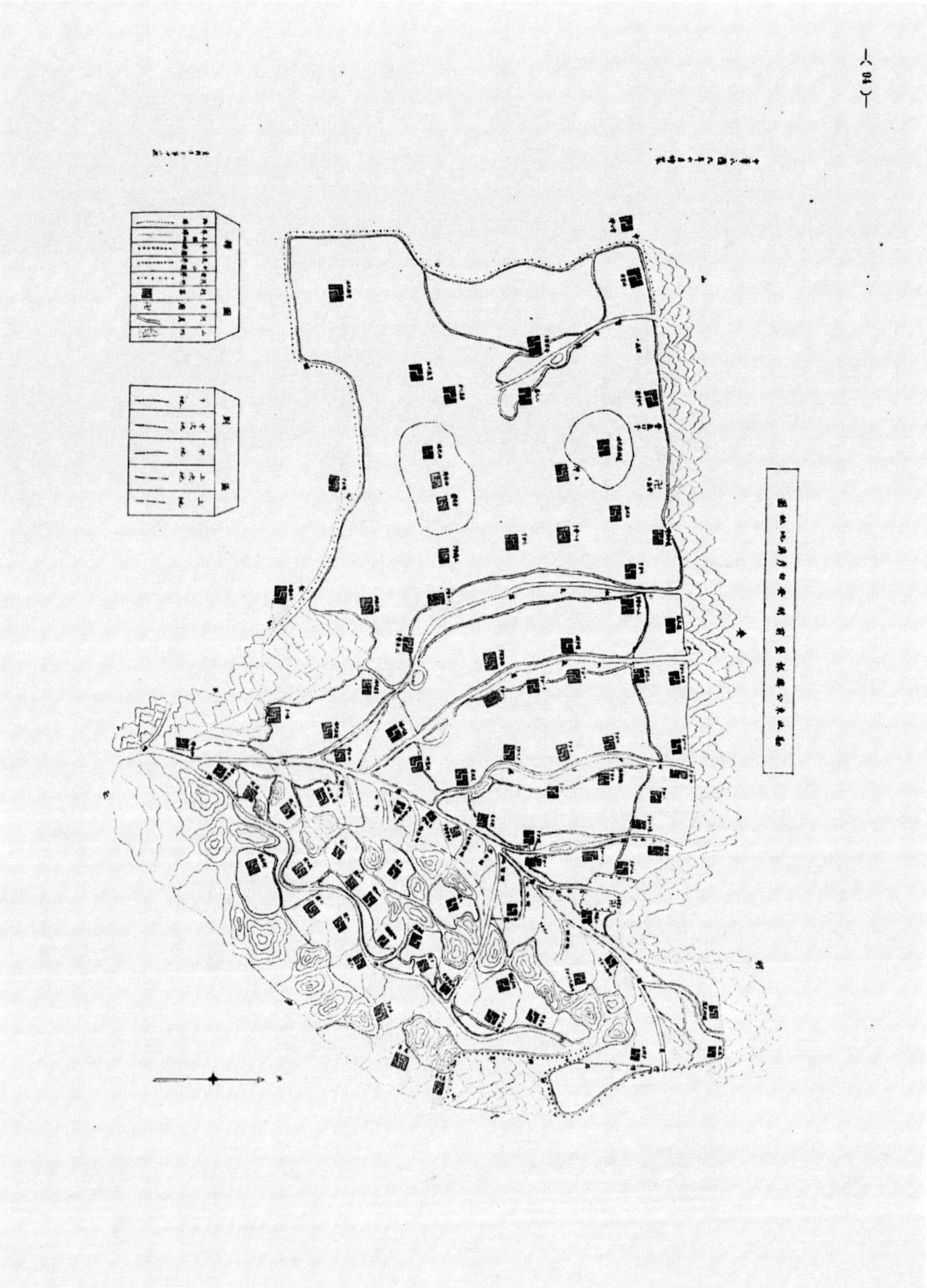

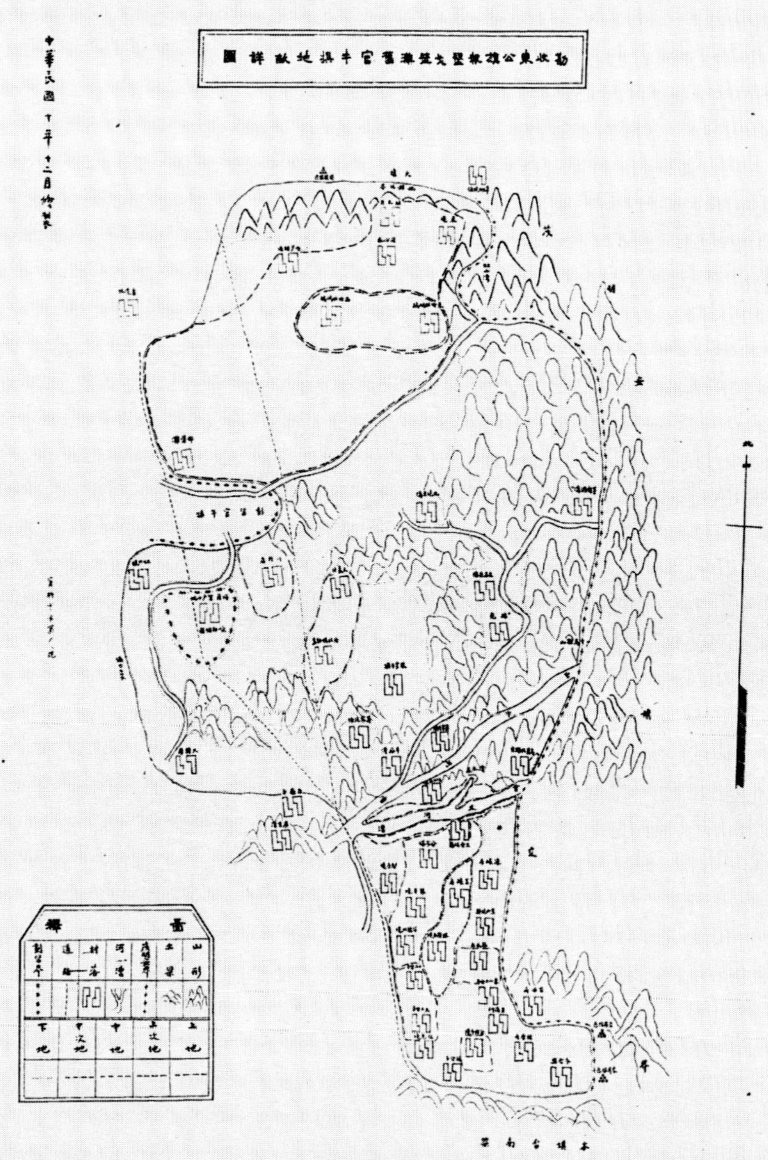
勘收東公旗報墾丈放舊滿官牛犋地畝詳圖
中華民國十年十二月繪製
上地
上次地
中地
中次地
下地
（95）

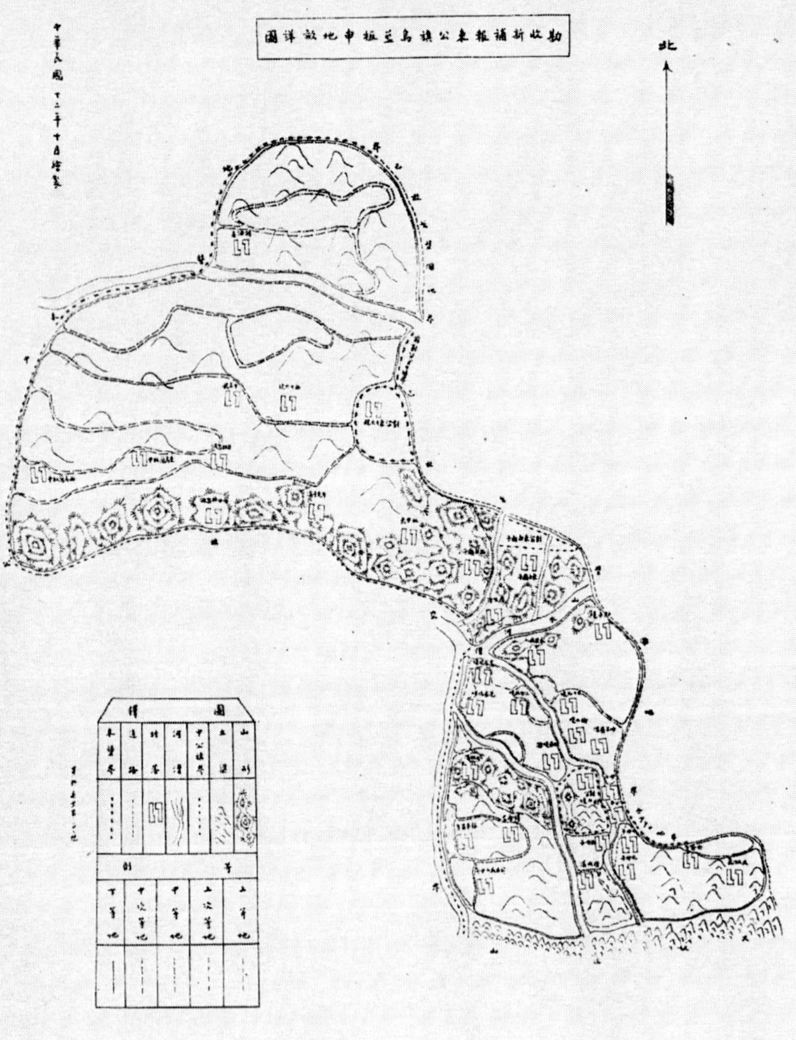

勘收新補報東公旗烏兰板申地畝详圖

北

—(96)—

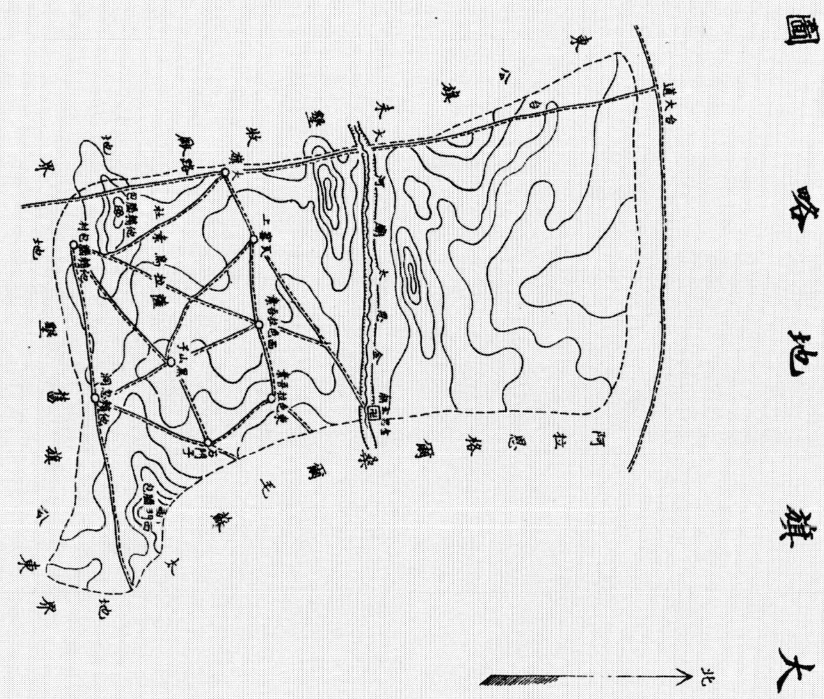

—（97）—
大旗地略圖
北
中華民國十五年一月繪製

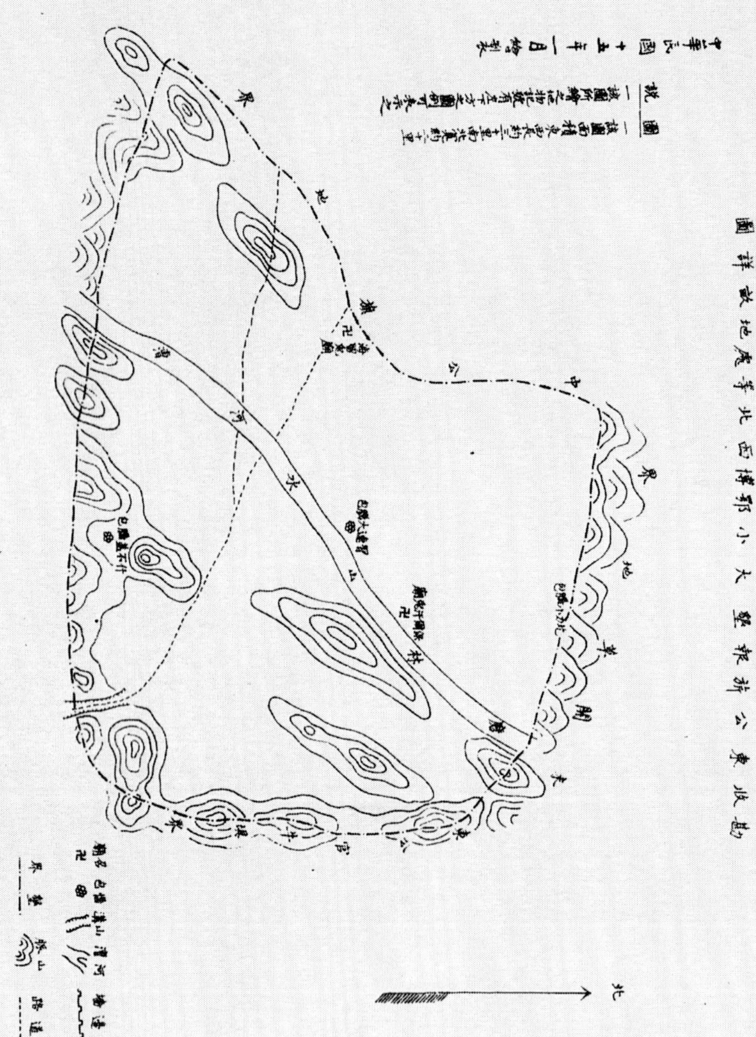
勘收東公所報墾大小鄂博西北等處地畝詳圖
中華民國十五年一月繪製
北
—(98)—

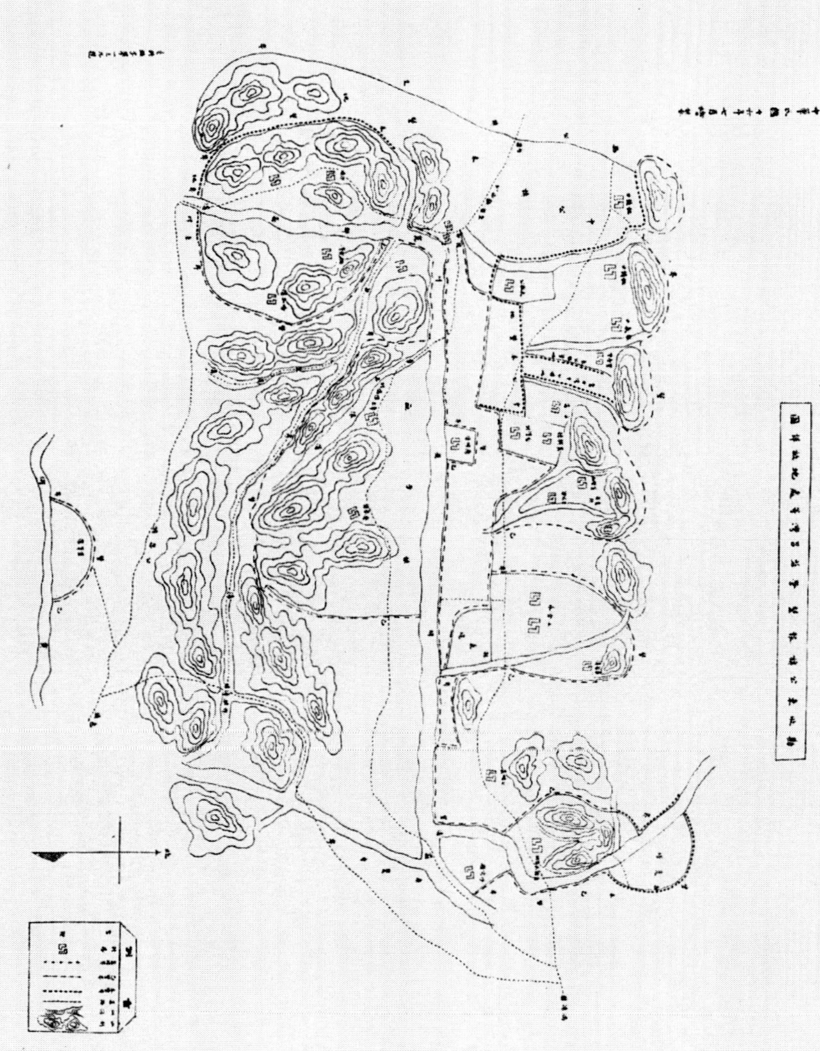

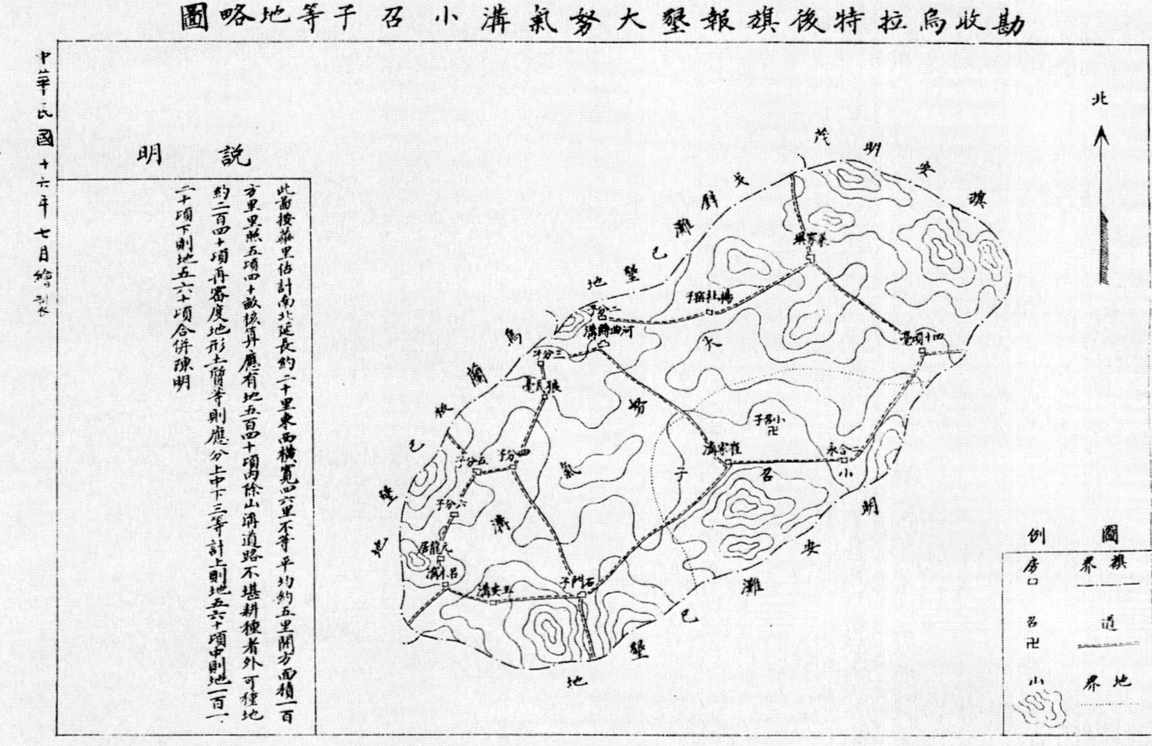
—(100)—
勘收烏拉特後旗報墾大努氣溝小召子等地略圖
說明
此圖按華里估計南北延長約二十里東西橫寬四六里不等平均約五里開方面積一百方里果照五頃四十畝核算應有地五百四十頃內除山溝道路不堪耕種者外可種地約二百四十頃再審度地形土質等則應分上中下三等計上則地五六十頃中則地一百一二十頃下則地五六十頃合併陳明
中華民國十六年七月繪製
北
圖例
旗界
道
地界
房
召
山

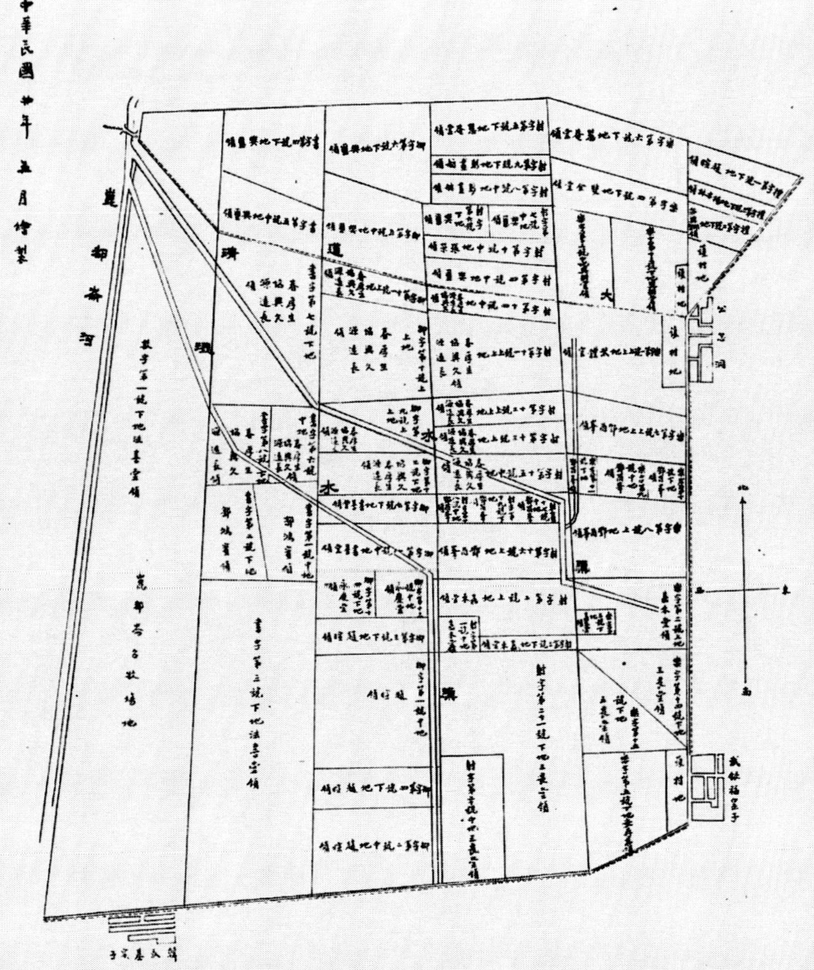
丈放崑都崙召東牌界地總圖
中華民國卅年五月繪製
崑都崙河

廣覺寺報墾勝召地圖

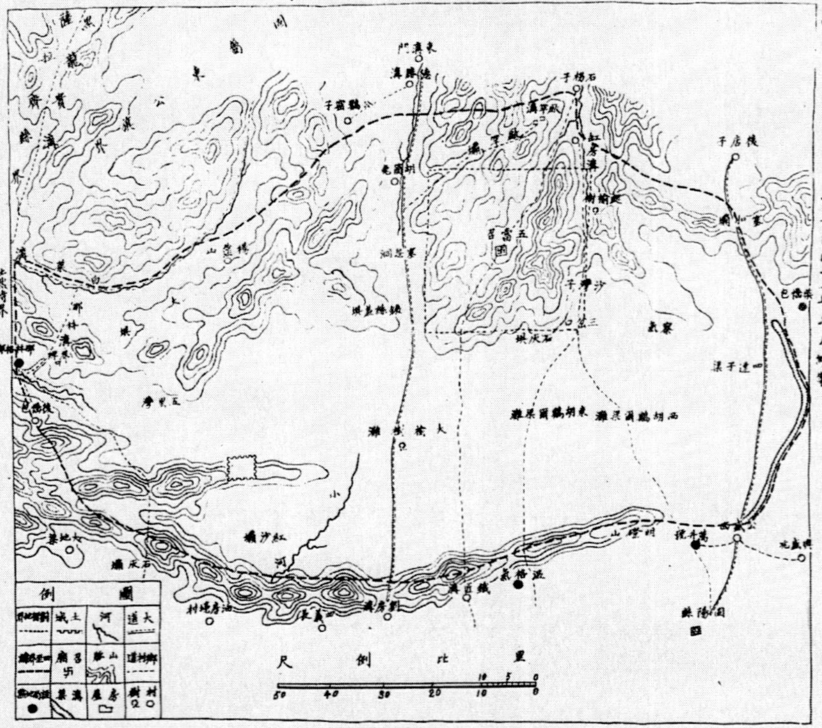

中華民國十二年七月增製

圖說

一四週圖線係五當召地四至界址
一中間之黃線係與召劃留四面各二十里之界址
一那林格都沁永豐村渣格氣即慶豐村萬井號即安豐村三處之紅點均係設行局地點
一此圖面積東至西一百五十里南至北一百四十里
一那林格都至柴檔包計長一百五十里
一萬井號至寨和濠計寬五十餘里
一渣格氣至紅房濠計寬八十里
一劉房濠至胡蘭兔計寬七十五里
一紅沙壩至楊桑山計寬六十里
一該召地界與東公旗並土默特地分界之處均有青石界碑

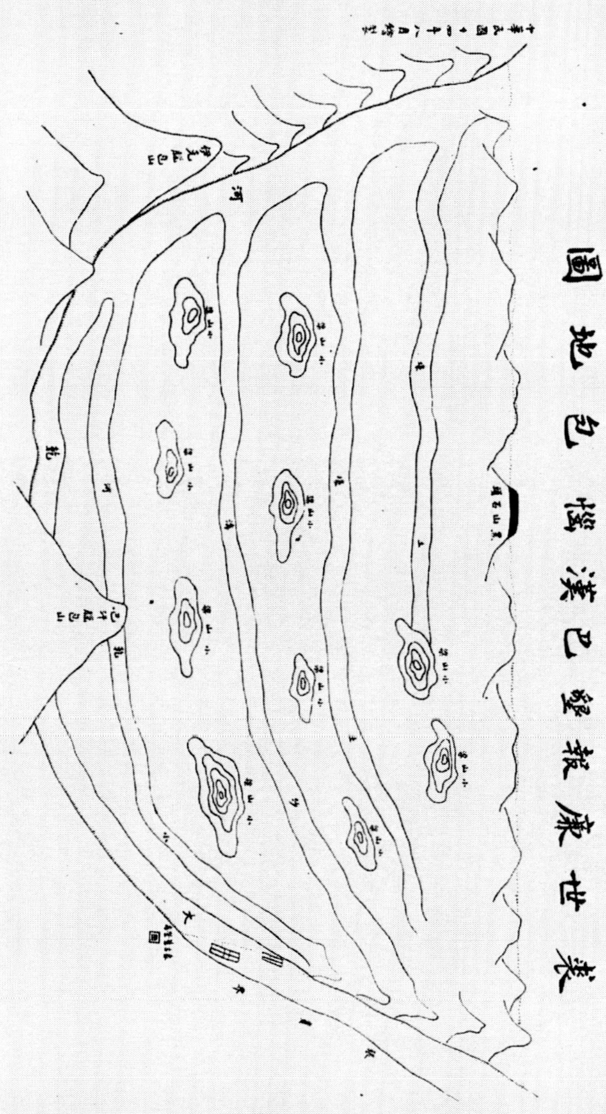
—(103)—
袁世康報墾巴漢惱包地圖
中華民國十四年八月繪製
黑山石頭
小山梁
河
大
圖

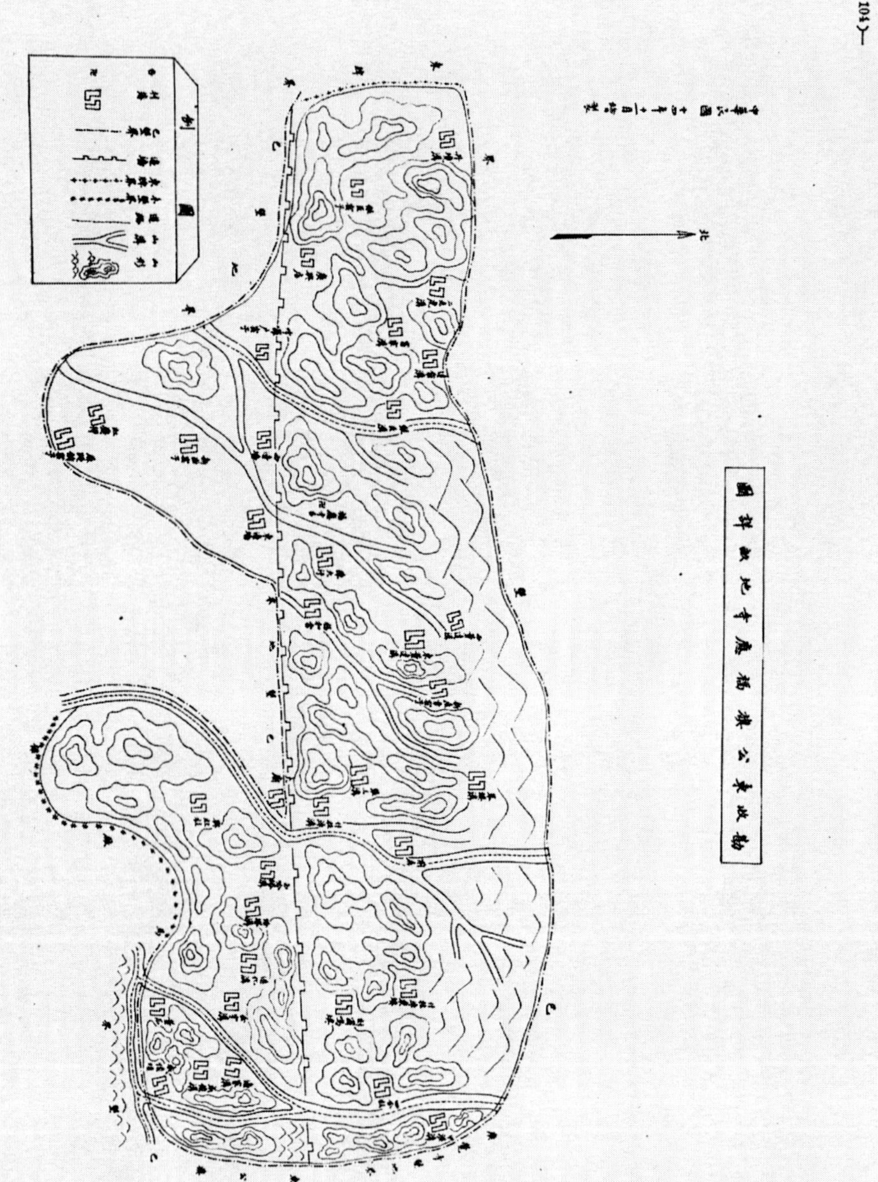

土默特旗属

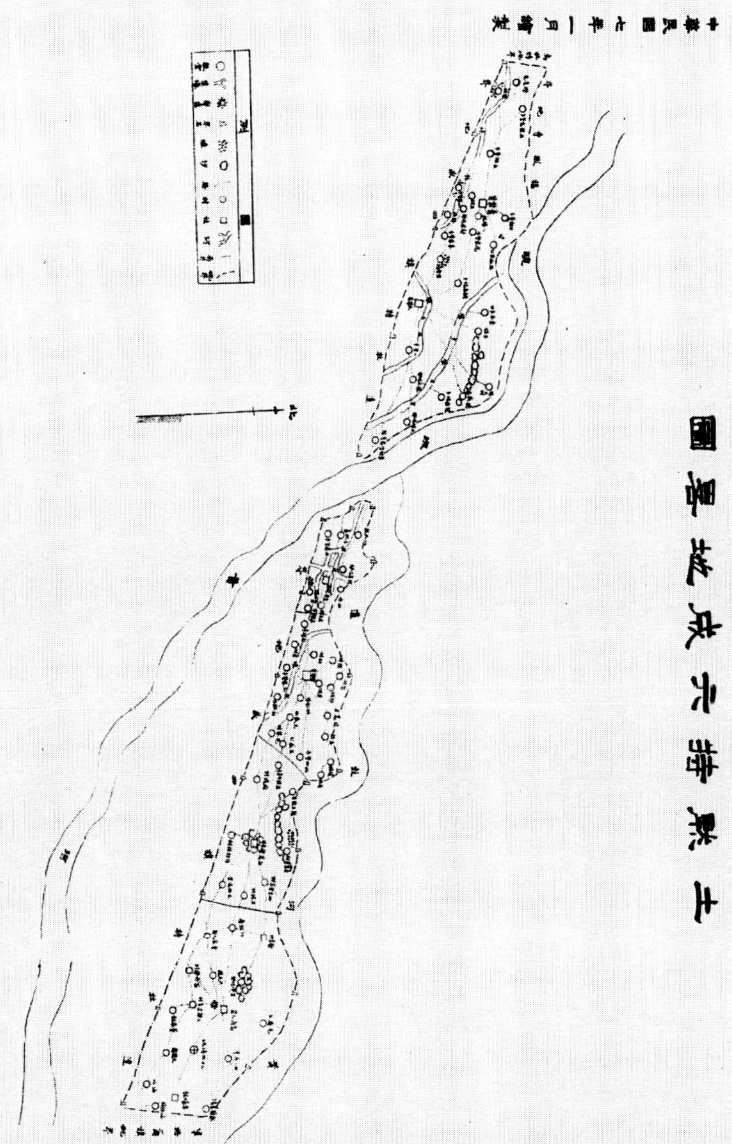

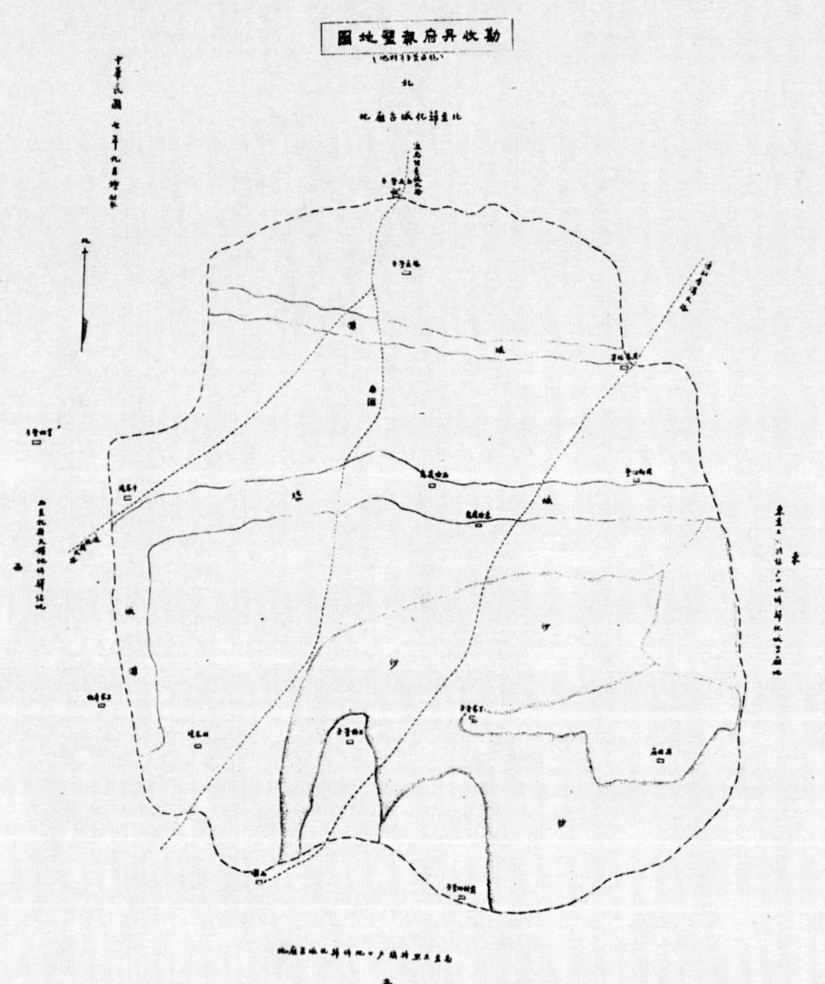
北
南

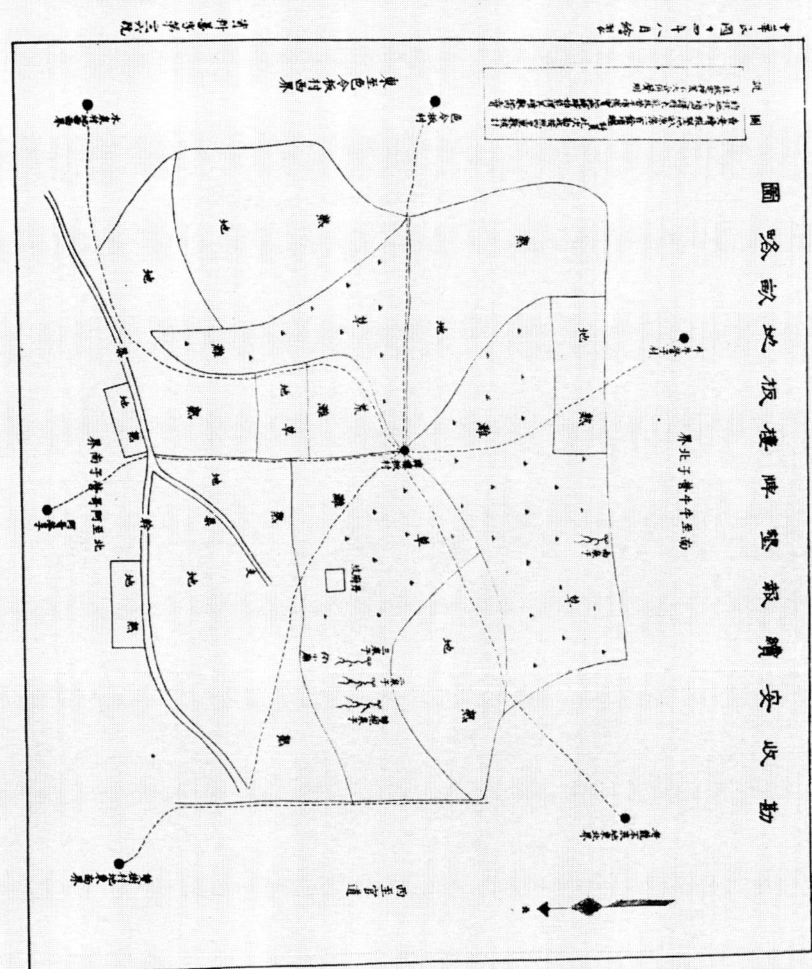

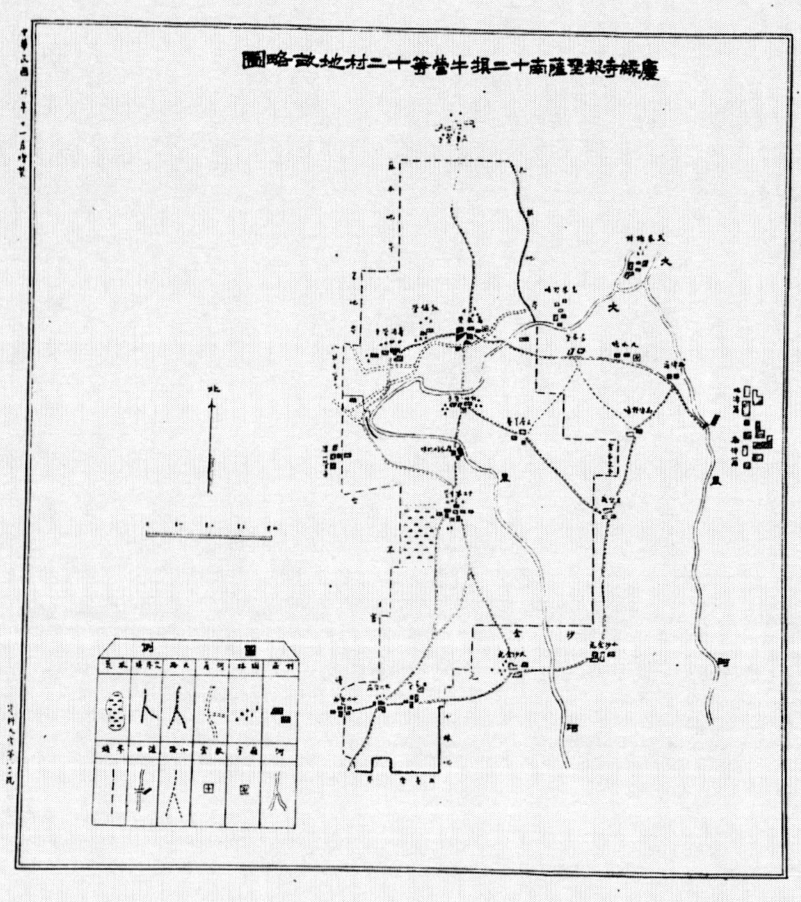
慶緣寺報墾薩南十二旗牛營第十二村地畝略圖
北
圖例

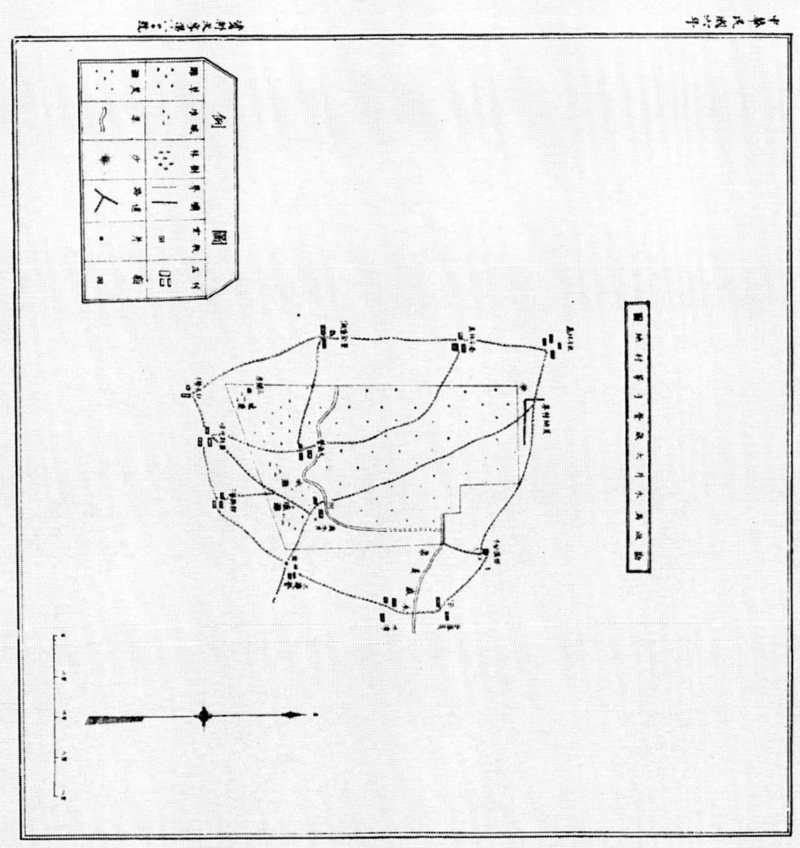

—(110)—

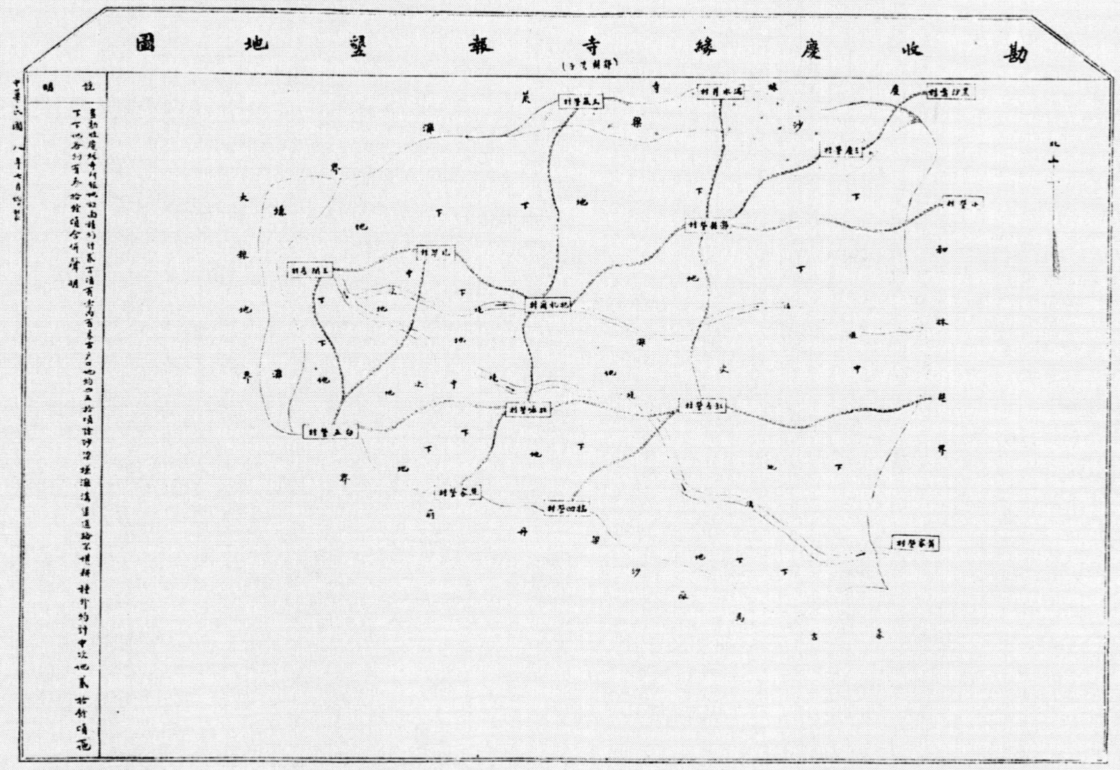

勘收慶緣寺報墾地圖

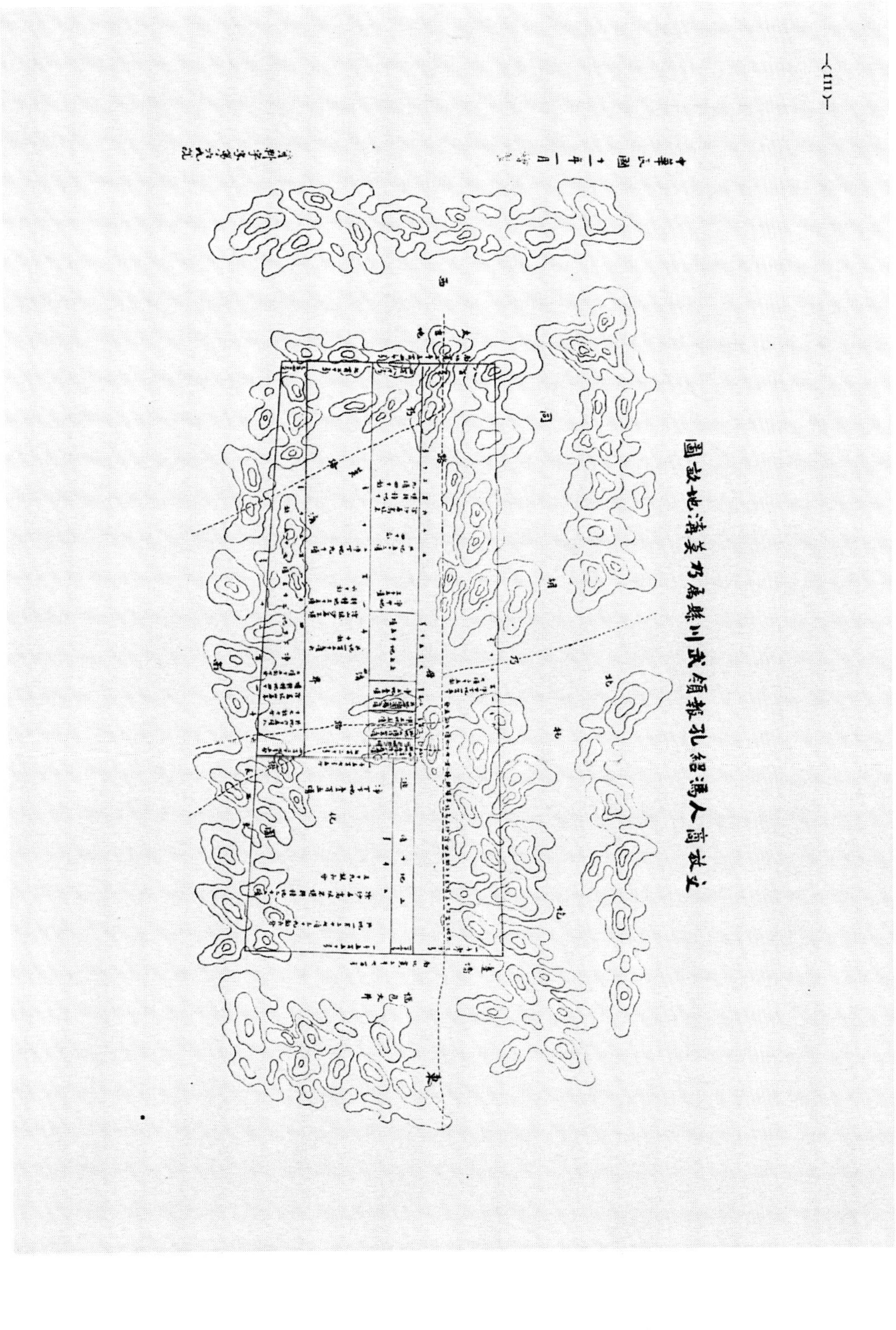

—(111)—

丈放商人馮紹孔報領武川縣屬乃莫濟地畝圖

中華民國十一年一月 繪製

資料字第六九號

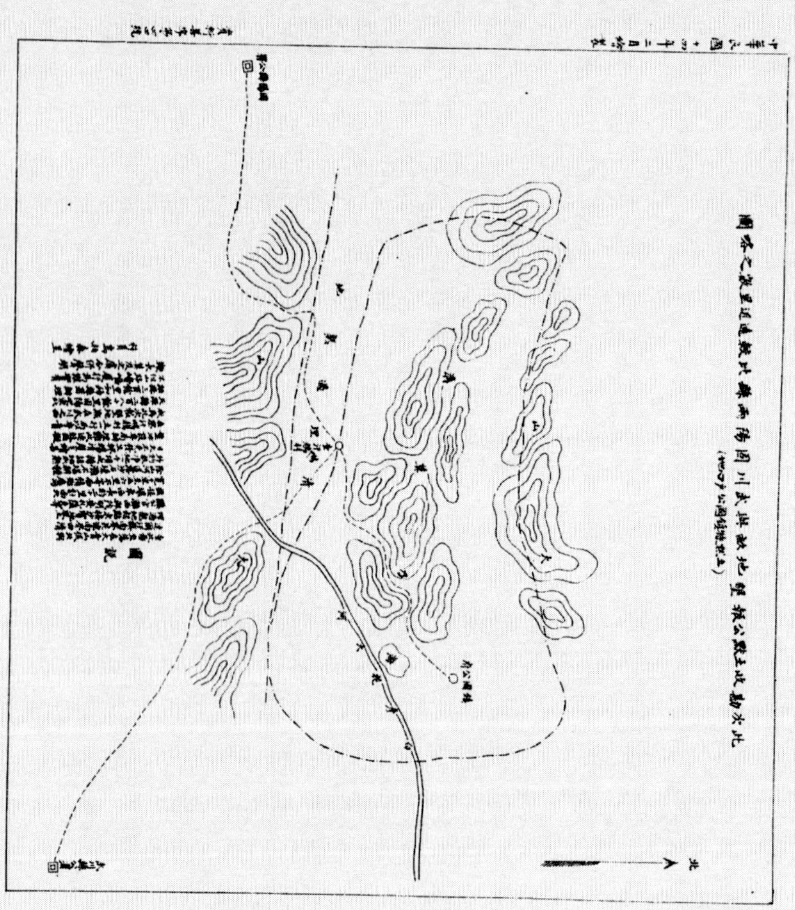

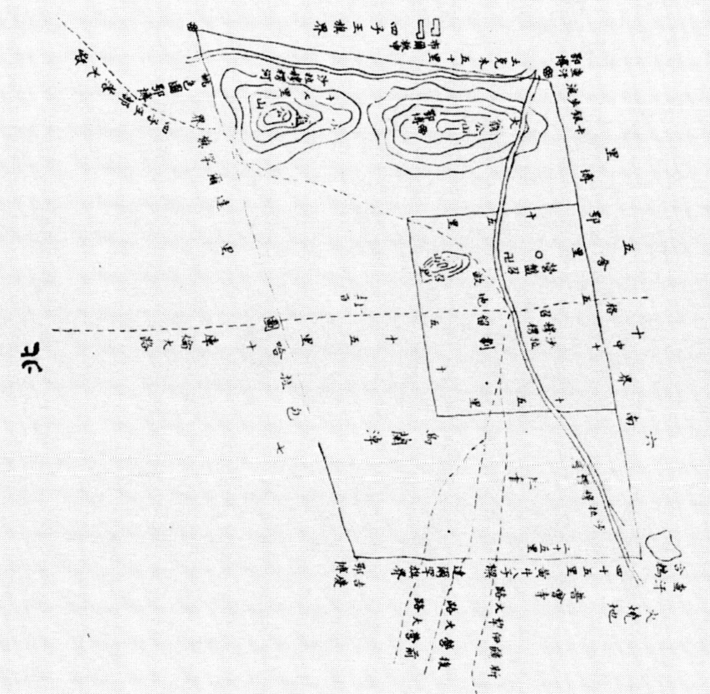
—(113)—
勘收虎勒圖召報墾烏拉圖河香火地圖

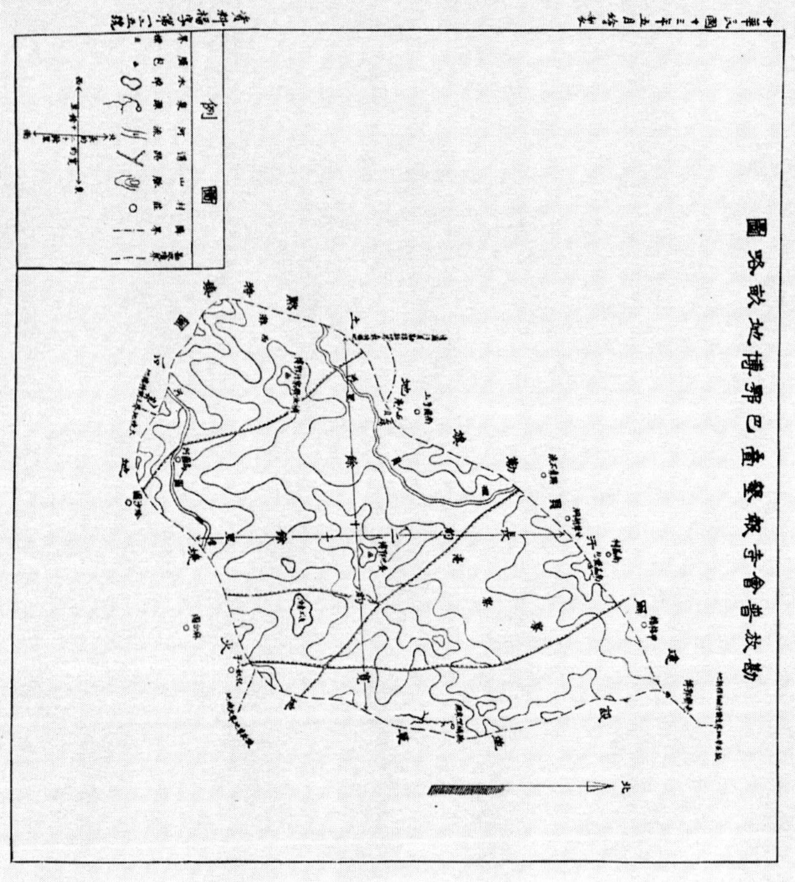

殺虎口驛傳道衙門屬

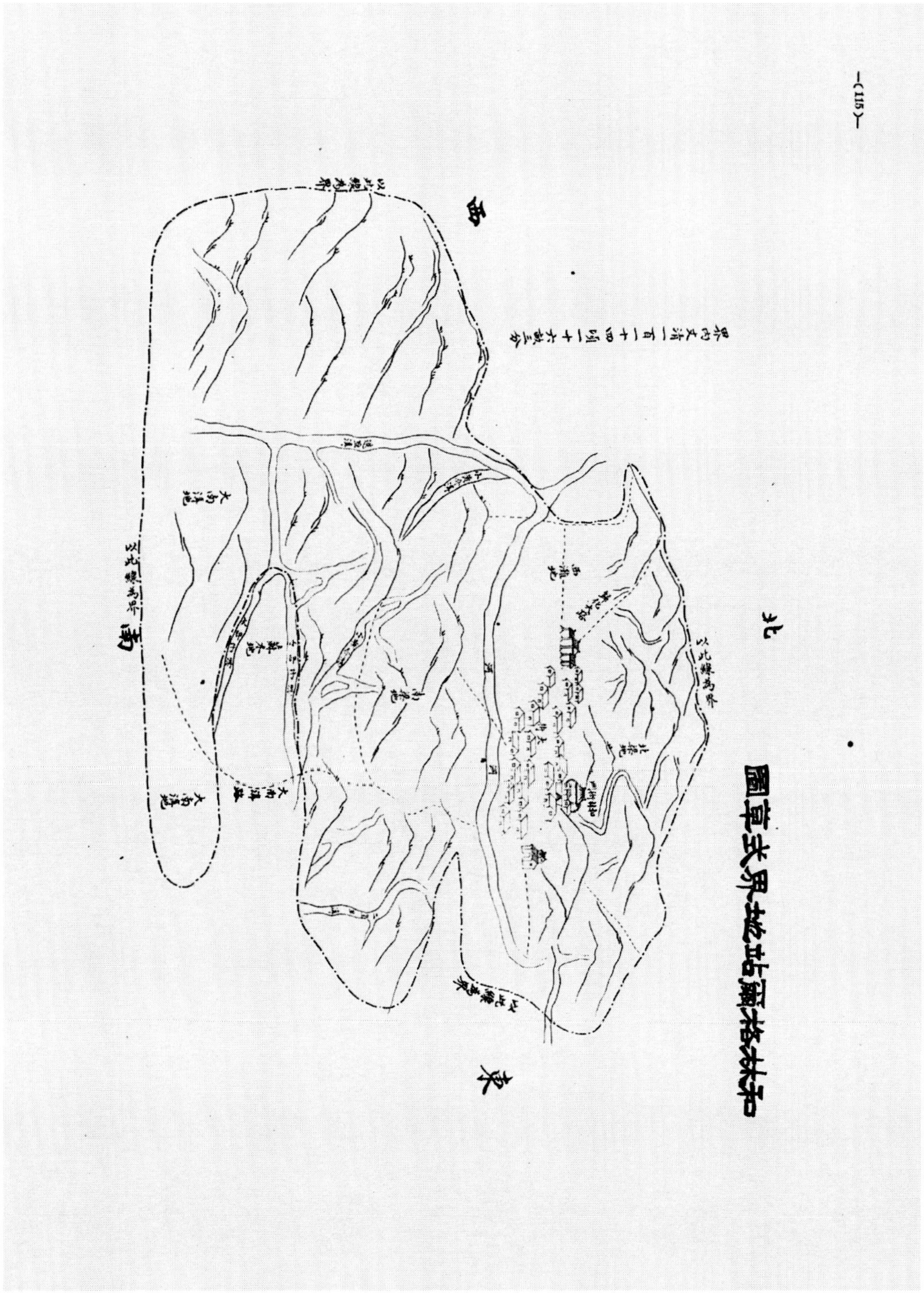

—〔115〕—

和林格爾站地界丈草圖

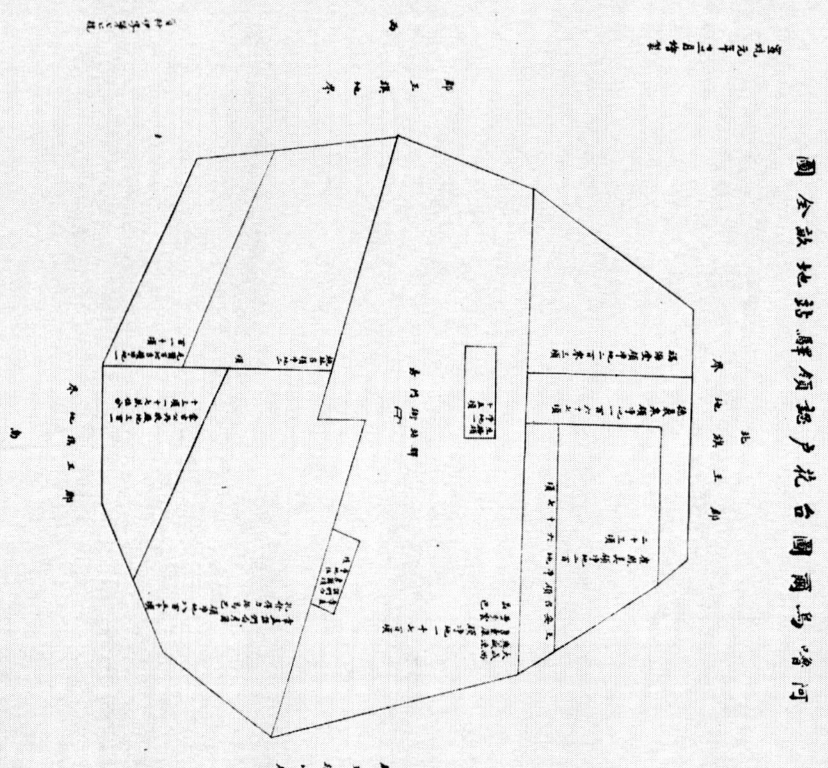
北
郡王旗地界
驛站衙門
宣統元年十二月繪製
西
郡王旗地界
東
郡王旗地界
南
郡王旗地界

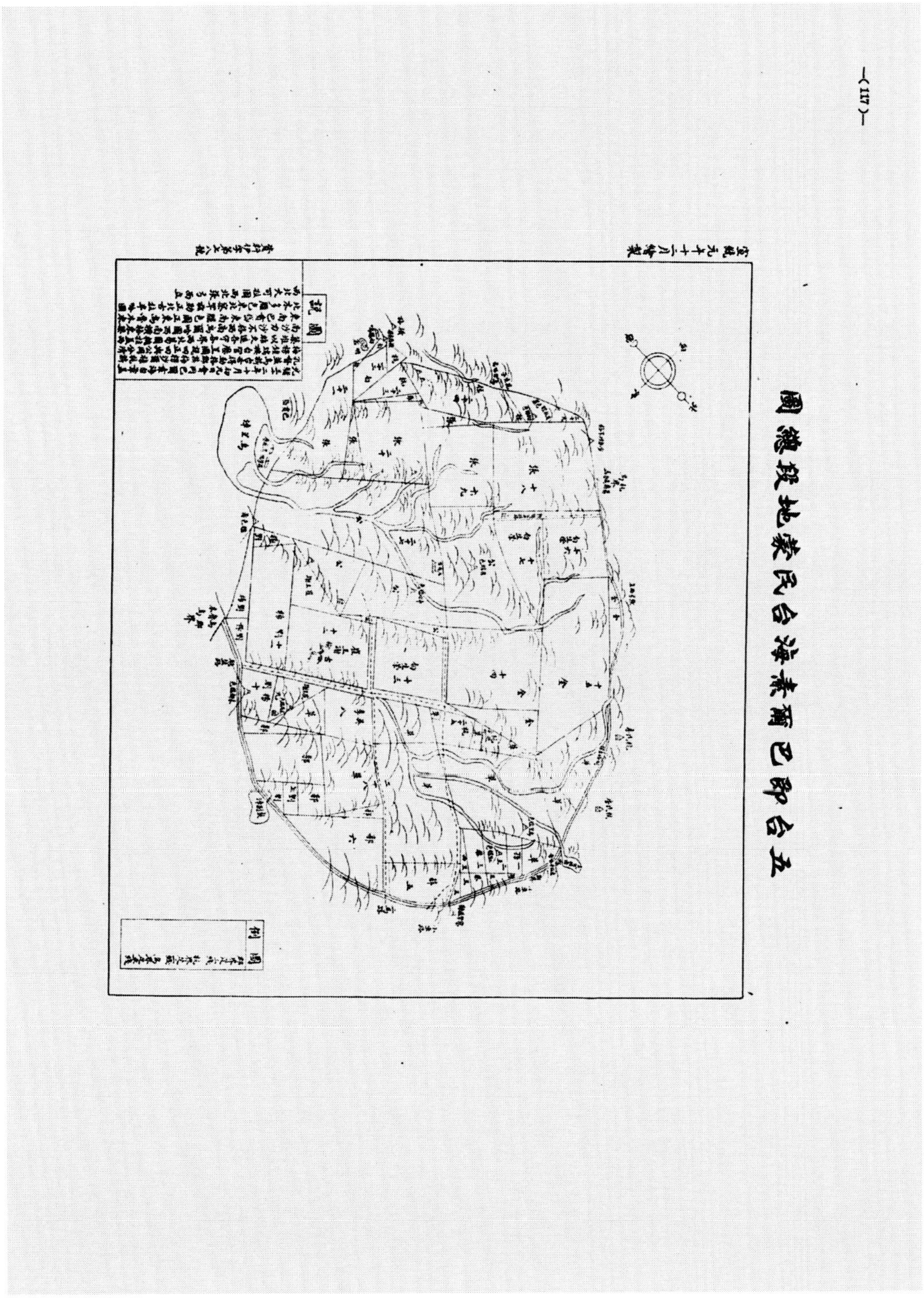

五台即巴爾素海台民蒙地段總圖

宣統元年十二月繪製

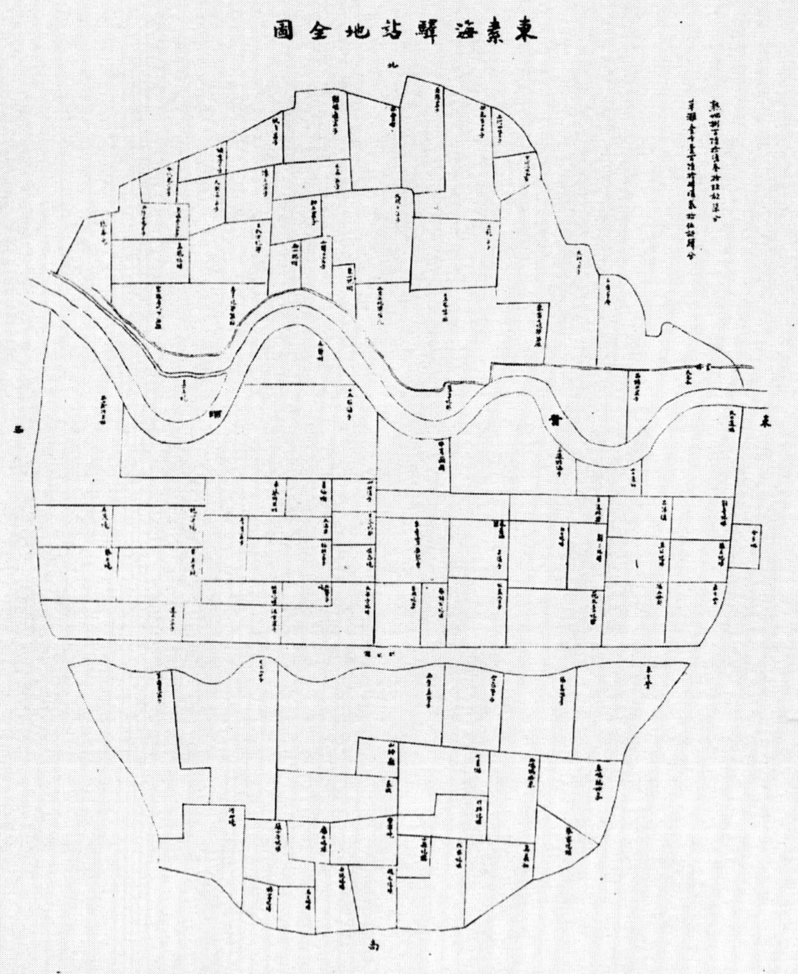

—（118）—

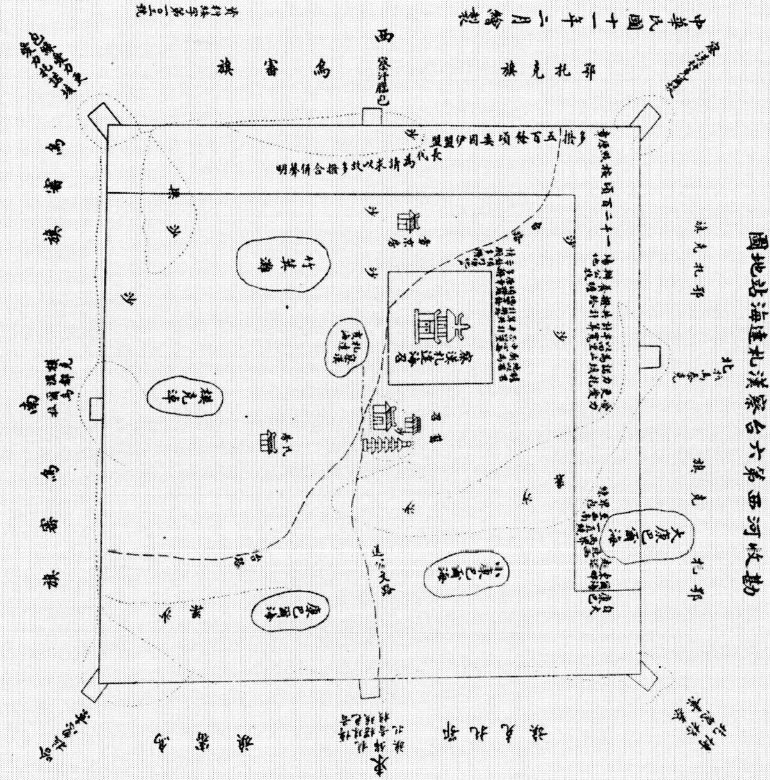
勘放西河第六台察漢札達海站地圖
中華民國十一年六月繪製
—(119)—

成吉思汗紀元七百三十七年十二月

非賣品

厚和市新城叅泉北門
編　輯　內政部地政科厚和分室

張家口特別市長清路
發　行　內政部地政科

編輯兼發行代表　柿　田　隊　[illegible]

印　刷　所　蒙疆新聞社印刷局

绥远垦务总局资料（伊克昭盟·杭锦旗）

成紀七三五年十二月
整理墾務資料第二號

（伊ノ二）

前綏遠墾務總局資料

（伊克昭盟·杭錦旗）

蒙古聯合自治政府

地政總署

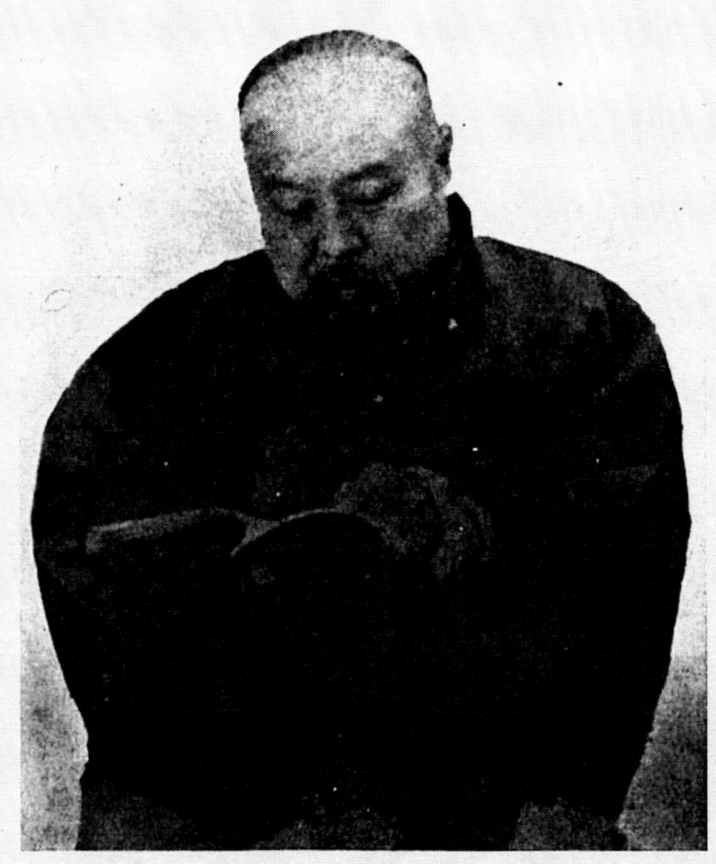

前督辦蒙旗墾務大臣理藩院尚書銜綏遠城將軍　貽穀之影像

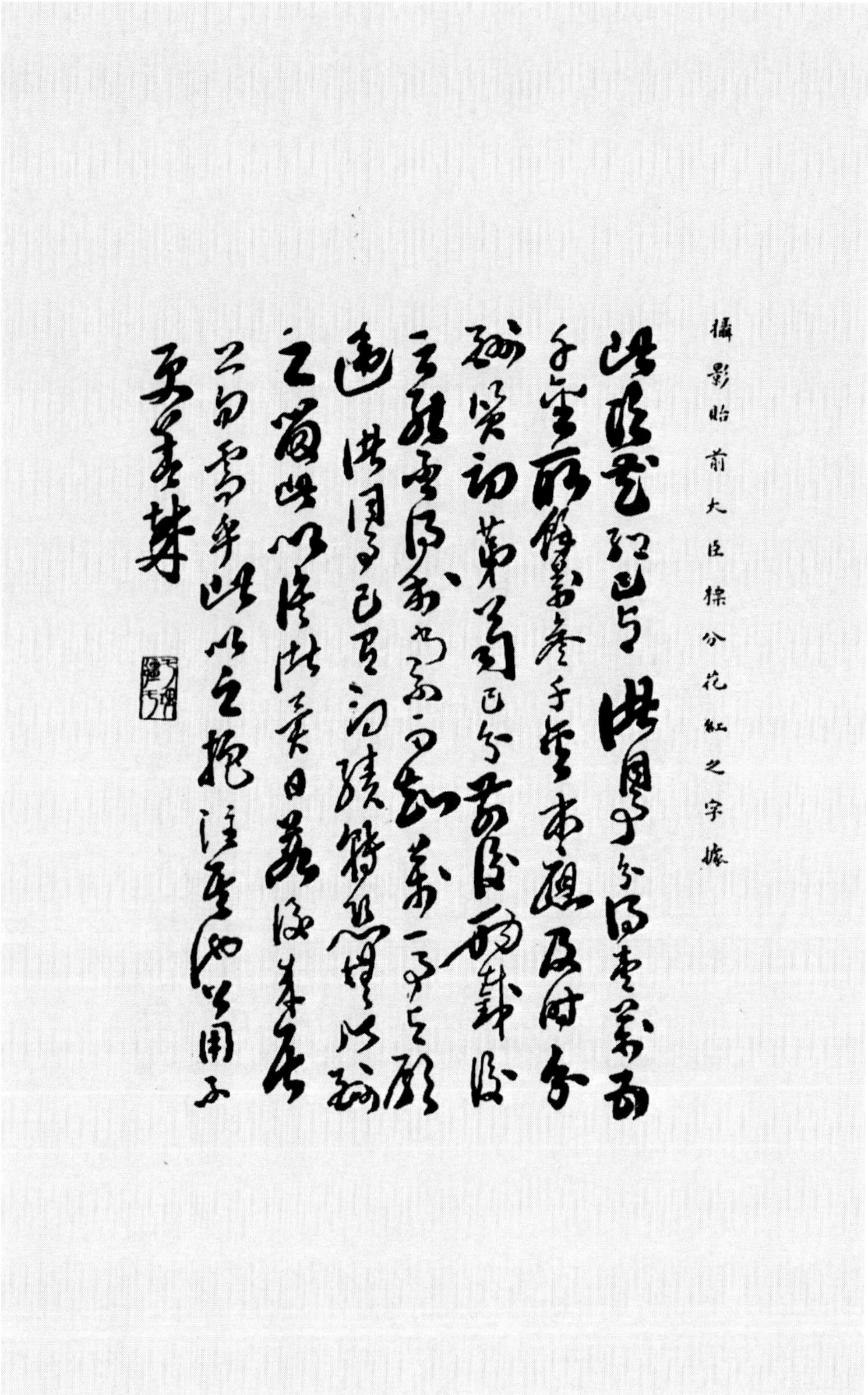

攝影貽前大臣祿分花紅之字據

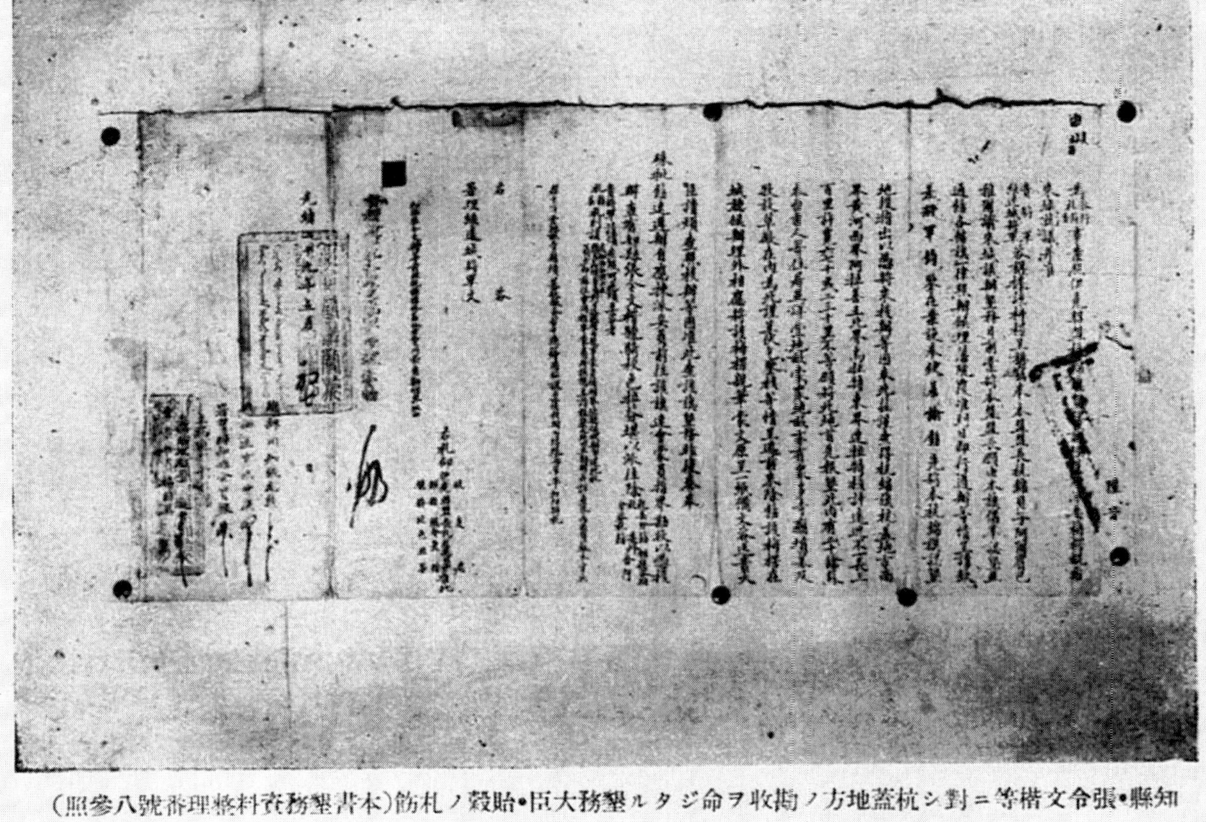

知縣•張令文楷等ニ對シ杭蓋地方ノ掲收ヲ命ジタル墾務大臣•貽穀ノ札飭（本書墾務資料整理番號八參照）

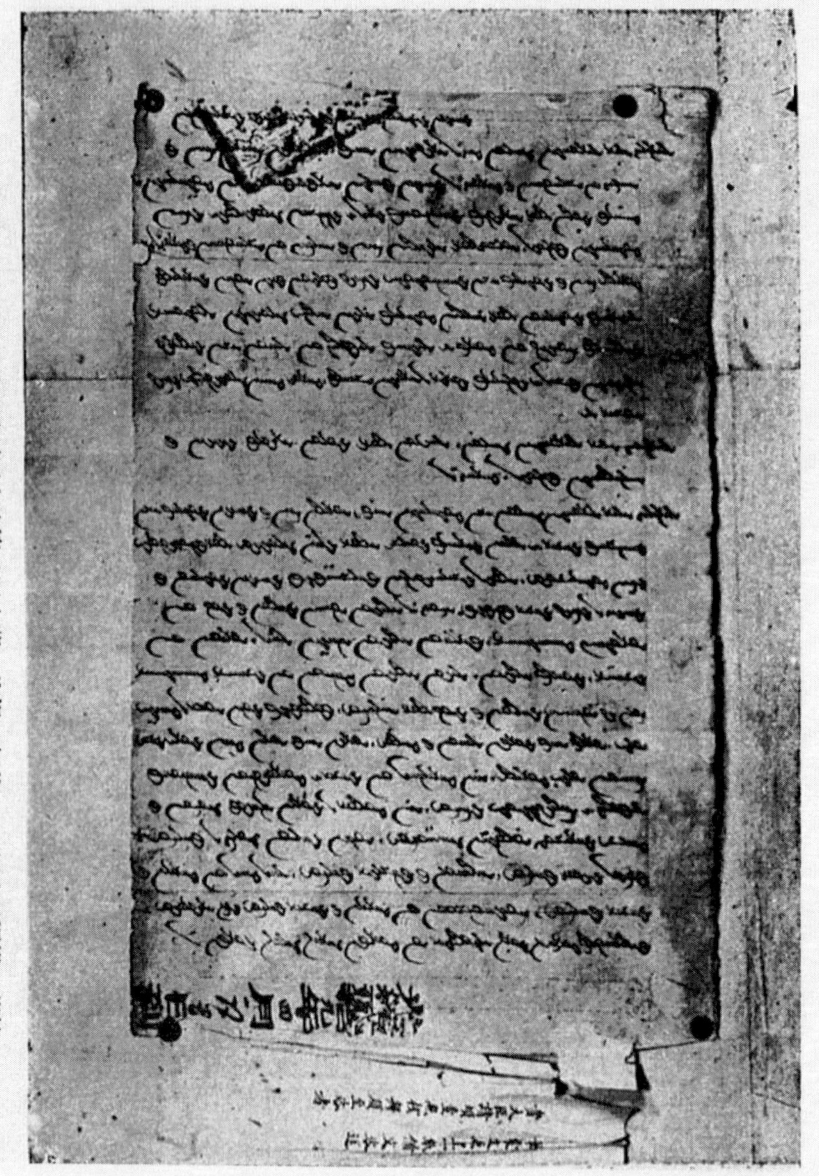

杭蓋地報墾ヲ同意セル梅楞・佈提ノ蒙文原呈筆跡（本書墾務資料整理番號四參照）

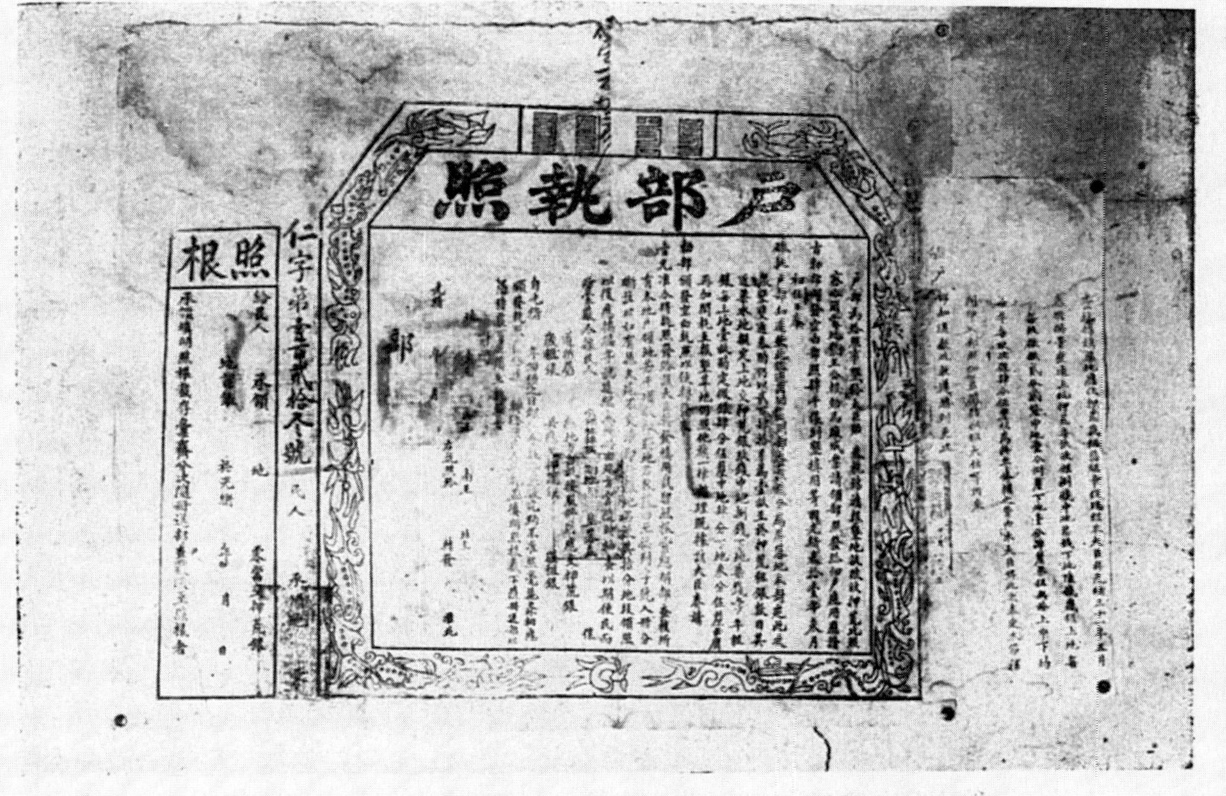

照參三八・五七號番理整料資務墾＝並割分ノ其ト則等ノ租歲・荒押六說解書本

凡例

一、本資料は前綏遠墾務總局に保存せられてゐた墾務關係文書中、伊克昭盟杭錦旗に關するものを集錄し、之に解說を附したものである。

一、資料の配列は歷史的順序を尊重し文書の日附に依つたが、解說は資料の持つ內的聯關を尊重し特定の項目を設け墾務情形を概述し、その全貌の把握に便ならしめた。

一、資料に附した整理番號（例へば杭錦旗資料整理番號二〇號等）は本解說の整理番號であるが、其の下に附した「天字一〇號」等の番號は從來保存整理の爲附せられてゐた保存番號である。從つて當署厚和廳舍に保存されてゐる原資料を參照せんとする方は保存番號に依られたい。

一、杭錦旗の報墾に係る巴噶地には、苟くから人工灌漑の爲めの渠道が構築され、其の多くが地商によつて壟斷せられてゐたが、この渠道は墾務大臣・貽穀によつて國有化され、國家の管理下に置かれた。この渠工に關する案件は、達拉特旗とも不可分の聯關を持つので、こゝでは切り離し、渠工案として整理解說する豫定である。

一、光緒年間に於ける巴噶地の丈放は、西路公司によつて遂行された。從つて西路公司に關する資料もこゝに排列し解說を附すべきであるが、西路公司の係るところは、單に巴噶地のみにとゞまらない。從つてこれも渠工案と等しく「西路公司案」として資料を一括し、特別の解說を附することゝした。

一、本資料の整理に當り滿鐵調査部囑託天海謙三郎先生の御指教を辱うし、且左記諸氏の御協力を得た事を深く感謝する次第である。

滿鐵調査部　太宰松三郎　　滿鐵調査部　佐野利一　　滿鐵調査部　大井格三

二

同　小沼　正　善隣協會　前川坦吉　善隣協會　小林七郎

善隣協會　前島重男　蒙古政府　内藤潮邦

一、本資料の整理は當署囑託安齋庫治氏の指導の下に當署土地制度調査室之を行ひ、解説は安齋囑託の勞になるものである

成吉思汗紀七三五年十二月

地政總署土地制度調查室

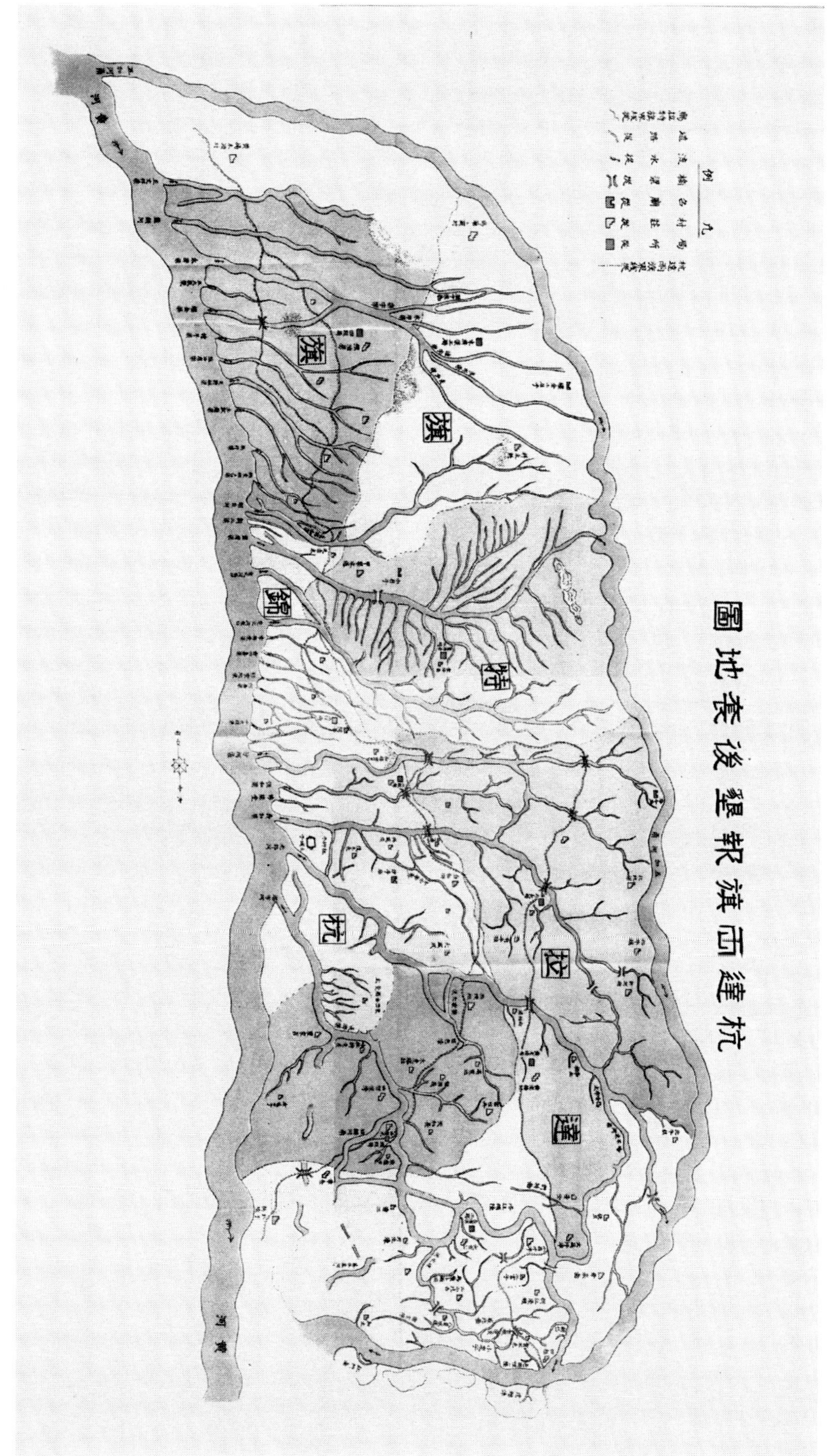
杭達西旗報墾後套地圖
旗
旗
錦
特
杭
拉
達

杭錦旗墾務資料解說

解説目次

前綏遠墾務總局資料（伊ノ二）

（伊克昭盟・杭錦旗）

一、杭錦旗の巴噶地報墾ご其の反覆

烏伊兩盟の抗墾運動は、前述の如く、伊克昭の一角、杭錦旗の屈服によつて先づ崩壊の端緒を萌した。伊克昭盟長・杭錦旗貝子・阿爾賓巴雅爾は、終始、清朝政府の官辦開墾に對して抗爭して來たが、益々加重せられる政治的重壓に耐へ兼ね遂に色拉芬と共に、梅令・棍布を派遣し、開墾に關する折衝を命じた。（資料一）梅令・棍布は、光緒二十九年三月初六日、先づ包頭に到着、次いで綏遠に赴いたが、當時、達拉特旗から派遣せられた協理台吉・巴札爾噶爾第も、同じく墾務に關して、綏遠に出頭してゐた折であつた。墾務大臣は、この出頭を欣び、直ちに墾務總局總辦・李雲慶外三名に札飭して、これらの蒙旗代表と會商せしめることゝした。（資料二）

この會商は、梅令・棍布と直隸候補知府・壽勳、綏遠城協領・文哲渾、佐領・普祥、驍騎校・色拉芬との間に進められたやうであるが、梅令・棍布は、この會商に於て、開墾に對する原則的な贊同を表示し、理藩院の指示を待つて、率先報墾すべき旨を明らかにした。こゝで理藩院の指示を求めたのは、伊克昭盟所屬の各旗は、曩きに理藩院に呈請して開墾を免ぜらるべきことを希望してゐたからである。この會商の後、梅令・棍布は、更に墾務大臣行轅に出頭し、墾務大臣の諭飭を受けたが、遂にこの時、彼は杭蓋地方の報墾をなすに至つた。（資料三並四）

杭錦、達拉特の兩旗が、其の代表を綏遠に派遣したことは、明らかに其の政治的屈服の表現であつた。だが、この屈服によつて、伊克昭盟の開墾には、明るい前途が一應見透された。墾務大臣・貽穀は、光緒二十九年四月初七日、清朝に對して委細を報告し、屈服した杭錦旗貝子・阿爾賓巴雅爾と達拉特旗札薩克貝子・圖們巴雅爾に對し、朝廷の嘉賞を上奏し、併せて蒙旗の決意を左右する爲めには、理藩院を通じて開墾に贊同すべき札飭がなされることの必要を力說した。（資料五）

併し、杭錦旗から派遣せられた梅令・棍布の旗內に於ける地位は、單なる梅令に過ぎなかつた。從つて彼の意見と動向が、直ちに杭錦旗全體の意思と動向を左右しうるものとは考へられなかつた。墾務大臣は、かゝる見地から、この問題の折衝について一梅令・棍布のみを相手とすることを不安と感じたものゝ如くであるが、光緒二十九年四月初六日、杭錦旗貝子に對しては、更に漢語に精通せる王貝子一二名の派遣を札飭した。（資料六）

この札飭が、杭錦旗貝子・阿爾賓巴雅爾によつて、如何に答へられたかは明らかでない。併し、墾務大臣は、この復答を待たず、知縣・張文楷竝びに驍騎校・色拉芬に札飭して、杭錦旗の報墾した杭蓋地方の勘收を命じ、更に杭錦旗梅令・棍布に對しては、この勘收に立會ふべきことを命じた。（資料七及八）

この札飭をうけた張文楷竝びに色拉芬は、直ちに杭蓋地、即ち巴噶地に赴いたが、梅令・棍布は、旗に歸えつたまゝ理由をつけて札飭せられた杭蓋地の勘收を回避してしまつた。この間、約四十餘日が空費された。では、如何なる理由によつて、梅令・棍布は勘收委員との會見を回避し、勘收を放棄したのであらうか。

この間の經緯は、光緒二十九年六月初一日、墾務大臣から發せられた次の札飭によつて明らかにすることが出來る。曰く、

該盟長派來之梅楞・棍布、前往該旗驗收地畝、迄今四十餘日、竟未將所報地畝指示、該梅楞・棍布復先備故回、刻尙未與委員相會、現據驗地委員禀稱、據梅楞・棍布遣派通事聲稱、該盟長不令梅楞前來（資料一〇）

即ち、この資料によれば、梅楞・棍布が委員との會見を避けたのは、貝子・阿爾賓巴雅爾の拘制によることが明らかにされる。貝子・阿爾賓巴雅爾は、加重せられた政治的重壓に耐へかねて、其の代表を派遣し、表面的には開墾に同意したかの如を示したが、彼は依然として、抗墾の意思を放棄しなかつた。彼は、伊克昭所屬の各旗に對して開墾地の呈報を禁じ

てゐたが、當時は烏蘭察布盟各旗も、依然として開墾に抗してゐたから、其の態度を見極めた上で、杭錦旗の態度を決しやうと考へてゐたもの丶如くに推察される。（資料九）

この間、曩きに杭蓋地に赴いた勘收委員・張文楷及び色拉芬は、四十餘日を空費し、空しく歸化城に歸えつて來たが、墾務大臣は、再度札飭して彼等を杭錦旗に赴かしめ、直接、貝子・阿爾賓巴雅爾を説得して、曩きに報墾された杭蓋地の驗收を行ふべきことを命じ、（資料一一）梅楞・棍布に對しても、この驗收に立會ふべきことを嚴命した。（資料一二）

然るに、光緒二十九年六月二十四日、杭錦旗貝子・阿爾賓巴雅爾は、土地の開放が蒙古の台吉、一般旗民の生活に、極めて緊切な關係を持つことを述べ、七月十二日、該旗の廣智寺に於て、杭蓋地に居住する多くの台吉、黄・黒人等を集め、彼等を說得した上で開放すべきことを呈報してきた。（資料一三）蓋し、開放地として指定された杭蓋地に居住する蒙古人達は、古くから占有してゐた土地を、開放によつて一擧に奪はれる危險に當面したのであるから、この地の報墾に對しては、最も頑强に反對したものと思はれる。從つて、貝子としては、この憤懣と反對を緩和する必要を感じたであらうし、上からの壓迫と下からの盛り上る反抗にさし挾まれて動搖し、可成りに窘しまねばならなかつたと考へられる。

併し、この具陳は、墾務大臣を激怒せしめた。墾務大臣は再び貝子・阿爾賓巴雅爾に札飭して、其の動搖と反覆を詰問し、曩きに呈報した杭蓋地の勘收に立會ふべき官員の派遣を强要したが、（資料一四）勘收委員・張文楷に對しても、杭蓋地の勘收を貝子に嚴重に督促すべきことを命じた。（資料一五）この命をうけた張文楷は、色拉芬と共に、七月十六日、杭錦旗に向け出發し、二十日、貝子・阿爾賓巴雅爾と會見し、問題の杭蓋地の勘收について商議した。この商議によつて、曩きに報墾地として杭蓋地を指定したことは、梅楞・棍布の獨斷によつてなされたもので、貝子は與り知らなかつたことが明るみに出された。張文楷は、貝子・阿爾賓巴雅爾との談話を次の如く報告してゐる。

一、杭錦旗の巴噶地報墾と其の反覆　三

談及指交地界、據稱、前派梅楞・棍布赴城請安、未令其指地、該梅楞擅將地段指出、並未商量、本擬處治等語、査其言語

之間、似有反覆前議之意（資料一六）

これに據れば、梅令・棍布の報墾は、彼一人の獨斷によつてなされたものであり、貝子の命に據るものではなかつたことが明らかにされる。從つて貝子は、梅楞・棍布の獨斷的報墾を欣ばず、彼を處斷しやうとさへ考へてゐたものゝ如くである。併し、阿爾賓巴雅爾は、この談合に於ても、上からの强壓に强ひられて、止むなく報墾には、同意を示したが、結局、報墾の前提として、杭蓋地に居住する蒙民を說得する必要を强調し、問題の解決を七月二十日迄延期することを主張し、勘收委員の希望した交地印文は、遂に手交しなかつたやうである。

翌二十一日、勘收委員・張文楷、色拉芬の二人は、さらに梅楞・棍布と會談したが、梅楞・棍布は次の如く訴へて、暫らくの猶豫を希望するのみであつた。

據云、此事已受難爲、前因貝子阻止、未敢前往地所、亦無可如何、事無不遵辦、貝子既定七月十二日、曉諭官民後、再爲舉辦、只得等候數日等語（資料一六）

この報告を受けとつた墾務大臣は、七月初二日、再び札飭して杭錦旗の報墾を慫慂すると共に、郡王旗東土斯拉齊台吉・布楞吉爾格勒竝びに候補驍騎校・德精額を杭錦旗の沙拉廟（廣智寺）に派遣して、曩きに指定された杭蓋地の交付を、あくまで强要せしめた。（資料一七）

其の後、杭錦旗が曩きに報墾した杭蓋地を、開放地として墾務局に交付し勘收に應ずべきことを命ずる理藩院の指示も傳達され、（資料一八）墾務大臣からも重ねて交地印文の交付を迫られたが、（資料一九）貝子・阿爾賓巴雅爾は、依然として土地の交付を承認する正式の文書即ち交地印文を交付しなかつたやうである。貝子の交地印文が、交付されないうちは、杭蓋地の勘收も進めることは出來なかつたが、この間、勘收委員・張文楷と梅楞・棍布の間には、貝子の交地印文の交付を待たす勘收を敢行し、勘收を終つた後で手段を講じて貝子の印文を索取しやうと云ふ話合ひが進められた。（資料二〇）

この談合は、包頭墾務局總辦・姚學鏡によつても支持されたが、（資料二一）九月二十三日附の張文楷の禀文に據れば、杭蓋地の勘收は遂に貝子の印文の交付を待たずに遂行されたやうである。この勘收の結果は、資料二四に報告せられてゐる。要約すれば次の如くである。（資料二四）

地名	東至	北至	西北至	西至	南至	東至	南北
杭蓋地	達拉地界	達拉地界	烏拉地界	阿拉善地界	黄河	三百數十里	八九十里 五六十里 二三十里 十數里 不等

この勘收に對して、原住の蒙古人達は、不安の眼を以つて見、且つすくなからず動揺を示した。張文楷は、この動揺を次の如く報じてゐる。

由地之西界旋回時、蒙員三八個等、帶領多人、意在動武搶刧梅楞回旗、卑職等向梅楞以理喩之、人均散去、化險爲夷、平安無事、（資料二四）

この報告者の觀察は、やゝ樂觀的である。だが、この報告によつても、蒙古人達が大衆的に、しかも武力によつても、抗爭しやうとしてゐたことだけは明らかにされうる。杭蓋地の蒙古人の敵意は、鋭く梅楞・昆布に集中された。この地に住む蒙古人達は、この地を報墾し、且つこの勘收に參畫した梅楞・昆布を裏切り者として罵倒し攻撃した。このことは、攻撃の矢面に立つた梅楞・昆布の禀文によつて明らかにすることが出來る。梅楞・昆布は、次の如くに其の苦痛を訴へてゐる。

往前行走、來在隆興昌、適逢嘎察克、管理・那遜綽克、梅楞・都嘎爾札普、台吉梅楞・莫爾根等前來、許稱費用若許馬匹羊隻、乘騎吃食大人饒倖銀千兩、奸官汝身拏去曜等語、傳喚衆人、撤捧質對、預備居止者、殊屬可疑、而且奴才等並無似此情弊、據情呈報、懇祈睿鑒、昭雪辦理、爲此具呈（資料二三）

一、杭錦旗の巴嘎地報墾と其の反覆

六

一、杭錦旗の巴嘎地報墾と其の反覆

杭錦旗に於ける抗墾的潮流は、このやうに可成りに根强いものであつた。官辦開墾に贊する者は、上は貝子、各台吉から下は一般平民に至るまで、たゞ一人の梅楞を除く以外には見出し得なかつた。梅楞・棍布だけは、旗內の蒙古人の攻撃を浴び乍らも、十月初七日には、曩に指定した杭蓋地の開墾を具陳し、達拉特旗の永租地に倣つて渠道を開き土地を灌漑し、徵收せらるべき地租の內三割を旗に交付し、七割を國家の手に收納せらるべきを希望し、且つ、彼はこの原文の中で注目すべき提案も試みてゐる。この提案の主たる內容は、(一)遊牧によつて生活してゐる旗民の爲めに、黃河に近接した地を割留して牧廠とせらるべきこと、(二)寺廟台吉等の所在し遊牧してゐる所と墳墓は、開放を免れしむること、(三)更に困窮してゐる蒙古人救濟の爲めに、一萬兩の貸與を受け、この返還は、將來旗の收入となるべき地租をもつて返還すべきことの三つに要約される。(資料二六)

併し、彼の動向は、杭錦旗全體の動向を左右するものではなかつた。杭錦旗の主たる潮流は、あく迄貝子を挾んで、開放に反對してゐたし、この潮流は容易に鎭壓することも出來なかつた。十月初三日、勘收にあたつた張文楷は、杭錦旗の嘉格爾齊と會談し、貝子との會見を求めたが、貝子は會見を拒否し、嘉格爾齊も、口實を設けて開放を承認しやうとはしなかつた。抗墾的潮流は、益々杭錦旗に瀰漫した。張文楷は、次の如く報じてゐる。

査該旗、近來抗違情形、較之從前尤甚、當必有人、主使爲之也、前在包頭時、已聞得梅楞云、該旗以地事行文、外六旗到此驗之不誤、查該貝子不特自行違抗、而欲搖動大局(資料二五)

杭錦旗の抗墾的潮流の激化は、伊克昭盟全體に影響すべき危險があつた。何故ならば、當時の盟長は、杭錦旗貝子・阿爾賓巴雅爾であつたからである。杭錦旗を屈服せしめれば、伊克昭の動向を決しうる。(資料二七)從つて杭錦旗の抗墾的潮流を粉碎することは、ひとり杭錦旗のみにとゞまらず全伊克昭盟の墾務の進展にとつて、最緊切な政治的課題となつた。包頭墾務局總辦・姚學鏡は、抗墾の主要人物を捕縛し、兵力による壓迫を加へて、交地印文を强取しやうとさへ主張したが、(資料二七)

免に角、この形勢を打開するには、斷乎たる對策が要求せられた。

杭蓋地の開放に同意すべきことを慫慂した理藩院の札飭は、杭錦旗貝子に傳達されたが、(資料三三) 墾務大臣・貽穀は、更に一歩を進めて、上からのより一層加重された政治的壓迫によつて、この抗墾的潮流を鎭壓せんと試みた。墾務大臣はまづ、杭蓋地の勘收を妨害し且つ、梅楞・梶布の裏切りを攻擊し威嚇した管旗章京・那蘇綽克、鄂勒哲巴圖等を指名し、墾務大臣行轅に解到し、査辦を待つべき旨の札飭を發したが、(資料二八) 更に光緒二十九年十月初八日、貝子・阿爾賓巴雅爾から盟長の職を剝奪する政治的處分を北京朝廷に密奏し、(資料二九) 十一月其の認許をうけた。(資料三六)

この政治的威嚇は、杭錦旗貝子・阿爾賓巴雅爾の心膽を震へあがらせた。この間、墾務大臣は、綏遠城協領・文哲渾を包頭に派遣し、また八旗官兵の一部を、達拉特旗內に進出せしめたが、この壓力は、杭錦旗の動向を轉機せしめる要因としてはたらいた。協領・文哲渾は、次の如くこの經緯を報じてゐる。

於十六日、馳抵包頭鎭、風聞伊克昭盟長杭錦貝子、於接奉欽憲派員帶兵、往議公文、似有轉機、並有央人轉求、章京暫留包鎭、由該旗委員來包就議之語、窃維該旗既經虛聲震懾之餘。(資料三五)

寄生的な生活に慣れ、政治的な位階、勳爵に幻惑されてゐた王公には、最早や其の政治上の獨立を確保する勇氣が失はれてゐた。貝子は、只管、其の個人的位階、勳爵を失ふことを恐れた。この報告を受けた墾務大臣は、更に强壓の手を緩めず、十二月初九日には、當時包頭に進駐してゐた綏遠城協領・文哲渾に札飭して、杭錦旗に赴き、盟長から交地印文を取り、且つ盟長を挾んで墾務の進展を阻害してゐる旗の官員竝びに地商の逮捕を命じた。(資料三七)

この間、包頭墾務局總辦・姚學鏡は、古くから杭錦旗に寄住してゐた地商・李某を杭錦旗に赴かしめ、側面から貝子・阿爾賓巴雅爾を說得せしめたが、盟長の職を奪はれた貝子・阿爾賓巴雅爾は、其の前非を悔ひ、十二月十日、先づ西圖薩拉齊・土麥爾居をして、交地印文を携帶せしめ、さらに盟長みづからも綏遠城に出頭すべきことを約した。(資料三八) 彼の屈服

一、杭錦旗の巴噶地報墾と其の反覆　八

が、主として盟長の職を奪はれたことに起因することは、包頭墾務局總辦・姚學鏡によつて次の如く嘲笑的に指摘せられてゐる。

該貝子携盟長印、赴城叩謁我憲、恭請訓示、意在懇恩開復盟長、而與李商人臨行之時、則囑其暫時不必提明、此意、恐貽笑於人、蒙情之愚、殊覺可笑、誠如我憲指內所云、蒙人愛惜功名、去其盟長、必能就我範圍、威制之法、能行於此益見矣。（資料三八）

光緒二十九年十二月十三日、約の如く、杭錦旗貝子・阿爾賓巴雅爾は、協理台吉・圖們額爾哲依、管旗章京・那木林布を派遣して、包頭に至らしめ、東中兩巴噶地の報墾を表示する交地印文を携帶せしめたが、（資料三九）同時に盟長親らも十二月十二日、盟長の印信をもつて綏遠城に至るべき旨を表示した。（資料四〇）協理台吉・圖們額爾哲依（土麥爾居）竝びに管旗章京・那木林布は十五日、綏遠城協領・文哲渾、包頭墾務局總辦・姚學鏡と會見し、彼等の携帶した交地印文に基き巴噶地の開放について商議したが、（資料四一）杭錦旗の主張は、次の如くに要約される。

（一）巴噶地の報墾を、東巴噶、中巴噶の兩巴噶地にとゞめること。

（二）王文祥渠の西に位置する西巴噶地は杭錦旗の遊牧地として殘すこと。

（三）東中兩巴噶地の內に所在する召廟、墳墓、戶口地は開放を免除すること。

（四）且つ東中兩巴噶地にも、適當の地を選んで牧地數十を劃留し、開墾せられさること。（資料四一）

地租の分割に關しても、折衝が行はれたが、曩きに梅令・棍布の呈請した三成歸蒙、七成歸公による分割については意見が一致せず、この問題は、貝子の綏遠出頭に際して決定せられることにきめられた。（資料四一）併し、貝子・阿爾賓巴雅爾は、綏遠への道、補爾噶素太に於て感冒におかされ、中途から其の營盤に復歸した爲め、（資料四四）地租に關する交涉は再び姚學鏡と西圖薩拉齊・圖們爾哲依の間に續けられた。杭錦旗側は、蒙旗の取得分の増加を要求したが、折衝の結果第一年の租銀

は五成歸旗、五成歸公とし、第二年から、毎年五千兩の地租銀と公費銀二千四百兩の支給を要求し、この支給は春秋二季に分割、灌漑地の多少と放地の多少に關しては、杭錦旗はあづからさることを主張した。更に、こゝで杭錦旗の代表達は、盟長の復職を求めて、再び姚學鏡の嘲笑を買はねばならなかつた。

再蒙員又送來一文、請轉呈、問其何事、則係分辦革盟長之事、謂報地係十二月初十日、烏爺來取印信在十五日、是報地在先、革盟長在後、求開復之意、其愚眞不可及也。（資料四二並四三）

兎も角、かくして東中兩巴噶地は正式に報墾された。然るに杭錦旗貝子・阿爾賓巴雅爾は、光緒三十年、再び西巴噶地の一部をも報墾するに至つた。（資料七一）梅楞・棍布によつて報墾された杭蓋地は、其の勘收報告によつて考へると、明らかに東中西の三巴噶地の凡べてを含んでゐたことが明らかである。併し、貝子を代表して正式に報墾に當つた協理台吉・鄂勒哲依巴雅爾は、東中西巴噶地の報墾のみを容認し、西巴噶地は、該旗の遊牧地として保留することを主張して讓らなかつた。これについては、既に記述した如くである。然るに、光緒三十年、杭錦旗は、この西巴噶地の内王文祥渠から黄托勒蓋渠に亙たる地、卽ち黄托勒蓋河東畔地を報墾し、重ねて其の屈服を表示した。

この黄托勒蓋河東畔地は、東は藍鎖河、西は黄托勒蓋河、南は黄河によつて圍まれ、北は達拉特旗に接する地域であり、古くから地商・王文祥によつて經營されてゐた土地である。

然らば、これらの巴噶地は、如何に勘收され、丈放されたか?、次に先づこれらの勘收について解説を進めることゝしやう。

二、東中兩巴噶地の勘收

梅楞・棍布によつて報墾された土地は、杭蓋（ハンガイ）地とよばれた。

一〇

二、東中西巴噶地の勘收

貝子によつて、正式に報墾された土地は、巴噶地とよばれた。併し、杭蓋地とよび、巴噶地と云ふのは、唯名稱の差異で、報墾された土地は、共に黄河の以北に所在する五原、臨河の冲積地帶であつた。巴噶地は、後に見るやうに、大體三つの部分に分れ、其の東部を東巴噶と云ひ、中部を中巴噶と言つた。更に、王文祥渠より以西は、東巴噶、中巴噶に對し、西巴噶と言はれてゐた。梅楞・棍布の報墾した土地は、この東中西の三巴噶地を含んでゐたが、正式の報墾には、西巴噶地、卽ち王文祥渠以西の地は含まれてゐなかつた。西巴噶地を報墾するか、報墾しないかに關しては、姚學鏡と圖們額爾哲依の會談で、問題とされたのであつたが、圖們額爾哲依は、梅楞・棍布の報墾した西巴噶を含む全地域の報墾には頑强に反對し、(資料四一) 西巴噶地は、依然として杭錦旗の遊牧地として殘すことを主張した。

この巴噶地の勘收は、既に觸れた如く、勘收委員・張文楷と梅林・棍布によつて、簡單に勘收されたのであつたが、(資料二四) この勘收は、貝子・阿爾賓巴雅爾の交地印文の交付をまたずに行はれた勘收であり、正式の勘收とは言ひ難かつた。貝子・阿爾賓巴雅爾の交地印信は、彼の屈服によつて既に交付された。光緒三十年一月二十三日、墾務大臣・貽穀は、再びこの地の勘收を、包頭墾務局委員・鄭天馥、防禦・德克精額に札飭し、杭錦旗貝子・阿爾賓巴雅爾に對しては、この勘收に立會ふべき官員の派遣を札飭した。(資料四五)

この札飭に應じて、杭錦旗は、協理台吉・鄂勒哲依巴雅爾、長史・鄂勒哲依布林、筆貼式・沙瓦多爾等を勘收委員に命じたが、(資料四八) 當時、巴噶地の治安は極度に悪化し、各所に匪賊が跳梁する狀態であつた。この匪賊の跳梁に阻まれて、勘收を命ぜられた委員達は、ほとんど手の施しやうもなかつた。殊に蒙旗の委員達は、其の脅威を感じ、隆興昌牛犋に逃避する有樣であつた。(資料五一) 包頭墾務局から派遣された勘收委員・鄭天馥も匪難を恐れて包頭に逃げ歸り、父の喪に服した。(資料五二) 巴噶地の勘收は、このやうに匪賊の跳梁によつて阻止されてゐたが、墾務大臣は改めて曩きにこの地の勘收に當つた張文楷及び張嘉穀に巴噶地の勘收を命ずるに至つた。(資料五三)

こゝで、この勘收を阻止した匪賊發生の社會的根據について、簡單に觸れることゝしやう。墾務局による開放の强行は、この地方の社會的經濟的再編成であり、土地關係の形態的轉形の强行であつた。蒙旗は土地の上に持つてゐた獨自的な領有權を奪はれなければならなかつたし、一般旗民も、固有の放牧權を剝奪されねばならなかつた。且つ古くから、この地方に進出し巨大な土地を占有耕種してゐた地商、其の他の農民も直接的な國家權力の支配と收取の下におかれねばならなかつた。地價、歲租竝びに渠租の徵收。渠道の國有化。從つて、官辦開墾に對しては、單に蒙旗が喜ばなかつたばかりでなく、原住の地商、農民達も所在に於て抗墾運動を組織した。察哈爾に於て、土默特に於て、また伊克昭に於て、我々は到るところに、かゝる農民の抗墾運動を見ることが出來る。これらの運動は、其の多くが分散的であり、無組織であつたから、容易に鎭壓されてしまつたが、腐朽した清朝の封建的支配と其の再編成に對する矛盾、敵對的な勢力として發展した。後套地方に於ける農民の蜂起も、幾度となく繰り返へされたが、當初に於ける運動の特質は、蒙旗の上層、即ち札薩克、協理等とも、暗默の裡に提携してゐたことにあるやうである。

この抗墾運動を鎭壓する爲めには、政治的な壓力と共に直接的な武力を用ひたが、この鎭壓に指導的役割を果した姚學鏡は農民蜂起の社會的根據と蒙旗と農民軍との關聯について、銳く、次の如く抉出してゐる。

竊査後套匪徒、嘯聚滋事、原爲阻撓墾務、曾經約會杭錦貝子一同阻閣、該貝子非但不爲所動、而且禁止蒙民入夥、並將所轄黃河渡口船隻、概行禁止、不許擺渡、旣且派蒙兵堵禦要隘、以免匪徒南竄、實屬深明大義、殊堪嘉尚。（資料五七）

この資料によつて、抗墾運動の初期には、農民軍と蒙旗の間には一脈の關聯が保たれ、戰線の統一がある程度に保たれてゐたことが明らかにされる。併し、運動の進展、上からの壓迫の加重と共に、蒙旗の上層は次第に運動から遠ざかり、遂にはこの運動の敵對的勢力に轉化してしまつた。蒙旗の上層部が、如何に軟化し屈服したかについては、後で詳細に論ずる。

こゝでは巴噶地の勘收が如何に進められたかを、次に明らかにすることゝしやう。

二、東中兩巴噶地の勘收

二、東中兩巴噶地の勘收　一二

農民の蜂起によつて、巴噶地の勘收は、上述の如く、著るしく遅延せざるを得なかつたが、武力的な鎭壓によつて、後套地方の治安は、一先づ確保せられるに至つた。かくして漸く勘收委員・張文楷、德克精額等は蒙旗委員・鄂勒哲巴雅等と共に勘收をなしとげたが（資料五八）其の四至、寬長は次の如くである。

地名	四至				長寬	
	西至	北至	東至	南至	東西長	南北寬
東中巴噶地	王文善渠	達拉旗	達拉旗	黃河	三三〇里 三四〇里	一〇〇里 九〇里 不等

尙、この勘收報告には、注意すべき二三のことが記載せられてゐる。（資料五九）第一は杭錦旗の和碩公中戶口地に關する指摘である。和碩公中戶口地が如何なる性質を持つ戶口地であるかは、今のところ不明である。併し、一定の推測は下し得る。和碩は蒙古語の HosiGu（旗）の音譯であらう。公中は、牛犋と同じく、この地方に於て農場と云ふ程の意味を持つものであるから、旗衙門の直接的所有と收取の下に置かれた土地と考へることが出來る。第二に指摘せられてゐることは、召廟の爲めに寄進せられた寺領地が六箇所、台吉其の他の蒙古人に剗留された戶口地が四十三箇所々在してゐたことである。

これらの召廟地竝びに戶口地は、旣に其の報墾の當初に於て、貝子・阿爾賓巴雅爾から剗留を希望せられてゐたのであるが、勘收に當つて、再び其の剗留が原住の蒙古人によつて要望せられた。併し勘收委員・張文楷、德克精額等には、この要求を其のまゝ承認することも出來なかつたものゝ如く、彼等は、事の趣を包頭墾務局に具申した。この具申を受けた包頭墾務局總辦・姚學鏡は、召廟に對しては、「査該兩巴噶地內召廟六座、應請照章每座每面給地五里、俾資養贍」として每面五里の地を撥給せんとしたが、

戶口地に關しては、次の如き意見を具陳してゐる。

至戸口地四十餘處、是否屬實、尚未査明、擬令丈放、委員詳細査詢、地果寔係戸口地、再行酌量劃留、以示體恤(資料五九)

即ち、こゝで言はれてゐる戸口地が、眞の戸口地であるか否かは、疑問と考へられたので、これらの戸口地は、一先づ丈放し、更に詳細な調査をなし遂げた上で、改めて戸口地を劃留すべきことを具陳した。貝子・阿爾賓巴雅爾も、戸口地・召廟地の撥給に關して、原住の蒙古人の希望を汲みとつて呈報してゐるが、(資料六〇) この呈報に附せられた粘單によれば、召廟地戸口地の分布は次の如くであつた。

巴噶地は前述の如く、東中西の三巴噶に分れてゐたが、報墾された東中兩巴噶地には次の如き召廟地と戸口地が所在してゐた。先づ中巴噶から明らかにして見やう。

中巴噶地は、札克魯克齊(管旗章京)那遜楚克によつて管轄せられてゐたが、こゝには、章嘉廟と察罕淖爾廟の廟地が所在し、且つ章蓋(佐領)・阿木爾凌貴等の隸下に屬する台吉、黒人(平民)の戸口地外十一の戸口地が存在した。

東巴噶地は梅楞・都噶爾札布に管轄せられてゐたが、こゝには、札克魯克齊章蓋(管旗章京)・那莫林賛賓等の戸口地外三十一の戸口地と薩哈拉廟外三廟の廟地が所在した。(資料六〇)

併し、この希望と提案とは、墾務大臣行轅文案處によつて、其の儘には受け容れられなかつた。文案處は、各召廟に撥給すべき地を毎面二里半に減地し、戸口地は、約據を詳細に檢討した上で、劃留すべきことを明らかにした。即ち、次の如くである。

各召廟應留養贍地畝、照擬核減一半、毎召毎面准留地二里半、以示限制、至戸口各地、多至四十餘處、必有不寔不處、仍著派員詳細驗明、究有寔在約據者幾處、毎處地段寛長若干、逐一査明、開摺呈報、一侯呈報到日、再行核奪飭遵(資料六一)

かくして、巴噶地の勘收は、戸口地の問題を未解決の課題として殘したまゝ終了した。

以上の如く東中兩巴噶の勘收は終つた。だが貝子・阿爾賓巴雅爾は、其の後に於て、再び西巴噶地の一部、即ち黃托勒蓋

二、東中兩巴噶地の勘收

河東畔地を報墾した。ではこの地の勘收は、如何になされたであらうか?

黄托勒蓋東畔地の報墾は、光緒三十年十二月包頭墾務局を通じて墾務大臣行轅に傳達されたが、（資料七一）墾務大臣は直ちにこの地の勘收を命じた。この札飭を受けた包頭墾務局は、この地に近接した杭錦旗第四段の放地にあたつてゐた放地委員・張嘉穀を勘收委員に任命し、この地の勘收に當たらしめた。彼は、杭錦旗から派遣せられた甲藍・巴爾濟道古爾甲布、通事・伯彥什等等と共に同地に赴き、勘收に當つたが共の報告に依れば、次く如く四至が明らかにされてゐる。（資料七六）

地名	四至				至寛長	
	東至	西至	南至	北至	東西寛	南北長
黄托勒蓋河東畔地	藍鎖河	黄托勒蓋河	黄河	達拉特旗地	五里十里二三十里不等	九十餘里

この地域は、王文祥渠によつて、當時約六七十頃の土地が灌漑されてゐた。また、渠道を開鑿することによつて、尚ほ五六百頃の土地を可耕地に轉ずることが、出來るやうに推定された。併し、當時に於ては、藍鎖渠も王文祥渠も、共に報効せられてゐなかつたから、この地の丈放と開墾の爲めには、先づこの渠道を報効せしめ、淤塞した渠道の徹底的改修がなされねばならなかつたやうである。（資料七六）

三、蒙古人の闘爭（抗墾運動）

墾務大臣・貽穀の强壓政策が、杭錦旗貝子・阿爾賓巴雅爾を屈服せしめ、遂に東中兩巴噶地並びに西巴噶地の一部を報墾せしめるに至つた過程は、既に前段に於て明らかにした如くである。この貝子・阿爾賓巴雅爾の屈服によつて、蒙古人の間に於ける抗墾運動は、一時的な後退を餘儀なくされたが、これによつて抗墾運動は完全に消滅し去つたのではない。既に前段でも明らかにした如く、支那の農民達は、劉天佑の統率下に武器を持つて五箇月に亙つて官兵と交戰し、清朝の武力的彈壓と抗爭した。この農民運動は、其の無組織性と相對的な軍事的劣勢の爲めに、無慘な敗北を喫したが、この農民軍と對應して、より執拗に、抗墾運動を繼續したものは、巴噶地に居住する蒙古人の大衆である。

巴噶地に居住する蒙古人達は、古くから占有して來た戶口地を奪はれた。戶口地を持たぬ蒙古人も、報墾によつて、其の生活を維持するに必要な牧地を奪はれた。巴噶地の報墾によつて、貝子、阿爾賓巴雅爾は、盟長の印璽を恢復しやうとしたが、巴噶地の蒙古人は、逆に生死の關頭に立たされた。かくして、彼等は、裏切り者、梅楞・棍布に對して憤激し、現實に土地を剝奪する墾務局に對する鬪爭に起ち上つた。

我々は、既に梅楞・棍布の報墾に對する、蒙古人大衆の憤激が、如何なる形態に於て爆發したかを解說した。從つて、ここでは、繰り返へし、解說することを避け、主として、墾務局に向けられた彼等の鬪爭を解說することにする。この運動にも、潮の干滿に似た起伏が見られる。

三十一年八月事件

この事件は、戶口地の收穫物押收に對する反抗として勃發した。

既に觸れた如く、巴噶地の報墾にあたつて、貝子・阿爾賓巴雅爾は、戶口地の開放を免除し、原有の蒙古人に撥給せられることを希望したが、この希望は、墾務局によつて否定し去られ、僅かに梅楞・棍布、爾居把兎、蔡喇嘛に對してのみ、原有の戶口地が割留せられたに止まり、其の他の戶口地は悉く沒收され、新たに、黃河に近接した沙梁地に、馬廠地と戶口地が撥給せられた。これについては、後章で取り上げる豫定であるから、こゝでは詳しく述べないが、兎に角、原有の戶口地は、蒙古人の手から剝奪され、光緒三十一年から墾務局によつて租放せられるに至つた。租放は、色々の形態でなされたやうであるが、作種（分股子）の形式によつても租放された。

由來、この地方には、伴種(分股子)と言はれる小作關係が、極めて廣く普遍してゐたが、この小作形態は地主と小作人の間で、收穫物を分割するところに、其の特質が見られる。墾務局は西路公司の轉放に先きだつて後で述べる様に短租を徵收したが、またこの小作形態をそのまゝ踏襲して未放地を一時的に出租してゐた。戸口地に於ても、この關係が採られ、三十一年から收穫物を小作人と墾務局の間に分割することに定められた。

然るに、三十一年八月、墾務局がこの收穫物を分割し、まさに其の收穫を持ち運ばうとした時、突如、杭錦旗頭段地方の蒙古人數十名は、既に車に栽せられてゐた收穫物を車から引きづりおろし、戸口地の收租は、其の所有者たる蒙古人に歸屬すべきことを主張し、暴力に訴へて、收穫物の持ち運びを阻止した。包頭墾務局總辦・姚學鏡は、次の如く報告してゐる。

其半種之地、收割禾稼、自應按股劃分、乃昨於初四日、與花戸分禾、業經裝車、突有蒙古數十人前來阻撓、聲稱戸口地、應歸本人收租、墾局不能與聞、將車裝之禾、翻卸地內、(資料八六)

この問題は墾務局と蒙古人間の折衝に移されたが、蒙古人の動靜は、漸次に不穩の兆を示し、陳駝羔の家には二三十人、馬格爾四台吉の家には百餘人が集合し、戸口地の回復を叫び、中には墾務局の襲撃さへ唱へる聲もあつたやうである。

乃該蒙古聚有二三十人、在陳駝羔家居住、其餘尚有蒙衆百餘人、麕集於蒙員馬格爾四台吉、氣勢洶洶、聲稱非要戸口地不可、如墾局收租、伊等即行搶局等語。(資料八六)

この闘爭の先頭に立つた者は、都督加布、梅令・默力更等々であつたが、貝子・阿爾濟巴雅爾を通じて加へられた抑制と、(資料八八)胡太才に率ひられた官兵によつて彈壓され、彼等の要求は遂に貫徹されなかつたやうである。かくして、彼等の闘爭は、彈壓の前に、一時沈靜してしまつたが、光緒三十三年、再び大衆的な運動となつて巴噶地の蒙古人をとらへた。

梅楞・棍布の監禁と色登の失踪

墾務大臣の開放政策に協力した梅楞・棍布が、如何に巴噶地の蒙古人達から憎惡され、攻撃されたかは、既に概說した如くである。墾務大臣の庇護によつて、彼は其の政敵を葬り去ることが出來た。長史・鄂勒哲依佈林、札齊魯克齊・納遜綽克、梅楞・都格爾札布、札藍・察汗布雜特等は、墾務大臣の札飭にもとづいて革職せられた。（資料九二）併し、この政治的處斷によつて、梅楞・棍布に對する一般蒙古人の憎惡と憤懣は解け去らなかつた。梅楞・棍布は、抗錦旗のうけとるべき押荒のなかゝら、墾務大臣の札飭によつて六千兩の賞與を受けた。（資料八七）更に、一般旗民が原有の戸口地を沒收せられた時、彼一人のみは、原有の戸口地を劃留せられた。かくして、巴噶地の蒙古人の間には、彼に對する消すべからざる憎惡と憤激が、益々强くひろまつた。光緒三十三年七月、この憤激は遂に爆發した。

札蘭(甲浪)・察漢補拉克、台吉・三計、加克爾格齊・恩克納遜、吉力格爾・倈力察汗等の五人は、三百餘の蒙古人を引具して、折から加克爾克齊・補音德力格爾に招かれて同家に留まつてゐた梅楞・棍布と其の孫を擒へ、遂に鹽湖の東に位置する巴噶補拉克地方に連れ去り、これを一室に監禁して拷問を加へるに至つた。更に、これらの蒙古人は、梅楞・棍布の住居を襲擊して、其の家財を强略し、棍布の家屬にも危害を加へんとする風聲さへ聞こへた。この襲擊は、梅楞・棍布の家屬の一員から墾務大臣に上訴された。墾務大臣は、直ちに口外巡防步隊の一隊に札飭して、これらの蒙古人に對する彈壓と其の首魁達の逮捕を命令した。（資料一〇九）

この運動の先頭に立つたものは、資料一〇九によつて把へ得られるやうに、札蘭・察漢補拉克（廠漢卜雜）であつた。彼が如何に梅楞・棍布の裏切りを危險視したかは、次の報告によつて理解することが出來る。

卑府査此次巴格補拉克地方、聚衆係甲浪、察汗漢補拉克等揚言、棍布現揹台吉、將來必做貝子、襲爵以後、本旗未放之地、以及鹽湖鹼湖廿草等一切利權、必須一一出賣、蒙衆無可養生等語、（資料一一〇）

梅楞・棍布を奪取し、巴噶補拉克に監禁した蒙古人に對する彈壓の手は、漸次に强められやうとした。（資料一一一）併し、この形勢を看取した蒙古人達は、ひと先づ棍布の孫を放免し、且つ棍布し强迫して官兵の進攻を阻止せしめた。（資料一一二）

尙ほこゝで指摘しなければならぬことは、色登の失踪である。色登は梅楞・棍布に遺隨して通譯の任に當つた蒙古人であつたが、彼は光緖三十二年、突如として其の行方を晦ましてしまつた。何故、彼が失踪したか。具體的には明らかにされ得ない。併し、其の家屬の訴へるところによれば、察汗補拉克の徒黨が、彼を巧みに誘拐し、暗から暗に殺害したものと言はれてゐる。墾務大臣・貽穀は、梅楞・棍布の監禁に激怒しながら、この點について次の如く述べてゐる。

査上年色登不知下落、其家屬卽控係奸蒙甲浪、察汗補拉克等所誘害、本大臣春間赴套、訪査屬實、曾經面飭該管帶、嚴密査拿、勿或宣洩漏網、乃奸蒙誘害色登、尙未緝獲到案、現又膽敢聚衆綑辱棍布　（資料一〇九）

嵐は風を呼んだ。蒙古人の利害を蹂躙し、一部の裏切り者を買收することによつて、開放を强行しやうとした墾務大臣の政策は、執拗な蒙古人の鬪爭によつて答へられねばならなかつた。

三十三年九月事件

三十一年八月事件は、杭錦旗頭段地方で勃發したが、三十三年九月鬪爭は、中巴噶地方に運動の中心が波及し移動した。包頭墾務局提調・玉某の報告によれば、この運動は、次の如く報ぜられてゐる。

竊査杭錦旗中巴噶蒙古、於九月初間、聚集六七百人、往來三四兩段地面、始言赴河西與梅領（メイリン）・公部（コンブ）爲難、繼言與墾局滋事、多方要索、勢甚洶洶、並有約期搶掠墾局之謠、道路宣傳、人心亦因之浮動。（資料一一六）

この報告によつても、我々は、梅楞・棍布に向けられた蒙古人大衆の憤懣と墾務局に向けられた敵意を、ありありと讀みとることが出來る。貽穀の業蹟を査辦した協辦大學士・尙書・鹿傳霖並びに度支部左侍郎・紹英の査辦摺奏に據れば、この大衆行動は、次の如く、蒙鹽の官賣に基くものとされてゐる。

三十三年九月、姚學鏡所管官鹽局、將蒙鹽盡歸官賣、蒙衆以爲棍布所爲、復行圍住（蒙墾續供）

併し、墾務局保存の資料を仔細に跡づけて行くと、蒙古人憤激の原因は單に蒙鹽の官賣のみによるものではなく、牧場地に於ける水租、紅柳に對する柴錢の徴收、墳墓地の開墾免除等々の要求をも含んでゐたことが明らかにされる。從つて一言で要約すれば、官辦開墾によつて强化された淸朝の直接的收奪、共の理不盡な强化に對する闘爭であつたことが明らかである。

光緒三十三年九月、蒙古人は章加廟の佻鬧を機會として章加廟に集合し、納素朝を中心として或る種の會合を催してゐた。だが、この會合は墾務局によつて嗅ぎつけられ、武力による威壓を受けて具體的な行動に出ることは出來なかつた。

資料一一五によれば、この會合は九月一日から九月二十二日迄繼續せられ、二十二日最後の結論に到着したことが把へ得られる。翌々日卽ち二十四日には、彼等は代表を派遣して彼等の要求を傲然と墾務局にたゝきつけた。彼等の態度と要求は次の如くに報告せられてゐる

玆於二十四日、蒙官・得爾吉、加浪・們肯、梅令十餘人到局稱、二十二日、蒙民在章嘉廟前、聚集六七百人、意期來局抗論、所起見者、爲戸口地不納水租、贍召地不足數、所重尤在馬墳地、欽憲曾許給河沿寬十里、留作牧場、今所留者、尙不足五里、墳地亦歸烏有、蒙民之生計無所依賴、如墾局能令戸口地不納水租、馬場贍召均能足數、墳塋有地、蒙民衣食有出、卽安居無事矣、不然六七百人卽到局理論等語、（資料一一五）

代表によつて表白されたこの言葉によつて、我々は杭錦旗の蒙古人達が、何を要求し、墾務局に如何なる不滿を持つてゐたかを知ることが出來る。簡單に要約すれば、彼等の要求は、(一)戸口地に對する水租に關するもの、(二)牧廠地に關する要求、(三)墳墓の開墾に對する要求、(四)召廟の寺領地に關する要求の四つに分けることが出來る。二十四日の會商は如何に落着したかは明らかでない。

併し彼等の代表は十月初一日、再び墾務局委員と會見し、遂に四箇條の要求を闘ひ取つた。この四箇條の要求は、略次の如き內容のものであるが、この要求の獲得は、明かに蒙古人の大衆的壓力の貴重な成果と看做すことが出來る。

(1) 水租に關して。

牧廠として劃留された土地を耕作する場合に、若し（A）官渠の水によつて灌漑するときは、章程によつて定められた水租を納入するが（B）天吉太納木加専渠、具祥地納素朝専渠等の如く、蒙古人が古くから所有してゐた渠道によつて灌漑するときは、水租の納入を免除すること（C）また黄河の溢流によつて灌漑せられた場合にも、牧廠地の水租は免除すること、（D）但し、これらの渠道の改修は蒙古人自らの責任と負擔に於て行ひ、墾務局は、其の責任を負はない。（E）また、これらの牧廠地は、蒙古人自ら耕種し、地商に轉租することを許さない。

(2) 牧廠地内の紅柳に關して。

古くからの慣行によれば、黄河の沿岸、即ち牧廠地に生育してゐる紅柳は、其の伐採を制限し、春閉秋開の不文律で、伐採は秋または冬にのみ許すことになつてゐた。そして紅柳の伐採を許された者は、柴錢と言ふ課金を蒙古人に納めねばならなかつた。然るに、巴噶地の報墾以後は、かうした慣行は蹂みにじられ、任意に伐採する者、課金を納入しない者が現れはじめた。巴噶地の蒙古人達は、この既存の權利の確認を求めてゐたが、この闘爭に於て、遂に春閉秋開の不文律と柴錢の徴收權を確認せしめることに成功した。併し、價格の決定については「不得任意高擡」と制限され、更に墾務局が渠工用として用ひる木材のみは、除外例とし隨時に伐取しうることに定められた。

(3) 墳墓に關して。

巴噶地の報墾に當つて、古くから存在した蒙古人の墳墓は、報墾地から除外され、特に開墾が免除されることが一つの條件とされてゐた。併し、開墾の進展と共に、この要望は蹂みにじられ、禁令は出されてゐたが、守られなかつた。常興堂の大塘子、土默地の西沙梁等に所在する墳墓も、開墾の爲めに掘り返へされる危險があつた。かくして彼等は、禁令の嚴守を要望し、この交渉に於ても、墳墓の耕種禁止を確認せしめた。

(4) 牲畜偷盗の取締りに關して。

報墾以來、匪賊化した農民の掠奪は、可成りに激しく、蒙古人で牲畜を盗まれる者が激増した。墾務局には、若干の官兵が常駐してゐたが、これらの官兵は專ら墾務關係の彈壓にのみ用ひられ、かうした小匪賊の取締りには關係しなかつた。從つて、蒙古人は匪賊から蒙る危險と損害とを自ら防がねばならなかつたが、彼等はこの會見を機會に、若干の蒙古兵士を防營の隷下に置き、この小匪賊の取締りに當らしめることを希望し、かつ、この要求も鬪ひとつた。（資料一一六）

このやうに、納素朝を中心とする蒙古人の運動は、ほゞ其の要求を獲得し、（資料一一八）一時的な平靜を取り戻したやうであるが、この運動の背後には、既に兩度に亘つて大衆的抗墾運動の中心人物であつた廠漢卜羅がひそんでゐた。西盟墾務局の報告には、次の如く述べられてゐる。

聞其中之起意爲首者、即後套蒙民・廠漢卜羅、及不知姓名數人、査廠漢卜羅、前因地事曾兩次聚衆、經卑府飭令局員、設法解散、以事已寢息、（資料一一七）

翌三十四年には、廠漢卜羅を首領とする抗墾運動が勃發し、官辦開墾に對する蒙古人の鬪爭は、より直接的な形態に發展し、しかも依然として執拗に繼續された。

廠漢卜羅を中心とする鬪爭

廠漢卜羅は、既に早くから逮捕令を出されてゐた抗墾運動の中心人物であつた。（資料一一九）彼は官憲の追求を巧みに逃れて、最も頑强に墾務局に對する抗爭を續けてゐたが、光緒三十四年一月、突如として數十人の蒙古人を率ゐて、達拉特旗の板禪召に盤踞し、墾務局を一齊に襲撃し、局員を殺戮する企圖を揚言した。

この廠漢卜羅は、前に觸れた納素朝とも緊密な連絡を保つてゐたものゝ如くで、納素朝側の牛犋執事人・四喇嘛及び昆都・白音什拉等は、多數の蒙古人を率ゐて板禪召に赴き、廠漢卜羅と會合、其の指導に從屬したやうである。（資料一二二）

當時、この板禪召を探査した杭錦旗四段墾務委員・恩某の報告に據れば、これらの蒙古人は板禪召に旗幟を立て、鄂博の前で香を焚き、祈禱をする等、情勢は極めて切迫せるを思はしめた。更に廠漢卜雞、納素朝の徒黨は、達拉特旗の蒙古人とも連絡しやうとしてゐたものゝ如くである。從つて杭錦旗の抗墾運動は達拉特旗に波及する危險があり、全後套の墾務は、其の根柢から覆される恐れがあつた。

かうした情勢に當面した墾務大臣は、杭錦旗に於ける蒙古人の彈壓を開始し、其の擴大を阻止しやうと決意し、遂に口外巡防隊の出動を命じ、特に、この運動の中心人物たる廠漢卜雞、納素朝等の逮捕に着手した。この彈壓が如何に遂行されたか、またこの彈壓によつて、蒙古人の抗墾運動が閉塞したかどうかは、全く不明である。併し、下層の蒙古人の間には、根强く抗墾運動が繼續され、墾務の進展を阻止する大きな敵對的勢力として、墾務局に對立してゐたことは注目されねばならない。

光緒三十四年二月、墾務大臣は、巴噶地に於いて豫定された丈放地、四千頃を除外する土地は、悉く蒙古人の爲めに牧廠地として劃留することを明らかにした。（資料一二二）この宣言は、明らかに墾務大臣の讓歩であり、かゝる宣言と讓歩を敢てせしめたものは、かゝる蒙古人の執拗な抗墾運動であつたと考へられる。

四、戸口地竝に牧廠地の劃留

牧畜による生活資料の獲得が支配的であつた時代、そして農耕の要素が極めて微弱であつた段階。かゝる時代と段階に於ては蒙古に於ける土地所有の形態は、氏族的・部族的所有、即ち土地の共有制が保たれてゐた。蒙古の社會が封建的構成に移行しても、土地の私的所有は見られなかつた。勿論、かゝる土地の共有制は、封建化の强まるに從ひ、貴族、僧侶による家畜の獨占的所有によつて、事實の上では或る程度は歪められてゐたかも知れないが、形式的には、依然として封建的社會構成の下に於ても土地の共有制が殘存してゐた。

併し、農業の發展と共に、かゝる土地の共有制は、漸次に土地の個人的所有に轉化して行つた。かゝる個人的土地所有は、大體、二つの經路を經て達成されたやうに思はれる。

第一の經路、個人的土地所有胎生の一の經路は、一般平民による農耕の攝取による。支那人の進出と農業の發展とは、一般平民の經濟生活に對し革命的な變化を與へた。一部の平民は發展する農業と牧地の減少とに堪へかね、經濟的に沒落するか逃亡するかの道を歩んだが、一部の平民は漸次に農耕の技術を習得し、發展する新たな經濟制度に順應した。彼等は農耕を習得し、移動的なユルトの生活から、個定的な板升（拜星）の生活に入り、且つ特定の土地を耕種して土地に對する占有を堅めた。そして最後には、札薩克または旗政府の公認を獲得し、一定の地租を納入することによつて、其の所有を社會的に承認せられるに至つた。

第二の經路、土地共有制の解體化、個人的土地所有への轉化の第二の經路は、封建的貴族による土地の奪取化によつて達成された。農業の進展、支那人移民の進出と共に、家畜に代つて、土地が、より直接的な生産手段となつた。土地が家畜に比し、益々支配的な生産手段となるに從つて、蒙古王公の土地に對する支配も强化された。かゝる土地支配は、先づ一定の土地に對する地租の徵收權の出現に始まり、最後には、土地其のものゝ所有に迄强化された。

以上が、個人的土地所有を胎成せしめるに至つた二つの主要な經路である。恩賞による土地の給與、寄贈による土地の私有も、また重要な要因であるが、其の根柢には農業の進展が横つてゐた。ともあれ、かくして個人的な所有に轉化した土地、卽ち戸口地は、貝子・阿爾賓巴雅爾の呈請によると、巴噶地のみに於て約四十數箇處に達してゐた。勿論、かゝる個人的所有が、どの程度に堅まつてゐたかは明かでない。また其の所在地と所有者の姓名は資料六〇によつて明かにされるが、其の面積が幾許に達してゐたかも明かでない。只、杭錦旗に於ける戸口地の發達が、比較的平等に分給されたのではなく、貴族台吉による略取が極めて露骨であつたことは推察される。資料九八の示すが如く、貴族の中には百頃以上の戸口地を持つてゐた者が介在した。其の後、一般旗民には、男女の差別なく毎口に對し、二頃の戸口地を撥給したやうであるが、其の撥

四、戸口地並に牧廠地の撥留

四、戸口地並に牧廠地の劃留

給の年代は明かでない。

本旗於蒙丁戸口地、不分男女、毎口撥地二頃、計口授田、充爲旗内善政、故旗丁生計較他旗爲優裕云（綏遠通志稿　蒙族參照）

然らば、個人的所有に轉化したこれらの戸口地は、報墾と共に如何に處置されたであらうか？報墾に當つて、貝子・阿爾賓巴雅爾は、戸口地を原有の蒙古人に撥給することを呈請したことは、屢々、指摘した如くである。併し、この希望は、墾務大臣によつて原則的に否定し去られた。たゞ蒙旗の利益を蹂躪し、墾務大臣の開墾政策に協力した梅楞・棍布並びに彼の驥尾に附した爾居巴免、蔡喇嘛の三人に對しては、原有の戸口地が劃留されたが、其の他の戸口地は、悉く沒收し、梅楞・棍布の進言に基いて、黄河に近接した沙梁地に、新たな戸口地を設定することに定めた。併し、頑強な抗墾主義者、殊に梅楞・棍布の裏切りを攻撃し罵倒した長史・鄂拉哲依布林、札奇魯克齊・那遜綽克等には、貝子・阿賓巴雅爾に札飭して戸口地の劃留を禁じた。（資料七八）

この決定が、多くの戸口地の所有者達を、如何に刺戟し、彼等を抗墾闘爭に驅りたてたかは、既に前項に指摘した如くである。

かくして沒收された戸口地は、光緒三十一年から墾務局に移され、墾務局によつて暫定的に租放された。戸口地の原所有者たる蒙古人も、短租を納入しなくては、其の耕種權が認められなかつた。現實に耕種せず、小作人に耕作せしめてゐた戸口地の所有者、または伴種の形態で小作人と收穫を分割してゐた蒙古の地主達は、悉く地租收取の權利を覆滅し去られた。しかも、彼等に劃留せられることに豫定せられてゐた戸口地は、三十一年には未だ撥給せられてゐなかつた。かくして戸口地を沒收された蒙古人達は、前項でも觸れた如く、八月の收穫期に立ち上り、八月闘爭を闘つたが、貝子・阿爾賓巴雅爾は、十一月、再び牧廠地の劃留を呈請した。（資料九四）

この戸口地の劃留は、八月闘争から半年の後即ち翌三十二年二月に至つて漸く墾務大臣によつて具體的に考慮された。二月初八日、墾務大臣は戸口地の劃留を札飭したが、この札飭に於て、新たに撥給すべき戸口地の限度を明かにした。この限度が如何に苛酷なものであるかは、資料九八によつて明かにされる。

この資料に據れば、戸口地を百頃所有してゐた蒙古人は其の五分の一、即ち二十頃を新たに劃留せられ、五十頃の所有者は十五頃、二十頃乃至三十頃の所有者は八頃乃至十頃、十頃以内の所有者は其の四割を劃留せられることに決定された。（資料九八）

この準則に基いて、管帶口外續備二旗副將・胡太才、管旗章京衛札蘭・魯布沁等は、三十二年三月から戸口地の劃留に着手したやうであるが、遊牧によつて生活してゐた巴噶地の蒙古人達は、次の如き要求を新たに歎願した。

杭哈游牧之中東兩巴噶各台吉人等呈稱、復請賞辦牧廠游牧事、現今我們一游牧數百戸人命、自古原賴牧廠津液爲生計當差、尊重法紀、日今忽然開墾、未定賞給屬下游牧蒙僕等游牧草廠、被逼心荒失意、雖經禀報、仰懇將軍大臣、該札薩克五原廳並未定擬賞發辦法、而風影獨請辦戸口粮地、業已擬定、惟愚等未識獨請賞發戸口地畝者、僅有數十戸、而賞發鄰居牧廠游牧者、萬衆之事、惟願再行呈懇尊崇、復行分賞牧廠游牧、（資料一〇二）

即ち、遊牧に停滯してゐた蒙古人達は、遊牧に必要な牧廠地の劃留を希望したことが明かにされる。巴噶地の如く、古くから開墾され、巨大な人工灌漑が構築されて、農業が可成りに發展してゐた地域に於ても、農業の技術を習得し、遊牧的牧畜經濟から農業に移行した蒙古人の數は、極めて限られて居り、戸口地を所有してゐたものは、五十家に滿たず、大多數の蒙古人は、依然として遊牧的牧畜に依存して生活してゐたもの丶如くである。しかも戸口地を所有してゐたものは、其の多くが台吉であり、戸口地を漢人に轉租して地租を徵收し、地代に依存して生活してゐた寄生地主に過ぎなかつたことが推測される。かくして、遊牧に停滯してゐた蒙古人達は、戸口地の劃留と竝んで、剝奪された彼等の牧廠の劃留を希望したわけ

四、戸口地並に牧廠地の劃留

四、戸口地並に牧廠地の劃留

である。この要望は、既に光緒三十一年十一月、貝子・阿爾賓巴雅爾によつて、墾務大臣に提出されてゐたが、(資料九四)戸口地の劃留にあたつて、再び提起されたものであらう。

この要望は、光緒三十二年七月、墾務大臣に受け容れられ、黄河沿岸の土地が牧廠地として指定せられた。この指定には二三の制限が附帶してゐる。卽ち(一)撥給せられる牧廠地は、黄河から十里以内二里以上の沿岸地域に限る。(二)但し、可耕地とみこまれる姚家河頭、布袋口子の二箇所は、この牧廠地から除外し、(三)特に灌漑の利ある土地を避け、主として沙丘を選ぶこと等の制約が與へられた。且つ(四)「不准該蒙古等自行開挖渠道」と規定し、蒙古人の渠道開鑿を禁じ、(五)灌漑せんとする場合には、召廟地の用水章程に基き、毎頃六兩の渠租を納入すべきことを規定した。(資料一〇三)

かくして、巴噶地の報墾と共に、古くから發展した戸口地は沒收・覆滅され、新たな戸口地と特殊な制限とによつて其の用益權を規制された牧廠地が成立した。この牧廠地の劃留は、西盟墾務總局から派遣せられた委員・王良と杭錦旗各段の放地委員によつて光緒三十二年八月末頭段から始まつて二段、三段、四段と逐次に境界が決定された。この間、蒙古人との間には、色々な爭論が繰り返へされたが、こゝでは一々觸れないことにする。また、この牧廠地の占める位置、境界等については、(資料一〇四)竝びに之に添附された地圖によつて明かであるから、こゝでは詳論しないことにする。

たゞ最後に、墾務大臣の政治的謀略を示す好個の資料として、特殊な戸口地の劃留について觸れることゝする。既に述べた如く、墾務大臣は報墾に協力した梅楞・棍布竝びに才生喇嘛、二居把圖に對しては、原有の戸口地を承認し、其の沒收を差しひかへた。梅楞・棍布が巴噶地報墾の元兇であつたゞけに、この戸口地の劃留が、巴噶地居住の蒙古人怨嗟の的となつたことは當然である。更に(資料九五)竝びに(資料九六)に據れば、梅楞・棍布は三十頃の土地を租領し彼の從屬者たる色登は、地價を交付して二十頃の土地を承領してゐることが明らかにされる。この租領と承領が果して如何なる意味を持つものであるかは全く疑問であるが、政治的に僞裝された戸口地の劃留ではないかと考へさせられる。

これに反し、才生喇嘛、二居巴圖、竝びに納素朝の三人に對しては、公然と賞給と云ふ形式により各々二十頃の戸口地を撥給してゐる。才生喇嘛と二居巴圖が、如何なる人間であつたか不明であるが、納素朝は、抗墾運動の中心人物である。恐らく、抗墾運動を阻止し、軟化せしめる爲めに梅令・棍布の進言によつて、彼にも戸口地を撥給したもの丶如くに考へられる。從つて、この戸口地の撥給は、政治的な謀略として見ることが出來やう。（資料一〇八）併し、かうした政治的謀略は、一二の妥協者をつくり、彼等を抗墾運動から脱落せしめることが出來ても、大多數の平民達を軟化せしめることは出來なかつたと見られる。

五、巴噶地に於ける召廟地

既に指摘した如く、杭錦旗貝子・阿爾賓巴雅爾は、巴噶地を報墾するに當つて、一つの條件を留保した。即ち、彼は原有の戸口地、召廟地竝びに墳墓の所在する土地は、開墾を免除せらるべきことを希望した。戸口地が如何に處理されたかは、既に前段に於て明らかにしたことであるから、こゝでは專ら召廟に對して撥給した召廟地についてのみ解説する。

召廟地に對しては、墾務大臣も特殊な考慮を拂つた。當初の方針に據れば、既に觸れたごとく召廟の大小如何に拘らず、各々毎面二里半の土地が撥給せられることに定められてゐた。然るに、其の後即ち光緒三十一年三月、墾務大臣・貽穀が、親ら後套地方を巡視した際（資料八五）巴噶地の喇嘛達は、召廟地の加増を歎願し、遂に各廟の大小に應じて、次の如き面積を占める召廟地を撥給せられること丶なつた。即ち、大廟四座に對しては毎面五里、中廟二座に對しては、毎面四里、小廟四座に對しては毎面二里の廟地が與へられることに定められた。（資料七九）表で示せば、次の如くである。

二八

五、巴噶地に於ける召廟地

大廟四座	毎廟丈給	中廟二座	毎廟丈給	小廟四座	毎廟丈給
巴彥托羅盖廟	五里	新廟察漢諾爾廟	四里	塔爾灣廟	二里
拉普占巴廟	五里	中廟	四里	鄂托齊廟	二里
剛珠爾廟	五里			噶哈圖廟	二里
章嘉廟	五里			多剛廟	二里

更に、これらの召廟地に對しては、喇嘛達の呈請によつて、特に蒙漢執照が發給せられた。これに對し、各召廟は綏遠城の武器購入費として合計五百五十兩の報效を申し出でた。（資料八〇）

廟地の劃留は、杭錦旗から派遣された梅楞・棍布並びに色登と墾務局の放地委員の手によつてなされたが、この召廟地は、召廟が其の家畜を放牧する爲めの遊牧地として撥給せられたもの丶如くである。

査此項劃撥地畝、本係留作各召廟牧放牲畜之用、（資料八五）

併し、この撥給せられた召廟地のうちには、既に以前から耕種されてゐた熟地が雜つてゐたし、將來、耕地に轉じうる可耕地も可成りの面積を占めてゐた。放地委員は、この點に注目し、梅楞・棍布並びに各喇嘛と商議し、注目すべき一連の制限を規定し、これを包頭墾務局に上申したが、（資料八五）この規定は、包頭墾務局によつて、より嚴密に法制化され、特殊な制限規制につくり上げられた。（資料九一）我々はこの規定によつて、召廟に撥給せられた召廟地が、制限付きの所有であること、逆に言へば、寺院に與へられたものは排他的、獨占的な土地の所有權ではなかつたことを知りうる。以下、召廟地の性格を明らかにする一つの資料として、この制限をや丶詳細に把り上げることゝする。

この章程は、六條の規定によつて構成されてゐる。

先づ第一條は、「不准招商承辦」と規定し、各寺院が其の召廟地を、任意に地商を通じて轉租することを禁じた。若し、各寺院が、其の召廟地を租放せんとすれば、光緒三十二年度からは必ず墾務局を通じて租放することを規定し、召廟は墾務局から一頃當り包市平五兩の租銀を支給せられる事に定められた。（第一條）即ち各召廟には租放の自由が與へられなかつた。若し、この規定を無視して、召廟が任意に「招商租放」した場合は、其の地商を處斷し、且つ官渠による灌漑を禁ずる旨を明らかにした。（第一條）

併し、各召廟は、其の廟地を自ら耕種することは許された。だが、この場合、渠租として庫平銀六兩を納入しなければならない。（第二條）升科地に於ては、渠租は一頃當り四兩五錢と定められてゐたから、升科地より高い渠租が課せられる事に定められた譯である。放地委員の意見では、小作に出す事、伴種の形態で耕作せしめることは、認める方針であつたが、墾務局によつて定められた規定では、小作に出し、伴種の形態で人に耕種せしめることも禁じた。（第二條）

また、召廟は、任意に渠道を開鑿することも禁じられた。渠道を開鑿する時は、必ず墾務局に呈請し、墾務局によつて構築されねばならなかつた。（第三條、第四條）墾務局が、必要に應じて召廟地のうちに、渠道を開鑿せんとする場合にも、召廟はこれを阻止し反對する事が許されなかつた。（第四條）且つ召廟は、召廟地の內部に居住する民人を任意に驅逐することも禁じられた。民人の墳墓も、原住の民人が、移轉を肯んじた場合は兎も角、召廟が勝手に移轉を强要することは許されなかつた。（第五條）

灌漑も、必ず墾務局によつて放水されねばならなかつた。召廟は、自由に壩を築き水を引くことを禁じられた。（第六條）（資料九一）

以上の如く、召廟地には、種々の制限がつくられたが、この制限は其の後に於て漸次に緩和されて來た。即ち、光緒三十二年五月には、先づ租放に關する制限が緩和され、各召廟は、自ら租放する權利を獲得した。（資料一〇二）更に光緒三十四年

五、巴噶地に於ける召廟地

十一月には、六兩に定められてゐた渠租が、四兩五錢に減額された。即ち、召廟地の渠租も升科地と同じ額に減額された。（資料一二五）

こゝで注目すべきは、渠租の減額を希望した巴音桃拉亥召、外三召から提出された稟文である。この稟文は、當時に於ける寺院經濟の基礎を明らかにする上から重視されねばならぬ内容を含んでゐる。北方の遊牧地帶、例へば百靈廟附近に於ける寺院經濟は、今日でも依然として其の經濟を牧畜によつて支へてゐるが、南方の耕作地帶に於ける喇嘛廟は、農業の進展と共に、古くから土地の租放によつて得られる地租に依存してゐる。當時に於ける巴噶地の各召廟も、主として地租に依存し、牧畜は寺院經濟に於て重要な意義を失ひ、農業が其の基礎に轉じてゐたことが明らかにされる。即ち、稟文は、次の如く言つてゐる。

本召內全恃水地求食、各自少爲耕種、以備讀經卷之資。（資料一二五）

六、押荒・歳租の等則と其の分割

報墾せられた巴噶地を、如何なる章程によつて丈放するか？また丈放によつて得らるべき押荒と歳租を如何に蒙旗と國家間に分割するかと言ふ問題は、光緒二十八年七月十八日墾務大臣・貽穀によつて下された諭示の中に、既に其の原則が示されてゐた。曰く、

烏伊兩盟地爲封建之地・・・將所征押荒、歸蒙旗一半、其常年租銀、則儘數全歸蒙旗、是烏伊兩盟蒙古應得押荒歳租、較之察哈爾蒙古所得款項、極爲優厚。

併し、この原則は、一種の政治的マヌウバーであつた。伊克昭盟所屬の各旗は、各々其の所領地を報墾したが、かゝる原則の下に、押荒と歳租の分割を受けた旗は、一つとして見出せない。既に述べたやうに、巴噶地から徴收すべき地租に關し

ては、包頭墾務局總辦・姚學鏡と杭錦旗協理台吉・圖們額爾哲依の間に、初步的な交渉が遂げられたが、更に其の後に至つて、次の如き協定が成立したものゝ如くである。

一、報墾せられた兩巴噶地から召廟地、墳地、住地、戸口地を除外した土地は、任意に渠道を改修して土地を闢墾、開放すること。

二、杭錦旗の受けとるべき歳租は、光緒三十年即ち開放の第一年度に於て、租放した土地から得られる租銀の半分とすること即ち一半歸蒙、一半歸公とすること。

三、光緒三十一年度からは、包租銀六千兩、公費銀三千兩、計九千兩と定め、杭錦旗は春秋二季に分けて交付をうけること。

四、但し、三十一年度からは、報墾地に於て幾何程開墾し、幾何程灌漑したかに關らず、所定の包租銀と公費銀とを受領し、杭錦旗はこれに干與しないこと。（資料四七）

即ち、この協議によつて決定せられた諸條件は、達拉特旗の永租地辦法と本質的に何等の相異もなかつたことが理解せられる。

併し、この協議に於て決定されたものは、以上の樣な一般的原則に過ぎない。詳細な招租章程は、この地の所管機關たる包頭墾務局の手によつて、光緒三十年一月二十六日、始めて具體的に決定された。（資料四六）この招租章程の內容は資料四六の如くであるが、この章程は、同年九月、杭錦旗貝子・阿爾賓巴雅爾の新たな提案によつて、實施すること僅か一年にして覆へされ、三十一年からは廢止せられてしまつた。從つて、玆では、細論することを避け、貝子・阿爾賓巴雅爾の新たな提案について見ることゝしやう。

唯是兩巴噶地、大有寛長、此次欽差大臣將軍、每年派員丈量地畝、收取租銀、與地戸大有繁杭、求祈照依開墾各旗地畝、銀兩定

辦、開地收銀、一半歸公、一半入旗、至開挖溝渠、所費甚鉅、每年每頃收取租銀之數、懇祈裁奪賞賜之處、理合呈報(資料六六)

即ち、この引用の示す如く貝子・阿爾賓巴雅爾によつて提議された新たな辦法は、永租辦法に代へて、察哈爾左右兩翼竝びに達拉特土默特兩旗の四六成地に於て採用せられた辦法に基き、押荒を徵收し、部照を發給し、押荒竝びに歲租は、渠道の修築費を扣除した部分を蒙旗と國家間に分割することであつた。この新たな提議を受けた墾務大臣は、墾務總局、包頭墾務局竝びに西路公司に對して、其の可否を考究せしめたが、(資料六七)この札飭を受けた西路公司總辦・李雲慶、墾務總局總辦・曹受培、竝びに王德榮、包頭墾務局總辦・姚學鏡等は、永租辦法の持つ弱點を指摘し、杭錦旗貝子の新たな提議を受理すべきことを答申した。(資料六八)この答申を受けた墾務大臣は、押荒竝びに租銀の分割と渠費に關して次の如き決定を與へた。

各該總辦等、公同集議、衆論脊孚、自屬可行、應如所議、將來征收押荒、以二成提作渠費、專歸公司、餘以一半歸官、一半歸蒙、其常年所入歲租、除備歲修渠費外、下餘租項、亦官處與蒙旗各半(資料六九)

即ち徵收せらるべき押荒は、内二割を先づ渠費に充當し、この渠費を西路公司に受け入れ、殘額を官蒙間で等分し、歲租は、先づ渠道の修築費を扣除し、其の殘額を官蒙間に等分することに決定した。かくして巴噶地は、永租辦法によらず、荒價を徵收して丈放せられることになつたが、この章程の變更は、單なる章程上の變更として看過さるべきではない。墾務大臣は、光緒三十一年二月の上奏に於て、次の如くこの意義を强調してゐる。

該貝子悔悟以來、異常恭順、今且願照他處墾章徵收荒價、是直以藩封之壤、欲與内地同列版圖(資料七二)

永租の形態で土地を開放することは、土地の上に有する蒙旗の領有權を、蒙旗の手に留保することを意味するが、察哈爾の如く荒價を徵收し、部照を發給することは、土地に對する蒙旗の領有權其のものをも否定することを意味する。墾務大臣の指摘し强調してゐるところも、またこゝに存する。墾務大臣は、三十一年二月二十六日、再び巴噶地に關して北京朝廷に

上奏してゐるが、この上奏では巴噶地の等則を確定してゐる。曰く、

後套丈放租地、向以二百四十弓爲一畝、百畝爲一頃、民蒙視爲故常、應仍其舊、至於押荒租銀數目、則當因地制宜、不能拘以成格、茲酌中擬定、上地毎畝收押荒銀九錢、中地八錢、下地七錢、除提二成撥充開渠經費外、餘則一半歸公、一半歸蒙、常年租銀、亦經酌定、上地毎畝徵收銀四分五釐、中地四分、下地三分五釐、毋庸再加開耗、惟無論上中下、均各提出二成以備修渠之用（資料七三）

この上奏に示された準則は、一畝を二百四十弓とすること、等則を上中下の三等則に分け、次表の如き押荒と歳租を決定し、且つ各々二割を渠道の改修費に充當することを明かにしたことにある。

等則	毎畝押荒	撥充開渠經費	毎年毎畝歳租	撥充修渠之用
上地	九錢	二成	四分五釐	二成
中地	八錢	二成	四分	二成
下地	七錢	二成	三分五釐	二成

（資料七三）

押荒が徴收されゝば、當然部照が發給されねばならない。墾務大臣は、光緒三十一年三月二十七日、候選知縣・于永泰、候選府經歴・秦錫齡の兩名を北京に派遣し、戸部から部照四千張を受領せしめたが、（資料七五）七月十二日、この部照は包頭墾務局に傳達せしめられた。（資料八三）然るに其の後、墾務大臣・貽穀は親ら後套地方を視察し、（綏遠奏議參照）後套地方の地勢、地味の肥瘠、渠道の持つ意義等について、些細に攷察し、且つ地方民の意見をも聽取したが、この視察の結果、右の章程を更改することに決意し、光緒三十一年五月、其の意見を次の如くに上奏した。

即ち、墾務大臣・貽穀は、先づこの地方の地方的特異性―人工灌漑が農耕の決定的な前提たることを強調し、渠道の改修

の爲めに、等則の如何に拘らず特に渠租を徵收し、これを每畝四分五厘と確定し、押荒並びに地租は、夫々、次表の如く減額することを上奏した。(資料八二)

等則	每畝押荒	每年每畝歲租	每畝渠租
上地	八錢	二分二厘	四分五厘
中地	七錢	一分八厘	四分五厘
下地	六錢	一分四厘	四分五厘

歲租に比べて渠租が、二倍乃至、三倍も高いこと、こゝに人工灌漑の持つ決定的意義が示されてゐる。ところで、こゝには注目しなければならぬ政治的迷彩がある。現實の承認者達は、決して右の等則に示された押荒によつて、直接墾務局から、土地の拂下げを受けたのではない。この巴噶地も亦、墾務大臣によつて組織された拓殖會社―西路公司によつて轉放された。西路公司については別に稿を改めて解說する豫定であるから、こゝでは詳しく觸れないが、西路公司による轉放は、次の如き高い地價が徵收された。押荒との比較に於て、この地價を示せば次の如くである。

押荒等則	地價等則	每頃押荒	每頃地價	每年每頃地租	每年每頃渠租
上地	上地	八〇兩	一〇〇兩	一兩二錢	四兩五錢
中地	上次地	七〇	九五	一八	四五
中地	中地	七〇	九〇	一八	四五
下地	中次地	六〇	八五	一四	四五
下地	下地	六〇	八〇	一四	四五

(資料一〇〇)

即ち、西路公司は、現實の承領者達から地價を徵收し、墾務局に對しては押荒を納入したのである。しかも、この押荒は、一頃七十兩として概算した。地價と押荒との懸隔、こゝに西路公司が吸收した尨大なる利潤の源泉が見られる。更に指摘されねばならぬことは、西路公司による短租の徵收である。光緒三十四年、西路公司は解散せしめられたが、この短租の徵收は、其の後も繼續された。以下、短租について解說することゝしやう。

短租は、一種の小作契約であるが、墾務大臣・貽穀は、次の如く、短租を解說してゐる。

短租一項、墾局交押荒於蒙旗、收來荒地、一時未能盡行放出、其內有私墾成熟者、不能任其荒蕪、遂租民所收之租、謂之短租、公司交押荒於墾局、領來之地、一時未能盡行放出、亦如是辦理 該地爲公司繳價所領、短租自應歸公司所領（蒙墾續供）

この解說によつても明らかな如く、報墾された土地が、既に開墾された熟地であり、しかも、墾務局又は西路公司が一時に丈放し盡せない時は、一時其の熟地を小作の關係で原住の農民に耕種せしめ、墾務局竝びに西路公司は、小作料として短租を徵收したものである。勿論小作料は、物納の場合もあつたし、金納の場合もあつた。物納は、主として半種小作、即ち收穫物を三七、四六等の比率で分配する小作形態の場合に見られたが、金納については、貽穀が墾務大臣であつた時代の資料からは、具體的な數字が、引き出し得ない。だが、貽穀の失脚した、光緒三十四年の下半期以後の資料から、これを引き出すことが出來る。今これによつて租額を示せば次の如くである。

竊査杭錦旗報墾地段、除收價已放外、所餘地段、均經花戶租種、向章於靑苗丈後、按三等徵租、上地每頃庫平租銀三十三兩、中地每頃庫平租銀二十七兩、下地每頃庫平租銀二十兩、如有新開生地、視上地酌加數金、（資料一二三）

だが、墾務大臣・貽穀によつて組織された西路公司は、光緒三十四年、貽穀の失脚と共に解散され、短租の徵收もまた墾務局に移された。當時に於ける未丈放地は、約一千六百頃內外であつたが、當時に於ける急激な穀物價格の下落は、農民の經濟的窮乏を增大し短租の徵收を困難にした。古い租額は維持され得なかつた。墾務局は、光緒三十四年七月、遂に次の如く短租の減額を決定し、農民の過重な負擔を輕減した。

六、押荒・歲租の等則と其の分割

六、押荒・歲租の等則と其の分割

毎生地一頃徵收庫平銀三十三兩、上地二十八兩、中地二十二兩、下地一十八兩（資料一二三）

併し、當時に於ける貨幣經濟の未發達、生產物の商品化の困難は、右の如く短租の租額を一律に減額しても、尙ほ多くの未徵收を殘したやうである。光緒三十四年十一月、西盟墾務局は短租の徵收難を次ぎの如く報告してゐる。

秋成之後、嚴行催徵、無如後套、草萊初闢、泉刀尙未通流、加之穀賤傷農、有糧難售、是以催征多日、迄無起色（資料一二四）

かくして、再び章程を變更し、物納制を採らざるを得なくなつたが、この物納制は、後套地方の主產物である麥籽、糜籽、穀籽、豌豆、葫蔴に限定され、其の換算額は、麥籽一石銀一兩四錢、糜籽銀八錢、穀籽銀六錢、豌豆銀一兩三錢五分、淨葫蔴銀一兩九錢と定められた。（資料一二四）

併し、短租の徵收による出租は一時的な辦法に過ぎない。墾務局は、土地を丈放して押荒を徵收しなければならない。巴噶地の丈放は光緒三十四年墾務大臣・貽穀の失脚、墾務機關內の清掃、西路公司の解散等の政治的要因によつて、一時未完了のまゝ放置されてゐたが、光緒三十四年十一月、西盟墾務總局は、再びこの地の丈放を繼續しやうとした。そして先づ西路公司の徵收した地價の名義を押荒と改め、地價等則を其のまゝ押荒等則と改めたが、（資料一二六）新たに墾務大臣となつた綏遠城將軍信勤は、「其未放地畝、按照舊定之價、遞減一等、改爲押荒徵收」と決定し、押荒の減額を札飭した。（資料一二七）

押荒は減額されたが、拂下げを希望する者は、寥々たるものであつた。かくして、西盟墾務總局代理總辦・謝鑑淸は、この局面を打開する爲めに押荒の徵收年限を延長し、丈放の進展を計らうとした。曰く、

卑職一再籌思、擬請令領地之戶、照章應交押荒、區別地畝、分年交納、如請領種、有靑苗地畝、必須本年交足一半、下餘一半、限於來年、秋後完納淸楚、其餘未種各地、飭令當時交足三成、次年再交四成、第三年如數淸交、以示體恤、如此量爲變通、各地戶知荒銀期限寬緩、自必爭先恐後也。（資料一二八）

併し、この提案は、墾務大臣・信勤によつて却下され、次の如き方策が示された。

應收押荒、分爲三限、其已種有青苗者、以三個月爲一限、初限交足四成、再限三限各交三成、統限以九個月交清、其未種有青苗者、以四個月爲一限、初限四成、再限三限亦各三成、統限以十二個月交清、如能於初限内一律交清者、免其補平補色照費等雜款、能於再限内交清者、免其補平一款、倘三限不清、撤地另放、並追一年地租、（資料一三八）

この方策は、押荒の徵收を三限に分け（一）熟地の拂下げを受けるものは、三箇月以内（初限）に押荒の四割を納付し、次の三箇月内（二限）に三割、最後の三箇月内（三限）に殘餘の三割を納付せしめ（二）荒地の拂下げを受けた者は、四箇月以内（初限）に四割、次の四箇月（二限）竝びに最後の四箇月（三限）に各三割の押荒を納入せしめることを指示し、（三）更に、初限内に押荒を納入し終へた者には、補平、補色、照費等の一切の雜款を免除し、次ぎの二限に納入し終へた者には、補平を免除し、三限を逾へても尙ほ押荒を納入しない者からは、土地を取り上げ、且つ一年の短租を徵收すべきことを明らかにしてゐる。

たが、巴噶地に殘された未放地は、地味が悪く、拂下げを受ける農民達も、當時の穀物價格の下落から打擊を受けて、極度に困窮してゐた。西盟墾務總局代理總辦・謝鑑清は再びこの點を指摘し、荒價の減額を重ねて希望した。この希望は、墾務大臣・信勤によつて受け容れられたが、かくして減額された等則は、次の如くである。

上　地	毎頃征收庫平銀　九十兩
上次地	毎頃征收庫平銀八十五兩
中　地	毎頃征收庫平銀　八十兩
中次地	毎頃征收庫平銀七十五兩
下　地	毎頃征收庫平銀　七十兩（資料一三九）

宣統三年の旱地章程

六、押荒・歲租の等則と其の分割

宣統元年、西盟墾務總局は、右の等則にもとづいて、約四百八十二頃餘を丈放した。繼いで宣統三年、再び殘餘の未放地の丈放が問題とされたが、當時、未放地として殘されてゐた土地の多くは、草灘であるか、アルカリ地であり、しかも渠道による灌漑の不可能は旱地のみであつた。從つて、この殘された未放地を、渠道によつて灌漑されうる渠地と同樣の押荒等則によつて丈放することは困難であつた。かくして、宣統三年には、殘された未放地を旱地として丈放することに改められ、次の如き押荒等則が定められた。(資料一三五、一三六)

上地每頃五十兩、上次地四十兩、中地三十兩、中次地二十兩、下地一十兩。

以上、我々は、前清時代に於ける巴噶地の押荒、地價、歲租、短租が、如何に確定され、それが如何に更改されたかを解說した。たゞ、說明の便宜上、升科について觸れなかつたが、巴噶地の升科は、光緒三十二年十一月の上奏によつて、察哈爾右翼熟地章程によつて、押荒交付の翌年から升科せられることに定められた。墾務局は、每年丈放の進展につれ次年度に升科せられる土地を地方官に交付し、升科を開始したものゝ如くである。(資料一〇六)

七、巴噶地の丈放

巴噶地は、既に屢々指摘したやうに、其の報墾の當初に於ては、押荒歲租を徵收せず、達拉特旗の永租辦法に倣つて渠道によつて灌漑せられる土地から租地銀を徵收しこれを分割したに過ぎない。この永租辦法は、光緒三十年一月二十六日、包頭墾務局によつて決定された招租章程に明らかであるが、(資料四六) この章程に基く租地銀の徵收は、同年九月、杭錦旗貝子・阿爾賓巴雅爾の新たな提案に基いて廢止された。(資料六二) 從つて永租辦法に基く租地銀の徵收は、光緒三十年だけに限られる譯であるが、其の地畝數、地租銀を示せば次表の如くである。

光緒三十年杭錦巴噶地徵收地租表

等	則	每頃地租銀	地畝數	徵收地租銀	已徵地租銀	未徵地租銀
中	池	兩 三七	頃畝 九〇九・四三・四	兩 三三、六四五・〇三四	—	—
下	地	四九	六八・七八・六八	三、三七〇・四八〇	—	—
合	計	—	九七八・二二・二	三七、〇一五・五一四	一四、九四三・一九九	二二、〇七二・三一五
					(資料九三)	(墾務調査表に據る)

然らば、これらの地租銀は如何に分割されたか？

渠道の改修費として——渠費項下庫平銀　六千九百八十八兩四錢三分九釐二毫八絲

杭錦旗の分給銀として——歸蒙項下庫平銀一萬三千九百七十六兩八錢七分八釐三毫六絲

國家の收納銀として——歸公項下庫平銀一萬二千八百七十九兩六錢九分五毫二絲四忽

墾務局の經費として——經費項下庫平銀一千三百九十七兩六錢八分七釐八毫三絲六忽

併し、墾務大臣の上奏では、この地租銀の徵收は完全に隱蔽されてゐる。曰く「上年後套大水、杭旗租銀、一概未收」と。然らば、これらの地租銀は、如何に流用されたものであらうか？　調査局伊墾務表は、この地租銀の行方を探索して次の如く摘發してゐる。

至三十二年籌解前截渠利、西盟局詳稱、乃謂前奉憲台面論、宜爲前截公司代謀益利、玆査有三十年墾局徵存杭旗租銀一萬三千兩、應即如數批解俯賜飭發西路公司、以維股本等語」（墾務調査表參照）

即ち、これらの地租銀は、秘かに北京朝廷の眼をかすめて西路公司に轉用したものゝ如くである。

併し、其の翌年からは、押荒、歲租を徵收し、部照を發給して丈放せられることゝなつた。しかも丈放は、既に屢々指摘したやうに、西路公司によつて進められた。西路公司は巴噶地を四千頃と概算し、二十八萬兩で包領したが、この押荒銀を墾務大臣行轅に納入したのは、ようやく光緒三十二年二月であつた。（資料九七）從つて巴噶地は、報墾後約二年間、未丈放

七、巴噶地の丈放

三九

の儘に放置されてゐたことが明らかである。併し、この間何等の手段もとられなかつた譯ではない。墾務大臣・貽穀は、巴噶地の報墾後、この地方に構築されてゐた無數の渠道を、地商の獨占的支配から剝奪して國有化を斷行したし（これについては別稿渠工案に於て詳しく取扱ふ）更に三十一年の春からは、既に述べた如く、短租の形式によつて熟地を出租せしめた。三十一年度に於ける出租地、地租銀の明細は次表の如くである。

光緒三十一年短租地地畝數及び租銀額

段別	上地 地畝數（頃畝）	上地 租銀（每頃三十兩）（兩）	中地 地畝數	中地 租銀（每頃二十五兩）	下地 地畝數	下地 租銀（每頃二十兩）	合計 租地畝數	合計 應徵租銀
頭段	八四八・九四	二五四六・八二〇	一二四五・七四	三一一四・三五〇	一五四七・七〇	三〇九五・四〇〇	三六四二・三八	八七五六・五七〇
二段	二五六八・三四	七七〇五・〇二〇	二一三五・二六	五三三八・一五〇	一〇九七・五三	二一九五・〇六〇	五八〇一・一三	一五二三八・二三〇
三段	二三一〇・六七	六九三二・〇一〇	一三八六・五二九	三四六六・三二五	三四三・〇六	六八六・一二〇	四〇四〇・二五九	一一〇八四・四五五
四段	一六五六・二八七	四九六八・八六〇	二四六一・六九	六一五四・二二五	一三四八・二二	二六九六・四四〇	五四六六・一九八	一三八一九・五二五
合計	七三八四・二三七	二二一五二・七一〇	七二一一・九四	一八〇二九・八五〇	四三三六・五一	八六七三・〇二〇	一九三二四・三〇二	四九七二〇・五六〇

（墾務調査表參照）

七、巴噶地の丈放

西路公司による轉放は、光緒三十二年二月から、巴噶地を四段に分け一齊に進められた。卷頭に添附した地圖によつて看取されるやうに、(一)西槐木に頭段局、(二)和合源に二段局、(三)阿善に三段局、(四)强油房に四段局を設けて、各々其の所屬の土地を丈放せしめた。この轉放は、墾務局と西路公司の協力に於てなされ、西盟墾務局幫辦・胡懋鉞の統轄下に進められた。（資料九九）且つこの丈放は、上奏によつて定められた三等則の押荒等則によらず、五等則の地價等則によつて進められたことも、既に指摘した如くである。

四〇

轉放の速度、共の難易等に關しては、遺憾乍ら具體的資料が殘されてゐない。僅かな資料で、この丈放の進展を跡づけて見れば、光緒三十二年十二月には、一千四十一頃七十六畝二分が丈放された。（資料一〇七）即ち丈放の初年度には推算された四千頃の約四分の一を丈放したことになる。（併し、この數字は、後で見る如く墾務調査表の數字とは一致しない）。翌三十三年九月には、丈放面積は、二千三百頃餘に達したが、尙ほ一千六百頃餘が、未放の儘にのこされたやうである。（資料一一三）後套地方には、古くから進出した地商達によつて、渠道による巨大な人工灌漑が構築されて居り、且つ貽穀時代には、極めて積極的な渠道の改修が遂行されたに拘らず、丈放は可成りに困難であつたと見られる。殊に未丈放地として殘された一千六百頃餘の丈放は、益々困難と見られてゐた。胡惑鉞は、次の如く、この地の丈放の困難を訴へてゐる。

卑職先後放出二千三百餘頃、下臓一千六百餘頃、生熟參半、以待來年、賡續接放、本無不可、惟地畝愈放愈少、愈少愈難、（資料一一三）

かくして、この困難に當面した胡惑鉞は、この局面を打開する爲めに一部の土地の地價を減額し、商舖・大成公をして一千六百頃を悉く包領せしめやうとした。（資料一一三）だがこの提案は、墾務大臣・貽穀の拒否するところとなり、（資料一一四）遂に一千六百餘頃は、貽穀が墾務大臣の任にあつた時代には丈放され得なかつたやうである。次に墾務調査表によつて丈放の足どりを辿れば次の如くである。

光緒三十二年度丈放地畝數

等則	每頃地價	丈放地畝數	應徵地價
上上地	一〇〇兩	二八三・〇九・六頃畝	二八、三〇九・六〇〇兩
上次地	九五	二二九・二八・九	二一、七八二・四五五

七、巴噶地の丈

中地	九〇	二二四・二二・七	二〇、一八〇・四三〇
中次地	八五	一三・一一・九	一、一一五・一一五
下地	八〇	一〇三・二七・五	八、二六二・〇〇〇
三十二年計		八五三・〇〇・六	七九、六四九・六〇〇

七、巴噶地の丈放

四二

光緒三十三年度丈放地畝數

等則	毎頃地價	丈放地畝數	應繳地價
上地	一〇〇兩	三八二・六八・九頃畝	三八、二六八・九〇〇兩
上次地	九五	五八九・七九・七	五六、〇三〇・七一五
中地	九〇	三六一・三七・三	三二、五二三・五七〇
中次地	八五	七三・五六・八	六、二五三・二八〇
下地	八〇	九六・八二・二	七、七四五・七六〇
三十三年計		一、五〇四・二四・九	一四〇、八二二・二二五
兩年合計		二、三五七・二五・五	二二〇、四七一・八二五

（墾務調査表に據る）

右の丈放地畝數は、丈放を掌つた西路公司によつて造られた冊報の數字とは多少相異してゐるが、こゝでは、こまかに其の相異點を指摘することは避け、單に墾務調査局の作成した右の數字を掲げるにとゞめた。

それはともかくこれらの丈放地は、各々其の丈放の翌年から升科せられることゝなつたが、各段別に其の地畝数、歳課を表示すれば、次表の如くである。

段別	升科地畝数（頃畝）	歳課銀
頭段	八八三・二七・三	一、六三五・一五三八
二段	五七八・九三・〇	一、二二六・三七八四
三段	（二一六・五三・九） 八五・六〇・八	（四一七・〇五一四） 一七四・八二二四
四段	五九三・〇一・五	一、〇九一・六一七八
合計	二、三五七・二五・五	四、四四二・〇三三八（資料一三〇）

併し、熟地に轉化してゐた土地は、尚ほこの外にも存在した。これらの土地は、其の後も短租の形態で出租してゐたが、各段別に其の出租地を明らかにすれば次表の如くである。

光緒三十四年短租地

等則	毎頃應徴租銀（兩）	杭棉旗頭二段分局一三村 丈過畝數（頃畝）	杭棉旗頭二段分局一三村 應徴租銀（兩）	杭棉旗三段分局一七村 丈過畝數（頃畝）	杭棉旗三段分局一七村 應徴租銀（兩）	杭棉旗四段分局一一村 丈過畝數（頃畝）	杭棉旗四段分局一一村 應徴租銀（兩）
生地	[illegible]	—	—	六八・[illegible]	二三六・〇三	—	—
上地	六	一・二八	三一・〇三	二五・六八五	一七・五八〇	七・四四一九	三一八七・六二〇
中地	[illegible]	[illegible]・四七〇	五一・六八〇	六八・六一七	三一九・六一四	三二・四四一	四六八一・七〇三
下地	八	九八・五四九	一七六・八六三	九五・八六六	一・〇五五・五四	四〇・八五三	四六七一・一三六
合計		[illegible]	二三三・九六	二五八・四四九	五六七・八一〇	七四・七〇八	二・三三〇・九九八

（資料一三一）

七、巴嘎地の丈放

七、巴噶地の丈放

これらの短租地は、右表の示す如く、名目的には金納制であつた。併し、實際には商品經濟の未發達に制約されて、物納制がとられたことは、既に指摘した如くである。章程に規定されたところに據れば、（資料一二四）現物として麥子、糜子、穀子、豌豆、胡麻の五色糧が指定されたが、この外大豆、扁豆による代替も許されたもの丶如くである。同光緒三十四年度に於ける徵收成績を、具體的な數字によつて示せば左表の如くである。

糧色	毎石	頭二兩段分局 糧	頭二兩段分局 市平銀	三段分局 糧	三段分局 市平銀	四段分局 糧	四段分局 市平銀
麥子	兩 一・四〇	石 三九五・五四	兩 五五三・六九	石 一五五・三九五	兩 三七四・一三五	石 二八〇三・三七七	兩 三九二五・一〇七八
糜子	〇・八〇	二二九・六九〇	九六・三五二	二一九・六二〇	九五・〇五三	九八三・五九一	七八六・八七三
穀子	〇・六〇	四一八・五七〇	二五一・一四二	二九一・〇〇〇	一七四・六〇〇	三一五・〇〇	一八九・〇〇
豌豆	一・三五	六七四・三七九	九一〇・四一二	四五一・八九八	六一一・五五〇	二二九〇・三一五	三〇九二・七六九
胡麻	一・二〇	一九五・八五五	二三五・〇二六	七一・〇一〇	一二四・九九	一七五四・二八三	二一〇五・一三九
大豆	〇・九〇	—	—	—	—	八・六〇〇	七・七四〇〇
扁豆	一・一〇	—	—	—	—	三七・四〇〇	四一・一四〇
		一〇六八・三五五	一四五六・六九九	九三三・六八〇	一二三四・七四四	六九七一・三三五	九〇七八・四四九五

（資料一二三）

この外に、半種小作も見られたやうであるが、其の占むる意義は極めて低い。（資料一二二）

かくして、巴噶地の丈放は、當初豫定された四千頃の丈放が、容易に達成され得なかつたが、墾務大臣・貽穀の失脚後、再びとり上げられ、宣統元年八月から十一月迄に、四八二頃二四畝七が丈放され、（資料一二四）更に宣統三年に約一、一〇〇餘頃が丈放されて、(資料一三七)遂に收束に達したやうである。

八、調査局の報告ご墾務局員の舞弊

墾務大臣・貽穀は、光緒二十八年、欽命蒙旗墾務督辦大臣として歸化城に滞任してから、光緒三十四年、歸化城副都統・文哲渾によつて彈劾され、協辦大學士尚書・鹿傳霖、並びに度支部左侍郎・紹英によつて査辦され、其の罪狀と誤謬を摘發されて失脚するまで、前後七年の長きに亙つて察哈爾、烏蘭察布、伊克昭、土默特の三盟一旗に包括される蒙地の開墾を推動し統轄した。

彼は、光緒二十八年八月二十日理藩院尚書を銜へられ、更に翌二十九年八月十一日には、上諭によつて綏遠城將軍の職を授けられた。従つて彼の手には、政治軍事の絶對的な權力が握られてゐた。彼が如何に彈劾され、且つ如何に其の罪狀と誤謬を摘發されて失脚の悲運に遭はねばならなかつたかはこゝで解説しない。これらの問題は本資料集の總括編に於て、具體的に解説される。こゝでは問題を杭錦旗に局限し、主として査辦大臣・鹿傳霖並びに紹英の査辦の直後、墾務大臣・貽穀の業績を調査した墾務調査局の殘した資料を簡單に一瞥し、紹介を試みるにとゞめる。

宣統元年四月二十四日、調査局は、杭錦旗に關する調査を完了し其の調査報告を墾務大臣におくつた。(資料一二九)この資料は、杭錦旗の報墾から丈放に至る迄の經緯と過程を極めて具體的に叙述し、且つ丈放地畝並びに收支の各款目について、信賴するに足る數字を掲げてゐる。従つて貽穀時代に於ける開墾の經緯を大摑みにとらへる爲めには、この資料は、最も手頃な資料として役立ちうる。またこの資料が、一片の調査資料として編まれたものでないこと、卽ち貽穀によつて强行された開墾政策を批判的に、しかも具體的な資料と生々しい事實によつて吟味し檢討してゐることは益々この資料の意義を高める。

だが、こゝでこの資料の内容に立ち入つて、こまかに解説を進めることは、多分に前段の解説と重複し、煩雑を増すに過ぎない。從つてこゝでは、前段の解説に於て指摘しなかつた問題、特に貽穀時代の開墾に纏綿する、墾務局員の舞弊についてのみ解説を進めることにする。

支那の官僚が至るところに於て、巨大な土地を掴取し獨占し、且つ其の蓄積した資本を商業的、高利貸的資本として動員し、直接的な生産者を收取し、それに寄生してゐることは、よく知られてゐる事實である。殊に新開の地方に於ては、官僚による土地の壟斷・掴取は、より一層露骨に看取される。官僚による土地の壟斷と掴取は、往々蔭蔽された形態に於てなされてゐる。彼等は常に「堂名」によつて自己を僞裝する。また時には、假名によつて其の正體を蔭蔽してゐる。從つて官僚による土地の壟斷と掴取は、容易に摘發し得ない憾みがある。

官僚による土地の掴取は、この地方に於ても例外たり得なかつた。それは開放の當初から、なかば蔭蔽され、なかば公然と行はれて來た。例へば四成補地である。こゝでは尨大な土地が墾務局の官僚によつて壟斷された。永租地についても同じことが言ひ得る。（參照達拉特旗資料解說）從つて、こゝでこの地方の開墾政策に礎石を置き、開墾を積極的に推動した墾務大臣・貽穀の政策を簡單に省みて見ることは不必要な詮索ではない。墾務大臣・貽穀は、原則的に官僚による土地の壟斷と掴取を認容しない方針を掲げてゐた。資料六五には次の如く言はれてゐる。

自來墾務凡在事人員、均不准承領地畝、以杜私弊　（資料六五）

だが、この禁制は、事實の上では貫徹され得なかつた。否、事實に於ては、墾務大臣は公然と官僚による土地の拂受けを認容し、殊に墾務局員並びに綏遠城八旗官兵に對しては、積極的にそれを勸說した。この事實は、資料六五によつて明白にとらへ得られる。

凡口内外官紳民等、實屬有志務農者、均准承領地畝、即在墾員司、亦在所不禁、准爲准自行留作恒產、不得轉賣漁利、致踏地商舊轍、且須定有限制、毎人不得過四十頃、於變通之中、仍寓杜弊之意、至綏遠城八旗官員人等、亦應照在墾員司承領、此項地畝現定章程、一例准其認領、（資料六五）

この資料にも見られるように、墾務大臣・貽穀は、官僚による土地の承領（拂ひ下げ）を公然と容認し、たゞそこに一定の制限を置いたに過ぎない。即ち、拂ひ下げを受けて自己の「恒産」とすることは認めたが、轉賣によつて不當の利得を漁ることを禁じ、且つ拂ひ下げを受ける面積も四十頃以内に限定した。併し、この制限がどこまで確守されたかは不明である。例へば、杭錦旗の第四段（元字段）藍鎖渠の附近は、悉く綏遠城官兵の公產として拂ひ下げられたが、其の面積は五百頃餘の巨大面積を占めてゐる。綏遠城の公產は、勿論、嚴密に言へば官僚による土地の壟斷とは言ひ得ないかも知れない。が、個々の官兵、官僚もまた夫々尨大な土地を攫取した。例へば、資料一二九に於て問題とされてゐる文案處總辦・張光鼐、收支處總辦・斌宜、墾務局員・胡太才の三名が、溥利堂、存厚堂、太和堂の堂名によつて杭錦旗に於て拂ひ下げをうけた面積を集計すれば、次の如き數字が得られる。

官僚による土地の承領

堂名	堂名所有者	亨字段	利字所	貞字所	合計
		頃 畝	頃 畝	頃 畝	頃 畝
溥利堂	文案處總辦張光鼐堂名	九八・四八・六	三一・九五・五	—	一三〇・四四・一
存厚堂	收支處總辦斌宜堂名	八四・九九・六	—	—	八四・九九・六
太和堂	墾務局員胡太才堂名	—	—	三三・四・〇	三三・四・〇

（資料一二九）

四十頃の制限が確守されなかつたことは、右の一つの事例によつて明瞭に看取される。この外、堂名による承領者は、極めて多數にのぼつてゐる。だが、堂名の背後にひそむ眞實の承領者を一つ一つ明らかにし得ない爲に、こゝでは單に右の事例のみによつて滿足せざるを得ないが、將來、堂名による、或は僞名による承領が一つ一つ暴露されゝば、墾務局其の他の官僚によつて壟斷された土地が、幾許の面積を占めるかゞ明るみに出されうるであらう。

更にこゝで指摘されねばならぬことは、これらの墾務官僚に對してのみ換地、等則の引き下げを認許したことである。調査局の報告（資料一二九）も指摘し暴露してゐるやうに、一般の承領者は、一旦拂ひ下げをうけた土地を返還し換地を求めることも許されなかつたし、丈放に當つて決定された等則の變更も求めることが許されてゐなかつた。然るに、これらの墾務官僚に對してのみは、それを公然と認許した。（資料一〇九）

報告はこの矛盾と舞弊を率直に指摘して次の如く述べてゐる。

按地戶領地、不准退換、違者有罰、此貽前大臣之示諭也、地戶領地、固未提明、官民有別也、然則既有法規、無論官民、均應遵守、乃溥利堂則換地矣、存厚堂太和堂則減等矣、（資料一二九）

報告は、更に溥利堂の換地を追求して次の如くに痛論してゐる。

査溥利堂稟稱、距渠稍遠、不便引灌、故請退換、然西盟總局、固然照會三段局另行招放也、夫既曰另行招放、則地之非不堪耕種可知、離渠稍遠、則不甚遠可知、墾員所領之地、不可遠渠、民戶獨可遠渠乎、以離渠稍遠、即須換退、是非沿渠之地不領也、亦可怪人謂沿渠腴地、盡爲墾員所佔領乎、（資料一二九）

この批判によつて、我々は開墾の過程に於て、墾務官僚が巨大な土地を攫取し壟斷したばかりでなく、灌漑の便にめぐまれた最も膏腴の土地を悉く佔奪したことを教へられる。報告は更に進んで存厚堂、太和堂の等則引き下げを問題とし、縷々痛切な批判を加へてゐるが、詳しくは原資料にゆづり、こゝではこれ以上立ち入らないことにする。

以上、我々は杭錦旗に關する資料を具體的に引用しながら、本資料の内容を理解するに必要な範圍内で解說を加へて來たか、最後に杭錦旗の開放にとつて、最も重要な役割を果たした、杭錦旗貝子・阿爾賓巴雅爾と梅楞・棍布に關して若干の贅言を費し本資料の解説を終ることゝする。

九、貝子・阿爾賓巴雅爾と梅楞・棍布

杭錦旗の巴噶地報墾は、伊克昭盟の抗墾運動を、崩壊に導いた直接の導火線であり、この政治的意義は極めて重大である。この巴噶地の報墾は、政治的に幾多の波瀾を描き、最後には杭錦旗の領有から離脱せしめられ、今日の五原、臨河の穀倉地帶に轉化したが、この巴噶地の報墾に、最も重要な役割を演じた者は、貝子・阿爾賓巴雅爾と、梅楞・棍布であつた。前者は時の伊克昭盟長であり、後者は時の杭錦旗の一梅楞に過ぎなかつたが、兩者の演じた役割には、ほとんど輕重がない。貝子・阿爾賓巴雅爾は、其の當初に於ては、最も頑強な抗墾主義者であり、伊克昭七旗を糾合して官辦開墾に反對してゐたが、（資料五四）盟長の職を剝奪せられるや、彼は驚ろくべき屈從を敢てしてゐる。彼は旗下の蒙古人の反對にも拘らず、諾々として巴噶地の報墾に同意したばかりか、押荒、歳租の分割に關しても、蒙旗の利益を犧牲にして恥なかつた。始め墾務大臣によつて示された原則に據れば、押荒の半額と歳租の全額は、蒙旗の取得となる筈であつたに拘らず、光緒三十四年九月、彼は進んで歳租の半額をも國家に報効すべき旨を申し出た、（資料六三）然るに當時の杭錦旗財政は火の車であり、三十年十月には四萬兩の借銀を墾務大臣に願ひ出なければならなかつた狀態にあつた。（資料六四）

しかも、かゝる狀態に於て、彼は清朝の新たな軍事的再裝備費として、即ち練軍處經費として銀二萬兩、綏遠城の修築費として五千兩、學堂經費として五千兩、綏遠城八旗官兵の武器購入費として同じく五千兩、合計三萬五千兩の報効を申し出、其の忠誠を披瀝した。（資料六六）この巨額な報効は、光緒三十一年九月、墾務大臣によつて北京朝廷に上奏され、盟長を以つて記名され、且つ將來盟長の更迭がある場合は、盟長に簡放せらるゝことゝ約束された。（資料九〇）この約束が如何に實

現されたかは、こゝで述べない。

併し、この巨大な報効は、決して杭錦旗の財政的餘裕を示すものではない。貝子・阿爾濱巴雅爾は、嚢に、四萬兩の借銀を持ち出したが、光緒三十一年五月二十四日、再び其の財政的困窮を具陳して、報墾した巴噶地の押荒銀の交付を求めてゐる。（資料八一）巴噶地四千頃は、既に述べた如く、西路公司によつて二十八萬兩の押荒銀で包領され、西路公司によつて轉放されることに定められてゐたが、當時、西路公司には未だ二十八萬兩の押荒銀が集められてゐなかつた。墾務大臣は、かくして行轅收支處をして杭錦旗に交付する押荒銀を調達せしめたが、杭錦旗に交付せられることに定められた押荒銀は、僅か六萬兩に過ぎない。この具體的計算は資料八四に詳しくのべられてゐる。

巴噶地四千頃の押荒銀は、一頃七十兩、合計二十八萬兩と定められた。其の内、章程により二割の渠費が扣除される。即ち、銀五萬六千兩が扣除される。この殘額二十二萬四千兩は、更に一半歸公、一半歸蒙と等分に分割されるから、杭錦旗が章程に基いて受取りうべき押荒銀は十一萬二千兩となる。然るに、貝子・阿爾賓巴雅爾は、既に述べた如く三萬五千兩の報効を申し出てゐる。更に彼は歸化城の商人に返還すべき負債一萬七千兩を持つてゐた。墾務大臣は、これらの報効銀並びに負債を十一萬二千兩より扣除し、六萬兩を支給することに定めたやうである。（資料八四）併し、査辦大臣・鹿傳霖は、この六萬兩の中から（墾務大臣が）さらに六千兩を扣除し、これを梅楞・棍布に賞給してゐることを指摘してゐる。資料八九によれば、現實に阿爾賓巴雅爾の手に渡された金額は五萬四千兩とされてゐる。恐らく、鹿傳霖の指摘する如く、六萬兩の中から更に六千兩を梅楞・棍布に賞與し、（資料八七）殘額五萬四千兩を阿爾賓巴雅爾の手に交付したものであらう。勿論、阿爾賓巴雅爾は、この外一萬三千兩を地租銀として其の手に收めてゐる。（資料七〇）

これらの押荒銀並びに地租銀が、如何に費消されたかは明らかでない。併し、其の多くが、貝子・阿爾賓巴雅爾の個人的消費に費され、巴噶地に居住し、戸口地を剝奪され、牧地を喪失した一般旗民の爲めには一文も費されなかつたやうである。

かくして、巴噶地の報墾によつて、貝子・阿爾賓巴雅爾も、尨大な利益に均霑したことは明らかである。蒙地の開墾が、一般旗民の犠牲と王公の利益に於て進められ、前者の窮乏と後者の消費生活を擴大し、蒙古社會を腐敗せしめ、其の階級分化を激化せしめたことは、この生きた例證によつて證明されうる。

以上、我々は、貝子・阿爾賓巴雅爾が、開墾に對して示した政治生活を把へて簡單に解説したが、次に、第二の立役者、徹底した開墾の協力者、梅楞・棍布を把り上げることゝする。

九、貝子・阿爾賓巴雅爾と梅楞・棍布

既に指摘した如く、梅楞・棍布は、光緒二十九年三月、貝子・阿爾賓巴雅爾の命を受けて綏遠に赴き、杭蓋地の報墾を敢てしたが、この報墾は彼一人の獨斷によるものゝ如くである。貝子・阿爾賓巴雅爾は、この點を指摘して曰く、

今該旗副管旗章京・棍布赴城、本旗札薩克並未吩附、飭令私自任意徑行作爲開人、査看游牧草廠、報請開墾、且又任意竟敢借庫銀一萬兩、殊屬非是（資料三一）

封建的なヒエラルキーが堅く維持されてゐた當時に於て、一梅楞が敢てしたかゝる獨斷的行爲は、問題が重大であつただけに、許さるべきものでなかつたことは明らかである。更に、梅楞・棍布は、獨斷的に勘收委員と共に巴噶地を勘收し、庫平銀一萬兩を借用せんとしたことは、蒙旗のヒエラルキーに對する未曾有の侵犯であつたと見られやう。かくして、貝子・阿爾賓巴雅爾は、梅楞・棍布から副管旗章京の職を剝奪し、其の侵犯を處斷した。（資料三〇並三四）

併し、梅楞・棍布の背後には、墾務大臣・貽穀の政治的背景が屹立してゐた。梅楞・棍布の行爲が、如何に蒙旗のヒエラルキーの侵犯であらうと、且つ又蒙古人の利害を裏切る背信行爲であらうと、彼の行動は墾務大臣の開墾政策を貫徹せしめるに役立つた。巴噶地の報墾以來、彼は杭錦旗の蒙古人の怨嗟を一身に集めた。（資料七七）彼は革職され、（資料三二）彼は攻撃せられた。併し彼は終始墾務大臣に庇護され、其の政敵と闘ひ、墾務大臣の庇護の下に鄂勒哲依布楞、納遜綽克等を革職

せしめ、（資料九二）遂には貝子・阿爾賓巴雅爾まで其の膝下に跪かせた。光緒二十九年十二月、貝子・阿爾賓巴雅爾は、墾務大臣の威壓に屈して報墾に同意したが、翌三十年二月十六日には、梅楞・棍布の革職をも取り消さゞるを得なかつた。（資料四九）更に、杳辦大臣・鹿傳霖の指摘するところによれば、彼は墾務大臣によつて六千兩の賞金を與へられ、戸口地の剳留にも、特別の恩典が講ぜられたことが明らかである。西路公司は、外見上墾務局から獨立した拓殖會社の如くに僞裝されてゐた。だが、其の資本の出資者は、墾務局關係の大官によつて佔められて居り、梅楞・棍布も、これらの大官に雜つて三千兩の出資者として其の名を列ねてゐる。

杭錦旗墾務資料

杭錦旗資料目次

四

五

六

七

杭錦資料 整理番號 一　　癸字九號

敬禀者、卑職於二月抄、由五百里肅呈一禀、計蒙
鈞鑒、本月初六日、委員色拉芬、同杭錦旗事官台吉梅令、名棍布者、隨帶蒙員通事共五人到包、初七日早間、色拉芬、來
局據云、該旗土薩拉齊、現因抱病、不能赴城、盟長特派梅令官棍布前來、共旗務事、該員尚能主持、午後該事官來局晤
談一切、詎詞謙遜、據言該旗貝子、並土薩拉齊、均因病未克遵調來城、以會商開墾要件、未便久待、特派該梅令、先同
委員色拉芬赴城叩見、恭候
欽命遵辦等語、卑職訪聞土薩拉齊、實係抱病、盟長係屬推故、但能主持開地、即可不問其誰來、且盟長處、既派員前來、
西公、達拉各旗、當可陸續來也、俟各旗蒙員到齊、見面後、定準起身日期、卑職即先期馳赴
憲轅、面禀一切、除俟各旗員到齊、隨時禀報外、擬合先將杭錦派員來包緣由、禀紓
廑注、再李守備得功來信云、蘇如厚由西公回據云、四子王已有文書、知會該旗赴城等語、大約不久、亦可來包、專肅燕禀
恭請
福安、卑職學鏡謹禀

杭錦資料 整理番號 二　　癸字九號

督辦蒙旗墾務大臣、理藩院尚書銜、兵部左堂貽、
札派署總局總辦李主事等、與伊克昭盟長等、派來蒙員、晤商墾務由、
爲札委
飭事、照得本大臣、奉

命、督辦蒙旗墾務、抵墾以來、迭經咨行
綏遠將軍、札飭各蒙旗、來城就議、嗣因抗調、復奉
諭旨、兩次嚴催、迄無一旗、於奉
旨後、赶緊來城就議開墾、本大臣復於各旗內、擇其素稱恭順之王公貝子、咨出
綏遠將軍、專調赴城、現在伊克昭盟長杭錦旗、暨達拉特旗、均派蒙員來城、聽候議墾、雖赴調稍遲、尚屬恪遵
朝旨、深堪嘉尚、亟應派員曉諭開導、俾知此次開墾、
朝廷實爲藩屬濬闢利源、籌日後無窮生計、事在必行、查署墾務總局總辦李主事雲慶、墾務總局會辦壽守勳、華直牧鳳章、姚
令學鏡、均通曉事體、動中機宜、爲緩急可恃之才、有剛柔互濟之用、著派晤商一切墾務、並添派熟悉蒙情之文協領哲渾、
兼通蒙語之普署協領祥、會同籌議、合行札委飭札到該員局處即便遵照、此札

右札仰

署墾務總局總辦李主事雲慶
墾務總局會辦壽守勳、華直牧鳳章、姚令學鏡
文協領哲渾
普署協領祥　准此
行轅收文處
墾務總局

光緒二十九年三月二十五日

杭錦資料 整理番號 三

癸字 九 號

署理綏遠城將軍印務、花翎歸化城副都統、世襲二等剛烈男文、　爲
咨行事、光緒二十九年、四月初一日、伊克昭盟長、杭錦貝子、阿爾賓巴雅爾、派該旗梅楞提布、到城會議墾務、經本署
將軍、遴派委調直隸候補知府壽勳、綏遠城協領文哲渾、佐領普祥、驍騎校色拉芬等、與該梅楞妥爲籌商、再四曉喻、據
該梅楞呈稱、本盟盟長、上年欽奉
諭旨、並奉
欽差督辦墾務大臣行知、飭辦開墾事宜、本盟盟長、遂即飭知所轄各旗遵辦、無如各旗札薩克、率多觀望、未允照辦、當經呈
請理藩院停辦此事在案、茲復經
欽差大人將軍、派員剴切曉諭、本盟盟長、亦深知此次辦墾、係專爲蒙旗開濬利源、於各旗裨益甚大、並非奪蒙人生計、本盟盟
長、並情願先由本旗界內開辦、以爲倡率、其本盟盟長所轄各旗、自應通飭遵辦、惟思上年、業經呈請理藩院、免其開辦
今若遵照辦理、又恐與前言不符、擬懇將軍迅即咨請院示、一俟理藩院覆准照辦、本盟長亟當遵照、先由本杭錦旗開辦、
仍飭轄各旗、一律遵照辦理、絕不敢稍有違誤、如蒙恩允、梅楞願在城守候院示、伏望迅賜核奪施行、等情、業飭各該員
帶同該梅楞提布、前赴
貴大臣行轅面稟、並將該梅楞原呈、呈遞在案、茲復據該梅楞提布稟稱、竊奉本盟盟長杭錦貝子、阿爾賓巴雅爾諭、來城
議辦墾務、目前業將本盟盟長、願由本旗倡率認墾、並通飭各轄旗、一律照辦、候理藩院覆准到日、即行遵辦等情、呈請
欽差大人將軍鈞鑒在案、旋奉
欽差大人諭飭、先將本杭錦旗、認墾地段指出、以憑將來核辦、等因奉此、茲謹查得杭錦旗杭蓋地方南界黃河、西界阿拉善王、

三

四

北界爲拉特、東界達拉特、核計遠近不一、長三百里許、寬六七十、或二三十里不等、願將此地首先報墾、此內有二十蘇木台吉人等居住、並洋堂地畝、蒙衆地畝、亦有衆多寺廟墳墓、及牧放草廠在內、爲此謹呈、伏乞鑒核、等情、呈遞前來、除飭該梅楞、在城聽候辦理外、相應將該梅楞親筆蒙文原呈一紙、備文咨送

貴大臣、請煩查照核辦、須至咨者、

右　　咨

欽差督辦墾務大臣、理藩院尚書銜、兵部左堂、

光緒二十九年四月初五日

杭錦資料　整理番號　四

癸字　九　號

呈文

杭錦旗、二品梅楞章京、棍佈呈、

欽命督辦墾務大臣助鑒、

關於呈報先由本盟杭錦旗施行開墾、乞核奪由、

呈爲呈報事、茲奉本盟々長杭錦貝子、阿力賓巴雅爾面諭、仰即前往綏遠城、參加開墾事務會議、等因奉此、竊查盟長於昨日決定、先由杭錦旗着手開墾、其他各旗、一俟外蒙政務院核奪後、再行開墾等情、業經呈請

欽命大臣核奪在案、旋奉

欽命大臣諭、飭將該旗認墾地段四至、以及其他情形、詳細具報、以憑查考、是爲至要、等因奉此、遵即指定杭錦旗、杭蓋地爲認墾地區、計長三百餘里、寬六七十或二三十里不等、南至（烏藍汗、哈旦郭勒）黃河沿岸流域、西至阿拉王旗界、北

至及東至達拉特旗界、通至黃河沿岸、認墾地區內、遷居蘇木台吉、及平民二十餘戶、以及寺廟、墓地、牧場、洋堂、地等、蒙古民人所耕之地、咸皆有之、以上所報、俱係詳情、理合備文呈報、伏乞

鑒核備案施行、謹呈

光緒二十九年四月初三日

杭錦資料　整理番號　五　　癸字　九　號

督辦蒙旗墾務大臣貽穀

署理綏遠城將軍文瑞　跪

奏、爲伊克昭盟杭錦旗、達拉特旗、各遣員來城就議、請將深明大義、首先遵調之盟長、札薩克、懇

恩嘉奬、以昭激勸、恭摺仰祈

聖鑒事、竊奴才貽、恭奉

諭旨、督辦蒙旗墾務、業將各處籌議辦法、及西盟一時未能遵調情形、先後陳明在案、伏査西盟墾務、爲發議所造端、即屬事機所最要、奴才自奉

命以來、夙夜圖維、既期於有成、又不敢操之過蹙、去年甫抵歸化、即將奏明押荒、一半歸蒙、升科地租、全歸蒙旗各節、剴切宣示、曉以

朝廷之德意、歆以久遠之利源、又恐文告往來、尚難生其領悟、復疊次商同前任綏遠將軍、派委熟習蒙情、明白事理之員、前往兩盟、反復開導、無如該盟長札薩克等、狃於故智、從前奏請興墾之案、屢議屢格、不免自護前非、加以漢民之私墾、蒙員之私賣、歷有年所、惟恐一歸官辦、不能各便身圖、盟長等墮其術中、遂以礙游牧、妨生計等詞、空文具覆、所

幸蒙承

詔命、由理藩院、嚴飭遵辦、並催速赴綏城、該盟旗等、始知事在必行、非復如前之任意撓阻、奴才貽、到邊將及一載、周

諮博訪、情僞漸明、深知各盟旗之不即赴調者、大半深率使然、頗有數旗、極願遵行、而在衆蒙之前、不敢獨持異議、

因於本年正月間、再行商同奴才文璣、派員持文專赴烏蘭察布盟長四子王旗及隸該盟之烏拉特西公旗、伊克昭盟長杭錦

旗及隸該盟之達拉特旗、陳說曉諭、抽調赴綏、約候同來就議、茲據赴杭錦旗委員、約同該旗梅楞祺布、於三月二十五

日到城、赴達拉特旗委員、約同該旗協理台吉巴札爾噶爾弟等、於二十七日到城、奴才等、即訂期接見開議、容俟議有

辦法再行奏陳、竊思膠執者、邊方之舊習、而嘉善者、柔遠之微權、該盟長札薩克始雖稍存觀望、然既經勸諭、即能破

除成見、遣官連袂而來、洵屬嚮慕

六

皇仁、首先效順、亦可見該盟長、才堪表率、信足及人、若得上荷溫綸、定自益加奮勉、且使諸部聞風興起、合無仰懇

天恩、將伊克昭盟長、杭錦旗札薩克貝子、阿爾賓巴雅爾、達拉特旗札薩克貝子、圖們巴雅爾、均傳

旨嘉獎、以示激揚、奴才貽、百計圖維、始有今日、現當間不容髮之際、惟有如此操縱、乃克迅赴事機、如能遵照、妥速定

議、指地開辦、再由奴才等、奏請

恩施、將該貝子、及赴調蒙員、從優獎勵、其烏蘭察布盟長等、現在亦據來文、於五月初六日、在巴圖哈拉噶地方、齊集會

盟商辦、以情理度之、有杭錦、達拉特兩旗、轍迹可循、當亦不敢始終固執、倘竟仍前延抗、則是該盟長、不勝領袖、

無以倡導各旗、奴才等、惟有據實奏參、將該盟長、革去盟長之任、另揀恪遵

朝旨、堪資表率者、會同奏請

簡放、如或該兩旗貝子前後異轍、奴才等、亦必請加懲處、不敢以奏獎在先、稍涉徊護、如此一勸一懲、互相爲用、庶西盟

墾務、有日觀成、於大局寔多裨益、所有杭錦、達拉特兩旗各遣員就議、懇

恩先行嘉獎緣由、謹合詞恭摺具陳、伏乞
皇太后、
皇上聖鑒、訓示遵行、謹
奏
光緒二十九年四月初七日
再據杭錦旗、二品銜梅楞根布呈稱、竊本盟盟長、自上年欽奉
諭旨、並奉墾務大臣行知、飭辦開墾事宜、遂即飭知所轄各旗遵辦、無如各旗札薩克、多意存觀望、未即遵辦、嘗經呈明理
藩院、擬請停辦在案、茲復經墾務大臣、綏遠城將軍、剴切曉諭、本盟盟長、深知此次辦墾、係專爲蒙旗開濬利源、於
各旗裨益甚大、並非奪蒙人生計、請願先由本旗界內開辦、以爲倡率、其本盟所轄各旗、自應通飭遵辦、惟思上年業經
呈請理藩院、免其開辦、今若辦理、又恐與前言不符、擬懇俟理藩院覆准照辦、本盟長當先由杭錦開辦、仍飭各轄旗一
律遵照、梅楞願在城、守候院示、等情前來、查開墾地畝、有益蒙旗、疊次
聖訓周詳、自當恪遵速辦、乃歷任山西撫臣疊經奏請、均未果行、良由從前理藩院拘守成案、不敢變易、坐使蒙旗大利、未
能早就開闢、當局故步自封、奸民反乘緣得利、識時務者、莫不惜之、今日情形、迥非昔比、地不愛寶、自當有利必興、
現在屢奉
詔旨、理藩院臣實力實心、飭令遵辦、用是蒙藩悔悟、頓釋前疑、然猶却顧徬徨、鰓鰓妄慮、既願懍遵
朝命、效恭順之忱、又恐見責、院臣受失言之咎、其愚可憫、其誠亦屬可嘉、伏思此次理藩院臣欽遵
諭旨、一再行文、若聞各蒙旗、含有謀新、更必贊成、恐後斷無令其中阻之理、惟既經該梅楞籲請、未便壅於上
聞伏祈

聖明、垂念蒙愚之苦、西墾之難、

飭下理藩院、迅即行文各該盟長、催其趕緊一體遵辦、勿再延緩、致悞事機、除據情咨行理藩院外、理合附片具陳、伏乞

聖鑒、謹

奏

光緒二十九年四月初七日

八

杭錦資料	整理番號	六

癸字九號

督辦蒙旗墾務大臣、理藩院尚書銜、兵部左堂貽、

扎飭伊克昭盟盟長、選派精通漢語王貝子一二人來城會商、督同辦理墾事由

爲扎飭事、照得本大臣將軍前經派員、持文馳赴伊克昭盟、催調各旗、來城商辦墾務、續據該盟長派遣梅楞棍布、及達拉特旗協理台吉巴札爾噶爾第等、隨同委員、先後來城並據呈稱、該盟長感戴

皇仁、願由本旗首先倡率報墾、等情據此、該盟長深明大義、效順梯誠、本大臣將軍定爲嘉許、當即具摺保奏、俟奉到

恩旨、再行恭錄知照欽遵、先由本大臣將軍將該梅楞棍布、協理台吉巴扎爾噶爾第二員、扎委派充襄辦該旗墾務在案、查該盟轄境遼濶、興墾以後、所有指分界址、勘査地段各事宜、該梅楞臺吉分任其事、已自裕如、惟統籌全局、總滙各旗、及與本大臣所派墾局委員、隨時商辦重要事件、尤須有通權達變、爲各旗素所推重之人、方足以資督率、合行扎飭、扎到該盟長、迅於所轄各旗內、愼選聲望素著、精通漢語之王貝子一二人、派令速即來城會商、以便本大臣將軍扎委督同辦理該盟各旗墾事、俾旗局無所隔閡、得以迅速圖功、仰即遵照辦理、勿違、此札、

右札仰伊克昭盟長、杭錦旗貝子、阿爾賓巴雅爾、准此

光緒二十九年四月初九日

杭錦資料 整理番號 七

癸字 九 號

督辦蒙旗墾務大臣、理藩院尙書銜、兵部左堂貽、

札派梅楞棍布等、導同張令等、赴杭錦收界、李守備等、赴達拉特旗勘渠由、

爲札委飭事、照得西盟杭達兩旗墾務、前經該旗派委梅楞棍布、協理台吉巴扎爾噶爾第等、到城聽候議辦、並先後據該梅楞呈報、放墾地段、四至清界、該台吉呈請、先由長勝渠、纏金等處、開渠放墾、各等情據此、業由本大臣、札委候補知縣張文楷、驍騎校色拉棻、前赴杭錦旗勘收界址。守備李得功、典史楊守性、前赴達拉特旗、履勘渠道、查該梅楞台吉、於本旗界址地勢、皆所素習、且係指地原人、自應派令導同各員、親往各處、詳悉周勘、除分行外、合亟札委知照、札到該局員處仰即遵照、查照、

此札

右札仰

杭錦旗梅楞棍布

達拉特協理台吉巴扎爾噶爾第 准此

墾務總局

包頭墾務局

收支處

光緒二十九年五月初四日

杭錦資料 整理番號 八

癸字 九 號

九

督辦蒙旗墾務大臣、理藩院尚書銜、兵部左堂貽

札派張令文楷等、前往杭錦旗杭蓋地方、會同蒙員勘明界址由、

咨行
爲札委 飭事、案照伊克昭盟杭錦旗墾務、前經該旗派委梅楞棍布、來城就議、並准

貴將軍
綏遠城將軍 咨稱、據該梅楞呈稱、竊奉本盟盟長、杭錦貝子、阿爾賓巴雅爾諭、來城議辦墾務、日前業將本盟盟長、願由本旗倡率認墾、並通飭各轄旗、一律照辦、候理藩院覆准到日、即行遵辦、等情、呈請欽差將軍鈞鑒在案、旋奉欽差諭飭、先將本杭錦旗認墾地段指出、以憑將來核辦、等因奉此、茲謹查得杭錦旗杭蓋地方、南界黃河、西界阿拉善王、北界烏拉特、東界達拉特、核計遠近不一、長三百里許、寬六七十或二三十里不等、願將此地、首先報墾、此內有二十餘蘇木台吉人等住居、並洋堂地畝、蒙衆地畝、亦有業多寺廟墳墓、及牧放草廠在內、爲此謹呈、伏乞鑒核等情、呈遞前來、除飭該梅楞在城聽候辦理外、相應將該梅楞親筆蒙文原呈一紙、備文咨送貴大臣、請煩查照核辦、等因准此、查該旗墾務、昨復

奏奉

硃批「飭速遵辦」、自應揀派委員、前往該旗、速會蒙員、指界勘收、以憑核辦、查有知縣張令文楷、驍騎校色拉芬、堪以派往、

扎委分飭 相應咨明 處仰即知、照此扎、

除扎 委外 合行扎飭扎到該盟長、仰候委員到日、迅速明白曉事蒙員、指明界址、聽候核辦勿違、此扎、
分咨扎飭 扎委 員、立卽前往會同指界蒙員、將該旗呈請報墾之地、四至勘明、並詳查界內、共有蘇木官兵若干、洋堂地畝、寺廟墳墓牧廠各若干、逐一繪圖貼說、稟候核辦、勿得疏漏草率、切切特扎、

貴將軍、請煩查照可也、須至咨者、

右 咨

署理綏遠城將軍文

收 支 處

右札仰　伊克昭盟長札薩克貝子　准此

知縣張令文楷

驍騎校色拉棻

光緒二十九年五月初七日

杭錦資料　整理番號　九　　癸字　四七　號

杭錦旗、二品銜、梅楞章京、綱布、謹請

欽憲鈞安、稟者、蒙員隨同委員、來至包頭、訂期前往該旗杭錦地面、定奪墾種之處、呈報盟長、吩咐辦理、開墾游牧興利蒙

古、大有俾益、吾已得曉、但此際窮民等、業經微少耕種餬口養命、秋季不遠、田熟之時丈地、必然隨行多人、踐毀禾苗

農民寃苦、未免爭鬧、一俟全熟收後起辦、亦未遲悞、原爲藍察布伊克召兩盟十三旗、皆係一律務理屯田、條

奏

飭下遵辦、再再嚴催、次數甚多、突然今年外待本旗倘若遵辦或者衆議爲藍察布盟屬該旗游牧地土、迄今絲毫未給、如聞此信、

本各該旗、效尤之意、爲此本盟、一兩旗倡率盡先指地何急暫緩、等因蒙員、准照定期前往地所、會同慨辦、如未能之處

欽憲電鑒寬恩、此次暫緩勘辦、祈請秋成、外烏藍察布、迄今尙未遵辦、刻即彼旗遵辦、本旗以備聽候、遵辦之處、呈明並請

鈞安、

光緒二十九年閏五月二十八日

杭錦資料　整理番號　一〇　　癸字　四七　號

二

督辦蒙旗墾務大臣、理藩院尙書銜、兵部左堂貽、

札飭伊克昭盟盟長、迅派蒙員、將報墾地段、會同本大臣原派委員、前往指交驗收由、

爲札飭事、照得伊克昭盟長、杭錦旗札薩克貝子、前以深明大義、首先派員來城、指地報墾、業經本大臣會同

綏遠城將軍、奏請傳

旨嘉奬在案、旋卽派員、隨同該盟長、派來之梅楞棍布、前往該旗驗收地畝、迄今四十餘日、竟未將所報地畝指出、該梅楞棍布復先借故回旗、刻尙未與委員相會、現據驗地委員稱、據梅楞棍布遣派通事聲稱、該盟長不令梅楞前來會同指地、是該盟長始則假意應承、繼復任情反復、實屬不知事體、大負

二

朝廷嘉許之恩、不惟自外

皇仁、抑且玩視

朝命、本大臣、奉

命督墾、豈能任其久延、合行札飭、札到該盟長、仰卽迅派蒙員、將所指地段、會同本大臣原派委員、前往指交驗收、以符前

議、倘仍有意抗違、抑或借故延玩、本大臣定卽從嚴參辦、請

旨撤去嘉奬之案、予以懲處、決不姑寬、惟該盟長自圖之、勿貽後悔、切切此札、

右札仰　伊　克　昭　盟　長　貝　子　准　此

光緒二十九年六月初一日

杭錦資料　整理番號　一一　　癸字　四七　號

督辦蒙旗墾務大臣、理藩院尚書銜、兵部左堂貽、

再行札委張令、文楷等、前赴杭錦旗傳諭該旗貝子、迅派蒙員、將原報地段指出驗收由、

爲札飭事、照得伊克昭盟長杭錦旗、前於四月內、委派梅楞棍布來城、指地報墾、本大臣當即派委該令、暨該驍騎校、會同梅楞棍布、前赴該旗杭蓋地方、將所報地畝、指明驗收、以憑核辦、業經飭遵在案、今該令等遲至四十餘日之久、始行回差、竟未將該旗所報地畝、即時收回、不惟虚糜經費、實屬玩視要公、擬即從嚴參辦、以警效尤、姑念反覆之情、出自蒙人、非盡該令之咎、本大臣寛其既往、責以將來、合再札委、札到該令等、仰即剋日起程、前赴該旗、並傳諭該旗貝子、迅派蒙員、將原報地段、指出驗收以符前議、倘仍借故延誤、定將該貝子、該令等、一併從嚴參辦、決不姑寛、本大臣言出法隨、該令等、其各凛遵、勿負委任、切切此札、

右札仰　試用知縣張令文楷　准此

驍騎校色拉芬

光緒二十九年六月初五日

杭錦資料　整理番號　一二　癸字　四七　號

督辦蒙旗墾務大臣、理藩院尚書銜、兵部左堂貽、

札飭杭錦旗梅楞棍布、剋即會委員、將原報地畝、指明驗收、毋得飾詞延玩由、

爲札飭事、據杭錦旗梅楞布、稟稱、現當田熟之際、丈地必須隨行多人、踹毀田苗、請俟秋成後起辦、並言烏蘭察布迄今尚未遵辦、刻即彼旗遵辦、本旗亦必聽候遵辦等情據此、查該梅楞前奉該盟長、委令來城報墾、業經本大臣揀派委員會同該梅楞前赴該旗杭蓋地方、先將所報地畝、指明驗收、聽候核辦、並非即時清丈、何致有傷田苗、且即須俟秋後清丈該梅

一三

楞亦應先將地段指出、再爲禀請緩辦、乃該梅楞並未先事禀明、直至委員赴地、月餘之久、忽以請緩之詞、希圖延宕、且該旗原係首先認墾、業經本大臣、會同

綏遠將軍、

奏請傳

旨嘉奬、並援理藩院咨明、已飭該旗遵辦各在案、今該旗、乃欲借故推諉、冀翻前議、是該旗反覆之情、較之烏蘭察布未經來城認墾者、尤出情理之外、至烏蘭察布、現雖未曾報地、如果始終不悟、本大臣自必嚴予懲處、決不任其抗違

朝旨、該旗更不得借此觀望、玩視

朝命、現在伊克昭盟、已經另派專員、札調六旗到包、且均指地報墾、惟該旗係屬盟長所報之地、尚未指交、且見本大臣數次行文盟長、札調各旗、久未來綏就議者、皆係該盟長從中阻止、除另行查辦外、茲特派員、前赴該旗守候、會同驗收、合再札飭、札到該梅楞刻即會同委員、將原報地畝、速行指明驗收、毋得飾詞延玩、致干未便、再此次所禀各情、究係該盟長之意、抑係該梅楞託詞、仰並據實禀覆、以憑查核、切切此札

右札仰　杭　錦　旗　梅　楞　棍　布　准　此

光緒二十九年六月初五日

杭錦資料　整理番號　一三　　癸字　四七　號

御前行走、伊克昭盟盟長、鄂爾多斯、札薩克貝子、阿爾賓巴雅爾、爲呈報事、頃承准

欽差督辦蒙旗墾務大臣、文內、到、即該盟長、赶緊派員、將指出之地段、會同本大臣原派委員、前往指交查收、則始與前議相符、等因准此、是以欽遵札飭、查得此件、蒙古等本藉牧地開墾、事則該旗衆台吉人等、關係生計、事甚緊要、是以

盟長、札薩克貝子濟讖我身協理官等、同於此七月十二日、在於該旗

御賜廣智寺等處聚齊、於該旗杭蓋牧衆台吉人等、黄黑咸行傳來曉諭、遵辦官辦、據情陳報、祈

欽差大臣鑒電施行、

光緒二十九年六月二十四日

杭錦資料 整理番號 一四　　癸字 四七 號

督辦蒙旗墾務大臣、理藩院尙書銜、兵部左堂貽、

再行札飭伊克昭盟長、立卽派員會同派去之員、將杭蓋地段指明界址、聽候驗收由、

爲嚴飭事、光緒二十九年、六月二十九日、據該盟長呈報、現定於七月十二日、曉諭杭蓋地內蒙員衆人等、卽行遵照、指交該地辦理、等情據此、査該旗派員原指認墾之杭蓋地段、前經委員前往勘驗、守候月餘、該旗並未派員往會交地、復藉詞請緩、有違原議、本應卽行參處、姑念該盟長曾經首先派員赴綏、似非不知恪遵

朝命者、是以徐觀其後、仍派張令文楷等、馳往該旗、嚴諭遵辦、玆據該旗呈報、於七月十二日、曉諭蒙人後、卽行遵飭交地、核其情詞、難保非意圖延緩、或藉口衆情不愿、冀翻前議、不知開辦蒙旗墾務、係

朝廷嚴飭遵辦之事、期在必行、迭奉

諭旨飭由理藩院嚴諭各旗、計該盟長、早已接見、理應卽行遵照指交地段、姑再容至七月十二日、倘該旗曉諭杭蓋蒙人之後仍有反復、是眞敢於抗違、本大臣、必卽據實奏參、決不再容、査現在該盟所屬之六旗、均各呈報地段、已派員分往驗收、惟該盟長原報之地、尙未交出、亟應再行札飭、札到該盟長、立卽派員會同本大臣派去之員、將杭蓋地段、指明界址、聽候勘放、毋再遲延、干咎、切切此札、

一五

右札仰　伊克昭盟盟長阿爾賓巴雅爾　准此

一六

光緒二十九年六月三十日

杭錦旗資料　整理番號　一五　癸字　四七　號

督辦蒙旗墾務大臣、理藩院尚書銜、兵部左堂貽、

札飭知縣張文楷等、嚴詞諭誡杭錦旗貝子、務飭屆期交地、會同勘收、仍守候備辦由、

爲札飭事、據該員等稟報、赴杭錦旗、嚴飭該盟長、指交原報杭蓋地段、反復論導、始據該盟長定議、於七月十二日、在沙拉廟傳集蒙員蒙衆曉諭後、即行遵照前議、交地認墾、並取有該盟長印文、呈送前來、查此次委令該員等、前往杭旗守候收地、以事在必行爲約、茲該旗雖報有定期遵辦之文、而核其情詞、並未指准、難保不藉延時日、仍圖反復、現在伊盟所屬各旗、均已指出地段、先後派員勘驗、惟該盟長、尚未將原指之地、會同交收、豈可再容推諉、仍著該員等嚴詞諭誡、務飭屆期交地、迅速會同勘收、如該旗疑及交地之後、恐失佃租、不妨明示此次辦法、係

奏明押荒、半歸蒙旗、歲租則全歸蒙旗、本爲蒙旗籌闢利源、並不奪地、何有奪租、俾其無所疑慮、當不復再有支吾、倘或始終不悟、是真敢於抗違、即據實稟候參辦、以伸

朝命、除嚴札該盟長遵辦外、合行札飭、札到該員等、仰即守候備辦、毋遽旋回、此札、

右札仰　試用知縣張令文楷、准此

驍騎校色拉芬、

光緒二十九年七月初一日

杭錦資料 整理番號 一六　癸字 四七 號

敬禀者、竊卑職叩辭後、迅速起程、十六日方馳抵杭旗、當晚貝子致祭旋回、而梅楞棍布、又分祭他處、尙未同回、所致貝子札文、當卽交付、二十日方得見面、談及指交地界據稱、前派梅楞棍布赴城請安、未令其指地、該梅楞擅將地段指出並未商量、本擬處治等語、査其言語之間、似有反覆前議之意、當對以梅楞、係爾所派前往、因首先報墾、是以奏請

傳旨嘉獎

皇恩優渥、當抒報效之忱、將已報墾杭蓋地、迅速派員指交、以副

朝命、況此次開墾、蒙旗大有俾益、決無隕處、現時各旗報墾之地、均已指交、爾旗係屬盟長、尤當首先指交地界、方不愧爲領袖、倘再延宕、致多未便、據云、總以遵辦、七月十二日、在沙拉廟傳集蒙員蒙民曉諭後、二十五日前、再辦公事、問其以此日卽交地搭以辦印文、報墾後再指地、當對以如此推諉、不能等候、綱柔互用、再三說項、該貝子云杭蓋地內蒙民衆多、若不先行曉諭、恐生事端、必須七月二十間、方能辦理、對以遲延時日本不能行、如先給以報墾印文、方可等候、私意先取印文以作憑據、該貝子堅不出文、爭論多時、竟未議妥、二十一日、梅楞棍布致祭回旗、晦談地事、問其前在城、報墾杭蓋地、業經奏明在案、理藩院公事已到、迅速指交地界、以副前議、據云、此事已受難、惟前因貝子阻止、未敢前往地所、亦無可如何、事無不遵辦、貝子既定七月十二日、曉諭官民後、再爲舉辦、只得等候數日等語、卑職等到此後、逐日商議地事、索取印文、大費周折、始行付給、初議文辭、語多拉雜、而且支吾不實、後令更改、刻已辦就、査文內先敍札飭原文、定七月十二日曉諭杭蓋地內蒙員、蒙衆、既行遵辦、有此印文、尙有把握、該貝子不致再爲反復、卑職等、在此等候、仍以時時開導、至期或者不至再行推諉、所有到旗一切情形、並呈取印文、respectfully

大人査核、應如何辦理之處、請

一七

示祗遵、肅[illegible]恭敬

鈞安、伏乞

垂鑒、卑職　文楷　色拉芬　謹稟

杭錦資料　整理番號　一七

癸字　四七　號

督辦蒙旗墾務大臣、理藩院尚書銜、兵部左堂貽

加派台吉布楞吉爾格勒等、赴杭錦旗、俟將原報地段指令張令驗收、馳回稟復由、

爲札委事、光緒二十九年、六月二十九日、據伊克昭盟盟長、呈報現定於七月十二日、曉諭杭蓋地內蒙員蒙衆人等、即行遵照、指交該地辦理、等情、當經本大臣、嚴飭該盟長、立即派員會同本大臣派去之員、將杭蓋地段、指明界址、聽候勘放、勿再遲延干咎在案、査該盟長赴綏報墾、係在各旗報墾之先、現在該盟所屬六旗、均各呈報地段、業經派員驗收、惟該盟長、首先報墾之地、疊經本大臣、派員往勘、竟未指交、始則托故請緩、現復藉詞於曉諭蒙衆、其延玩之情、難保無反復之意、不知本大臣奉

命督辦墾務、事在必行、無論該盟長若何設計、亦萬不能中止、玆再加派郡王旗、東土斯拉齊台吉、布楞吉爾格勒、候補驍騎校德克精額、前赴該旗曉諭蒙衆、趕緊遵辦、並宣布

朝廷辦墾德意、除札飭該盟長外、合行札委、札到該員等、即便迅赴該旗沙拉廟地方、俟該盟長曉諭蒙衆、允將原報地段、指交張令文楷驗收、該員等迅即馳回稟復、以便核辦、切切此札、

一八

右札仰　郡王旗、東土斯拉齊、台吉、布楞吉爾格勒、
候補驍騎校、德克精額、　准此

光緒二十九年七月初三日

杭錦資料 整理番號 一八　　癸字 五〇 號

督辦蒙旗墾務大臣、理藩院尚書銜、兵部左堂貽、

理藩院咨、抄錄墾務大臣原奏、敬恭錄硃批、札行伊克昭盟長、將前報地段、指交驗收、咨行綏遠城將軍、轉飭施行由

爲咨行札飭事、案准

理藩院咨開、旗籍司案呈、由內閣抄出、墾務大臣貽、片奏伊克昭、所指抗蓋之地、遲久未交、請

飭速將前報地段、即行指交驗收、以便修濬達旗、暢興水利、等因一片、於光緒二十九年、七月二十三日、奉

硃批著理藩院嚴行飭催、欽此、欽遵、鈔出到院、除抄錄原奏、恭錄

硃批、箚行伊克昭盟長、轉飭一體遵照外、並知照督辦墾務大臣可也、等因准此、咨行扎飭、扎到該局、即便欽遵查照可也、此扎、

相　應　咨　行

貴將軍、請煩欽遵查照、轉飭施行、須至咨者、

右　　咨

護理綏遠城將軍文、

右札仰　包　頭　墾　務　局　准此

光緒二十九年八月二十六日

杭錦資料 整理番號 一九　　癸字 五〇 號

督辦蒙旗墾務大臣、理藩院尚書銜、兵部左堂貽、

二〇

札調杭錦旗貝子、親將交地印文、持送行轅、聽候核辦由、

爲嚴飭遵辦事、案照前以伊克昭盟盟長、杭錦旗貝子、原報杭蓋地畝、未經即行指交、

奏奉

諭旨、著理藩院嚴行飭催、已由該院飭遵在案、查派赴該旗收地之員、守候又已兩月、倖據會同該旗梅楞提布、稟稱、刻即前往指交接收、先行具報、等情、計此時當已交收清楚、惟此項地畝、如何交收、辦理情形、仍須剋日

奏明、亟應札調該貝子、親將交地印文、持送本大臣行轅、聽候核辦、限文到二十日內、剋速起程前來、恪遵辦理、倘有遲延、定即據實參揭、恐該貝子未敢任此重咎也、除分飭包頭墾務局查照外、合行札飭、札到該旗、即便遵照、嚴飭該旗遵照、該局轉知張令文楷查照

切切此札、

右札仰 伊克昭盟盟長杭錦貝子、准此

包頭墾務局、

光緒二十九年九月十二日

杭錦資料	整理番號	二〇

癸字 五〇 號

敬稟者、竊卑職等、上月二十一日、曾上一稟、當邀

丙鑒、多日未奉

批示、下懷念結、前因貝子僅擬交王郭二姓之地、不能收領、遂與其面定、令梅楞提布赴城、自行稟商、該梅楞深明大義、如此次赴城於貝子不利、遂力爲維持地事、兩次派人赴旗商辦、初次人回據稱、貝子告以勿丟臉面、亦勿丟地、昨又來人貝子函調梅楞回旗、該梅楞當即函覆不能回、並告知現赴杭蓋交地信內、並有要挾語、該梅楞同卑職等議定、先將原報杭

蓋地界指交後、再行赴城、查其情形、出於至誠、並無他意、與其面爲言明、此次交收地界、倘或蒙員、蒙民、不樂從、
責在梅楞、如有百姓不樂意者、責在卑職等、到地界後、彼此各自約束、卑職等、定於初六日往赴地界、卑職拉芬同梅楞
騎馬由便道前往、彼路不能行車、卑職文楷繞道前進、定於抗蓋公中會齊、履勘地界、擬將界址收領後、再行設法索取貝
子印文、以便存案、茲先取得梅楞呈報會同委員指交原報抗蓋地界稟件、稟請
大人查核、專肅恭請
鈞安、伏乞
垂鑒、卑職文楷拉芬謹稟、初五日、

杭錦資料 整理番號 二二 癸字 五〇 號

敬稟者、初三日、接奉排遞
手諭、並張令文楷覆諭一件祇悉、當卽專馬馳送地所、適於初九日奉到張令來函、據稱該貝子回旗、梅楞提布、兩次遣人
去說、該貝子似以悔悟、而猶豫固執不肯、幡然改轍、繼復遣人飭令梅楞回旗、該梅楞、自知係局原辦之人、若不遵照原
報指交、卽令到城謁見、其將何辭以對、且如此推延、亦萬不能了事、因議定情願自行指交原報杭蓋地界、再行赴城、如
有蒙員蒙民不樂從者、有彼承當等語、察其言語、尚屬深明大義、力爲其貝子顧全大局、釋其抗違之咎、俟指界後、一
面赴旗索取印文、一面飭梅楞赴城、聽候核奪、定於月之初六日、同往地界指交、校騎校色拉芬、偕同梅楞乘騎由便道
前進、張令坐車繞道、定於杭蓋公中會齊、並取具梅楞呈報會同指交原報地界稟件、並稟陳各情形、囑由卑職先行稟
呈
大人查核等情、正繕稟間、適張令文楷繞赴後套、距包數十里、因隨前來晤商一切、竊思蒙人性情迂執、反覆無常、綏則生

二二

二二

玩、急則相持、此次該梅楞既敢自行指交、或不至冒然從事、我若拘泥不收、不惟坐失事機、且恐其更生玩視之心、其將坐待何時、查梅楞係貝子原派報墾之人、梅楞交地、即貝子交地、係勘收地界後、或貝子以木已成舟、無所事其反復、遂照出具印文、亦蒙情之常、倘再膠執迂玩、即拘留該梅楞、據實詳請參革、該盟長使之畏罪情怯、亦可使之就我範圍、卑職熟商再四、似可先行指收、張令晤商後、即於次日馳往後套不及繕禀、理合將其原禀、及梅楞呈報交地禀件、呈送

大人鑒核、再隨張令之繙譯、阿林阿、以離家日久、請假回旗、而此次勘收地界、以及赴旗索取印文、隨在皆須繙譯、因飭騎校德克精額、由郡王旗差竣言旋、該員穩慎安詳、兼通蒙語、曾經差赴杭錦、情形稍熟、卑職留其幫同張令前往後套收地矣、合併禀

聞、專肅敬叩

鈞安、伏乞

垂鑒、卑職姚學鏡謹禀、

杭錦資料	整理番號	一二二

癸字 五〇 號

敬再禀者、竊聞杭錦貝子、欠有外債甚鉅、無力償還、因每年在於蒙民帳房、計戶攤派、每帳房一頂、攤銀三兩、至四五兩不等、如內地之房捐、鋪捐、者也、蒙民無恒產、苦此苛政久矣、此次開辦墾務、爲該旗酌提押荒一半、復按年爲之酌提歲租、所以爲蒙民籌生計、濬利源者、至矣、盡矣、該梅楞洞悉此情、樂成恐後、其貝子惑於衆議、膠固不解、若再宕延、轉恐獲咎滋深、是以該梅楞立意先行指地、俾得有放荒銀兩收領回旗、不但抵還歷年債項、且可蠲免蒙民攤派、使其貝子知梅楞舉實有益於旗、且爲其所保全者大、是該梅楞之苦心孤詣甚屬可嘉、且聞該梅楞、此次指地、確有主見、必使其貝子有不能反覆者、在非徒孟浪從事、謹就卑職所聞各節、附陳

憲鑒、再該梅楞棍布、前蒙
札委襄辦墾務、准共支領津貼銀三十兩、此次交地、該旗並不發給資斧、卑職按照指地定章、支給該梅楞津貼銀三十兩、交張令帶交、以示體恤、再驍騎校德克精額、勘地言旋、因其本旗補缺到班、呈請返綏、且恐身未差旋、坎及輪補之時、恐坐失機會等語、查該員老成練達、且於杭錦各事情形較熟、留其幫同張令往勘地界、至其補缺一層、據該員聲稱、不敢仰邀格外之思、惟求以應補之缺、爲之輪班序補、卽頂戴無涯矣、敢求
大人推恩、於致
將軍函內、爲該員一言、俾其得以及時補缺、同深感激矣、再郡王旗前報該旗東西地段案內、蒙
大人札開、郡王旗土斯拉齊台吉、布音吉爾格勒、呈稱、此地內巴彥孟克地方、有該員應有游牧地二十餘里、情願報出一半、歸入開墾、其餘一半、請作爲該台吉游牧之產、等情、候派員勘收、該旗指報地畝、一併查明、如係原佔之地、准留一半、若所稱不實、另行核奪、等因、昨據吳縣丞面稱、巴彥孟克、卽該台吉所住之東營盤地方、約有二十餘里、均係該台吉招租墾放、並非該台吉應有游牧處所、此次勘驗、業經收入該旗報墾界內、是否飭令該台吉、一併報墾、應請
大人核奪示遵、肅附稟陳、再叩
鈞安、卑職學鏡謹再稟

杭錦資料	整理番號	一二三

癸字 五〇 號

呈奴才棍布、於本年三月初一日、奉該盟長札飭、由游牧啓程、前往歸化在卽、適奉
欽憲將軍、嚴加申斥、欽奉
上諭、將黃河迤北之地、開墾之處、旋已呈報、當經查勘、行走盟長、札薩克貝子、於七月十二日、在於沙拉召、訂期共游牧

二三

二四

管理達嘎察克布林鄂勒哲依等衆人、剴切曉諭、以薩哈勒廟、週圍一段地方開墾、等因定議、吾等仍至於七月二十五日、由沙喇召啓程、向城行走、一日有大老爺一差人前來、訴稱老爺以汝等官爵不可用、地土不可失、等因、寄信前來等語、

伏思前奉

欽憲將軍、再四示諭案內知曉、並無失地情弊、前往渡過黃河迤北、履勘折回、抵至干珠爾廟、有管理那遜綽克、鄂勒哲依巴圖、長史•鄂勒哲依布林等、衆人前來、恐其停止放地、等情、叩頭求乞、往前行走、來在隆興昌、適達嘎察克、管理、那遜綽克、梅楞•都嘎爾札普、台吉、梅楞、莫爾根等前來許稱費用若許馬匹羊隻乘騎吃食、大人饒俸銀千兩、奸官汝身拿去囉等語、傳喚衆人撤摔質對、預備居止者、殊屬可疑、而且奴才等、並無似此情弊據情呈報、懇祈

睿鑒昭雪辦理、爲此具呈

光緒二十九年九月二十二日

杭錦資料	整理番號	二四

癸字 五〇 號

敬稟者、竊卑職等、前會同杭旗梅楞棍布、履勘該旗報墾杭蓋地段、查得東至達拉地界、北至達拉地界、西北至烏拉地界、西至阿拉善地界、南至黃河、東西長三百數十里、南北寬八九十里、五六十里、二三十里、十數里、不等、核與原報相符、所有四至、該梅楞指交、業經驗收、由地之西界旋回時、蒙員三八個等、帶領多人、意在動武搶刦、梅楞同旗、卑職等、同梅楞以理喻之、人均散去、化險爲夷、平安無事、當即會同梅楞啓行、十九日抵包、同姚總辦商辦一切、該梅楞將報墾之地、指交清楚、業經令其繪圖、先行分報、三四日內、色驍騎校拉蘂、同梅楞赴城、卑同德驍騎校、克精額、即赴杭旗守取印文、此次先持包局公事前往、該貝子、能否速給印文、倘未敢定、到該旗後、如何光景、再爲稟陳、專肅恭叩

鈞安、伏乞

垂鑒、卑職文楷謹禀、九月二十三日

杭錦資料 整理番號 二五　癸字 五〇 號

敬禀者、竊卑職等自包起程、月之初三日、馳抵杭旗將一切事宜、同嘉格爾齊細談之、囑其先行轉達、謁見貝子晤商一切、
該貝子執意不見、以致有懷莫吐、無法可施、據嘉格齊云、貝子不能赴城、
欽差尚無公文到來、至地事、雖梅楞指界、亦不算事、業經札調杭蓋地內各蒙員、並傳各地商等、十月二十日、前來該商、六
旗亦已行文、飭令來杭商辦地事、並云去年以地事、十三旗公禀
理藩院總未見回文、今九月初九日、伊克昭七旗、又專人赴京、呈禀
理藩院、俟奉到回文、開墾與否、再爲議商等語、查該旗、近來抗違情形、較之從前尤甚、當必有人主使爲之也、前在包
頭時、已聞得梅楞云、該旗以地事行文、外六旗、到此驗之不誤、查該貝子不特自行違抗、而欲搖動大局、如此阻撓、實
屬可惡、所謂該貝子札文、務請
賜速寄下、並將九月間
理藩院來文、行知該旗、足爲至禱、卑職等此次前來、貝子不得見面、而言不能進、坐困於此、莫展一籌、竊思王德呢嘛、
奏爲各旗佩服、或札委其前來、合力辦理、於是似較有益、是否有當、敬請
鈞裁、札旗事應何辦理之處、請
示遵行、專肅恭請
鈞安、伏乞
垂鑒、卑職文楷 克精額 謹禀、十月初六日

杭錦資料 整理番號 二六　　癸字 五〇 號

杭錦旗、梅楞毘布、謹呈

爲交地認墾灌田事、竊梅楞於三月抵綏、當將本杭錦旗杭盖地一段、東至達拉特、西至阿拉善、南至黄河、北至達拉特、
西北至烏拉特地、報墾在案、嗣因盛夏田苗在地、恐妨禾稼、未經卽時指界、現於八月初十間、將前報地段、指交清楚、
情願仿照達拉特旗呈認開渠灌田、得租以三成歸旗、七成歸公、凡此界内、渠道能灌之田、均願認墾、惟蒙旗以牧放爲生、
懇請將近河之地、留作牧廠、寬處所留、不得過二十里、近河窄處、租地酌留、寬處寬留、窄處窄留、又有寺廟臺吉人等
居住游牧處所、以及墳墓、均乞賞留不開、再本旗近年以來、時被災祲窘迫、費用實多、懇祈由庫預賞借銀一萬兩、此項
借銀、由地租内歸還、日後倘有何人反覆情弊、梅楞情干認罪、並據實呈請核辦施行、爲此

謹呈

光緒二十九年十月初七日

杭錦資料 整理番號 二七　　癸字 五〇 號

敬禀者、竊査杭錦旗報墾地畝、爲伊克昭盟七旗之冠、且該旗貝子、現爲盟長、所轄六旗、均皆聽其指揮、開辦西墾、亦
以該旗爲最要、故不容其稍有反覆也、兹接張令文楷來函、謂抵杭旗後、將一切事宜、與嘉格爾齊細談之、囑其先行轉達、
並謁見該貝子晤商一切、該貝子執意不見、有懷莫吐、據嘉格爾齊云、貝子不能赴城
欽差尚無公事到來、至地事雖經梅楞指交、亦不算事、業經札調杭盖地内各蒙員、並傳各地商等、十月二十日前來會商、六旗
亦已行文、飭令來杭商辦地事、並云去年以地事、十三旗公禀

理藩院未見回文、今九月初九日、伊克昭七旗、又專人赴京、呈稟
理藩院、俟奉到回文、開墾與否、再爲議商、査該旗近來抗違情形、較前尤甚、當必有人主使等語、卑職査開辦西墾之
初、即經該貝子遣派梅楞棍布、將杭蓋地段、首先報墾、地亦指交、何能反覆、乃報墾至今、已數月之久、該貝子不惟不
交印文、百般推宕、且行文六旗、赴杭商辦、意欲搖動大局、揆厥情形、該貝子、性情愚魯、抗違一事、非其本意、爲棍
布所控之納素朝等、從中主使、不問可知、張命文棤、素爲該旗所輕視、現在坐困無法、卑職再四籌思、別無良策、惟有
仰懇
大人另備嚴札、多派馬隊、加派官階較崇之滿員、持札前往該旗、諭令該貝子、親賫交地印文、赴
轅交納、並飭將納素朝等、逐名解送懲辦、以儆效尤、而安大局、是否有當、伏乞
大人核辦、肅此具稟、恭請
勛安、伏乞
垂鑒、卑職姚學鏡謹稟

杭錦資料　整理番號　二一八　　癸字　五〇　號

督辦蒙旗墾務大臣、理藩院尚書銜、兵部左堂貽、
札飭杭錦旗貝子、迅將梅楞棍布指控那遜綽克等、呈送行轅、聽候査辦由、
爲札提事、案據該旗梅楞棍布呈稱、於本年三月初一日、奉該盟長札飭、由游牧起程、前往歸化在即、適奉欽憲將軍、嚴
加申斥、欽奉
上諭、將黃河迤北之地、開墾之處、旋以呈報、當經査勘行走盟長、札薩克貝子、於七月十二日、在於沙喇召訂期、其游牧會

二八

理、遣喚察克布林、鄂勒哲依等衆人、剴切曉諭、以薩哈勒嶺、週圍一段地畝開墾、等因、議定吾等仍至於七月二十五日、由沙喇召起程、向城行走、一日有大老爺一差人前來訴稱、老爺以汝等官爵不可用、地土不可失、等因、寄信前來等語、伏思前奉欽憲將軍、再四示諭、案內知曉、並無失地情弊、前往渡過黄河迤北、履揭折回、抵至干珠爾廟、有管理那遜綽克鄂勒哲依巴圖、長史、鄂勒哲依布林等、衆人前來、恐其停止放地等情、叩頭求乞、往前行走、來在隆興長、適逢喀察克管理、那遜綽克梅楞、都喇爾札普、台吉、梅楞、莫爾根等、前來訴稱、費用若許馬匹羊隻乘騎吃食、大人僥倖銀千兩、奸官汝身拏去囑等語、傳喚衆人、撥摔質對、預備居止者、殊屬可疑、而且奴才等、並無似此情弊、據情呈報、懇

祈

睿鑒昭雪辦理、爲此具呈、等情、呈請查辦前來、查該旗杭蓋地段、係該盟長、前派該梅楞來轅、呈報開墾、業經奏奉

諭旨、欽遵辦理在案、此次本大臣、派委候補知縣、張令文楷、驍騎校德克精額色拉芬等、會同該梅楞棍布、前往指交驗收、業已交收清楚、呈報到轅、乃該旗、固爾班巴克、那遜綽克等、竟敢糾約多人、赴隆興長、肆行攔阻、飭令該梅楞回營、意圖玩延、情殊可惡、正查辦間、又據委員張令文楷稟同前情、似此聚衆抗旨、膽大妄爲、若不提案究辦、何以儆刁頑、合行嚴札提究、爲此札仰該盟長、迅將呈內指控各人按名派員解到本大臣行轅、聽候查辦、勿得玩視遲延、致干未便切切此札、毋違

計提管理、那遜綽克、鄂勒哲依巴圖、長史鄂勒哲依布林、梅楞都嘎爾扎普、台吉梅楞莫爾根、

右札仰　伊克昭盟長、杭錦旗、札薩克貝子、阿爾賓巴雅爾、　准此、

光緒二十九年十月初八日

杭錦資料　整理番號　二九　　癸字　五〇　號

光緒二十九年十一月初六日、具
奏、爲密陳伊克昭盟盟長、抗不遵辦、掣動全局、請
旨開去盟長之任、另行揀署、以示震懾、而赴事機、恭摺仰祈
聖鑒事、竊奴才奉
命督辦烏蘭察布伊克昭兩盟開墾事宜、自上年到邊後、熟思審處、推厥歷來屢議未行之故、與蒙情動多阻隔之由、意以此次
議與蒙墾、不重在利源之廣闢、而重在
朝命之能行、是以未便望之太奢、亦未敢操之太蹙、年餘來百計圖維、多方曉譬、處處以柔道行之、方謂德感情動、未必不
生其領悟、而漸就範圍、其時亦實恃乎此、諭之以文札、說之以官商、並叠經示之以
嚴旨飭催、復知其桀驁不前、擇期抽調、凡可以饜蒙人之意、聯滿衆之歡者、罔弗竭誠相與、推之一价一員之至、犒賞無虛、
千里百里之遙、情文曲致、亦極撫馭之微權矣、方幸蒙情不難德化、如伊克昭盟盟長、杭錦貝子、首先與達拉特旗、於
三月間、遵調派員就議、呈報地段、當經奏請
恩施嘉獎、以示激揚、奴才赴包頭鎮時、所有伊盟之烏審郡王鄂托克札薩克等旗、均即接踵而來、或躬親至包、或遣人議墾、
大有爭先恐後之勢、業均出具報地印文、指交開辦、是諸部聞風興起、自杭錦首知嚮義倡之也、不謂首先就議之旗、即
首先渝盟之旗、該盟長始馴、繼抗、前所指報杭蓋之地、派員驗收、忽藉詞傳諭該處蒙衆、再行遵辦、及俟該旗集議後、
仍復延不交地、陽示以相率遵調之迹、陰行其巧爲抗阻之謀、奴才派往守候勘收之員、今閱五餘月之久、僅據該旗原報
地段之梅楞棍布、會同指界、而該盟長則堅詞不認、不肯出具交地印文、奴才前即知其意存反覆、奏請

飭下理藩院、嚴飭該旗將原報之地、速行指交、奉
旨允行在案、乃院文已行知該旗、不第該旗視若空言、近復行文各屬旗、謂各旗紛紛報地、不遵該盟長之命、飭調各原派報
墾之員、於十月二十日、前往聽候飭辦等語、該屬旗向惟盟長是遵、一聞此言、難保不羣翻前議、掣動全局、此皆奴才
用柔而不用剛所致、悚愧何勝、明知羈馭蒙部之方、全資威力、奴才念開墾係綏蒙之意、力反從前之所爲、以爲徐冀轉圜
縱使奴才受迂緩之愆、不願藩屬著抗違之迹、然不圖該旗之始終異轍如此、今者該盟所屬各旗、先後報地、或租或放、
任我推行、顧因杭錦一旗、致滋後慮、西盟全墾所係、正間不容髮之時、若仍有勸而無懲、豈獨未來之旗效尤不至、其
已來之旗、亦將重視盟長、而輕量
朝廷、一失此機、必至不可收拾、奴才所爲日夜焦思、乃知純用德意之非計也、伏思盟長之設、原使一盟所屬、惟該盟長率、
之效順、茲杭錦貝子、先既遵調派員欣然報地、繼乃無端延宕、抗不指交、今更唆使各屬旗、不令竟遵原議、意在藉口
羣情不願、以施其彌縫之術、敗我將成之局、不惟不率之效順、而率之阻撓、似此盟長、豈止爲墾務之憂、査奴才籌辦
西盟墾務、時逾一年、用人至數十員名、糜款至三萬餘兩、極力經營、始有今日、何能任令該盟長、從茲反覆、致撓大
局、現在別無操縱之計、惟有請
旨飭將伊克昭盟盟長、杭錦旗貝子阿爾賓巴雅爾、開去盟長之任、去其所恃、而震以
天威、知必畏而感悟、立可轉移、將不徒、該屬旗藉知懼慄、卽烏蘭察布盟觀望徘徊、至此亦應轉而嚮慕、則西事猶可爲也、
不然一經該旗之撓、便卽中輟、邊利之失猶小、其如屢次
嚴旨何、夫蒙墾有利而無害、不墾利失而害多、升任山西撫臣岑春煊兩次原奏、早已鑿鑿言之、使其逆知蒙愚如此、墾難如
此、卽明明大利所在、亦將委於天時人事之有待、而不驟議舉行、而在奴才就使不避艱難、不計利鈍、亦豈期效於不可
知之數、鑿路於無人迹之途、今蒙地南阡北陌、相望數百里之遥、何私墾則無妨、官辦則有礙、若竟聽其自爲風氣、系率抗

違、以後號召不靈、其得藉便私圖者、將求如今日而不可得、是以奴才詳度事情、誠不重在闢利源、而重在尊
朝命、亦知方今粵西有事、俄約未成、
宸衷宵旰憂勞、何敢復煩
聖慮、顧事機所迫、不能不出此請、如謂盟長之撤、難免不急則相持、則是未悉蒙部情形、蒙部知尊盟長者、以其權足統攝
各旗也、不知得之則人固彼從、失之則彼爲人役、若盟長之權一去、方畏罪之不遑、豈遂敢於離貳、況去其盟長、其爵
秩自在、蒙人愛惜功名、未有不恐懼失墜者、卽如上年蒙旗教案開議之始、各旗狡執不從、及達拉特旗貝子一俯、而
教款成、四子部落王一讓處、而賠議就、此其驗也、奴才以撤杭錦盟長、無庸過慮、如蒙
俞允、查伊克昭副盟長、烏審旗貝子察克都爾色楞、深明大義、前此一聞微調、遂卽擧地報開、洵堪爲一盟領袖、合無仰懇
天恩、俯准飭令該貝子暫署該盟盟長、遞遺副盟長、查有札薩克旗輔國公銜、頭等台吉、沙克都爾札布、自貢忠誠、挺身就議、
奴才深得其心、若以之署理副盟長、必可資其呼應、且是爲情殷效順者勸、奴才爲西盟墾事、焦灼萬分、不安寢饋、現
祇有威克厥愛一法、爲維持全墾之機、用敢瀆請
聖明裁斷、是否有當、謹恭摺密陳、伏乞
皇太后
皇上聖鑒訓示、謹
奏、十月二十三日
硃批著照所請、該衙門知道、欽此
光緒二十九年十一月初六日、附片
再伊克昭盟盟長杭錦貝子、始終異轍、安心狡抗、既已情跡顯然、未便再與委蛇、致益滋其玩視、此次請

旨開去該盟長之任、冀以

雷霆濟

雨露之施、審度機宜、實有不能不出此途者、至烏蘭察布盟盟長、屢次來文阻撓、語多悖罔、跡其情節、尤甚於杭錦、本應一併參處、姑以懲其一、以儆其二、或可徐望轉圜、餘步之留、正以絕其同惡之濟、此奴才相機操縱之意、然此外但有術可施、仍當隨時籌布、査奴才任綏遠將軍、例應查蒙旗召廟、現派協領文哲渾、前往伊克昭盟、於查召廟徒衆之餘、順便至杭錦盟所、期與該貝子晤商墾務、切實開陳、亦知萬難就議、不得不作萬一之想、又四子王旗、原定教堂賠款銀十一萬兩、嗣擬以該旗地畝抵償、議仍未就、迭據敎士商請催交、亟須遣員往論、現復派協領榮昌前往烏蘭察布盟盟長四子王處、飭速撥地、以完教案、仍飭一面說以開墾利益、冀其改悟、該兩旗能否漸有轉機、容俟詳察情形、再行奏

聞、理合附片陳明、伏乞

聖鑒、謹

奏、本月二十三日、奉

硃批知道了、欽此

三二

杭錦資料 整理番號 三〇

癸字 五〇 號

梅楞棍布呈驗杭錦貝子公文由

御御前行走盟長、固山貝子、爲革去該旗梅楞、管旗章京銜、棍布職任、飭令遵行事、竊査伊克昭、烏蘭察布、兩盟十三旗、及本旗牧廠、宜爲開墾一節、仍據兩盟各札薩克旗下數萬蒙僕、不能遵命、瀝據下情呈明、並經各札薩克公同商議、互相聯銜疊報文上司衙門、在案、正在未奉覆文間、副管旗章京、弘聽大臣、貽、遣隨同官兵、查驗本旗黃河北邊牧廠、擅

作威福、調撥屬下人衆、究於承辦任事之道、不合、除亟應革職撤任、發給鈐用盟長印文、飭令遵行勿違外、不知此事情形、仍由該梅楞、所報前來、官員始知書信、內云、情形無有一合、所有動用庫銀、分給旗下、債果、等語、實姑容、其革職撤任之處、呈報大部設缺、札飭等事、一併聲明、爲此特札棍布、遵行

光緒二十九年十一月初三日

杭錦資料 整理番號 三一	癸字 五〇 號

伊克盟盟長、鄂爾多斯札薩克固山貝子、阿爾賓巴雅爾

爲呈覆事、竊於本年十一月初七日、接准將軍札飭內開、查該副管旗章京棍布云云、等因、札飭前來、伏查本旗、係自昔以來至今週流有債賠還之人、若是力量不足、再行議還常有之事、又按年雖有因公使用之事、是屬下人等當措現已並未拖欠疏漏之項、今該旗副管旗章京棍布、赴城、本旗札薩克並未吩咐、飭令私自任意徑行作爲間人、查看游牧草廠報請開墾、且又任意竟敢借庫銀一萬兩、殊屬非是、不能承認開墾此地之事、據情聲明、除呈請

欽差大臣將軍鑒查、求祈禁止動用庫款外、惟棍布竝未奉有該札薩克飭令徑行指給、游牧地方尚未辦完、今又動用庫款、究屬不合、是以撤任革職、另行揀缺補放業已呈報大部、並飭交該棍布公文在案、今據在城之棍布來文、內開向大臣說、我們與奸人那遜楚克等附和、令我們依其所報、按款徑行出隊插除、等語、實屬駭奇、詳核出隊情由、插辦無辜之人甚屬可畏之事、將此合併聲明、爲此呈報

光緒二十九年十一月初十日

杭錦資料 整理番號 三二	癸字 五〇 號

伊克昭盟長、鄂爾多斯、札薩克固山貝子、阿爾賓巴雅爾、爲報事案查本年八月初六日、經盟長處呈報

三三

欽差將軍、大人、文內尾開、一體抄錄、呈報　　三四

欽差大臣鑒照、查官爲開墾情形、各札薩克等、已聯銜報候大部示覆間、本旗梅楞棍布、與大臣委員、知縣張文凱、隨同到城、遵飭返回游牧、因其以前故意妄爲、是以呈請儆戒、等情在案、又據本旗札蘭八名、長史一名、原呈內稱、我們各管各蘇木、所有蒙衆、奴僕、同聲喊訴、若在、我們蒙衆奴僕等、本游牧耕種官屯云云等情、在案、玆不意管旗章京銜、副管旗章京棍布、自恃職任、私行任意、徑聽大臣差委、隨同官兵、點驗該旗黃河北邊游牧草廠、藉威驚世、以致寺廟人戶、老少男女、實屬可怕、若至明年春季、再來任意開墾、我們黃黑衆奴僕等身命之地、與其勸解、不如預先將地方游牧佔據住處、以防丈量地步、早早具報、以爲證見、應請上司鑒照辦理、俾萬奴等、早爲佔據住處、游收地方、求祈仰施高厚重恩、等情、伏查該旗梅楞棍布、私行任意經

欽差大臣委隨同官兵查點該旗黃河北邊游牧草廠、若致開墾、逼迫黃黑衆奴僕滋生重要爭端、關係不小、抄錄實情呈報、仰懇

欽差將軍大臣鑒查、請將梅楞棍布、私自任意驚擾衆心之事、毋庸議俾求屬下衆奴僕等、得受恩典、爲此呈報

光緒二十九年十一月初十日

杭錦資料	整理番號	三三

癸字　五〇　號

督辦蒙旗墾務大臣、理藩院尚書銜、綏遠城將軍貽

札飭包局仍照杭錦旗前報地段開辦墾務並札飭該盟長遵照靜聽開辦由

爲札飭事、光緒二十四年、十一月初四日、案准

理藩院咨開、爲咨行事、旗籍司案呈、據伊克昭盟長、鄂爾多斯、札薩克固山貝子、阿爾賓巴雅爾、呈報、查伊克昭、烏蘭察布、兩盟、十三旗游牧地方、開墾公田、衆蒙僕實難遵飭、等情、經各札薩克聯銜分報大部、是否允協、未准札覆、

惟近日接奉大部、並綏遠城將軍劄文、皆係墾務大臣貽、奏疏、並欽奉
諭旨等件、並經綏遠城將軍、劄催本盟長、赴城遵
旨就議、等因、當經本盟長、備具印文、飭交梅楞棍布、遞送、並呈報墾務大臣貽、在案、並無檄飭梅楞棍布、令其商辦開墾
事宜、乃迭經墾務大臣貽、劄催文內據稱杭錦旗二品銜、梅楞棍布、擬請先由本旗界內開辦爲始、輒以影射無據之詞、率
行入奏、本盟長、督同協理各員、商辦各札薩克旗蒙衆、俱不遵從、至今並無擧辦勸辭、且開墾各札薩克旗牧廠公田、關
係甚爲重要、本盟長自當遵飭、剴切曉諭、秉公辦理、當據蒙衆、同聲喧言、當差餬口、全仗游牧孳養牲畜、以爲生計、
若勒令開墾、寔難遵命、等因、呈報前來、查此案、前據該盟長等、聯名呈報、本院、請免開墾牧廠、並聲明盟長、已赴
綏遠城、面謁將軍、等語、本院查該盟長、旣已赴綏遠城是以未經劄覆、正在核辦間、並由內閣、抄出墾務大臣奏、達拉
特、各員來城就議、請
旨嘉奬、一摺、欽奉
硃批允准、又另片奏、杭錦旗梅楞棍布、呈稱、情願先由本旗界內開辦、以爲倡率、等因奉
硃批、著理藩院迅飭遵辦欽此、均經抄錄原奏、附片札飭該盟長、轉飭所屬各旗、一體遵照開辦、勿得延緩在案、何以未奉院
文爲詞、藉端推諉、顯係阻撓、且與墾務大臣原奏不符、除劄行伊克昭盟長、轉飭各旗、遵照先後
諭旨、速將開墾事宜、赶緊辦理、毋得再行藉詞瀆請、若果實有窒碍難行之處、應由該盟長、呈報墾務大臣、就近體察情形、
安爲辦理、等因知照、本大臣前來、查該旗前報地段、未卽指交、經本大臣、奏奉
硃批、着理藩院迅飭遵辦、欽此、當經理藩院、抄錄原奏、附片札飭該盟長、轉飭所屬一體遵照開辦、勿得延緩、在案、何謂
爲未奉院文、今復由理藩院恭錄、先後
諭旨、剴切札飭、豈尙有所藉口耶、該盟長爲一盟表率、若仍任意狡飾、是顯違

三五

三六

朝命、恐該盟長、不能任此重咎也、除札飭包頭墾務局仍照前報地段開辦外合行札飭、札到該盟長即便遵照、靜候開辦切切此札
該盟長遵照辦理毋得延宕　切局即便知照辦理可也

札

右札仰　伊克昭盟長阿爾賓巴雅爾　准此
包頭墾務局
墾務總局

光緒二十九年十一月十一日

錦杭資料　整理番號　三四　癸字五〇號

呈訴被盟長撤革究抑由　二品頂戴杭錦棍布蹠呈

欽差大臣、將軍、爲請辦嚴審、欺壓寃屈、圖利、逆官事、欽竊本年春季、經該盟長、親自極願開墾地畝、令我赴城、禀見欽差大臣、商辦、等情當即奴僕遵飭、於三月初一日、由游牧起程、行抵歸化城、呈報官爲開墾本旗黃河北邊地畝、惟有本旗協理台吉、圖們鄂勒哲依、管旗章京、那木林藏布等、已將黃河北邊、灌水好地、私行招與商人三十餘名、書立約據、與各民種田圖利入已、二十餘年、今怕失去數千兩利益、正辦此事間、桃唆本札薩克貝子、斥我指辦地畝、於理不合、報部、並經盟長、斥革職銜、交我印文、有據、除聲叙被欺寃屈、違背諭旨、反復開辦之事、起意奸强之官、求祈嚴行審辦外、再前經我所報、與委員會同査指地段之間、有管旗章京銜、布林鄂勒哲依那楚遜克、鄂勒哲依巴圖、長史鄂勒哲依布林、副管旗章京、都噶爾札布、台吉、副管旗章京、札蘭莫爾根等、不但假捏虛寃、報該旗、又言欽憲委員、及我們是何人弊重、必將其殺害凈盡、幾乎墜其牢中情形、前已呈報請辦在案、似此形

同叛逆、聚集兵丁之人、呈請嚴拏、撤底根究、例定擬罪名之處、復請一併辦結、爲此謹呈、

光緒二十九年十一月十五日

杭錦資料 整理番號 三五　　癸字 五〇 號

協領文哲渾等謹

稟

欽憲將軍麾下、鈞安、敬稟者、竊章京、等、叩辭就道、於十六日、馳抵包頭鎭、風聞伊克昭盟長、杭錦貝子、於接奉

欽憲、派員帶兵往議公文、似有轉機、並有央人轉求章京、暫留包鎭、由該旗委員來包就議之語、竊維該旗、既經虛聲震懾之餘、章京等、無論帶兵與否、似未便率行前往、反啓蒙人輕視之心、擬欲反客爲主、蓄威包鎭、以覘該旗意向、遂向姚丞學鏡面商意見相同、是以先派防禦、德布詩巴博勒合恩二員、於本月二十日、由包啓程、往返限十五日、馳赴該盟長印務處、設法索取指地公文、並授以機宜、囑令相機辦理、一俟該二員、返回、再定行止、章京現經該牧士費安河挽留、自應先赴達拉特旗、面商教案、以便速結、所有四成地、補交地一千四百頃、經姚丞諄囑就近與該貝子面商、今冬交清、以便丈量、並剛卯河蒙民、械鬭一事、經姚丞面稱、聞將達拉特蒙人槍斃一命、現均逃散、且此案於聞信時、即派馬步營隊、一百四十餘名、馳往該處、懸賞搜拏首要、不日必有確音、章京思維此案、既奉

欽憲札文、自應分兵往探、即令馬隊委防禦、萬慶、營委、唐烏色二員、隨帶隊兵二十名、馳往該處、擬同該營隊彈壓辦理、勿任釀成巨案、所有章京等、到包隨機變通辦理、緣由、理合先行稟

聞、伏維

憲鑒章京 文哲渾 德克吉克 謹稟

光緒二十九年十一月十九日　謹　呈

杭錦資料　整理番號　三六　　癸字　五〇　號

督辦蒙旗墾務大臣、理藩院尚書銜、綏遠城將軍貽

具奏伊克昭盟盟長、杭不遵辦開墾、請旨開去盟長之任、另行揀署、恭錄硃批、並抄奏分行由

爲恭錄咨行札飭事、案照本大臣、於光緒二十九年十一月初六日、具

奏伊克昭盟長、杭錦旗貝子、阿爾賓巴雅爾、前經呈報地段、玆乃無端延宕、抗不指交、更唆使各屬旗、不令竟遵原議、意

圖反覆、請

旨開去盟長之任、以烏審旗貝子、察克都爾色楞、暫署盟長、遴選副盟長、以札薩克旗輔國公銜頭等台吉沙克都爾札布署理一

摺於本月二十三日、由差弁賫回原摺、奉

硃批著照所請、該衙門知道、欽此相應粘抄原奏並恭錄　粘抄原奏並恭錄　合行恭錄

諭旨咨行札飭、札到該局旗即便查照遵照可也、此札

綏遠城將軍貴衙門貴副都統請煩欽遵查照轉飭刻速交代施行、可也、須至咨者

計粘抄原奏一紙、

右　　咨

綏遠城將軍

理藩院

三八

歸化城副都統
包頭墾務局
墾務總局
達拉特旗札薩克貝子圖們巴雅爾
準噶爾旗札薩克貝子善濟密圖布
右札仰　杭錦旗札薩克貝子阿爾賓巴雅爾　准此
烏審旗貝子察克都爾色楞
郡王旗札薩克郡王特固色阿力坦胡雅克圖
札薩克旗頭等台吉沙克都爾札布
鄂託克旗貝勒格勒增嚕彔瑪旺札拉

光緒二十九年十一月二十四日

杭錦資料	整理番號	三七

癸字　五〇　號

督辦蒙旗墾務大臣、理藩院尚書銜、綏遠城將軍貽

文協領等赴伊克昭盟印務處、索取公文、並往達旗面商教案、俾交補地等情、分別批示、咨明綏遠城將軍查照由

爲咨明事。案據文協領哲渾稟稱、竊章京等、即辭就道於十六日馳抵包鎮、風聞伊克昭盟盟長抗錦貝子、於接奉欽憲、派員帶兵往議公文、似有轉機、並有央人轉求章京、暫留包鎮、由該旗委員來包就議之語、竊維該旗、既經虛聲震懾之餘、章京等無論帶兵與否、似未便率行前往、反啓蒙人輕視之心、擬欲反客爲主、著威包鎮、以覘該旗意向、遂向姚丞學鏡而

三九

四〇

商意見相同、是以先派防禦德布詩巴博勒合恩二員、於本月二十日、由包起程、往返限十五日、馳赴該盟長印務處、設法索取指地公文、並授以機宜、囑令相機辦理、一俟該二員返回、再定行止、章京現經該牧士、費安河挽留、自應先赴達拉特旗面商教案、以便速結、所有四成地補交地一千四百頃、經姚丞諄囑、就近與該貝子面商、今冬交清、以便丈量、至剛卯河蒙民械鬬一事、經姚丞面稱、即將達拉特蒙人、掐斃一命、現均逃散且此案於即信時、即派馬步營隊、一百四十餘名、馳往該處懸賞、搜拿首要、不日必有確音、章京思維此案、既奉欽憲札文、自應分兵往探、即令馬隊委防禦萬慶、營委唐烏色二員、隨帶隊兵二十名、馳往該處、幇同該營隊、彈壓辦理、勿任釀成巨案、所有章京等、到包、隨機變通辦理、緣由、理合禀明、等情據此、除批禀悉、仰即相機辦理、總以設法取到該盟長、交地印文爲要、如該盟長、仍行違抗、即令出具不肯交地文結、呈送核辦、倘係該旗辦事人員、從中唆阻、或有不肖地商、構結煽惑、阻撓西盟大局、併即査明、妥速拿送、以憑究治、其達拉特旗教案、務趁此行速商辦結、免致久懸、餘如議辦理、並候咨明

綏遠城將軍、査照外、相應咨明、

綏遠城將軍、請煩査照可也、須至咨者、

右　　咨

綏　遠　城　將　軍

光緒二十九年十二月初九日

杭錦資料	整理番號	三八	癸字	五〇	號

敬稟者、頃奉初七日

鈞函、蒙以杭錦情形、是謅正擬肅單奉覆、適派赴該旗之李商人、於今日馳回、據稱、前由包鎭啓程、於初六日、行抵該旗、

面見貝子、詳告一切、陳之以利害、動之以危詞、今則翻然悔悟、並圖保全盟長、情願效順輸誠、以求我
憲寬恕、定於初十日先遣西圖薩拉齊、土麥爾居、親賫交地印文、到包與卑職等面議一切、俟開印後、該貝子携盟長印赴城
叩謁、我
憲恭請
訓示、意在懇
恩開復盟長、而與李商人、臨行之時、則囑其暫時不必提明此意、恐貽笑於人、蒙情之愚、殊覺可笑、誠如我
憲摺內所云、蒙人愛惜功名、去其盟長、必能就我範圍、威制之法能行、於此益見矣、旋經德博二委員來票、據稱與李商大
致相同、惟曲折處不及李商詳細、蓋一由面陳一由筆Ẃ耳、先將原票馳呈
鈞鑒、以慰
憲廑、俟土麥爾居到包時、查其所具印文如何、再行縷晰上陳、肅此具稟、敬請
鈞安、伏乞
垂鑒、章京文哲渾
卑職姚學鏡謹稟

杭錦資料　整理番號　三九

癸字　五〇　號

御前行走、伊克昭盟長、鄂爾多斯、札薩克旗貝斯、阿爾賓巴雅爾、呈
欽差督辦蒙旗墾務大臣、理藩院尚書銜、綏遠城將軍衙門、爲呈報事、前蒙　理藩院來文內開、本盟長處、轉飭各該旗迭次
遵奉
上諭速催辦理墾地事宜、毋得飾詞瀆請、如實有窒碍之處、而該盟長、呈報墾務大臣、就近體察情形、妥爲辦理、等因前來、

四二

又綏遠城將軍、並

欽差大人、屢經迅催報並飭交在案、查本旗界址內、皆賴游牧所種之地無久、但查後套之地、水渠地土膏腴、無窒碍之處、現今大部並遵 欽命將軍飭令情願後套地內、東把噶、中把噶、呈報開墾、等因爲此、西把噶仍由本旗留給住處、查東中二把噶、四至界址、東面達拉特旗連界、南面黃河連界、北面達拉特旗連界、西面王文善之舊河連界、二把噶旗內召廟坟塋人丁、所種之地不合計外、將此二把噶旗界址內、凡水能到之地、查其有益開墾、如此定辦、實在本旗無窒碍之處公事有益、而且中東二把噶之間、所有地形、實在微小、祈請

將軍酌量留給數十處牧地、不用開墾、本旗作爲住處、爲此所留水渠租價銀兩、如何辦理之處、飭本盟長、帶印親往綏遠城、與

欽命將軍會面商辦、除照前所種之地、開墾等因、四至界址、註寫本旗、差正土斯拉克齊札克噜克齊等、持文前往包頭、呈送

將軍委員文協領、墾務局姚總辦、轉呈

將軍辦理、由

光緒二十九年十二月初十日

杭錦資料	整理番號	四〇

癸字 五〇 號

御前行走、伊克昭盟長、鄂爾多斯、札薩克貝子、阿爾賓巴雅爾呈

欽差督辦蒙旗墾務大臣、理藩院尚書銜、綏遠城將軍衙門、爲呈報起程日期事、盟長我身准奉

理藩院來文、並准

欽差大飭來文內、本旗後套東把噶、中把噶處、情願呈報開墾、地上四至定寫備齊、呈報印文、差派土斯拉克齊台吉、圖們額勒

哲依、札克噜克齊、納本林贊等速往包頭、呈報

將軍、委員文協領、墾務局姚總辦、轉呈

欽差大人查核、等因、盟長、我身于十二月十二日、由旗起程、帶印前往綏遠城、面禀

欽差大人商辦、並呈起程日期由

光緒二十九年十二月初十日

杭錦資料 整理番號 四一　癸字 五〇 號

管理廂黃正白二旗滿洲協領、花翎副將銜、文哲渾、

四品銜、西盟墾務局總辦、署理五原廳同知、姚學鏡、謹

禀

大人閣下、敬禀者、竊章京等、前經派赴杭錦之德防禦音詩巴、博防禦勒合恩、暨李商人廷拔、均次第回包、該旗派來協理台

吉、圖們額爾哲依、管旗章京那木林布、於十三日亦到、章京等、於十五日、與之接見、查其來意、似以劾去貝子盟長爲

恥、被參之事、緘口不言、但云特爲遵奉

理藩院札文、前來報墾等語、章京等、欲照梅楞巴布所指之地、按圖索驥、則云、願將後套之東中西三把噶、截一東巴噶

報墾、章京等、復曉以情理、破其固執、磋商再再、始得漸就範圍、惟稱此來、曾奉該貝子面諭、勿論如何、總不能依照

梅楞巴布所指之地辦理、蒙情愚執、不便過違其意、令其回寓計議、旋據該台吉等、密囑李商人、向章京等挽商、求開復

貝子盟長、以存體面、否則爵地兩失、無顔以見、各旗卽不能遵辦、而又不便當面懇求、恐疑其被參後、始來報墾、有失

恭順之道等語、復經章京等多方開導、並允爲代求

四四

憲恩開復盟長、該台吉等、乃遲於十六十七兩日、將東中兩巴噶併報墾、章京等詢之後套商人、其西巴噶之地爲數無多、且遠不及東中兩巴噶之地沃饒、正可從權定議、所有渠租一項、因圖們額爾哲依等、以所定三成租銀歸蒙之數較少、不敢擅主、請俟貝子赴城、謁見

憲台後、再行定議、旋於十八日、將該旗交地印文、並貝子呈報起程日期印文各一件、交由章京等、呈送

憲鑒、查該貝子既經報墾、與始終不悟者有別、俟其帶印、恭請

憲轅時、仰懇

憲恩、俯念蒙情愚執、

曲賜矜全、以示寬大、是否有當、理合肅具稟陳、並派德防禦賚呈該旗交地印文、呈請

鑒核伏候

批示祗遵、再章京文哲揮、於發稟後、即於十九日起程回城、面稟一切、合併聲明、肅具寸稟、恭請

鈞安、伏乞

垂鑒、章京文哲渾 卑職學 鏡謹稟、

附呈送

印文兩件、

清摺兩扣、

光緒二十九年十二月十八日

杭錦資料 整理番號 四二

癸字 五〇 號

敬稟者、竊查杭錦旗認墾兩巴噶之地、業已會稟、其餘各情、已請文協領面稟、玆據該旗、西圖薩拉克齊等、面稱盟長行至中途、感冒復回營盤、須俟明正再往等語、卑職告以該旗地租、尙未議定、前據該旗、文報盟長、自行赴綏面稟商辦、若待明正誠恐有誤放地、今年必須定議、該蒙員等、以杭地渠道現成、得利獨早、不願照達旗辦法、堅請加租、卑職以加租、須請示辦理、包局不得擅專、嗣據商人李廷栽、王同春面稟、此次所來之圖薩拉齊、揆其意、並不在爭租、惟在不以公部所報之地爲法、亦不欲以達旗租銀爲章、總要變一辦法、始能就議、卑職即令李廷栽、王同春與蒙員回寓妥商去後、旋據該商等、回稱、該旗欲將第一年租銀、以五成給旗、五成歸公、其第二年以後、永遠包租如同額租、每年兩巴噶地、給租銀五千兩、旗下公費銀二千四百兩、於春秋兩季支領、每年渠水澆多澆少、放地多寡、均與旗下無干、如允准、即照此與該旗出文、該旗即備印文、存案等語、卑職核計該旗、所議之租、與達旗辦法、相懸甚殊、査杭旗現澆之地、約在四五千頃、姑無論將來添開新渠能澆二三萬頃、即就現在四五千頃而論、該旗可得三成銀、亦在四五萬兩、今所議之租、雖第一年多得二成、而以後每年只七千餘金、蒙性雖愚、何至如是、不知是何計算、實不可解、卑職以其所議、大有益於

墾、當即允准所議、令其出具印文、而其堅要、卑職先出文書、蓋其意恐有反復、隨即備文差弁、同蒙員前往該旗守取回文、一俟印文取回、再行詳請

立案、雖已照所議辦理、而終以其租太少爲疑、有無窒礙、尙乞

訓示、再蒙員又送來一文、請轉呈、問其何事、則係分辯革盟長之事、謂報地係十二月初十日、烏審來取印信、在十五日是報地在先、革盟長在後、求開復之意、其愚眞不可及也、專肅禀陳、敬請

鈞安、伏乞

垂鑒、卑職學鏡謹禀

杭錦資料 整理番號 四三 癸字 五〇 號

伊克昭盟、鄂爾多斯、札薩克旗貝斯、阿爾賓巴雅爾、謹呈

欽差墾務大臣、綏遠城軍憲 爲禀呈事、近因開墾蒙旗游牧、接奉

理藩院、並

欽憲札飭備辦開墾、各等因蒙此、即將遵行籌辦開墾情形、具呈大部 欽憲在案、今蒙

欽憲札飭、諉誤墾務移辦盟印、並准烏申貝斯、察克都爾素隆、移咨派員接取盟長印信、等因前來、伏査此件開墾事宜、前經

卑盟會同各札薩克旗、具情覆請大部軍憲如何遵行辦理亦在案、適蒙

部憲飭遵籌辦開墾、等因蒙此、卑盟並無任意諉抗情事、是以未能移交盟長印信、及移咨烏申貝斯緣由、一併具情禀覆、叩

祈

憲台電鑒、恩賜格外辦理施行、

光緒二十九年十二月十九日

杭錦資料 整理番號 四四 甲字 四八 號

杭錦旗貝子禀報卑軀、因腿疾復發、未能親履行轅由

欽差督辦蒙旗墾務大臣、綏遠城軍憲

範德豫順、

恩光普惠、徵奧者、卑盟長遵飭辦理墾務事宜、於十二月十二日起程、前赴補爾噶棗太等處、卑軀適因陰寒腿疾復發、未能

親履

行轅稟明情形、望祈

垂鑒庇佑、專呈淨帛、

敬叩

勛安、卑盟長鄂爾多斯貝斯、阿爾賓巴雅爾、謹稟

杭錦資料 整理番號 四五　　甲字 四八 號

督辦蒙旗墾務大臣、理藩院尚書銜、綏遠城將軍貽

札飭包局轉飭委員於二月初五日前赴杭錦報墾地所、會同蒙員指交驗收、並飭該旗委員遵照由

爲札飭事、前據杭錦旗貝子差正士斯拉克齊、札克噂克齊、呈報後套地內東中兩把噶地段、東至達拉特旗界、南至黃河、

北至達拉特旗界、西至王文善之舊河、凡可有益開墾、遵照辦理等情、出具印文呈報在案、查該旗此次所報地畝、與初次

呈報勘驗之地界址、微有不同、自應再行派員會同該旗蒙員指交驗收、以昭核實、除飭該旗即速派員、於二月初五日以前、馳派包局委員鄭令天馥、防禦德克精額即速、

赴地所會同收地委員指交驗收外、局即便轉飭鄭令天馥、德防禦克精額、遵於二月初五

於二月初五日前、馳赴地所會同該旗蒙員指交驗收外合行札飭札到該員即便遵照、務於二月初五日前馳抵東中兩把噶地所旗即便遵照、立即派員於二月初五日前、馳集東中兩

日、前赴東中兩把噶地所、會同蒙員指交驗收、呈報毋延、此札

會同蒙員勘明四界、接收呈報、毋延切切、此札

把噶地所、會同包局委員鄭令天馥、防禦德克精額、指界交收、毋稍延悞、切切此札、

包頭墾務局

四七

四八

右札仰　知縣鄭令天馥　准此
防禦德克精額
杭錦旗貝子阿爾賓巴雅爾

光緒三十年正月二十三日

杭錦資料　整理番號　四六　五原墾務分局保存

包頭墾務局、

詳議定杭錦旗地租、據情轉詳立案由

爲詳請立案事、案查錦杭旗呈報後套東中兩巴噶地段、並另文呈稱墾租事宜、應如何定議、俟該盟長到綏面議各緣由、業經卑局詳報在案、嗣據該協理台吉、圖們額爾折依等、與王商人同春、李商人廷栽面稱、現在盟長偶受風寒、年內不能啓程所有歲租事宜、應先由該協理台吉等、公同議定、再由盟長印文、呈詳

憲台核定、當由卑局與協理台吉地商等、公同議定備文移取該盟長印文、以便詳請立案、兹據該旂覆稱、爲出具印文咨覆事、本年正月初三日、准貴同知來文云云、轉呈

欽差大人各項定立章程、即便飭覆、以憑信守、等因、理合據情、轉詳憲台査核、俯賜備案、實爲公便、爲此備由另册具申、伏乞

照詳施行、須至詳者

右　詳

欽　憲

光緒三十年正月二十六日

包頭墾務局、

出示招租杭錦旗中東兩巴噶地畝由

爲出示曉諭事、照得前據杭錦旗、呈請、將該旗內東界達拉特旗西界王文祥舊河、南界黃河、北界達拉特旗之中東兩巴噶地畝一律報墾、當經本局派員查勘驗收、並籌擬章程、詳蒙欽憲批准並令迅速招租丈墾各在案、查該旗所報地畝、有新舊渠水可以引灌、時値春融、自應及時丈放、其招租章程、合先出示曉諭、爲此示仰地戶人等知悉、爾等如願租種地畝者、無論成總零星、均准承租、惟丈墾在邇、爾等應即查照章程、迅速來局掛號認租、勿得觀望自悞、所有招章程一十九條、開列於後、其各凜遵、勿違特示

計 開 章 程、

一 新舊各渠地、按地之肥瘠、分爲四等、定租上上地、每頃每年租價四十兩、上次地、每頃每年租價銀三十兩、中地、每頃每年租價二十五兩、下地、每頃每年租價二十兩、

一 地之肥瘠、定爲四等收租、而上水有春水、伏水、秋水之別、伏水最好、秋水次之、其澆伏水者、每頃加租銀六兩、秋水者每頃加租銀三兩、以示區別、

一 承租地戶、卽令永遠承租、以便聽其就地建屋、利於耕墾、如此則與平素置産、永遠爲業者無異、凡欲租地者、先行來局報名、取其殷實保狀、認租何處地畝若干、指明地界、丈交清楚、出具認狀、再由本局發給執照、如按年租價無欠概不更租

一 凡地戶認租若干頃、每年呈交租銀、以能否澆灌爲斷、如下游各地、倘遇渠水淺澁、不能上水、准其來局呈報、經本局查明如該地戶承種百頃、祇能澆地五十頃、卽以五十頃收租、其未澆之地概行免租、如不因水淺無故自悞者、不在此例

五〇

一 本年租銀、以認租領照後、即行全數交清、以後定爲每年春秋兩季呈交、春季不得過三月、秋季不得過九月、均按原年交納、

一 承種地戶、按年交租無虧、即令永遠承種、倘有拖欠、不能依限完納者、由本局撤地另行招租、

一 原墾各地商、如願成總認領、轉行分租散戶者、亦准其來局報名、須有切實舖保、按年呈交租價、與民戶所種之地量爲酌減、以示體恤、如非原墾舊商、不在此例、

一 認租原地戶日後不願承種、或以原地推與他人、准其來局報名、新地戶取具妥保、出具認狀、舊地戶出具推租甘結、以憑更換執照、

一 地戶認租、欲種夏田秋田者、或半種夏田半種秋田、均須預先報明、再由本局發放、不得任意播種、致悞上伏水之期倘該地戶報種夏田、復攙雜秋田者、臨上水時被淹、仍責令如數交租、以防淆亂

一 地戶等澆灌青苗之時、於自己地內、均須預先築堤、不得淹及他人之地、亦不得私偷他人支渠之水、倘有此等情節、准其來局喊禀、以憑懲辦

一 本局修渠、凡渠水能到之處、一律招租認墾、其本年承租生地、有枳棘紅柳開荒稍費工本者、每頃地將頭一年租、遞減租價十兩、以後仍照數交租、如地內祗有蒿草、而無紅柳枳棘者、不在此例、

一 地戶認領之地若干、由本局編列號數註明執照、凡遇春夏秋三季、上水澆地之時、本局派同委員監視、督飭渠頭按號數挨次輪流澆灌、不得互有爭奪、倘有違章越地私澆者、准地戶禀送、以憑究辦、

一 承租之地、如遇水淹冰雹各偏災、准地戶呈報、由本局派員勘驗、其僅上四五分勘不成災者、照章呈交租銀、不得籍詞拖欠、其災至七八分以上者、應完秋租、即予蠲免、以示體恤、統由本局分別詳請核奪、

一 本局招租地戶認租、概不准無業游民承領、必須有殷實妥保出具切結方准認領、其已有妥保之地戶、准其互相出保、

一　新舊各渠、每渠各設總渠頭一名、優給工食、擇其熟悉渠務、兼有妥保者充之、責令於放水時、專管某戶之地應放、某戶之地應堵、並於分段各工內留心查看、有無應行添偏短工之處、率同散渠頭及時具陳、此外如渠身渠岸、有應修補以及渠水奔放與大路有碍、須架小橋、以利行人者、均須報知委員查明辦理、

一　向來商人於開渠灌地時、漫無限制、偶遇黃河水大、無處消納、致將他人地畝淹沒、往往爭鬬涉訟、甚有釀成命案者均以預爲之防、現擬於各渠口安設閘版、以杜水患、

一　新舊各渠、於適中之地建房一所、作爲委員辦公之處、再分段建屋十處、以便各渠頭常川住守、

一　中東兩巴簡地應交租銀、均照定章辦理、特恐日久弊生、有狡力之徒、於放水時、串同渠頭、將中東兩巴噶外、未經報墾之地種用渠水、或私自引灌、一經查出、除嚴治渠頭之罪於不貸外、將引水地戶從重議罰、

一　中東兩巴簡界外之地、如有徵引用渠水者、准其來局呈請交納渠費、由本局批准後、即行委員監放

光緒三十年正月二十六日

杭錦資料	整理番號	四七

甲字　四八　號

包頭墾務局、爲詳請立案事、案查杭錦旗、呈報後套東中兩把噶地段、並另文呈稱渠租事宜、應如何定議、俟該盟長到綏面議各緣由、業經卑局詳報在案、嗣據該協理台吉、圖們額爾哲依等、與王商人同春、李商人廷栽面稱、現在盟長偶受風寒、年內不能啓程、所有歲租事宜、應先由該協理台吉等、公同議定、再由盟長出具印文、呈詳憲台核定、當由卑局與該協理台吉地商等、公同議定、備文移取該盟長印文、以便詳請立案、玆據該旗覆稱、爲出具印文咨覆事、本年正月初三日、准貴同知來文、爲移請出具印文事、案准貴盟長呈報後套東中兩巴噶地段、遣協理台吉、圖們額爾哲依、甲格爾齊、那木林生布等、帶同貴盟長交地印文、呈請轉報並另文呈稱渠租事宜、如何定議、由貴盟長於本月十二

日、帶印起程、親赴歸化、謁見
欽憲面定一切各緣由、業經本局詳報各在案、茲據該協理台吉、圖們額爾哲依等、與王商人同春、李商人廷栽面稱現在貴盟長
偶受風寒、年內不能啓程、所有歲租事宜、應先由該協理台吉等、公同議定、再請貴長出具印文、呈請轉詳
欽憲核定、查該協理台吉、議定以後套報墾兩巴噶之地、除留召廟墳地、住地、戶口地外、任便修渠開墾、本旗應領歲租、自
光緒三十年、爲開辦之頭一年、所有兩巴噶之地、租放若干、所收租銀、應請一半歸公、一半歸旗、一年爲止、其自三十
一年起、每年包租銀六千兩、公費銀三千兩、共領歲租公費銀九千兩、勿論報墾界內開墾若干、渠水大小、澆地多寡、均
與旗下無干、每年應領歲租公費、分春秋兩季、向包頭墾務局請領、日後墾務局事竣、即由五原廳請領、以上各節、係本
旗公同議定、事出情願、懇請轉詳
欽憲批定、作爲永遠章程、以昭信守各等語、查歲租一項、既由該協理台吉等公同議定、業經本局允准、自應移取貴盟長印文、
詳送
欽憲核定、爲此合移、即請貴盟長按照該協理台吉等、所定歲租數目、出具印文、以憑詳轉、事關要件、望速施行、等因前來、
爲此將定辦之處、盟長札薩克貝子、本旗准照出具印文咨覆外、後套東中二公所留牧地、仍以言明、並本旗地、或別旗地
伊等給收水租定規之處、合併咨行查照、轉呈
欽差大人各項定立章程、即便飭覆、以憑信守、等因、理合據情轉詳
憲台查核、俯賜備案、實爲公便、爲此備由具申、伏乞
照詳施行、須至詳者
光緒三十年正月二十九日　總辦　姚學鏡
　　　　　　　　　　　　會辦　清　治

杭錦資料 整理番號 四八　　甲字 四八 號

伊克昭盟長、呈報派委蒙員會同委員前往所屬旗下、週歷開墾地畝界址由、

御前行走、伊克昭盟長、鄂爾多斯、札薩克固山貝子、阿爾賓巴雅爾、呈報事、現經本處派委協理台吉、鄂勒哲依巴雅爾、長史、鄂勒哲依布林、台吉筆帖式、沙瓦多爾濟等、與將軍大臣委員等、會同前往所屬旗下、週歷開墾地畝界址、理合將飭派委員銜名預爲聲明、相應呈報

欽差將軍大臣、祈請鑒查、爲此呈報

光緒三十年二月

杭錦資料 整理番號 四九　　甲字 四八 號

杭錦旗貝子、呈報梅楞棍布今因其自知悔過、並未借動庫銀、仍留職任由、

御前行走、伊克昭盟長、鄂爾多斯、札薩克固山貝子、阿爾賓巴雅爾、呈報事、竊查本旗梅楞棍佈、未奉本屬札薩克吩示、私自任意妄指游牧草地、擅敢借動庫銀一萬兩、是以革去職任、今因其自知悔過、並未借動庫銀、自宜仍留任職、相應呈報

欽差將軍大臣、祈請鑒查、爲此呈報

光緒三十年二月十六日

杭錦資料 整理番號 五〇　　甲字 四八 號

督辦蒙旗墾務大臣、理藩院尚書銜、綏遠城將軍貽

五四

札杭錦旗貝子、呈報梅楞棍布、今因自知悔過、並未借動庫銀、仍留職任、札飭該員遵照並、札知由、包局

爲札飭事、案據

御前行走、伊克昭盟杭錦旗、鄂爾多斯、札薩克固山貝子、阿爾賓巴雅爾、呈報事、竊查本旗梅楞棍佈、未奉本局札薩克吩示、私自任意妄指游牧草地、擅敢借動庫銀一萬兩、是以革去職任、今因其自知悔過、並未借動庫銀、自宜仍留任職、相應呈報欽差將軍大臣、祈請鑒查、爲此呈報、等情、據此、除分行外、合行札飭、札到該員局即便遵查照、此札、

右札印　杭錦旗梅楞棍佈　准此

包頭墾務局

光緒三十年二月二十二日

杭錦資料　整理番號　五一　　甲字　四八　號

敬再稟者、杭錦收界事、昨據該旗來文、已派蒙員赴地守候指交、旋因匪徒滋擾、鄭令丁艱、事隔多日、未能勘收、日內各軍雲集、小醜不難殲除、而勘收界址、應留戶口牧地交界處所、亟應分晰劃清、以昭核實、自應詳請改委妥員前往、查卑局提調耆直牧慶、張委員嘉穀、穩練精詳、堪以派往、可否仰懇札委該二員、前往會同德防禦勘收之處、恭請鈞裁、再聞杭錦交地蒙員、因賊匪擾掠裹脅、均躲避在隆興昌牛犋、邇附載叩崇安、伏乞垂鑒、卑職學鏡謹再禀

杭錦資料 整理番號 五二　　甲字 四八 號

包頭墾務局、爲詳請改委事、案蒙

憲台札開、以此次杭錦旗呈報後套地畝、與初次呈報勘驗之地、微有不同、派委卑局主稿委員、山西試用知縣鄭天馥、於二月初五日以前、馳赴地所、會同蒙員指交驗收等因、旋因匪徒滋事、道路不靖、該令由中途折回、玆查鄭令於二月初七日丁憂、業已詳報在案、所有驗收杭錦呈報地界一事、似不可緩、即應詳請改委驗收、以昭核實、理合具文詳請

憲台俯賜改委、實爲公便、爲此備由具申、伏乞照詳施行、須至詳者、

光緒三十年二月十六日、總辦姚學鏡

會辦淸治

杭錦資料 整理番號 五三　　甲字 四八 號

督辦蒙旗墾務大臣、理藩院尙書銜、綏遠城將軍貽

札委張令文楷、張府經嘉穀、前往杭錦旗驗收地界由、

爲札委飭事、據包頭墾務局詳稱、前委驗收杭旗地界委員鄭令天馥、於二月初七日丁憂、所有驗收地界一事、詳請改委前來、除批據詳已悉、鄭令天馥、現已據報丁憂、所有驗收杭錦地界事宜、仰候札飭張令文楷、張府經嘉穀、前往驗收外、合行札

委札到該員即便遵照前往會同德防禦、暨蒙員核定驗收、具報查考、此札

飭札到該局處即便遵照可也、此札

右札仰　山西試用知縣張令文楷

山西候補府經歷張嘉穀

包頭墾務局　准此

五五

收文處　五六

光緒三十年二月二十一日

杭錦資料　整理番號　五四　　甲字　八　號

督辦蒙旗墾務大臣、理藩院尚書銜、綏遠城將軍貽

烏審等旗呈驗杭錦旗貝子飭知各旗、不准報墾、將原文暫存文案、另行核辦、札飭各該旗遵照由

為札飭事、照得本大臣前開杭錦旗貝子、阿爾賓巴雅爾、前在盟長任內、有飭令所屬各旗、不准呈報開墾地畝情事、當經嚴飭各該旗、據實呈報、不准隱匿去後、茲據烏審等旗、呈驗杭錦旗貝子飭知原文、確係該貝子飭令各旗、不准呈報開墾巧為阻撓、除將杭錦旗原文、飭交文案處暫存備查、另行核辦、並札飭烏審等旗、俟墾務完竣時、再將原文發還外、合行札飭、札到該旗、即便遵照、此札

右札仰

杭錦旗貝子、阿爾賓巴雅爾

札薩克旗輔國公、沙克都爾札布

郡王旗郡王特古斯阿勒坦胡雅克圖　准此

烏審旗貝子、察克都爾色楞

鄂托克旗貝勒、格勒增噶永瑪旺札拉

光緒三十年二月二十八日

杭錦資料　整理番號　五五　　甲字　四八　號

督辦蒙旗墾務大臣、理藩院尚書銜、綏遠城將軍貽

札杭錦旗貝子、呈報仍留梅楞棍布職任等情、札飭該旗貝子、仍將盟長印信、移交署盟長、勿得嘵嘵自緒由

爲札飭事、案據該貝子、阿爾賓巴雅爾、呈稱、竊查本旗梅楞棍佈、未奉本屬札薩克吩示、私自任意妄指游牧草地、擅敢借動庫銀一萬兩、是以革去職任、今因其自知悔過、並未借動庫銀、自宜仍留任職、相應呈報欽差將軍大臣、祈請鑒查、爲此呈報、等情前來、查該旗上年呈報荒地、該貝子若無當面吩付之話、梅楞棍布、何敢率然來轅報墾、乃該貝子自翻前議、又欲諉過於人、將無辜之棍布革去職任、此次來文有因棍布自知悔過、將其仍留職任之語、棍布所辦之事、本無不合何得言其悔過、前後辦理錯謬、均係該貝子一人所爲、文過飾非、莫此爲甚、仰仍將盟長印信、刻日移交署盟長接領任事該貝子勿得嘵嘵置辯、自取咎戾、合行札飭、札到該貝子、即便遵照、此札。

右札仰　杭錦旗貝子、阿爾賓巴雅爾、准此、

光緒三十年二月二十六日

杭錦資料	整理番號	五六

甲字　四八　號

敬禀者、竊卑職正在起程前赴大佘太、會商各軍剿辦匪徒間、適杭錦貝子、阿爾賓巴雅爾、遣差司官來包面稱、該貝子自病愈後、即由該旗啓行、旋因黃河氷解、尚在流凌、未能過渡、現在河西羈留、昨聞卑職將赴後套、即遣該司官星夜前來、擬懇卑職等候一二日、以見其面、並請

憲恩高厚感不能忘、該貝子擬到包後、即赴

憲轅叩謝、並面陳一切等語、卑職以後套匪徒猖獗、即應移駐大佘太、得以相機進剿、自未便因該貝子懇留稍羈時日、致悞事機、當即囑令該司官轉告該貝子、迅赴

五八

憲轅面稟一切、卑職不及見該貝子之面、擬卽起程前赴大佘太、惟查該貝子、自遣梅楞呈報地畝後、又復聽信小人之言、揩詞推宕、固屬愚頑、及蒙

憲台劾去盟長、竟能翻然悔悟、卽將東中兩巴噶地畝報墾、現又赴歸叩謝

憲恩、尚非怙惡不悛、情有可原、該貝子謁見時、伏乞

憲台寬其既往　格外優容、並懇

施恩、奏請開復盟長、以爲悔悞効順者勸、肅此具稟、恭請

勛安、伏乞

垂鑒、卑職學鏡謹稟、

杭錦資料　整理番號　五七　　甲字　四八　號

敬再稟者、竊查後套匪徒、嘯聚滋事、原爲阻撓墾務、曾經約會杭錦貝子、一同阻閙、該貝子非但不爲所動、而且禁止蒙民入夥、並將所轄黃河渡口船隻、概行禁止、不許擺渡、暨派蒙兵堵禦要隘、以免匪徒南竄、實屬深明大義、殊堪嘉尙、

知關

憲廑、用特陳

明、肅此具稟、再請

勛安、伏乞

垂鑒、卑職學鏡謹再稟

杭錦資料 整理番號 五八 甲字 四八 號

敬禀者、竊卑職等、接奉

憲札、飭令驗收杭旗報墾地界等因、卑職等、於四月初間、由佘太馳抵界所、因指界之東土斯拉氣、鄂勒哲依巴雅爾等未到、等候多日、方得前來、當卽會同該員周歷履勘界址、西至王文善舊渠爲界、北至達拉旗地界、東至達拉旗地界、南至黃河、核與原報相符、均已指交驗收、先取具該東土斯拉氣、交地字據、存於包局、以備查考、現將地界收清、亟應開辦墾務、蒙

姚總辦、飭委卑職等、前往後套勘丈青苗放租、以收地利、定於初四日、由包前往、所有杭旗貝子出具交地印文、一俟呈到、旣卑職等另禀、由包局轉詳外、理合將驗收該旗報墾地界情形、先行禀請

大人查核、肅此具禀、恭請

鈞安、伏乞

垂鑒、德克精額、文楷、嘉穀、謹禀

杭錦資料 整理番號 五九 甲字 四八 號

包頭墾務局、爲轉報事、前據杭錦旗報墾東中兩巴嘎地畝、當蒙

憲台札委候補知縣張令文楷、前試用府經歷張嘉穀、候補防禦德克精額、前往驗收地界在案、茲據張令等禀稱、竊卑職等、

接奉

欽憲札開、飭令驗收杭錦旗報墾杭蓋東中兩巴嘎地界等因、當卽馳抵界所、會同該旗指界之東土斯拉氣、額勒哲依巴雅爾、管理

五九

六〇

衔、達噶長布鄂爾哲依、長史、鄂勒哲依布林、台吉筆帖式、色旺多爾濟等，周歷履勘該旗報墾地界，西至王文善舊渠爲界，北至達拉旗地界，東至達拉旗地界，南至黄河，東西長約二百三四十里，南北寬八九十里、五六十里、三二十里十數里不等，東北兩面，各有鄂博爲記，界址分明，所有四至，該東土斯拉氣等，指交清楚，業經驗收，惟查地內，東南角，有該旗和碩公中戶口地一塊，東北陶賴圖沙梁南小堳接連，西北達拉渠爲界，西至黄河，並據東土斯拉氣開呈召廟六座，各有護召贍地一塊，並戶口地四十三塊，懇請轉求撥留等語，查戶口地應如有約據，以昭子孫記爲憑，該東土斯拉氣等，所開各戶口地段，並未呈驗約據，應否撥留，伏乞鈞裁，如蒙俯允留，是否依照約據劃撥，抑或核減撥給，如何辦理之處，請先核定，以候放地時，轉飭遵辦，所有驗收杭旗報墾地界，繪圖貼說，稟呈查核轉詳，附呈圖說一紙，並准杭旗派員呈送交地印文一紙，等情據此，卑職覆核無異，查該兩巴噶地內召廟六座，應請照章每座每面留給地五里，俾資養贍，至戶口地四十餘處，是否屬實，尚未查明，擬令丈放委員詳細查詢，如果寔係戶口地畝，再行酌量劃留，以示體恤，而昭核寔，謹將該旗交地印文，並張令等所呈圖說，備文詳送

憲台查核批示，除分詳墾務總局外，爲此備由具申，伏乞

照詳施行，須至詳者

計詳送

印文一紙，

圖說一紙，　原卷無

光緒三十年六月　日　總辦姚學鏡、會辦清治、

杭錦資料　整理番號　六〇　　甲字四八號

御前行走、伊克昭盟、鄂爾多斯、札薩克旗貝子、阿爾賓巴雅爾、呈

欽差督辦蒙旗墾務大臣、理藩院尚書銜、綏遠城將軍、爲呈報事、竊蒙

欽差將軍派委查收墾地界址委員、補用知縣張文楷、候補府經歷張嘉穀、防禦德克精額等、由杭錦旗差派交給墾地界委員、土斯拉克齊台吉、額勒哲依巴雅爾、札克嚕克齊銜、達淸補楞額勒哲依、長史、額勒哲依補楞、台吉畢齊克齊、色旺多爾濟等、會同呈報、我等准奉飭令于四月二十八日、會同該杭錦旗墾地、東中兩巴噶地、四面週圍查驗交收之地、南面黄河北岸、西面王文善舊河口起、至忙哩圖烏拉格鄂爾布斯、西邊沿河達拉特界止、北面東面均係杭錦達拉特兩旗界內、台吉巴圖爾等護守之庫克哩克鄂博台吉額勒哲依巴圖等、護守哈納鄂博、台吉沙拉胡魯等、防守哈拉布塔鄂博、台吉毛巴素等、護守鄂托齊鄂爾布斯鄂博、台吉額爾克木巴雅爾、防守之龍虎馬什鄂博、台吉額爾克木桑、防守之薩哈拉鄂博、台吉多布端、護守之特勒虎鄂博、台吉巴彥察幹、護守之蘇亥圖鄂博、台吉索諾木色楞等、防守之鄂拉蘇口鄂博、台吉卓勒孟防守之穆爾庫梅鄂博、台吉瑪克森爾、防守之托哩胡鄂博、台吉德勒格爾巴圖、護守之阿拉坦札木鄂博、台吉固魯巴札爾、護守之庫哩彥鄂博、是此鄂博堆記查勘大河爲止、開列地界鄂博堆記、均各護守村莊、按名台吉人丁該牧處衆台吉官人等、聚衆前來、祈懇將開墾地內、與衆等寬廣餘給養命牧地、住處、墳塋、游牧深恩等情、祈請呈報外、並各召廟原種以來、及台吉官人等、養命戶口之地、祈請照舊撥給之處、合併造冊粘貼文尾、一樣書抄兩份分收、各將地指報由此項開墾地之東南角、有旗公中所種一段地、東北係托賴圖沙小河、南邊相連、西北達拉特營、西面大河岸止一段地、仍議留給耕種之處、合併據情呈報、等因前來、爲此抄錄呈報外、召廟地所、以及衆台吉官人等養命戶口之地、祈請恩施仍給之處、抄錄呈報

欽差大臣將軍電鑒辦理施恩由、

光緒三十年五月二十六日

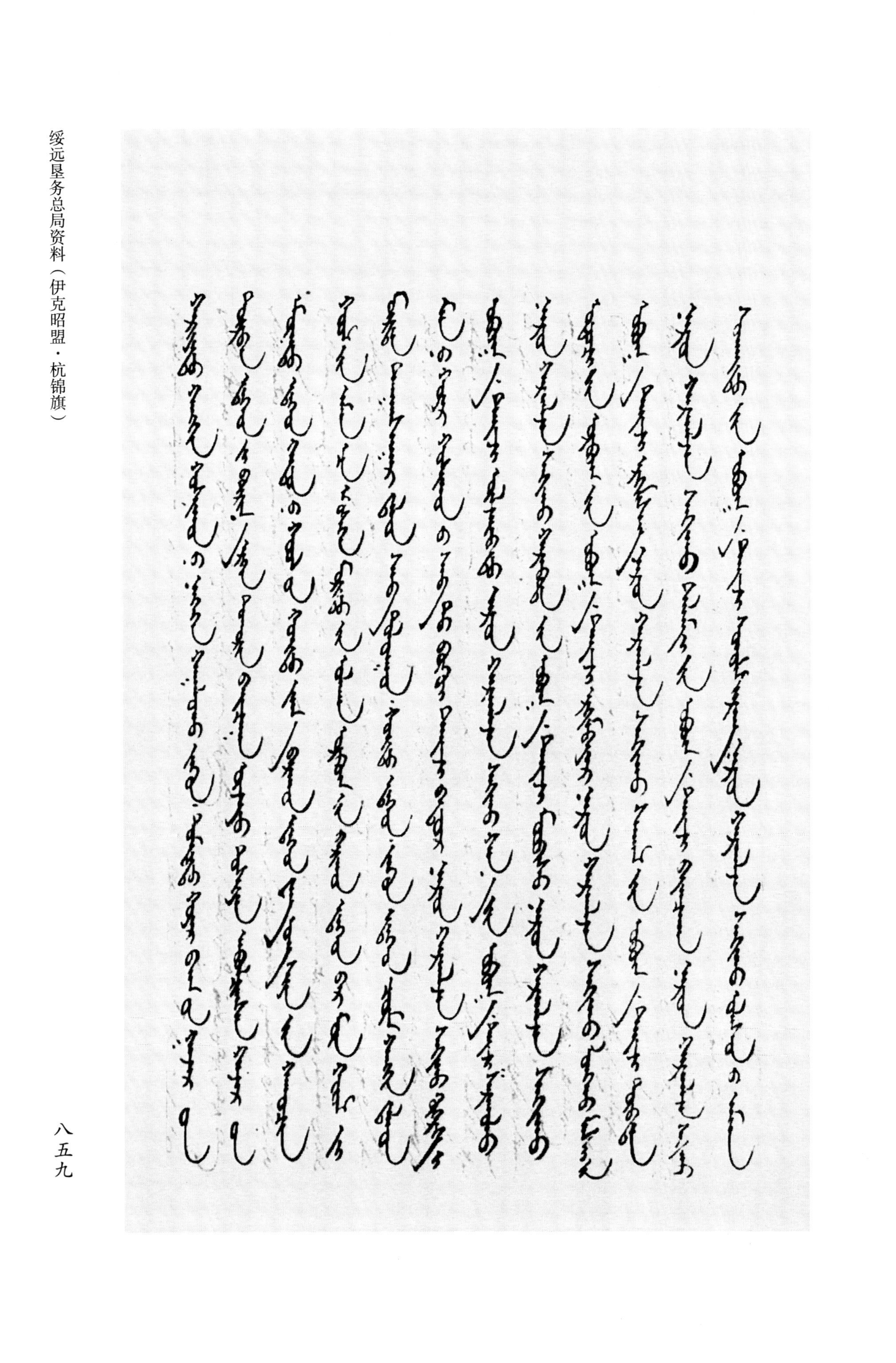

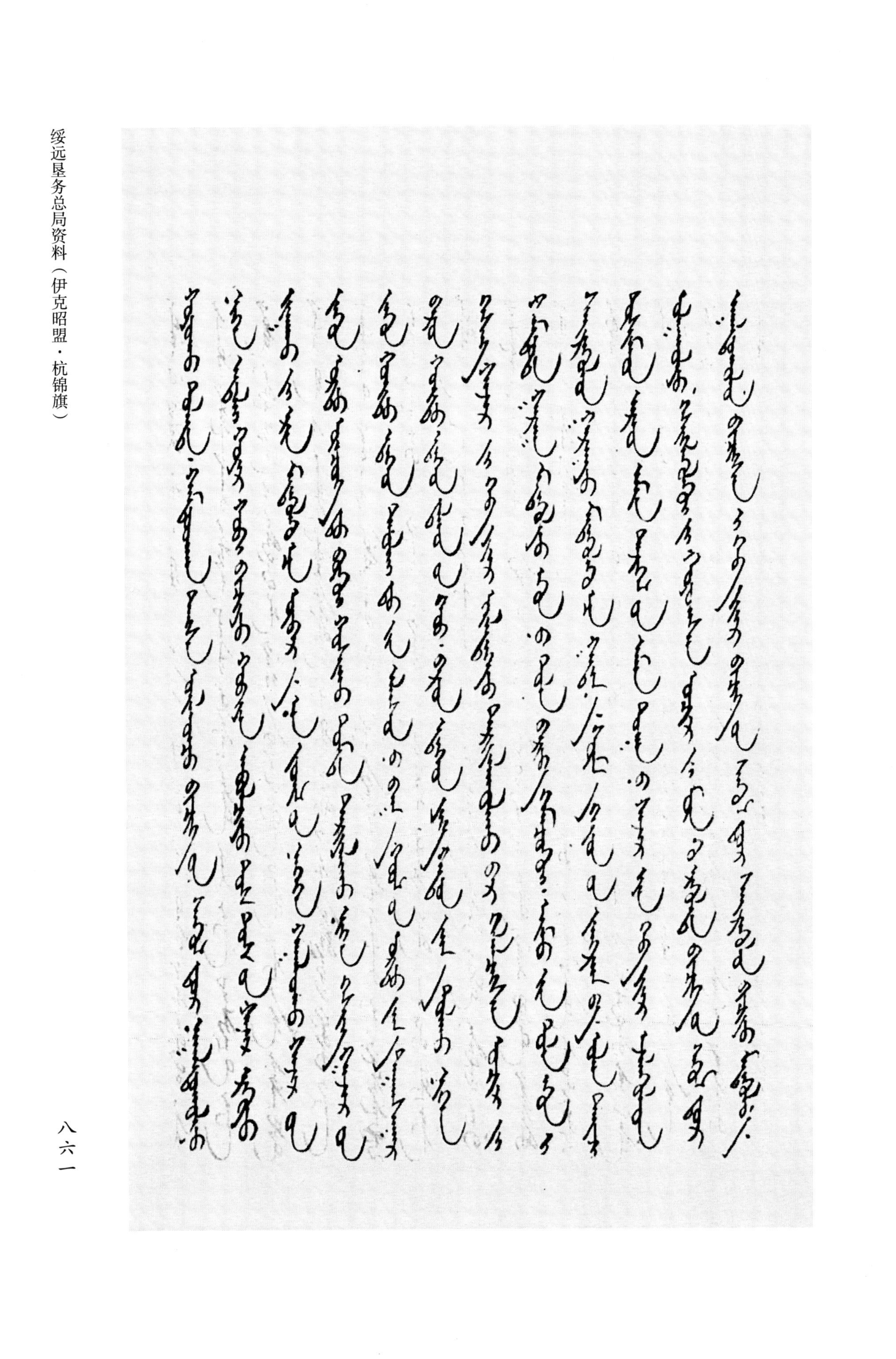

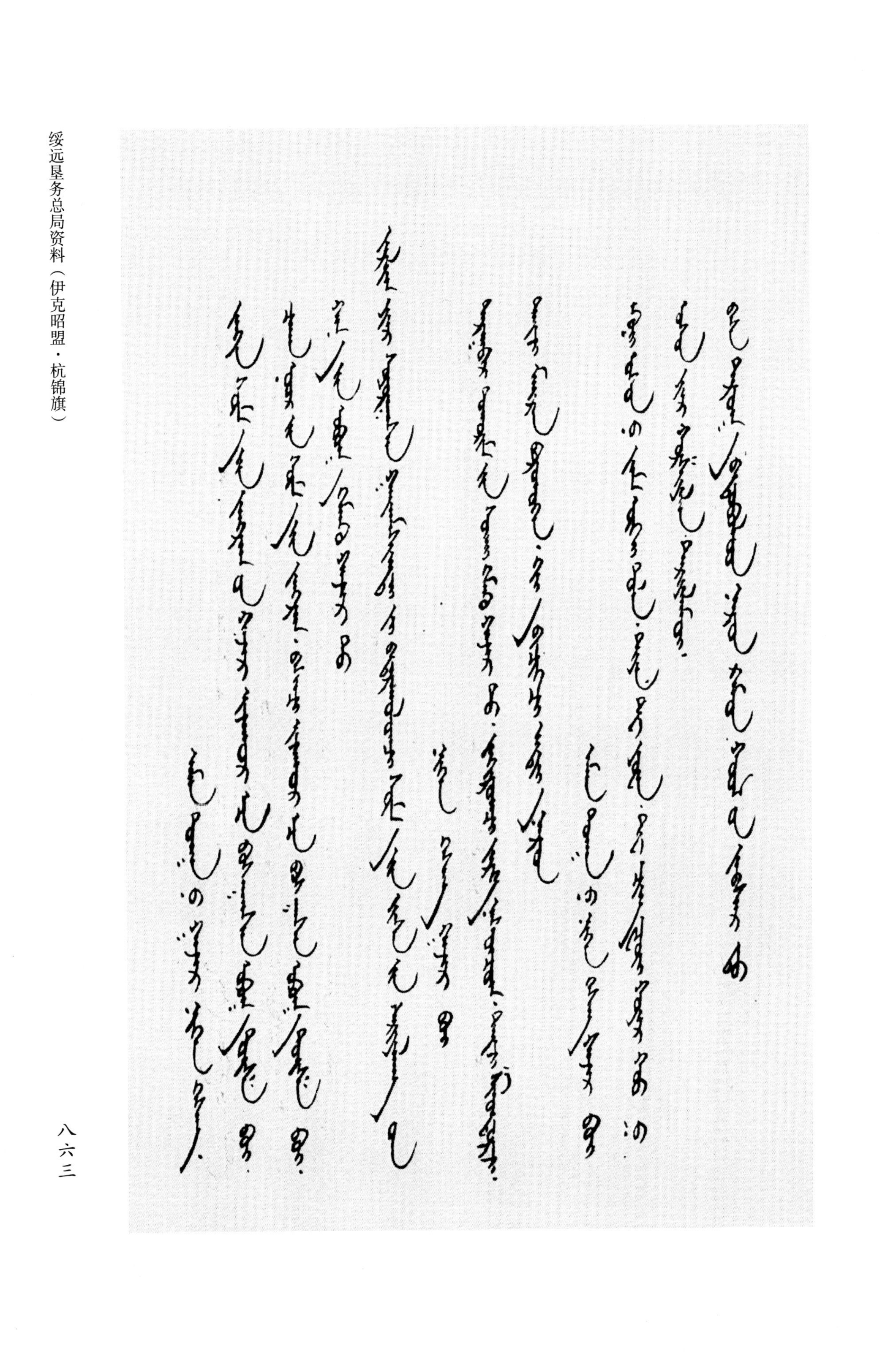

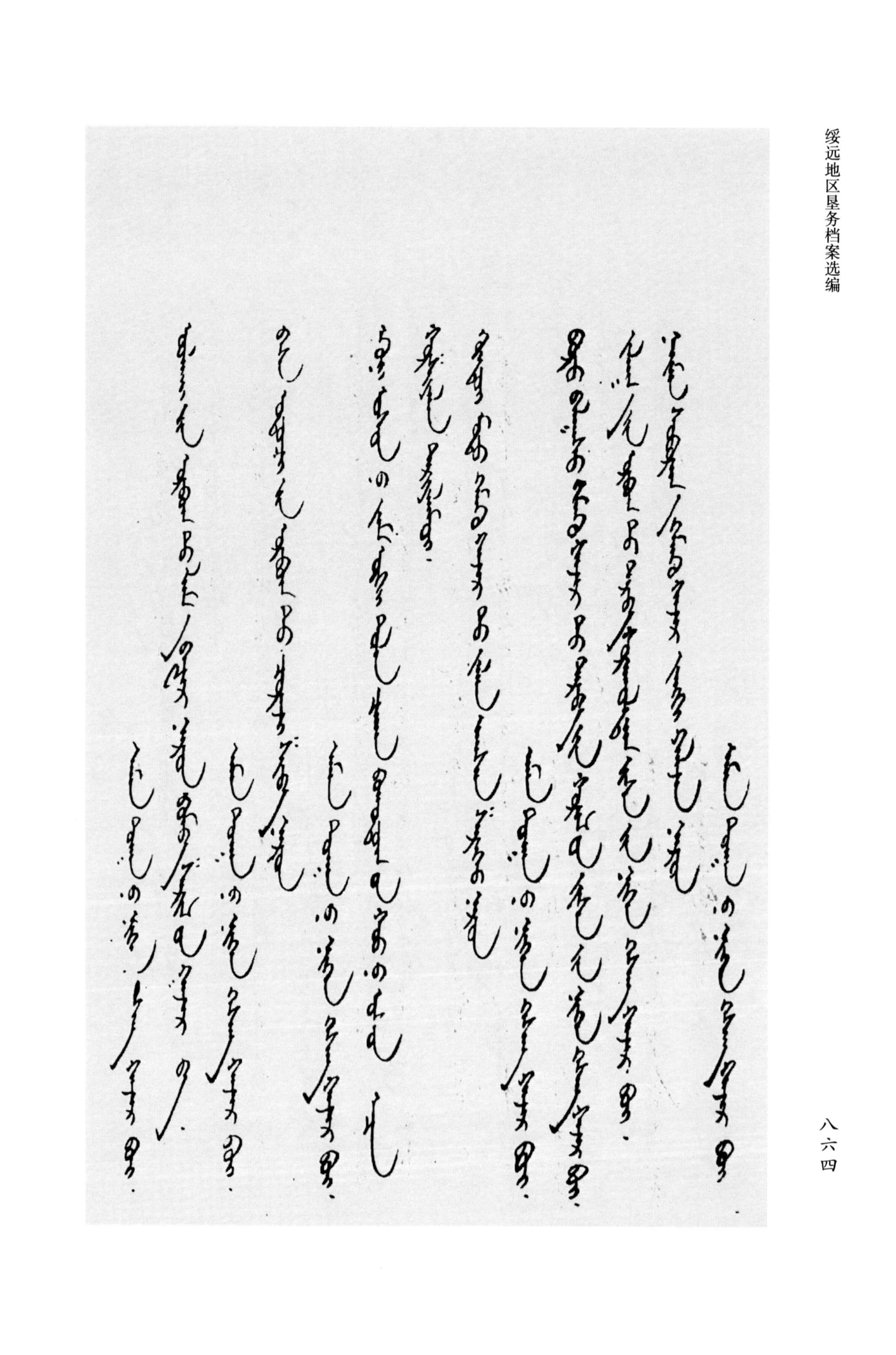

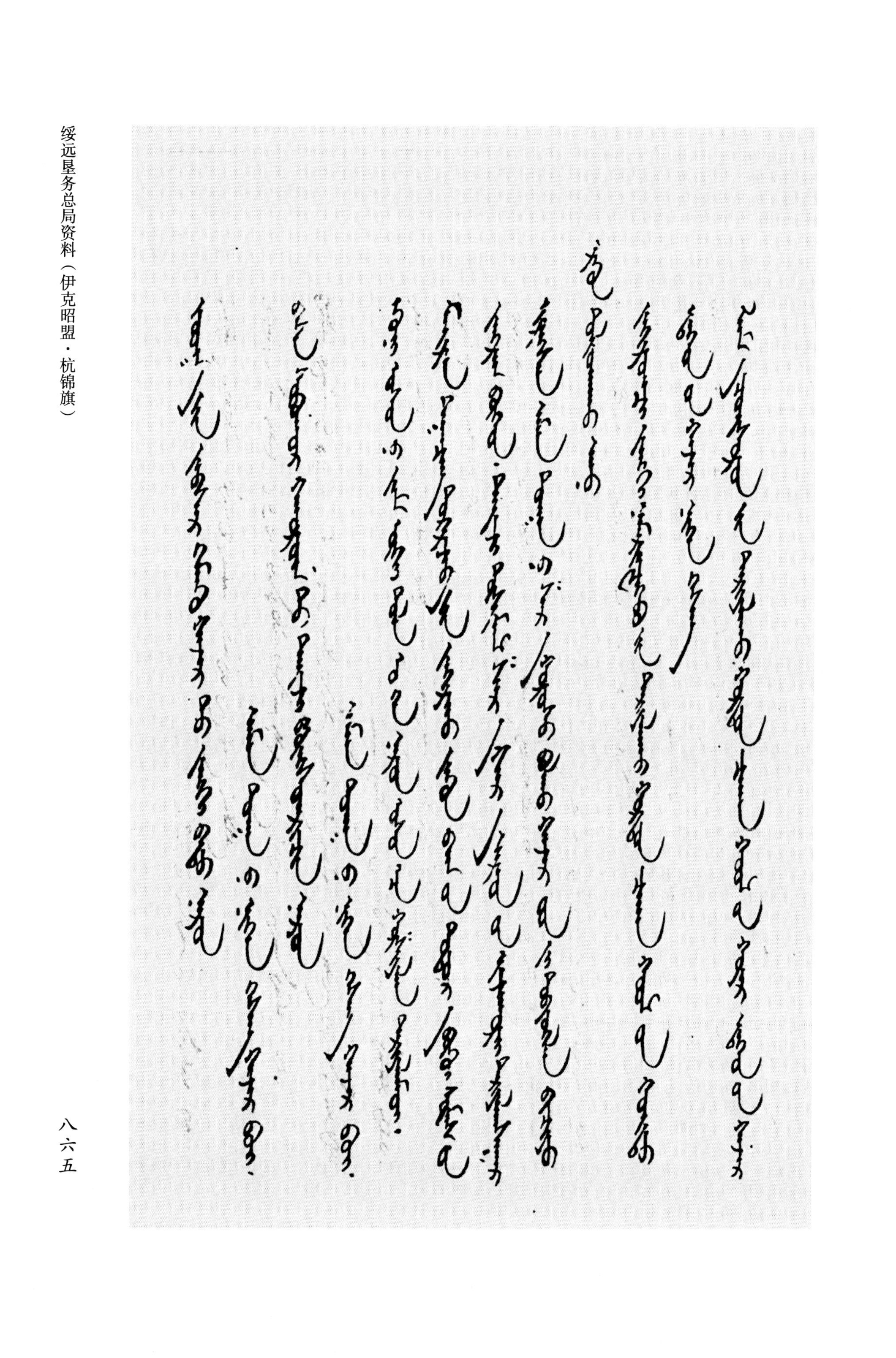

[illegible]

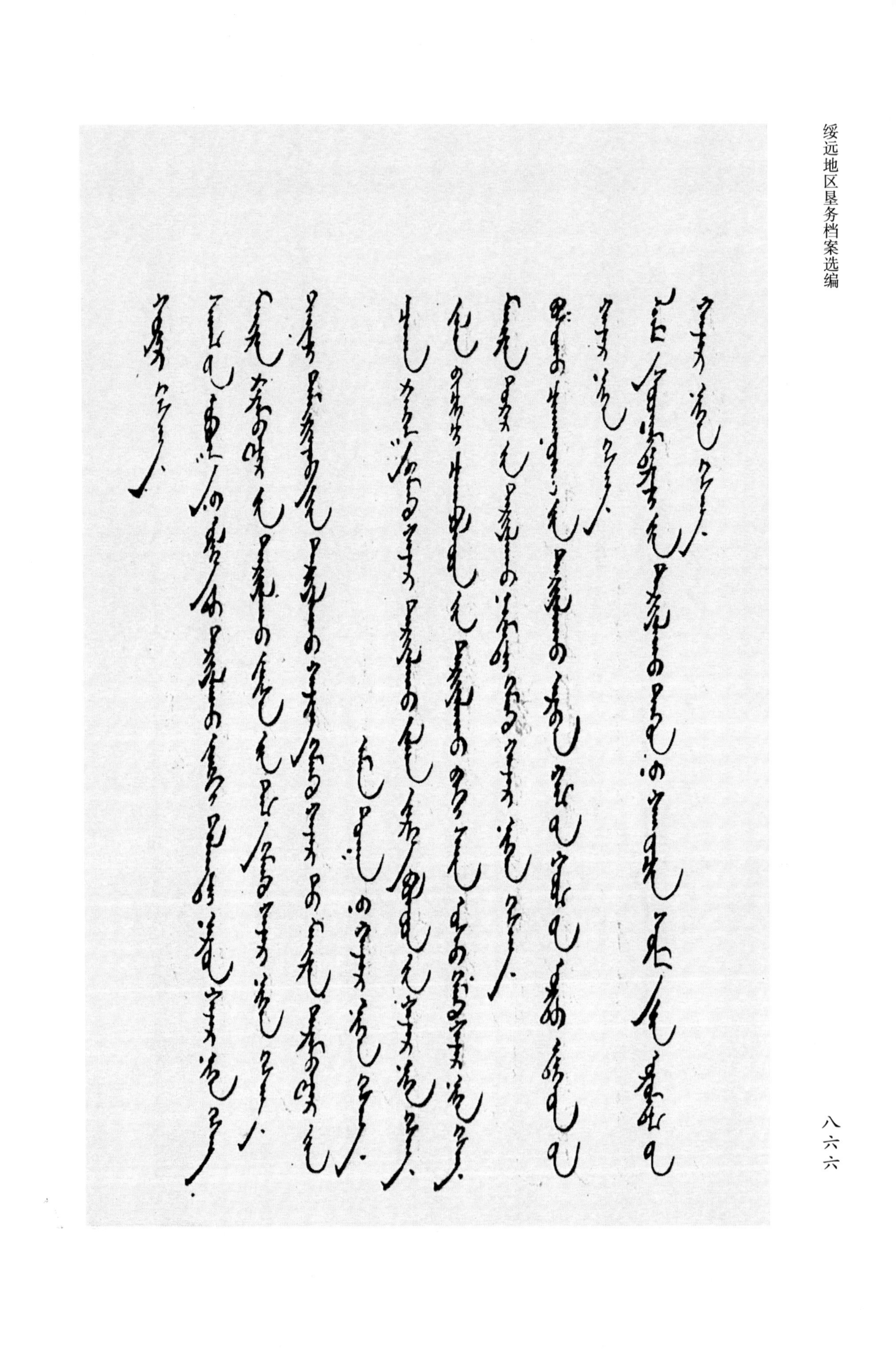

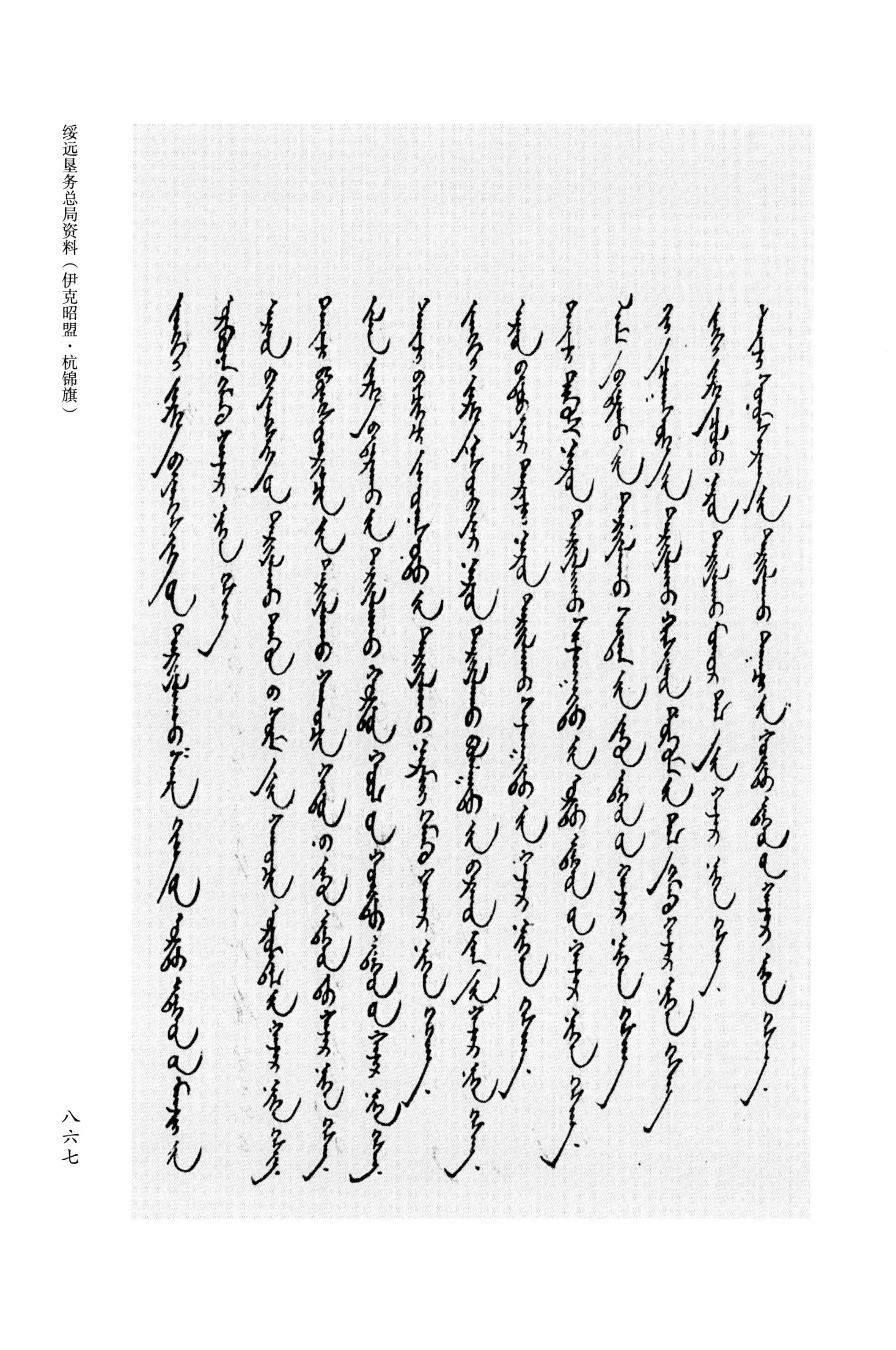

[illegible]

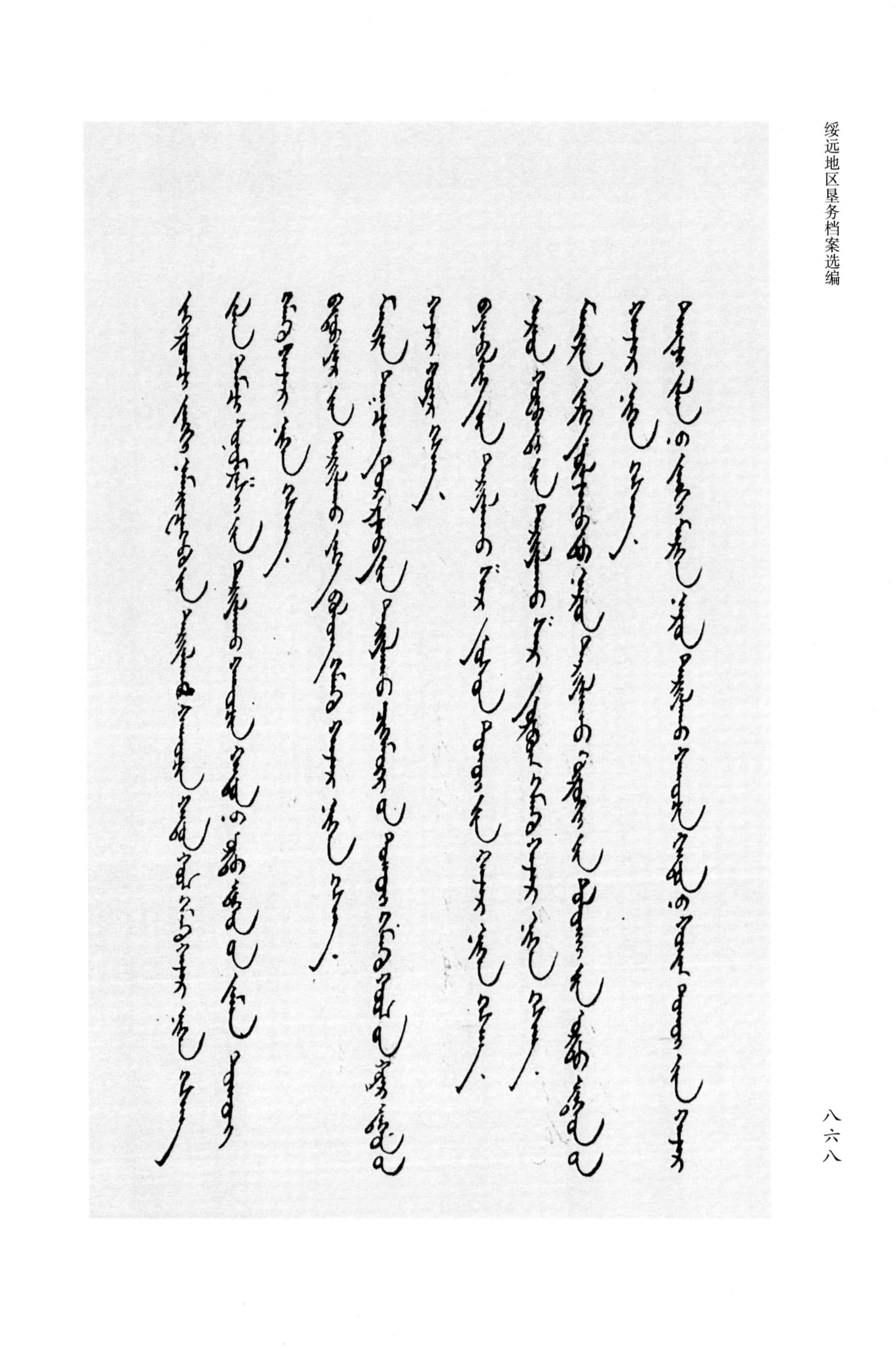

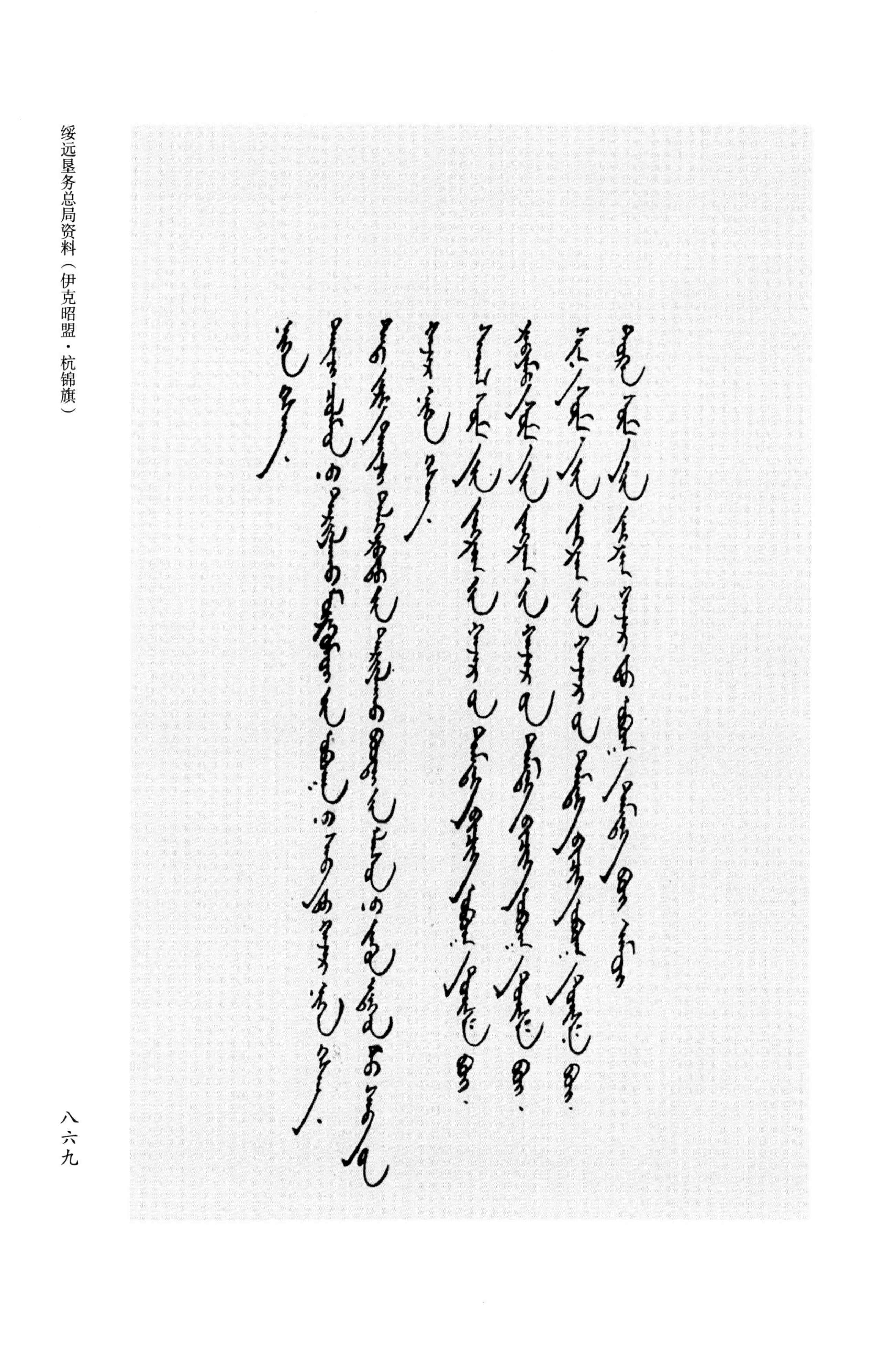

粘單

札克魯克齊衙、達清納遜綽克管理、在中巴格召廟以及蒙古等養命戶口地、並墳地西面柴金河西邊北沙、係章京阿木爾臨貴衆台吉人等、戶口地一段、張家廟地、原設有堆記鄂博、察汗淖爾廟、亦有原設鄂博堆記、哈納鄂博地方

御敕靈裕寺、大倉所種地一段、托果勒木蘇亥地方、係札克魯克齊納遜綽克、台吉什隆多爾濟、台吉布魯特背畢齊齊克齊、阿德雅等戶口地一段、因無水路向天德元、德慶川窖水夥種、又達魯格巴圖補魯特等闡門河溝戶口地一段、鄂勒遵鄂爾布斯、係喇嘛巴札墳地戶口地一段、又鄂托齊鄂爾布斯、係綽爾濟什瓦等戶口地一段、因無水路、川察汗邦固托克窖水夥種、坤對地方、係甲喇已故薩拉知戶口地一段、波羅巴勒噶蘇、係諷經尚地一段、札拉格鄂爾布斯、亦係諷經尚地一段、乃麻蘇布爾格地方、係章京哈勒津戶口地一段、巴火溝地方、章京巴圖等戶口地一段、又蘇布胡爾、係台吉朋素克林沁戶口地一段、因無水路、川鄂背水夥種、梅楞達清、都格爾札布、管理東巴格內寺廟、台吉官員黃黑人等原種戶口、兼什拉和魯素地方書寫、呈閱

札克魯克齊、章京納木楞贊布、所種和爾棟察汗河北面地一段、喇嘛備素楞、所種和爾棟察汗河兩面地兩段、薩哈拉鄂博烏勒格耕種之章京達藍太等地一段、梅楞噶勒麻巴札爾、所種栽生灘地一段、台吉達密楞札布、所種亢金地方、梅楞達爾瑪巴札爾、戶口地一段、察汗剛格地方、所種甲喇補象特地一段、甲喇畢齊克齊、察汗補象特所種畢齊三烏素地一段、梅楞都格爾、所種乃麻待地一段、領催察汗檔亥、耕種阿爾班格拉河、南面地一段、喇嘛素特諾木多爾濟、所種伊舊廟地一段、章京巴彥珂什克、所種沙拉沁、南面滿計鄂爾布斯地一段、僕丁巴晋、所種伊廟舊地一段、台吉朋蘇克林沁、所種舊河東面地一段、甲喇巴達爾胡、所種和爾棟河北面地一段、台吉畢齊克齊、札貢納蘇圖、所種納爾梅地一段、章京納遜巴雅爾所種布藍圖西邊地一段、僕丁巴圖巴雅爾等、所種色札該圖地一段、台吉特古斯等、所種色札該圖南面地一段、喇嘛巴達爾胡、所種色達克東面地一段、侍衛察汗蘇克、所種格什貢圖庫木灘地一段、章京衛楚象、所種忙札爾灘地一段、台吉索諾木色

楞、所種塔噶齊北面地一段、札克魯克齊章京、納木楞賚布、所種舊大河地一段、甲喇得木氣索諾木拉什、所種舊大河南面地一段、巴圖巴雅爾、所種依肯布隆地一段、梅楞達沁、都格爾札布、所種齊克木楞托亥河、兩面地兩段、巴彥畢勒克、所種沙拉烏素托亥地一段、梅衡額勒哲依巴圖、所種庫魯齊托魯蓋南面地一段、台吉梅楞、甲喇章京莫勒更、所種舊河胡牙克托亥地一段、僕丁花班廸、所種沙拉鄂爾布斯地一段、台吉楚勒們、所種穆爾庫梅界處地一段、二等台吉、德勒格爾巴圖、所種布代沙東面地一塊、薩哈勒廟地、拉布賚巴廟地、新廟地、都剛廟地、均有鄂博堆記、

杭錦資料 整理番號 六一　　甲字 四八 號

督辦蒙旗墾務大臣、理藩院尚書銜、綏遠城將軍貽

批包局詳、轉報勘明杭錦旗報墾東中兩巴噶地界、並呈送圖說請核等情分別批示由、

文案處擬

批、詳悉、杭錦所報之東中兩巴噶地段、既經勘驗收界、並取具該旗交地印文、尚符此次報地原議、即由該局派員查明、已經種有青苗之地、核定丈量、收取佃戶秋租、其因套匪擾亂、未及播種各地、當亦不少、並應妥速預招租戶、免再失時、惟據稱兩巴噶地、內有召廟六座、每座每面擬留地五里、又有戶口地四十餘處、亦擬查定酌留地畝、查兩巴噶地段、東西長約二百三四十里、南北寬八九十里、五六十里至十數里不等、大概勻算不過八九千方里、若每召留地百方里、是六台已去地六百方里矣、再劃留四十餘處之戶口地畝、所餘尚復幾何、不直與準旗所報河套川地相同乎、似此情形、殊難核辦、仰將各召廟應留養贍地畝、照擬核減一半、每台每面准留地二里五分、以示限制、至戶口各地、多至四十餘處、必有不實不盡、仍著派員詳細驗明、究有實在約據者幾處、每處地段寬長若干、逐一查明開摺呈報、一俟呈報到日、再行核奪飭遵、此繳、圖存

光緒三十年七月初四日

杭錦資料 整理番號 六二　　甲字 四八 號

御前行走、伊克昭盟、鄂爾多斯、札薩克貝子、阿爾賓巴雅爾、爲呈報事、適奉
欽差大臣將軍嚴飭、以該後套東中兩巴噶地開墾在案、前經商認、初次所收租銀、一半歸公、一半入旗、嗣後所交旗下、每年
租銀九千兩無益、如有要公、惟是兩巴噶地大有寬長、此次
欽差大臣將軍、每年派員丈量地畝、收取租銀、與地戶大有反抗、求祈照依開墾各旗地畝銀兩定辦、開地收銀、一半歸公、一
半入旗、至開挖溝渠所費甚鉅、每年每頃收取租銀之數、懇祈裁奪賞賜之處、理合呈報
欽差大臣將軍、祈請鑒照施行、
光緒三十年九月二十日

杭錦資料 整理番號 六三　　甲字 四八 號

呈報具奏每年地租歸公一半、以濟兵需由、
御前行走、伊克昭盟、鄂爾多斯、札薩克旗貝子、濟農、阿爾賓巴雅爾、呈
欽差督辦蒙旗墾務大臣、理藩院尚書銜、綏遠城將軍、爲呈報事、查本旗杭蓋東西兩巴之地墾務、呈
報欽差將軍大臣、具
奏、差遣委員查收墾地、分給每年地租、全給旗收之重恩、思有練軍要務、不可遲悞、我貝子世受
皇上深厚之恩、未能報微末、將該兩巴格之地、承收租銀、一半入公、以濟兵需、爲此呈報
欽憲鑒查轉

六四

奏由

光緒三十年九月二十日

杭錦資料　整理番號六四　　甲字　四八　號

御前行走、伊克昭盟、鄂爾多斯、札薩克固山貝子、阿爾賓巴雅爾、爲呈報事、竊照光緒三十年、十月二十二日、呈懇

欽差大臣將軍借給銀四萬兩、以備京城公用、所借銀兩、請由本旗開墾後套地畝、押荒銀內歸還、一俟賠出之後、將此公文撤回、以作廢紙、理合呈報

欽差督辦蒙旗墾務大臣將軍施行、

光緒三十年十月二十二日

杭錦資料　整理番號　六五　　甲字　三五　號

督辦蒙旗墾務大臣、理藩院尚書銜、綏遠城將軍貽

在墾員司並綏遠城八旗官員人等、均准承領杭錦旗報墾地畝、分行轉飭一體知照由、

爲咨明札飭事、西盟墾務辦法、本定歲收渠租、現在杭錦旗報地、情願請領部照、改收押荒、與東墾事同一律、查西盟向無土著、較之左右翼牧廠情形、大不相同、招徠客民、亦屬不易、將來地廣人稀、待價求沽、必至曠日持久、經費虛糜、事且無濟、自來墾務凡在事人員、均不准承領地畝、以杜私弊、法原至善、然古人祿以代耕、以仕而耕則不暇、並非因仕而禁其耕、近日宦途擁擠、差缺又漸裁減、向之爲貧而仕者、今且仕而益貧、苟能務本明農、則富庶改觀、豈不上慰

朝廷重農貴粟拓土開疆之至意、又況近時疊奉

明詔、振興殖業、往往以列卿清秩、視工藝商務爲要圖、勠力田逢年、尤不至受並耕之誚、本大臣熟加計議、在官不得領地、於理既未得其平、放地必待平民、於事又深慮其綏、與其固執而兩難、何若變通而兩益、着自今爲始、除本大臣任身墾事不得領地外、凡口內外官紳商民等、實屬有志務農者、均准承領地畝、即在墾員司、亦在所不禁、惟祇准自行留作恒業、不得轉賣漁利、致蹈地商舊轍、且須定有限制、每人不得過四十頃、於變通之中、仍寓杜弊之意、至綏遠城八旗、官員人等、亦應照在墾員司承領此項地畝現定章程、一例准其認領、除分行外、相應咨明
合行札飭、札到該處 局
公司

綏遠城將軍、請煩查照轉飭八旗官員人等、一體知照可須至咨者、
即便遵照轉飭在墾員司等、一體知照可也、此札

右 咨、

綏遠城將軍、

右札仰

包頭墾務局、

墾務總局、

行轅文案處、

行轅收支處、

東路公司、

西路公司、准此

六六

光緒三十年十月二十三日

杭錦資料 整理番號 六六 甲字 四八 號

前御行走、杭錦固山貝子、吉濃、阿爾賓巴雅爾、率子二等台吉、阿爾坦鄂齊爾、謹請

欽差大臣將軍鈞安、竊貝子等、世受
國恩、無以報答、春間呈報地畝、開渠收租、又是
皇上所賜、時事艱難、何忍自私自利、茲謹報效
練軍處經費銀二萬兩、又貝子春間到綏遠城、見修城無費、學堂亦無費、茲復報効城工銀五千兩、學堂經費銀五千兩、台
吉亦有養贍地畝、近來多得租項不忍獨得、春間套匪作亂、幸綏遠營兵勦平、茲報綏遠買槍費五千兩、貝子台吉等情殷報
効、藉明忠愛之心、理合禀請
憲台査核、肅此恭請
鈞安、

杭錦資料 整理番號 六七　　甲字 四八 號

督辦蒙旗墾務大臣、理藩院尚書銜、綏遠城將軍貽
杭錦旗貝子呈稱、願將報墾地畝、應得常年歲租、報効國家一半等情、札飭總局西路公司各總辦、會合由包局總辦妥議禀復
爲札飭事、照得西盟開墾地畝、從前奏定章程、係將押荒分給蒙旗一半、常年地租、全歸蒙旗、嗣因杭錦達拉特旗、地皆附
渠而行、與他旗情形不同、是以杭錦旗前報東中兩巴噶之地、亦願比照達拉特辦法、每年收納渠租、以多半歸官、以少半
歸蒙經本大臣批准奏明、奉
旨允准在案、茲據杭錦旗貝子、阿爾賓巴雅爾呈稱、按年徵收渠租、事涉繁難、願比照察哈爾左右翼及四六成官地辦法、一律
請領部照、征收押荒、將來按年歲租、除備歲修渠費外、願將一半報効
國家、一半撥歸蒙旗、並由官開渠、經費應於押荒項下、酌定若干、除一半歸公、一半歸蒙、每年每頃應收租銀若干、呈請定

六八

奪、等情前來、除押荒銀兩、及常年歲租數目、應分別地則等次、由局核明、詳候本大臣酌定、另行飭遵外、查該貝子此次所呈改收押荒辦法、與前議歲收渠租者迥異、即所擬分用歲租辦法、亦與各處現辦情形微有不同、惟其意在急公奉上、殊屬可嘉、事關定制垂久、本大臣不憚集思廣益、格外求詳、現在包頭墾務局總辦姚守、因公來城、應由墾務總局總辦西路公司總辦等會合該總辦悉心妥議、該貝子所呈變通辦法、是否可行、及墾局現在辦公經費、如何撥用、公司歷次墊發渠費如何歸補、墾局與公司應得利益如何劃分、議定後會同稟覆、以憑核辦、合行札飭、札到該局守公司、即便遵照、切切此札

包頭墾務局總辦姚守學鏡

右札仰墾務總局准此

西路墾務公司

光緒三十年十月二十七日

杭錦資料 整理番號 六八　　甲字 四八 號

西路公司總辦、分省補用道、李雲慶、墾務總局總辦、保升直隸州知州、兵部候補主事、王德榮、墾務總局總辦、署歸綏道、曹受培、包頭墾務局總辦、候補知府、姚學鏡、謹稟

欽憲將軍麾下敬稟者、竊職道等、前奉

札開、照得西盟開墾地畝、從前奏定章程、係將押荒分給蒙旗一半、常年地租、全歸蒙旗、嗣因杭錦達拉特旗地、指附渠而行、與他旗情形不同、是以杭錦旗前報東中兩巴噶之地、亦願比照達拉辦法、每年收納渠租、以多半歸官、以少半歸蒙

經本大臣批准奏明、奉

旨允准在案、兹據杭錦旗貝子、阿爾賓巴雅爾呈稱、按年總收渠租、事涉繁難、願比照察哈爾左右翼及四六成官地辦法、一律
請領部照、徵收押荒、將來按年歲租、除備歲修渠費外、願將一半報效
國家、一半撥歸蒙旗、並由官開渠、經費應於押荒項下、酌定若干、餘一半歸公、一半歸蒙、每年每頃應收租銀若干、呈請
定奪、等情前來、除押荒銀兩、及常年歲租數目、應分別地則等次、由局核明詳候本大臣酌定、另行飭遵外、查該貝子此
次所呈、改收押荒辦法、與前議歲收渠租者逈異、即所擬分用歲租辦法、亦與各處現辦情形微有不同、惟其意在急公奉上
殊屬可嘉、事關定制垂久、本大臣不憚集思廣益、格外求詳、現在包頭墾務局總辦姚守、因公來城、應由墾務總局總辦、
西路公司總辦等、會合該總辦悉心妥議、該貝子所呈變通辦法、是否可行、及墾局現在辦公經費、如何撥用、公司歷次墊發
渠費、如何歸補、墾局與公司應得利益、如何劃分、議定後、會同稟復、以憑核辦、合行札飭、札到該局、即便遵照、切
切此札等因蒙此、職道等、查西盟墾事、本極紛歧、均經疊次考求、規模益臻妥善、兹杭錦貝子以歲收渠租、事涉繁難、
願一律請領部照、征收押荒、將來歲租、除備歲修渠費外、一半報效
國家、一半撥歸蒙旗、辦法稍事變通、用意甚堪嘉許、職道等公同籌議、覺改收押荒、雖與前議及他處現辦情形、不能一致、
然道貴推行以盡利、事求因應之咸宜、與其徵收渠租、日久弊生、致起民蒙之轇轕、何如發給部照、事歸官辦、永爲經制
之昭垂、且該貝子力圖效順、出於至誠、其微忱亦不可拂、至分用歲租、核以察哈爾各旗、前放王公馬廠地畝、承領私租、
行之多年、毫無窒碍、該貝子所呈辦法、實屬可行、其撥用墾局經費、補還公司渠費、及公司應得利益、均應俟開辦後、
體察情形、方能酌定、以上各節、除由包頭墾務局、臨時酌擬稟請核奪外、所有會議杭錦旗改收押荒、分用渠租緣由、理
合繕稟具陳、伏乞
批示祗遵、肅此敬請
勛安、伏乞

垂鑒、

職道雲慶
職道受培
卑職德榮
卑府學鏡　謹稟

光緒三十年十一月初八日

杭錦資料	整理番號　六九

甲字　四八　號

督辦蒙旗墾務大臣、理藩院尚書銜、綏遠城將軍貽

總局西路公司包局各總辦、稟會議杭錦旗改收押荒、分用渠租情形、分別批示、札飭包局等處遵照由、

爲札飭事、案據墾務總局總辦署歸綏道曹道、受培、保升直隸州知州、兵部候補主事、王主事德榮、西路公司總辦分省補用道、李道雲慶、包頭墾務局總辦、候補知府、姚守學鏡、稟稱、竊職道等、前奉札開、照得西盟開墾地畝、從前奏定章程、係將押荒分給蒙旗一半、常年地租、全歸蒙旗、嗣因杭錦達拉特旗地、皆附渠而行、與他旗情形不同、是以杭錦旗前報東中兩巴噶之地、亦願比照達拉辦法、每年收納渠租、以多半歸官、以少半歸蒙、經本大臣批准奏明、奉

旨允准在案、茲據杭錦旗貝子、阿爾賓巴雅爾呈稱、按年征收渠租、事涉繁難、願比照察哈爾左右翼、及四六成官地辦法、一律請領部照、征收押荒、將來按年歲租、除備歲修渠費外、願將一半報效

國家、一半撥歸蒙旗、並由官開渠、經費應於押荒項下酌定若干、餘一半歸公、一半歸蒙、每年每頃應收租銀若干、呈請定奪、等情前來、除押荒銀兩及常年歲租數目、應分別地則等次、由局核明、詳候本大臣酌定、另行飭遵外、查該貝子此次所呈改收押荒辦法、與前議歲收渠租者逈異、卽所擬分用歲租辦法、亦與各處辦理情形微有不同、惟其意在急公奉上、殊屬可嘉、事關定制垂久、本大臣不憚集思廣益、格外求詳、現在包頭墾務局總辦姚守、因公來城、應由墾務總局總辦、西路公司總

七〇

辦等、會合該總辦悉心妥議、該貝子所呈變通辦法、是否可行、及墾局現在辦公經費、如何撥用、公司壘次墊發渠費、如何歸補、墾局與公司應得利益、如何劃分、議定後、會同稟覆、以憑核辦、合行札飭、札到該局、即便遵照、切切此札、等因蒙此、職道等、査西盟墾事、本極紛岐、均經孱次考求、規模益臻妥善、茲杭錦貝子、以歲收渠租、事涉繁難、願一律請領部照、征收押荒、將來歲租、除備歲修渠費、一半報效

國家、一半撥歸蒙旗辦法、稍事變通、用意甚堪嘉許、職道等公同籌議、覺改收押荒、雖與前議及他處現辦情形不能一致、然道貴推行以盡利、事求因應之咸宜、與其徵收渠租、日久弊生、致起民蒙之轇轕、何如發給部照、事歸官辦、永爲經制之昭垂、且該貝子力圖效順、出於至誠、其微忱亦不可拂、至分用歲租、核以察哈爾各旗、前放王公馬廠地畝、承領私租行之多年、毫無窒礙、該貝子所呈辦法、寔屬可行、其撥用墾局經費、補還公司渠費、及公司應得利益、均應俟開辦後、體察情形、方能酌定、以上各節、除由包頭墾務局、臨時酌擬、禀請核奪外、所有會議杭錦旗改收押荒分用渠租緣由、理合繕禀具陳、伏乞批示祗遵、等情據此、除批據禀已悉、該旗呈墾地畝、改渠租爲押荒、事屬創始、本大臣是以虛衷博採、不厭求詳、既據各該總辦等公同籌議、衆論僉孚、自屬可行、應如所議、將來征收押荒、以二成提作渠費、專歸公司、餘以一半歸官、一半歸蒙、其當年所入歲租、除備歲修渠費外、下餘租項、亦官處與蒙旗各半、仰候據情奏明、並札飭包頭墾務局、認眞辦理及該貝子切實遵辦、暨行轅收支處、西路公司一體遵照外、合行札飭、札該局處貝子公司即便遵照、此札

右札仰

包頭墾務局

杭錦旗貝子、阿爾賓巴雅爾

行轅收支處　准此

西路墾務公司

七一

七二

光緒三十年十一月十二日

杭錦資料 整理番號 七〇　　戊字 一九 號

伊克昭盟、札薩克貝斯、阿爾賓巴雅爾、爲具領事、遵奉

欽憲札飭杭錦本旗開墾杭哈地方、所得銀一萬三千兩、本旗差派梅楞章京貢布、承領是實、爲此咨行

光緒三十年十二月初三日

杭錦資料 整理番號 七一　　甲字 四八 號

包頭墾務局爲詳報事、案准伊克昭盟杭錦旗和碩貝子阿爾賓巴雅爾咨開、前將敝旗後套中東兩巴噶之地、交呈

欽差綏遠城將軍委墾等情在案、今敝旗圖薩拉克齊衆蒙員等、籌思

欽命墾地、實成與

國之與旗大益、是查二巴格西界王文祥耕種之黄托勒蓋河東畔之地、約有幾千頃、願呈添墾、理合移知貴廳查照轉詳、恩准

施行、等情准此、卑府查該貝子自去年報地之後、雖托詞推延、意圖反覆、而推原其故、實因誤聽人言、以至於此、及蒙

憲台

奏請開去盟長、翻然悔悟、當即就我範圍、遵議指交報地、嗣擬報效練兵處學堂槍械、綏遠城工等經費銀三萬五千兩、並將

每年應領後套中東二巴格歲租銀兩、以一半報國家、作爲練兵之費、均蒙

憲台批准在案、兹又將二巴格西界、王文祥耕種之黄托勒蓋黄河東畔地一段呈報前來、該貝子急公奉上、意殊可嘉、應請從優

奬勵、以昭激勵、理合具文詳請

憲台查核、俯賜派員驗收、並

奏請奬勵、實爲公便、爲此備由具申、伏乞

照詳施行、須至詳者

光緒三十年十二月十五日　總辦姚學鏡　會辦清治

文案處擬

批、據詳已悉、該貝子始雖惑信人言、自經本大臣奏懲後、力圖效順、盡蓋前愆、前巳呈報中東兩巴噶之地、並報效一半歲租、復疊經報效綏遠城練兵購槍、及學堂城工各經費、玆復將兩巴噶西界王文祥耕種之地呈報、其急公奉上之忱、爲全盟所不及、可嘉之至、仰該局卽行派員驗收、卽由本大臣酌核奏請奬勵、以昭激勸、繳

光緒三十年十二月二十六日

杭錦資料　整理番號　七二　乙字　三四　號

督辦蒙旗墾務大臣、理藩院尙書銜、綏遠城將軍貽

奏爲伊克昭盟杭錦旗報墾蒙地、願照各處一律改收押荒、恭摺仰祈

聖鑒事、竊查伊克昭盟七旗、於光緒二十九年春夏間、陸續報墾、惟杭錦一旗、旣允忽翻、疊經奴才據實奏陳、竝請將該貝子

阿爾賓巴雅爾、暫行開去盟長之任、仍一面嚴飭遵辦、奉

旨允准在案、該貝子自暫開盟長之後、深自愧悔、復經奴才派委西盟墾務局總辦知府姚學鏡、綏遠城協領文哲渾、前往開導、該貝子頓悟前非、出具印文、將原報之該旗東巴噶中巴噶地、東至達拉特旗界、南至黃河、西至商人王文蔚舊渠、北至達拉特旗南界、復行呈報認墾、奴才當卽派員前往驗收、適値上年春間、後套匪徒滋事、指界之蒙員與收界之委員、拚未能

剋期履勘、該貝子旋於三月內、率同該旗協理台吉管旗章京、及初次報地之梅楞格布、來城就議、並將盟長印信交出、力陳悔過情形、奴才曉以

朝廷德意、務在懷柔、但能效順輸誠、必爲據情上達、該貝子等歡欣而去、四月套匯平後、原派蒙委各員、始同往地所逐一勘收、東西長約二百三四十里、南北寬八九十里至十數里不等、邊寬中窄、形若蜂腰、核與原報地段相符、取具該旗交地印文、繪圖貼說、由局核轉呈送前來、奴才諗知該旗地畝、全恃渠水爲命脈、與達拉特旗大致相同、其渠租歲租章程、亦照達旗辦法去後、適後套大水、渠租一概未收、嗣據該貝子呈稱、後套收租、向係於青苗出地時、驗其已種方收租價、所報中東兩巴噶地甚寬廣、若每年履畝定租、既多紛擾、更恐弊端百出、所收亦有名無實、請照開放各旗之例、一律改收押荒、仍照前奏以一半歸公、一半歸旗、並酌提渠費幾成、呈請核辦、又請將應得當年歲租一半報效

國家、稍助經費等情、奴才查兩盟各旗、地皆封建、原與察哈爾等處之隸於郡縣者情事攸殊、乃該貝子悔悟以來、異常恭順、今且願照他處墾章徵收荒價、是直以藩封之壤、欲與內地同列版圖、如此悃忱、洵不可沒、第事關創始、不厭求詳、復飭墾務總局、西路墾務局、西路墾務公司、公同核議、旋據該總辦等覆稱、該旗改收押荒、雖與原議微異、然辦理既形簡易、規制又可常久、熟察情形、毫無窒礙、奴才遂采集衆議、批定將來徵收押荒、以二成提作修渠、及各地商報效水渠貲費、餘以一半歸官、一半歸蒙、其常年所入歲租、亦官與蒙各半、仍按年酌提渠費、預備歲修、札飭遵辦、該貝子欣然樂從、又將兩巴噶西界可墾之地、約數千頃呈報、併入前次所報界內、亦經飭局派員驗收、伏思杭錦旗貝子阿爾賓巴雅爾、始雖誤信人言、偶蹈逾盟之咎、卒乃恪共臣職、盡蓋已往之愆、仰見

聖主聲靈、足使諸藩讋服、奴才何敢因曾經奏撤盟長、竟使下情不得上伸、應俟地界收齊、再行籲請

恩旨、所報各地、既願易渠租爲押荒、自應比照察哈爾蒙地暨王公報效馬廠成案、請領部照、發給佃種民戶收執、以符定制、所有杭錦旗報墾蒙地、請改收押荒緣由、理合恭摺具陳、伏乞

皇太后

皇上聖鑒訓示、謹奏

光緒三十一年二月初四日

杭錦資料　整理番號　七三　　乙字　三四　號

督辦蒙旗墾務大臣、理藩院尚書銜、綏遠城將軍貽

奏再杭錦旗報墾地畝、前據該旗貝子阿爾賓巴雅爾、呈請改收押荒、經奴才奏明比照察哈爾蒙地、　王公報効馬廠成案、請

領部照、發給佃種民戶收執、奉

旨允准在案、伏查該旗分屬屏藩、地本封建、此次報墾、擬照察哈爾蒙旗、及王公馬廠放地章程、自係力圖効順、且爲一勞永逸之謀、然其間最應行變通者、必就地利之所出、民力之可行、參酌得中、乃可經久、後套丈放租地、向以二百四十弓爲一畝、百畝爲一頃、民蒙視爲故常、應仍其舊、至於押荒租銀數目、則當因地制宜、不能拘以成格、茲酌中擬定上地每畝收押荒銀九錢、中地八錢、下地七錢、除提二成撥充開渠經費外、餘則一半歸公、一半歸蒙、常年租銀、亦經酌定、上地每畝徵收銀四分五釐、中地四分、下地三分五釐、毋庸再加閏耗、惟無論上中下、均各提出二成、以備修渠之用、蓋地質有肥磽、渠工則無省費、其餘一半報効

國家、一半由該旗赴經徵地方官衙門承領、現該地業已指清、亟應及時丈放、由西盟墾務局詳請奏咨、領發部照前來、奴才查杭錦地歸官放、改收押荒、核與察哈爾蒙旗及王公馬廠放地發給部照情事相符、自應請

旨、敕部頒發空白部照四千張到墾、以便轉發填用、此項所定押荒租銀數目、係專指近渠水地而言、至該旗報墾旱地、仍照他旗一律辦理合併聲明、除咨部查照辦理外、謹附片具陳、伏乞

聖鑒、謹

奏

光緒三十一年二月二十六日

杭錦資料	整理番號	七四

綏遠奏議

光緒三十一年三月十五日具

奏、爲携印親赴後套履勘西盟墾務情形、恭報起程日期、仰祈

聖鑒事、竊査伊克昭七旗、上年一律報墾、始有套匪之亂、繼有黃水之災、以致事多阻擱、現在各旗暢行開辦、達拉特則定分渠租矣、杭錦則改收押荒矣、郡王烏審札薩則請飭部照報效歲租矣、其鄂托克準噶爾亦同時丈放、有應接不遑之勢、凡玆百端並舉、胥待周歷詳求、上年奴才即擬赴套地履勘、乃河患頻仍、至秋猶復漫溢、周歷無從、竟未前往、玆當東作方始、彌殷西顧之心、各旗情形不同、辦法亦異、均非身臨其境、不能損益得中、且西墾地畝之精華、全在杭達、西路公司之資本、全在渠工、地恃渠爲緩急、渠視地爲遠近、尤須勘驗工程、爲一勞永逸之計、現定於三月二十七日、携印起程、遇有緊要文件、遵例封送途次、以免積壓、除俟巡視完竣、將各旗之押荒租則、未定者應如何酌核、已定者或尙須變通、再行另陳外、所有携印履勘西墾、恭報起程日期緣由、理合恭摺具陳、伏乞

皇太后

皇上聖鑒、謹

奏

七六

杭錦資料 整理番號 七五　　乙字 三四 號

督辦蒙旗墾務大臣、理藩院尚書銜、綏遠城將軍貽
札派候選知縣于永泰等二員、赴戶部請領杭錦旗空白執照、咨明戶部頒發由

爲咨行札飭事、案照本大臣附
奏、請
旨飭部頒發杭錦旗空白執照四千張、業經奉
旨允准、恭錄咨行、並咨送空白執照式樣在案、現在該旗正在丈放之際、所有領戶均須隨時塡發部照、需用甚殷、亟應派員前
往承領、茲派（合亟札委）候選知縣于永泰、候選府經歷秦錫齡、親赴
貴（戶）部請領前項空白執照四千張、驗明封固、妥速解回、以便飭發應用、除札委外相應咨行（除咨明外爲此札仰該員即便遵照辦理、此札）
貴部請煩迅速頒發施行須至咨者

右咨
戶部

右札仰　候選知縣于令永泰
　　　　候選府經歷秦府經錫齡　准此

光緒三十一年三月二十七日

杭錦資料 整理番號 七六　　乙字 三四 號

七七

包頭墾務局、爲詳報事、案查前據杭錦旗貝子阿爾賓巴雅爾、續報後套東中兩巴噶、西界王文祥耕種之黃托勒蓋、黃河東畔地一段、詳蒙

憲台批飭、派員驗收等因、遵即照會杭旗後套第四段、放地委員前試用府經歷張嘉穀、就近驗收去後、茲據張委員稟稱、接奉照會、遵即起程馳赴王文祥地所、該旗派委甲喇巴爾濟道吉爾甲布、通事伯彥什拉等、將地界接交、東至藍鎖河西黃托勒蓋河、南至黃河、北至達拉特旗地界、東西寬五里十里二三十里不等、南北長九十餘里、均經指交接收、該處地商王文祥去冬回籍、當時該商之弟王嘉祥、並伊姪王澄平、及各花戶傳集、諭令照章掛號領地、該商民等均已承租、領取照票、惟查該地能種者、約五六百頃、已種者祇有王文祥新渠、澆地六七十頃、其餘無有渠道、不能灌溉、若接新渠開濬、約六十餘里、能澆地三四百頃、藍鎖河係王澄平之渠、再加修濬、可澆地二百頃之譜、詳細履勘、地土雖多半是沙礫不堪耕種、半爲紅柳開闢不易、地亦無多、此驗收王文祥地之大概情形也、再查王文祥新渠、尚未報効渠口淤塞、若不疏通、水即不能進、可否興工修挖、以資澆灌之處、理合呈請核奪示遵、實爲公便、附呈地圖一紙、等情據此、查後套地畝濱臨黃河、雖稱沃壤、然非廣開渠道、引水灌澆、不能耕種、該旗所報王文祥種地、可種者計有五六百頃、祇因渠道稀少、無水可澆、多半廢棄、該地接近現開之永濟渠、卑府已飭張委員、先將可種之地招戶租種、一面審度地勢、招募人夫、由永濟渠接開支渠一道、並諭令王澄平王文祥報効渠道、一律興修、以期廣爲灌澆、溥興地利、除俟開修告竣、另文詳報外、所有委員驗收杭旗報地並開修渠道緣由、理合照繪圖說、具文詳報

憲台查核、除分詳墾務總局外、爲此備由具甲、伏乞

照詳施行、須至詳者

計詳送

圖說一紙

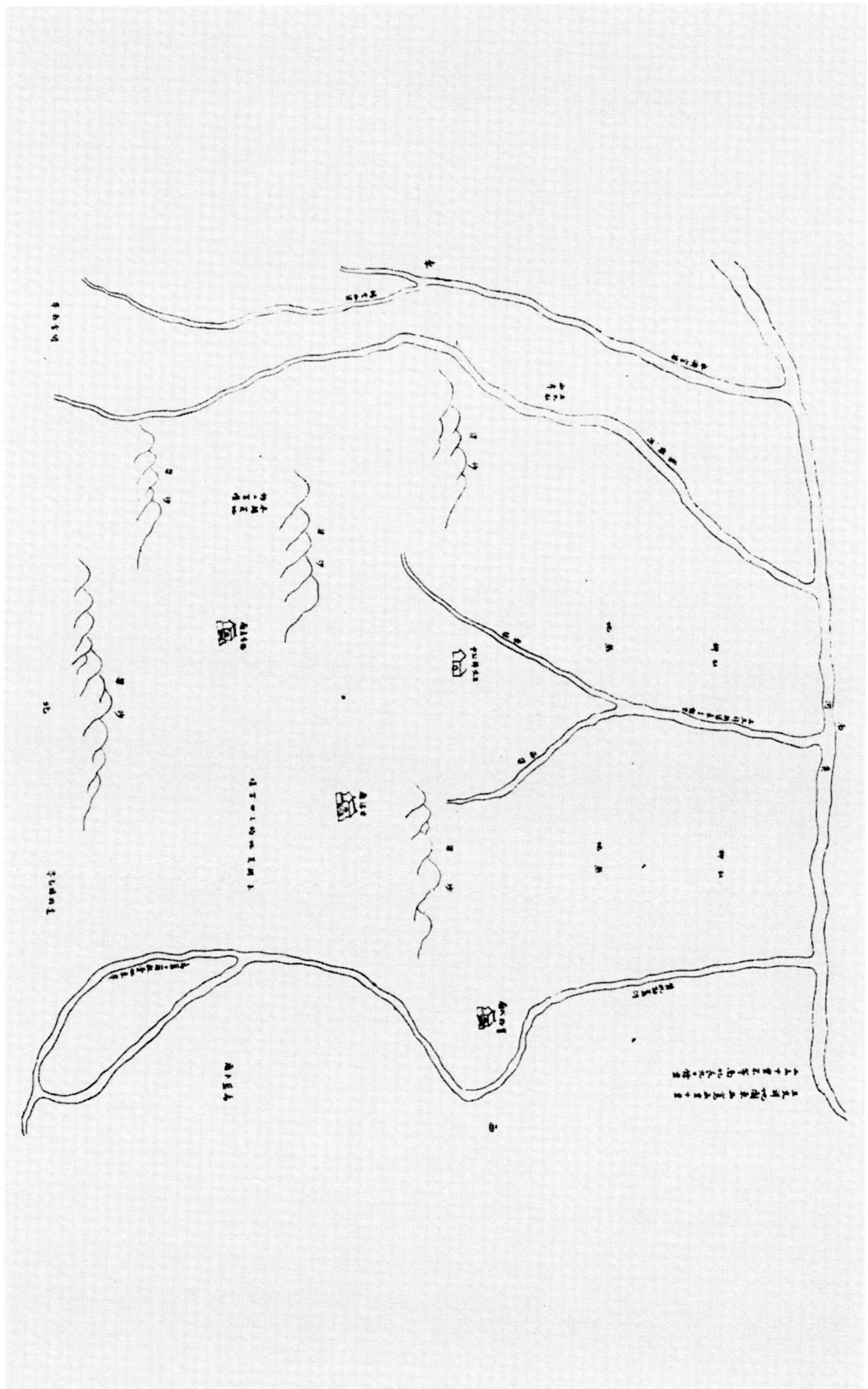

光緒三十一年四月初十日　總辦　姚學鏡

文案處擬

批、據詳已悉、該旗續報王文祥地畝、地多渠少、不敷灌溉、自應由現修永濟渠接開支渠、並令王文祥王澄平將所開渠道報

効、一律修通、以廣地利、仰即轉飭該委員等赶緊分別辦理、事竣由局詳報繳、圖說存

光緒三十一年五月初二日

杭錦資料　整理番號　七七　　乙字　三四　號

呈報念黑經無辜將竊子母身故懇照例懲辦由

杭錦梅楞貢布、謹

呈

欽憲座前、爲呈報冤抑、懇祈矜恤辦理、以明昭雪事、光緒二十九年三月初一日、遵奉該札薩克貝子盟長札飭、由鄂托克起程

抵至歸化城卽奉

欽憲將軍嚴加申斥、謹遵

上諭、將黃河迤北之地呈報開墾、當經札奇魯齊那遜察克、長史鄂勒哲依布林、傳領邪惡官員、衆人逼迫傷命、前經呈報懇祈

昭雪辦理、第難保居心、有札蘭察罕博羅特札奇魯齊那遜察克、梅楞都噶爾札普、以無饜之妒心強力、頻念黑經、無辜將我

男兒身故、實屬忿恨難釋、那遜察克遣本旗人鄂勒哲依、赴盟長王衙烏審貝子處控訴、經彼飭傳、孰係弛懈、孰係邪枉、

懇祈研究懲辦、速正典刑、一面祈將杭錦旗黃河迤北之地、旣經奉

旨開墾、改收押荒、所得四成銀非小、求祈體恤閤旗貧窮衆人十年、以資賑救藩衍、而受深恩、爲此具

呈

光緒三十一年五月初十日

杭錦資料 整理番號 七八　　乙字 三四 號

督辦蒙旗墾務大臣、理藩院尚書銜綏遠城將軍貽

杭錦旗札奇魯克齊那遜綽等四人因困辱梅楞棍布、勿庸分給尸口地、札該旗貝子、並包局遵照由

爲札飭事、照得杭錦旗梅楞棍布深明大義、遵

旨報地、乃該旗長史鄂拉哲依布林管理巴事、札奇魯克齊那遜綽克、梅楞杜噶爾札普札爾察汗伯羅特等、膽敢因其報地、將梅楞棍布困辱、實屬形同叛逆、罪無可逃、本大臣將軍、此次入套、過希尼昭時、面飭該貝子、將鄂拉哲依布林等四人交出治以叛逆之罪、經該貝子再三籲乞恩施、並面求許以自行懲辦、本大臣將軍、業經俯允、現在該貝子早已回旗、究竟將此四人如何辦理、或革斥、或責罰、或飭其匍匐奔走、親向梅楞棍布認過賠罪、著即定明辦法、不得空言塞責、再鄂拉哲依布林那遜綽克杜噶爾札普察汗伯羅特照叛逆論、應行除籍、勿庸分給尸口地、以示懲儆、合行札飭、札到該貝子、即便遵照、此札、

右札仰　杭錦旗貝子、阿爾賓巴雅爾、準此
　　　　包頭墾務局、

光緒三十一年五月十七日

杭錦資料 整理番號 七九　　乙字 三四 號

督辦蒙旗墾務大臣、理藩院尚書銜、綏遠城將軍貽

—

札派杭錦旗梅楞棍布、帶同色登、會同杭旗各段委員、撥給各廟地畝、並札包局轉飭遵照由

爲札飭事、照得錦杭旗界內、各召廟地本定每廟每面撥給二里半、此次本大臣將軍、親臨後套、經衆喇嘛再三籲求、多給地畝、本大臣將軍體察情形、從寬定擬、巴彥托羅蓋廟、拉普古巴廟、剛珠爾廟、章嘉廟、大廟四處、每廟每面丈給五里新廟察漢諾爾廟中廟二處、每廟每面丈給四里、塔爾灣廟、鄂托齊廟、噶哈圖廟、多剛廟、小廟四處、每廟每面丈給二里以示體恤、著派該旗梅楞棍布、帶同色登前往、會同各段分局委員、按照所定里數、分別上中下三項、妥爲丈給、惟丈時須連廟中心統算、以昭公允、各廟地丈竣、稟由該局詳報立案、除札飭該梅楞遵照外、合行札飭、札到該局轉飭各該員包頭局轉飭各段委員並轉行該旗轉飭各該廟一體竝轉行該旗轉飭各該廟、一體遵照、此札遵照外、合行札飭、札到該梅楞卽便遵照、此札

右札仰　包　頭　墾　務　局　准此

杭　錦　旗　梅　楞　棍　布

光緒三十一年五月十七日

杭錦資料　整理番號　八〇　　乙字　三四　號

督辦蒙旗墾務大臣、理藩院尚書銜、綏遠城將軍貽

杭錦旗剛珠爾等大廟中廟小廟請領撥給廟地執照、飭蓋關防、咨送綏遠城將軍查收由

爲咨送事、准

綏遠城將軍咨開、案據剛珠爾巴彥托羅蓋、拉普古巴、章嘉新廟、察漢諾爾、噶哈圖、塔爾灣、鄂托齊、多剛等廟、呈稱、爲請領執照、以資永守、並願報效銀兩事、緣敝廟隸杭錦旗界內、自二十九年杭錦地報墾歸公、由官局丈放、召廟幾少餘地、方慮養贍無資、本年四月欽差將軍節臨後套、慨念各召廟喇嘛甚衆、有僧多粥少之憂、格外加恩、准大廟每廟撥給連廟中

心地四面各五里、中廟每廟各四里、小廟每廟各二里、敵剛珠爾廟、巴彥托羅蓋廟、拉普古巴廟、章嘉廟、係屬大廟、蒙賞給附近地畝四面各五里、新廟、察漢諾爾廟、係屬中廟、蒙賞給附近地畝四面各四里、噶哈圖廟、塔爾灣廟、鄂托齊廟、多剛廟、係屬小廟、蒙賞給附近地畝四面各二里、惟有恩無據、恐難垂諸久遠、懇祈頒發執照、鈐用欽差大臣綏遠城將軍關防印信、永資遵守、俾敝廟喇嘛徒衆、生生世世常食樂利於無窮、再喇嘛感激、實深圖報無路、近聞綏遠城贖榆闕資、情願報效銀兩、敵剛珠爾廟等四大廟、報效銀二百五十兩、新廟等兩中廟、報效銀二百兩、噶哈圖廟等四小廟、報效銀一百兩、所有喇嘛請領執照報效各緣由、理合呈請鑒核、伏乞恩准施行等情、合將繕就蒙漢執照十張、備文咨送查照鈐印發、以便札交五原廳轉發、等因准此、相應將咨送到會印執照十張、均以鈐蓋關防、備文咨送綏遠城將軍、請煩查收施行、須至咨者

右　　咨

綏遠城將軍

計咨送鈐用關防執照十張

光緒三十一年五月十七日

杭錦資料	整理番號	八一	乙字	三四	號

鄂爾多斯札薩克貝子、濟濃、阿爾賓巴雅爾

爲呈報事、今查近年本旂荒旱甚鉅、債負較多、因難足敷、本旗黃河迤北之地、已經奉旨開墾、民戶不多、緩不濟急、伏乞飭交公司、儘數認領、預將四千頃押荒銀兩交納、賞給本旂、其餘放竣、再行核算、須至

呈者

光緒三十一年五月二十四日

杭錦資料　整理番號　八二　乙字　三四　號

督辦蒙旗墾務大臣、理藩院尚書銜、綏遠城將軍貽

奏、爲履勘杭錦旗墾地、擬將原定租章、略加變通、以期因地制宜、恭摺仰祈

聖鑒事、竊杭錦旗報墾蒙地、前經奴才將該旗願徵押荒、請領部照、並擬定押荒歲租等則、仍須親赴後套履勘、詳酌各情形先後奏明在案、奴才旋於三月二十七日、携印起程、行抵包頭墾局、將應行及時籌辦事件、趕緊佈置、隨卽赴套、逐日經過地方、所有熟地荒地、幹渠支渠無不逐加考察、凡地形之高下、土脈之肥磽、渠水之遠近、熟審而默識之、歸途行過希尼召時、適該貝子阿爾賓巴雅爾、已先期到彼、候商渠地各租事宜、始知前定押荒歲租數目、有亟宜加以變通者、査奴才原定章程、上地每畝收押荒銀九錢、中地八錢、下地七錢、除提二成充開渠經費外、餘則一半歸公、一半歸旗、歲租上地每畝每年徵銀四分五釐、中地四分、下地三分五釐、無論上中下均各提出二成、以備修渠之用、當時係據局員所稟、先行酌擬、及此次周歷各渠、因流溯源、皆已得其要領、綜計杭錦地勢、狼山峙其北、黃河亘其南、地居中央、引河爲渠、導以就地、由南而北、節節漸高、雖激之使行、疏之使注、而揆諸就下之性、則施功非易、而壅閼尤所宜防、加以河水灌輸、沙泥俱下、有時上游水漲、下游沙淤、倒退狂瀾、動至決堤爲患、故從前農民開渠之家、渠身必每歲刷之使深、渠背必每歲培之使厚、其所以費資甚鉅、致力甚勞、而決不肯舍而不營者、則以地視渠爲轉移、無渠卽不啻無地、向來民戶租種杭地、率皆於渠租不惜多出、而歲租亦薄納之、誠以渠之所經、必無棄地、而地之所在、不盡通渠、是渠租之宜另徵、並宜多於地租、此其明證、卽奴才此次所至各地、訪諸輿論、亦請加渠租而輕歲租、以爲渠水足、地利自足、租自有所出也、奴才熟加籌計、擬請將原奏章程、再行釐定、該旗渠地、應徵渠租、每年每畝收銀四分五釐、以爲

八三

八四

按年修補渠工之費、此項渠租、無論上中下地、均歸一律、竝照該旂向來租地辦法、渠水到地始收渠租、其未經澆灌者
僅收歲租、至歲租數目、卽量予遞減、擬將該旂上則地、比照歸化廳糧地賦額稍加、每年每畝徵銀二分二釐、中則地比
照察哈爾左右翼墾地賦額、每年每畝徵銀一分八釐、下則地比照綏遠城牧廠地新定賦額每年每畝徵銀一分四釐、歲以爲
常、仍照前奏、毋庸再加閏耗、所收歲租、以一半報效
國家、一半由該旂赴經徵地方官衙門承領、其押荒數目、亦卽遞減爲上地每畝徵收八錢、中地七錢、下地六錢、仍按地則
等次、臨時酌量分墳、語曰百聞不如一見、奴才履勘所及、加以體驗考查、確知其應如此、所以不敢拘執前奏、而於押
荒渠租歲租、必請變通改定者也、如蒙
俞允、現正派員請領部照、如尚未頒發、卽請照現定渠歲各租數目、由部就近更正、或業經頒發、擬由奴才將此次奏定各節
補刊印入部照、加蓋關防以昭大信、所有杭錦旂渠地押荒渠租歲租、請變通酌改緣由、理合恭摺具陳、伏乞
皇太后
皇上聖鑒訓示、再奴才查勘後套渠地事畢、携印遄返、仍取道包頭、現於五月二十一日、已回抵歸化合併陳明、謹
奏
光緒三十一年五月二十四日

杭錦資料	整理番號	八三

乙字 三四 號

督辦蒙旗墾務大臣、理藩院尚書銜、綏遠城將軍貽
領到戸部頒發杭錦旂空白執照四千張、補刊變通章程、刷印粘連部照、派委胡令懋鉞送往包局、札飭該局查收轉發飭領由
爲札發事、案准

戶部咨開、山西司案呈、督辦墾務大臣貽　奏、杭錦旗報墾地畝、改收押荒、比照察哈爾蒙地、暨王公報效馬廠成案、請
領部照、發給佃種民戶收執、等因一片、光緒三十一年三月初五日、奉
硃批戶部知道、欽此欽遵、由內閣抄出到部、查原片內稱、該旗分屬屏藩、地本封建、此次報墾、擬照察哈爾蒙旗及王公馬廠
放地章程變通、參酌後套丈放租地、向以二百四十弓爲一畝、仍其舊、至於押荒租銀數目、擬定上地每畝收押荒銀九錢、
中地八錢、下地七錢、除二成撥充開渠經費外、一半歸公、一半歸蒙、常年租銀、亦酌定上地每畝征銀四分五釐、中地四
分、下地三分五釐、毋庸再加閏耗、無論上中下均各提出二成、以備修渠之用、其餘一半報效
國家、一半由該旗赴經征地方官衙門承領、現該地業已指清、亟應及時丈放、由西盟墾務局具詳請
旨、飭部頒發空白部照四千張到墾、以便塡用、至此次所定押荒租銀數目、係專指近渠水地而言、其該旗報墾旱地、仍照他旗
一律辦理等語、應如所奏辦理、相應咨行墾務大臣、迅即派員赴部請領、惟查該旗報墾地共有若干頃近渠水地若干、旱地若
干、原奏內均未分晰聲叙、本部無從查核、應令該大臣查明、先行專案聲復、至所收一半押荒銀兩、集有成數、即行委解
部庫、其提出二成修渠經費、並提給蒙旗一半租銀、統俟年終造冊送部核銷、相應行文墾務大臣可也、等因准此、合行札
飭、札到該局即便查照、並將領到
戶部頒發杭錦旗仁字義字禮字智字各字號、空白執照每字各一千張、計共四千張、查照本年五月奏定變通杭錦旗渠地、運
應收押荒歲租渠租章程、補刊刷印粘連部照、加蓋關防、分裝兩箱、每箱計二千張、驗明封固、派委候補知縣胡令撚鉞、
送該局、仰卽查收轉發飭領、並將收到數日期、具報查考、此札

右札仰包頭墾務局准此

計發空白執照四千張

光緒三十一年七月十二日

八五

杭錦資料　整理番號　八四　　乙字　三四　號

督辦蒙旗墾務大臣、理藩院尙書銜、綏遠城將軍貽

下欠杭錦旗押荒銀六萬兩、札包局暨西路公司、由包籌付、並札收支處査照由

爲札飭事、査照西路墾務公司、承領杭錦旗報墾之地四千頃、業由墾局丈明撥交、按照押荒定章、以上中下三則勻算、每頃應交銀七十兩、計共應交銀二十八萬兩、此二十八萬兩內、應提出二成渠費銀五萬六千兩、其餘二十二萬四千兩、應以一半撥給杭旗、計銀一十一萬二千兩、現據該旗備具印文呈領前來、自應如數核發、以示大信、査此項押荒銀兩、本應俟公司繳到墾局、再由墾局核明應發杭旗之數、照章撥給、現査該公司承領之地、尙未發放、其股銀又佔用於渠工各項、一時艱於騰挪、未能將應交荒價全數繳納、而杭旗則以地歸公司、視爲已放、其急於得此一半押荒之數、似有迫不及待之情、今旣派員持文來領、若緩以應之、無以堅其信服、玆先由行轅設法墊付一半、計付該旗報效練兵處銀二萬兩、報效綏遠學堂城工置械三項銀一萬五千兩、又在城歸還商欠銀一萬七千兩、共計銀五萬二千兩、應作爲代墊公司歸繳包局押荒之款、包局應行收入押荒項下註明提付杭旗、造報時、一併登冊、該公司亦應註收墊款、以後歸還行轅、至下欠杭旗銀六萬兩仰由該局公司與公司包局由包通融籌付、如尙有不敷、即一面商令該旗、暫緩領用一面陸續合籌應付、總以不失信蒙旗爲要、除分札外、合亟札飭、札到該局公司即便查照文內事理、妥速辦理具報、此札；處即便查照、此札

右札仰　西盟墾務局
　　　　西路墾務公司　准此
　　　　行轅收支處

光緒三十一年八月十一日

八六